知天者：西漢儒家知識理論探索

何儒育◎著

中央大學出版中心｜遠流

目次

致謝

　　感謝張蓓蓓教授溫暖的提攜與睿智的指導；感謝口考教授深細的斧正；感謝陳麗桂教授引路而見漢代學術之恢弘；感謝林麗真教授的課堂思辨；感謝學術之途中師長們的身言之教；感謝摯愛的父母、家人，感謝外子致宏，感謝一路同行的友人們，感謝每位相遇的學生；感謝上主，使一切皆美好。

張序

　　儒育的博士論文《西漢儒家知識理論探析》，經過多年辛苦經營，終底於成，將在中央大學中大出版中心出版了。做為她的指導教授，我樂於在此對這本書作一些介紹與說明。

　　近若干年來，關於中國哲學是否亦有「知識論」的問題漸漸引起學界的注意。早期如張東蓀、金岳霖，稍晚如牟宗三、唐君毅諸先生的著作，開始被拿出來檢討和參究。中國哲學中頗有特色的「逆覺體證」、「冥契主義」等認知方式，也紛紛成為注視的焦點。由於荀子曾經深論以「心」知「道」，在長於鋪敘政治與道德的傳統中國思想家中別樹一格，他的知識論體系遂最早被建立起來，並成為其他相關研究的主要參照點。

　　經過學界的反覆考察，中西思想家們對知識問題的不同關懷、不同分解，大體已經逐漸展露。基於這樣的實況，學界開始使用「知識理論」一詞來取代西洋的「知識論」一詞。的確，無論是知識的由來、知識的內涵、知識的特性、認識的能力、知識的標準諸方面，中西雙方的差異性如此之大，以至於以今律古、以西律中都會造成重點的偏移及闡述的困難。儒育此書選用「知識理論」一詞，將更容易把中國傳統思想的特長在此新的立足點上盡情展示出來。

　　大體而言，中國知識論的特點在於以「心」為認知主體，兼攝性、氣、神明等出生而具的知能；以「道」為知識之來源與究極對象，兼攝自成格局的天道知識，以典籍為軸心的人文知識、來自現實的種種經驗知識；以「修養實踐」為知識形成的主要進路，兼攝「感通」、「類推」等不同途轍。這算是相當具體的知識觀。漢儒的知識理論更有一些來自當代思想的明顯重心，如對於經史典籍的詮釋與運用，對於災異的說解，對於天人感應的體察等等。儒育此書即以上述諸項目為內容，作出細膩的論析。

儒育以「西漢儒家」的知識理論為研究對象，固與她長期從事西漢儒家研究的背景有一定關係，其實也與漢代思想長期以來並未獲得學界的合理看待有關。學界一般以為，魏晉或宋明思想都有可與西方思想頡頏的位階，唯漢代思想特別樸質而乏深趣。其實西漢思想前有出入儒、法、黃老以移風易俗的陸賈、賈誼，中有文理密察並縮合天人的董仲舒，後有博學深造而涵融轉化的揚雄；即在知識理論方面，他們也稱得上前承後啟，頗有可觀。儒育以歷時性的筆法完整呈現西漢儒家知識理論的主要命題、理論脈絡及其間的發展變化，縱橫並進，條理分明，著力甚深；而這樣的切入角度，更能為漢代思想研究展開一新視野。

本來中國思想家們自身並不具有「知識論」之意識，諸所論述不外敬天、知天、徵聖、尊經、明道、致知、修齊治平等面向；如何從子書中抽繹出帶有「知識論」向度的元素，並組織成有序的系統，已非易事；而如此系統又如何與一家原來的思想融會無間？且與上下前後諸家的思想互見異同開合？或竟還能隱隱顯現出其與西方思想的分異？這些更是高難度的要求。儒育此書主要用力於「知識理論」主線的建構，對於這些附加價值無法一一兼顧，但亦已在可能的範圍內多少觸及，對於讀者已有一定的啟發。

由於儒育擁有執教中學的深刻經驗，對於知識的教與學富有親切的理解與思考，是故她在談論「知識理論」的論題之時，常常借徑於西方當代的人本心理學、認知心理學、腦科學，以及課程設計及教育理論等等。這就使得此書在冷硬的學術外殼下，還有不少鮮活的現實氣息。每一本書都帶有作者個人的色彩，信然信然。

期望儒育這本十年磨劍的力作，能被更多的讀者看見；也期望她自己的學術道路能越走越長，越走越寬。

張蓓蓓

中華民國一零七年一月，序於臺大中文系

陳序

何儒育君為人謙和有禮,敦厚樸實,治學亦然。其碩士論文《董仲舒《春秋繁露》君王觀研究》綜匯眾論卻不乏自我見地,平實易順中也露慧根。後入臺大中文系博士班研讀,一反過去從西漢學術研究者聚集於諸子、經學、政論等議題的習慣,改由少有人涉入的知識論角度切入,就西漢學術之天道觀、黃老論、尊經崇儒等幾大議題,以《易傳》〈繫辭〉、《新語》、《新書》、《春秋繁露》、《法言》等為素材,全面觀測儒學所呈現的知識理論。發現西漢儒者透過「文字」與「聲訓」的方式,與六藝經義本身的「具體性思維」,可以御六義內涵成為活知識,也可以讓詮釋的概念更為流動、豐富,清楚呈現人所認識的大天地。儘管其中不免牽涉到真理的檢證問題,卻可以一方面讓漢儒的經義詮釋不斷透過對話開展,同時也證成人潛藏的善性依循經典的啟發、引導,可以呈顯出來,以見道法的修為與實踐確實可以上契天道。

這樣的研究成果,說是知識論的探討,其實是綜匯漢儒的經、子、考據、義理等多面向的學術議題,以知識論為主軸,提挈了起來,較之其以往所研探者,深度、廣度都增加許多,清楚展現其近年來好學深思之成效,今聞其欲出版成書,因樂為之序。

陳麗桂

序於2018,開春

第一章 緒論

　　西漢為一經學興盛時期，典籍整理與詮釋、儒學理論之推闡、家法章句之學脈傳授，與政治教化等活動相當盛行。為了回應時代問題，儒者在知識創造、解釋與傳播的過程中，從六藝典籍推闡出以天道為根源之體制恢弘、內容繁複的知識體系；依《史記》與《漢書》所載，可知其涵括天文曆法、地理溝洫、文化、政治、法律、經濟，與個人道德修為與實踐等各面向[1]，本書循此經學與思想發展的外緣背景而引發之問題意識為：

> 武帝以降獨尊儒術，儒者對典籍內涵之認知、思考與詮釋甚為重視；如此，研究者如何從西漢儒家論著中，發掘「知識理論」之主要命題、理論脈絡與其發展？

---

[1] 依史書所載，西漢儒者從六藝中推闡出繁複的知識體系，如在禮樂制度上，（漢）班固著、（唐）顏師古注：《漢書·卷二十二·禮樂志》循六藝為禮之本的脈絡，載文帝時賈誼議立禮樂，以「立君臣，等上下，使綱紀有序，六親和睦」。武帝時「議立明堂，制禮服，以興太平」，董仲舒結合春秋公羊學與陰陽五行的理論，上〈天人三策〉，而論更化之法。至於宣帝，王吉疏曰：「願與大臣延及儒生，述舊禮，明王制」，而成帝時，劉向疏曰：「宜興辟雍，設庠序，陳禮樂，隆雅頌之聲，盛揖攘之容，以風化天下。」收入楊家駱編：《新校本二十五史》（臺北：鼎文出版社，1993年），頁1030、1031、1033。不論採納與否，皆可見西漢儒者自典籍歸納出禮樂制度的內涵。在律曆制度上，《漢書·卷二十一·律曆志》載武帝詔令「明經術」之兒寬、司馬遷、壺遂議立「太初曆」，頁975。可見典籍內涵亦為律曆制度推衍的參照標準。在經濟制度上，《漢書·卷二十四·食貨志》載董仲舒曰：「春秋它穀不書，至於麥禾不成則書之，以此見聖人於五穀最重麥與禾也。今關中俗不好種麥，是歲失春秋之所重，而損生民之具也。願陛下幸詔大司農，使關中民益種宿麥，令毋後時」，頁1137，儒者常以典籍內容歸納經濟措施。此外，董仲舒所論「春秋決獄」亦可見典籍對刑法制度之影響。從各種政治與社會制度由經義推闡而來的現象，可知西漢時期典籍知識體系之龐大規模與富實踐性的特質，而「實踐性」是學界論中國哲學知識論主要特色之一，筆者將深論於本書中。

民國以來，兩漢思想研究論著雖眾，卻幾無全面考察西漢儒家諸子「知識理論」專著。為裨補罅隙，冀能扣合西漢經學與思想發展的學術文化背景，歷時性地完整呈現西漢儒家知識理論之主要命題、理論脈絡、論證方式、發展過程，以及對後世之影響，開拓兩漢思想之研究視野。

一、「知識理論」概念釐定與核心論題

「知識理論」一概念牽涉二論題：一為「知識理論」一詞之概念，與筆者梳理學界歷來對中國哲學研究之「知識論」與「知識理論」之研究成果後，擇以「知識理論」一詞的原因。二為學界對中國哲學「知識理論」所開展出的重要命題，藉以觀察西漢儒者如何提出知識理論核心論題，進深探究其證成論題之方法與理論脈絡。

「經術致用」之政教需求，與以「天道觀」為究極知之對象之論題形成背景，賦予「西漢儒家知識理論」深具實踐性的特質，開啟殊別於西方知識論之理論脈絡。[2] 民國以來，學界對中國哲學之「知識論」（Epistemology）或「知識理論」（The Theory of Knowledge）甚為關注且論著甚豐。以下先觀察民國以來中國哲學知識論的研究成果與主要論題，歸納中國哲學之知識論殊別於歐陸、英美知識論的論題。又，西漢儒學深受荀子影響[3]，荀子知識論之研究甚為豐富，故

2　關於中西知識論脈絡殊異，杜保瑞：《中國哲學方法論・中國哲學的知識論問題意識之定位》：「說中國哲學沒有知識論的話是不成立的，但是中國哲學的知識論又確實是另成一格，至於是否能有優異於西方知識論之處呢？筆者以為，不必談優異性，既是各家自成一格，則無從比較，因此遑論優劣。但是，既是自成一格，則此一格之特殊性則應深論，深論此特殊性便有創新之貢獻，此則應為今日談中國哲學的知識論問題意識之重點。」（臺北：臺灣商務印書館，2013年），頁308。此殊異將深論於下文。

3　關於荀子對西漢儒學之影響學界多有所論，如邵台新〈西漢的儒法治道——兼論《荀子》與《鹽鐵論》、《漢書・刑法志》之傳承〉即從儒法合流之禮法制度，論荀子對西漢政治與學術的影響曰：「荀子在戰國時期已經調整儒家的治國理念，以適應當時的變局，其中將『禮』觀念延伸至政治秩序，而強調刑罰要適

擬探討其研究現況，歸納主要研究論題，作為本文重要借鑒。其三則為探討目前西漢知識論之研究現況。再依照三項研究成果，提出西漢儒家知識理論之定義與主要論題。

（一）民國以來中國哲學知識論之主要論題

民國以來，學界引介西方知識論時常旁及中國哲學；或以西方知識論觀點會通中國知識論。胡軍與吳汝鈞先生分別整理民國以來重要知識論研究成果，皆肯認張東蓀與金岳霖二先生引介西方知識論的成就，而後者更涉及中國知識論之重要觀點。張東蓀《認識論》開篇論其知識論體系主要探討四論題：

> 認識論（Epistemology）是研究關於知識的問題。這些問題可以

中。荀子的看法頗合西漢政局，因此漢儒雖然雜有多家思想，仍與荀子的論點最為契合，以致言論上皆為荀子思想之一脈。」《先秦兩漢學術》1期（2004年3月），頁30。從儒學發展脈絡觀之，學界常論陸賈、賈誼、董仲舒等西漢諸子有荀學背景，如王初慶：〈陸賈新語與穀梁春秋〉從陸賈傳習《穀梁春秋》，勾勒其春秋學出於荀子：「《穀梁》於漢宣帝時方立為博士，其成書狀況不如《公羊》明確，而其書有引用《孟子》者，又頗與《荀子》相合者，則為荀子傳經之際，秦焚書以前，當已有由口傳轉化之稿本。荀子傳浮丘伯，即為焚書前之稿本；浮丘伯傳陸賈、申公。申公又傳瑕丘江公，衍成宣帝時之定本《穀梁傳》。」《先秦兩漢學術》7期（2007年3月），頁59。馬曉東、莊大鈞：〈賈誼、荀學與黃老——簡論賈誼的學術淵源〉則勾勒賈誼之荀學背景曰：「據《史記·屈原賈生列傳》、《漢書·賈誼傳》，我們知道，賈誼是繼承荀子之學的儒家學者。賈誼年十八，河南守吳公聞其秀材，召置門下，甚幸愛。吳公故與李斯同邑而學事焉。李斯是荀子的學生，所以吳公可以說是荀子的再傳弟子，而賈誼則可以說是荀子的三傳弟子。」《山東大學學報》（哲社版）（2003年1月），頁148。劉又銘：〈荀子哲學的典範及在其後代的變遷轉移〉則從「基於自然元氣的本體宇宙觀」、「合中有分」的天人關係與「人性向善論」等面向，觀察董仲舒對荀子之繼承，其論曰：「既然天實質上是氣，董仲舒也就從氣來論性，認為『天兩有陰陽之施，身兩有人貪之性』，而這『貪仁之性』只可說具備『善質』，他必須『待教而為善』。也就是說，『善出性中，而性未可全為善也。』……可以說，董仲舒的人性論跟荀子實質上是同一個路線，但是說得更明朗，他等於相當程度地把荀子性惡論話語裡面所蘊含的人性向善論給掀開。」《漢學研究期刊》3期（2006年12月），頁47。

有下列的幾種：

一、是知識的由來──這個問題所要討論的是：是知識是否習得
　　的呢，還是天生的呢？

二、是知識之性質──這個問題所要討論的是：知識的內容是感
　　覺呢，是知覺呢，概念呢，判斷呢，還是其他呢？

三、知識與實在之關係──這個問題所要討論的是：知識的對象
　　是外物呢，還是心影呢，抑或兼是呢？

四、是知識的標準──這個問題所要討論的是：知識上所有的真
　　偽是以何而分呢？[4]

四項問題可歸納為三大主題：知識之由來與性質屬於「知之對象」之
論題，「知識與實在的關係」則關乎「知之主體」之「認知能力」，
而「知識的標準」則為「真理證立」問題，此三者可對應西方哲學知
識論之重要論題。[5]

4　張東蓀：《認識論・第一章：知識之由來》（上海：世界書局，1934年），頁1。
5　西方知識論之主要論題，可參見吳汝鈞：《西方哲學的知識論・第一章：知識論
　　的重要概念與論題》所論九種論題。其一為「知識與存在」，即涉及存在世界的
　　客觀情況，包涵形式的知識（formal knowledge）、經驗的知識與先驗的知識。二
　　為「認識對象的方式」，三為記憶與認知活動，四為羅素所論「親和性理論」，
　　即「包涵某種信念，相信某件事是在過去某個地方發生的」，「能讓我們想起某
　　些事故，但它自身並不能提出保證，證實這記憶是正確的」。其五為因果性問
　　題，其論曰：「因果關係在知識論上非常重要。一切經驗知識，可以說都建立在
　　因果關係上。這種關係表示因果的律則，或因果律。在很多哲學家的知識理論
　　中，因果律成了對象或更恰當地說是知之對象成立的形式概念，或範疇。」六為
　　「先驗性問題」，即康德所提出「先天綜合判斷」之論題。其七為「普遍相問
　　題」，意即「共通於一組個體物，或為一組個體物所共同具有的那種特性或相
　　狀」。其八乃是「唯名論」，即「普遍名字所概括的個體物是實在（reality），而
　　否認有普遍相的存在性」。九則為涵括感性、知性與構想力之「知識的能力」，
　　以及直覺經驗、主客對峙、透過語言傳達，與客觀性之「知識的特性」等論題。
　　（臺北：臺灣商務印書館，2009年），頁2-29。同樣地，關永中先生《知識論・
　　古典思潮》亦將西方哲學之知識論歸納為「認知心」、「認知功能」、「被知境
　　界」、「知之過程」、「真理之義」等論題。（臺北：五南圖書出版股份有限公
　　司，2000年），頁3-5。二位先生所提出之西方哲學知識論論題，皆涵括上文所引
　　張東蓀所提出「知之主體」、「認知能力」、「知之對象」、「真理證立」等論

相較於此，金岳霖先生雖亦以引介西方知識論為主，卻已經涉及中國知識論的重要論題。在引介西方知識論的面向上，他廣引西方知識論學者如洛克（John Locke）、休謨（David Hume）、康德（Immanuel Kant）、黑格爾（Georg Wilhelm Friedrich Hegel）、羅素（Bertrand Arthur William Russell），與倫理學者摩爾（G. E. Moore）對知識論之重要概念，並以邏輯實證討論「知之對象」之由來、性質與語言表達，「知之主體」之認知能力，與「真理證立」等論題，故吳汝鈞先生論曰：

> 金岳霖雖是中國學者，但他的知識論是西方式的，是在實在主義的背景下建立的。他的鉅著《知識論》基本上是從西方哲學的理論與思維型態而寫出的，其中展示出西方近現代在知識論上的根本問題和探究方向，對西方知識論上的困難（如休謨的經驗主義的知識論）提出有創建性的回應。他的視野寬闊、全面，思辨態度嚴謹，分析力強。故此書可視為西方哲學的著作，特別是能補西方在知識論發展的不足；另外也有他自己創發性思維在內。[6]

然而，在引介西方知識論為主的《知識論》中，金岳霖卻有意融入道家思想，胡軍先生將其「知識論」與「論道」，指出其由「道」之視角出發而齊平萬物：

> 金岳霖自然不從人類中心論或自我中心論來觀察和處理各種哲學問題，而是從超越的「道」的高度來審視一切。正是這一點才使金岳霖的知識理論體系不同於西方哲學史上的一切知識論體系，也正是這一點才使金岳霖的知識論體系具有鮮明的中國哲學

題。

6　吳汝鈞：《當代中國哲學的知識論·第二章：金岳霖的實在主義的知識論》，頁164。

尤其是道家哲學的色彩。因為從形而上的道的超越層面來觀察、審視一切是道家哲學的基點。道是終極性的最高存在，是生成萬事萬物的本源，既然人只是萬物中的一種，所以我們也就不能夠拘執於人類中心論、自我中心論，而應「以道觀之」。[7]

「以道觀之」而能「齊平萬物」的概念，開啟先秦道家知識論之論述向度[8]，呈現西方知識論環繞感性、知性與理性而推展出的「知之主體」，在中國哲學中亦有脈絡殊別而相對應的概念，且可勾勒出兩層義理脈絡：其一，作為「知之主體」之「心」對「道」之把握殊於名言知識；從「消極義」觀之，「心齋」說明心泯除積極的感性與思辯能力，而歸於虛靜，此亦說明「心」有認知、思考、判斷等諸能力。其二，當「心」呈現虛靜狀態，即會凸顯「智的直覺」而能體契於「道」。[9] 在「體道」的身心狀態下，即能如金先生所論「齊平萬物」，故關永中先生論曰：「莊子在〈齊物論〉中的做法，基本上是站在知識論的立場上做破執的功夫，即一方面在能知心識上諷刺百家爭鳴的無聊，另一方面則在所知之境界上解除相對的封界，直指那消

7　胡軍：《認識論‧現代中國哲學中的知識論研究》，頁 361-362。

8　先秦道家知識理論可見關永中先生：〈獨與天地精神往來——與莊子對談神秘經驗知識論〉與〈不敖倪於萬物、不遣是非——與莊子懇談見道及其所引致的平齊物議〉二文，前文肯認「心」為「知之主體」，後文先肯認「人心」對「道」體證與把握的能力，將之稱為「主體面」並論曰：「使其自己與咸其自取二語，則從『得道者』主體立場來分別投擲出『見道』的消極義與積極義：a) 消極義：『使其自己』一句意味著『心齋』、『離形』、『去智』等事象，即消極地意指日常生活之感性與思辯功能的沉寂。b) 積極義：『咸其自取』一句則意味著超越心智直覺之冒出，即空靈明覺之覺醒，上映天道之和諧。」〈第三個千禧年哲學的展望：基督宗教哲學與中華文化的對談〉（臺北：輔仁大學哲學系，2000 年 11 月），頁 109。

9　牟宗三：《智的直覺與中國哲學‧道家與佛教方面的智的直覺》論心虛靈靜妙時所呈顯遍照萬物在其自己之「智的直覺」曰：「當道心之虛極圓照即有具體的呈現，它即了了其自己，此即所謂內外明徹，為有只照它而不照己，於自己方面反明若夜遊而不知其所謂何物者」、「在虛極之圓照中既不離物，亦不逐物，而同時是圓照同時即物，物皆如其自己而呈現，呈現於圓照之一心以使圓照成其為圓照（為具體的圓照）。」（臺北：臺灣商務印書館，2006 年），頁 210、211。

除對立的『寥天一』。」[10] 可見金先生《知識論》隱含對中國哲學之關懷，已鋪展為理脈較為完整的知識論。其間隱藏的關懷，在唐君毅先生《哲學概論・第二部・知識論》與牟宗三先生《智的直覺與中國哲學》較透徹地開展出來。

（二）唐君毅論「知之主體」與「知之對象」

唐君毅先生《哲學概論》一書雖以引介西方知識論為主，卻涵括中國知識論重要論題，如其開篇即引先秦古籍定義「知識」一詞曰：

> 此種專指吾人關於事理名物之分辨之知，為知識之狹義之知識觀，在中國古代可說是導源於墨子與荀子。荀子在〈解蔽〉篇說：「以知，人之性也。可知，物之理也。」又於〈正名〉篇曾說：「所以知之在人者謂之知」，「知有所合謂之智」。墨子之〈墨辯〉，曾說「知，材也。」此上所謂知，便純然識裡識上的對事物之分辨之知。至於荀子墨子之言知「類」，則為由之事物之共同之理而來。而他們知重明，則是由重表達人對事物，與其類、其理之知而來。依荀子墨子知此種知識觀，則我們對人之知識，可從三方面說，一是能知。此即荀子所謂「所以知之在人者」。墨子所謂「知，材也」之知。此中可概括我們今所謂感覺、知覺、記憶、想像、比較、分析、綜合、推理等各種人心之認識能力。二是所知，此即荀子所謂知之所合，墨子所謂「知之所遇」之物。此可概括我們今之所謂一切認識之對象與存在事物及相狀、性質、原理、規律、法則等，以及已成為被知之知的能力。（如我們求知我們知各種知之能力時，則此知的能力，成為被知。）三是知識。此即「能知」知「所知」所乘之結果，而表之於語言文字等符號者。及荀子所謂「知有所合」時所成之「智」，此可概括我們今所謂各種常識、歷史、自然科學、數

---

10 關永中：〈獨與天地精神往來──與莊子對談神秘經驗知識論〉，頁155。

學、幾何以及邏輯與知識論之本身等各種之識於其中。[11]

唐先生開啟一重要視角，即西方「知識論」中「知之主體」、「知之對象」與透過知之過程所把握到的「知識內涵」，在中國哲學中多能對應出脈絡殊別而能對話的概念。「知之主體」前文已引關永中先生之論，可與「心」之認知作用互觀相詮，而西漢儒家諸子亦多肯認「心」具有統合知覺官能而認知萬物的能力。[12] 引文詳細分析作為「知之主體」的「心」之認知能力，含括感官知覺之感覺能力，以及思考、判斷、綜合、推論等理性知之能力，使人形成關於外物與典籍的知識。

其次，唐先生所論「知之對象」即前論以「天道」為根源的六藝典籍與史事知識，以及透過「仰觀俯察」所把握到的天文地理之經驗知識。他又援引章學誠《校讎通義》所論「史為經之流，集為子之流」[13]，藉中國古籍由七略至四部之分類，論中國知識論「知之對象」之特質：

> 此可稱之為以人為主體，而將表達知識之語言，與非表達知識之語言相聯繫，同隸屬於人之主體，以使「吾人更合此二類語言，以了解人之主體」之一種知識分類方式。此又可稱為依於「將知識連於具體之人」一具體的知識觀，而有之知識分類方式。[14]

「將知識連於具體之人」可與《漢書‧藝文志》互觀：「六藝之文：樂以和神，仁之表也；詩以正言，義之用也；禮以明體，明者著見，

---

11 唐君毅：《哲學概論‧第一章：知識論之意義》（臺北：臺灣學生書局，1985年），頁255。
12 學界肯認西漢儒家諸子所論「心」為統合知覺官能知之主體，此將詳述於下文。
13 唐君毅：《知識論‧第五章：知識之分類》，頁325。
14 同前註，頁326。

故無訓也；書以廣聽，知之術也；春秋以斷事，信之符也。五者，蓋五常之道，相須而備，而易為之源。」[15]「和神」、「用義」、「明體」、「廣聽」、「斷事」勾勒作為「知之對象」之儒家典籍深具道德修為與實踐之內涵與作用；人透過「知之過程」所內化於「心」之「知識」，亦能具體實踐於一切活動中。而此富具道德修為與實踐之內涵與精神，與西方亞里斯多德以降，以知識內涵與功用區分之知識類別相較，不易依學術發展現況呈現全幅知識圖像。[16] 此知，唐先生在《哲學概論‧知識論》中，開啟了以「心」為主軸之「知之主體」、「六藝」為主軸的「知之對象」，與以「修為與實踐」為主軸之「知之過程」三項主題。

(三) 牟宗三論「智的直覺」

牟宗三先生自述其知識論主要展示於《認識心之批判》、《智的直覺與中國哲學》、《現象與物自身》等論著中。《認識心之批判》論曰：

> 但知性之邏輯性格充分展現於認知心之本性與限度之把握極其重要，因而於訓練西方哲學之訓練發展中亦為極重要之一步訓練。學西方哲學不是學一些空洞字眼與駁雜之觀念也。對於認識心有充分認識矣，自能進而正視道德心。欲想由知性之邏輯性格進而契悟康德之「知性之存有論的性格」以及現象與物自身之超越的區分兼及將一切對象分為感觸物與智思物之兩界之分，則須精讀康德之書。若再讀吾之《現象與物自身》一書，則可以知吾之學思之前後期之差異，而《智的直覺與中國哲學》一書則是一

15　（漢）班固著、（唐）顏師古注：《漢書‧卷三十‧藝文志》，頁1723。

16　唐君毅：《哲學概論‧第五章：知識的分類》：「但依此具體的知識觀，以作知識之分類，則不如直接以表達知識之語言與知識本身為對象，以作知識之分類者，較易於使人了解知識世界之全幅圖樣」，頁326。

過度之思想。[17]

《認識心之批判》乃以維根斯坦（Wittgenstein）與羅素（Russell）分析哲學為主要視角，提出「時空」、「因度」、「曲全」、「二用」四種「格度」（frame），勾勒「認知心」所具邏輯性格，呈現「知性」思解對經驗素材之規範作用。值得注意的是，此書雖是以分析哲學與康德知性範疇為主軸，卻已構成「智的直覺」之概念雛形，而開顯出中國知識論中知之主體的獨到面向，牟先生稱為「寂照之心」，並論曰：

> 寂照之心由直覺之湧現破除坎陷中之條件而顯示。條件之破除即是四格度之消解。破除時空格度，故外事之時空相，即時空限制，即因之而破除。時空相破除，即是寂照之心無時空之執，因而亦不受時空限制。破除思解三格度，則內心之曲伸相，即思解之辯解相，即因之而破除。曲屈和破除，則認識心即轉而為直覺之寂照心。[18]

人透過「知性」之格度條件，將時空形式下所直觀到的經驗素材統合為「知識」；而「寂照的心」則是反向破除各種「格度」，直觀作為萬物根源之「道」。所謂「寂照」即隱含前引關永中先生論透過身心修為而體道的境界。如此，人即非僅具統覺功能而能構成知識的「認知我」[19]，而是可透過道德修為超越為具有「智的直覺」之超絕真我。

---

17 牟宗三：《認識心之批判（上）・心覺總論》（臺北：臺灣學生書局，1990年），頁3。
18 牟宗三：《認識心之批判（下）・認識心向超越方面之邏輯構造》，頁331-332。
19 「認知我」之概念可參見勞思光：《新編中國哲學史（一）・第三章：孔孟與儒學（上）》對「自我境界」設準說明曰：「以知覺理解及推理活動為內容」，而能橫攝地證立形式科學與經驗科學。（臺北：三民書局股份有限公司，2012年），頁143。

牟宗三先生在《智的直覺與中國哲學》中論道家與儒家皆有「智的直覺」之理論開展之可能。他以張載「大心」為例而論儒家「智的直覺」曰：

> 蓋「心知廓之」之心知，既不是感觸的直覺之知，亦不是有限的概念思考的知性之知，乃是遍、常、一而無限的道德本心之誠明所發的圓照之知。此心知之意義乃根據孟子所謂「本心」而說。非認知心，乃道德創生之心。創生是豎說，其遠不禦；圓照是橫說，周運無外。[20]

引文開展出一重要問題，即「遍、常、一」而無限的智的直覺如何可能。牟宗三先生以「逆覺體證」論證「智的直覺」之可能性與普遍性，定義「逆覺體證」為「本心仁體自身明覺活動」[21]，由於本心仁體乃是普遍含藏於人性中，故此明覺活動乃是人普遍的能力；從修為次第上說，可分說為「人向內覺察自身本心之善」，而後「於事事物物上發用其善」，亦可圓說為在事事物物上即用顯體地當下呈顯本心之善；如此，人道德創造之心即發用於是事物物上。此即說明宋明時期，儒家思想在「心」統覺式的知之能力上，加上一層如萬物之實創造與實現之超越的「智的直覺」。「智的直覺」雖不能擴張知識的內涵[22]，卻能如牟宗三先生所論，在已把握、認知的客觀知識上，實現事物所以然之天理。由此觀之，儒家「智的直覺」乃是本心仁體的縱貫式道德創造，道家則是透過身心修為而臻至道心寂照的境界，牟宗三先生論曰：

20　牟宗三：《智的直覺與中國哲學・智的直覺如何可能？儒家道德的形上學之完成》，頁186。

21　同前注，頁198。

22　牟宗三認為「智的直覺」是就萬物各在其自己的方式實現，並不具有擴張客觀知識的能力。《智的直覺與中國哲學・智的直覺如何可能》論曰：「智的直覺直覺地認知之，同時即實現之，此並無通常認知的意義，此毋寧只著重其創生義。因此，即使承認有此智的直覺，亦並未擴大吾人之知識」，頁200。

無知自亦函無知相。無知而又無不知，此無知之知即智的直覺之知，即泯化一切而又一無所有道心之寂照，即寂即照，寂照為一。在道心照下，一切皆在其自己，如為一自在物而一起朗照而朗現之。[23]

此可與前引關永中先生所論「體道的知之主體」互觀相詮，透過「心齋」、「坐忘」等修為，呈現「齊平萬物」之心，此「心」所觀照之「物」，為《莊子・齊物論》：「夫吹萬不同，而使其自已，咸其自取，怒者其誰邪」所描述的萬物各在其自己的狀態。[24]

　　此知，牟宗三先生對中國哲學知識論的論述，乃是借鑑伊曼紐・康德（Immanuel Kant）知識論，提出「心」之統覺能力，將經驗素材透過格準形成知識，而「心」除認知作用之外，更有透過身心修養而提升為「智的直覺」之超越觀照能力；循此，金岳霖、唐君毅與牟宗三諸先生，多以引介西方哲學知識論為主軸，而旁通中國哲學，建立自身知識論體系。而對中國哲學的論述，可歸納為二脈絡：

- 其一，關於「知之主體」，三先生皆肯認中國哲學之「心」具有體「道」之能力，尤其是牟宗三先生所論「智的直覺」之概念，已統合心之「統覺認知」與「體契修為」的作用。[25]

---

23 牟宗三：《智的直覺與中國哲學・道家與佛教方面的智的直覺》，頁205。

24 （清）王先謙：《莊子集解・卷一・齊物論》，收入《新編諸子集成》（北京：中華書局，1999年），頁10。（筆者案，郭慶藩《莊子集釋》與王先謙《莊子集解》均為晚清《莊子》名解，然後者晚成於前者，且含括前者重要註解，故本書以王先謙《莊子集解》為所據本。）

25 「心」結合「統覺認知」與「體契修為」雙重作用，牽涉「認知主體」與「實踐主體」相容攝的問題。牟宗三先生：《中國哲學十九講・第六講：玄理系統之性格──縱貫橫講》提出「橫攝系統」與「縱貫系統」二概念，由「橫攝系統」論述主客對立的知識論，由「縱貫系統」呈現天人物我通而為一的實踐性與道德創生性，而開展出「縱貫橫攝」一系的詮解視角。（臺北：聯經出版事業公司，2003年），頁113-115。林安梧先生《存有・意識與實踐：第五章：存有根源的開顯》以「即存有即開顯」的概念，將橫攝認知的知識，攝化於主體之體驗與實踐上，其透過熊十力先生體用哲學的脈絡論曰：「我們既說真體的呈露並不是一種知識的掌握，而是全副生命的參與，真體的呈露是越過了『概念機能總體所作的

● 其二，關於「知之對象」，唐君毅先生已初步勾勒儒家知識論以「六藝」為主要知之對象之觀念。

從「西漢儒家知識理論」的視角出發，第二項所論「以六藝為主要知之對象」的觀念，符合前文所論西漢經學傳承的狀態；而「六藝」被描述為以天道為根源而為漢立法的素王聖典，這就說明在前項「智的直覺」之描述上，西漢儒家雖以「天道」為究極的知之對象，卻未合於牟先生所論張載「大心」式的逆覺體證，而是透過「六藝知識之體證解悟」與「感通」二條進路方能把握。故此，牟宗三先生所謂「智的直覺」即未能直截解釋西漢儒家知識理論，由於西漢儒學受荀子學說影響甚深，而荀子知識論研究成果甚豐，故以下筆者即先討論荀子知識論，以及中國哲學其他相關論題與脈絡。

（四）《荀子》知識論提供之借鏡

在中國哲學知識論研究中，荀子知識論備受關注。民國以來對荀子「知識論」的論述，多環繞「認知心」而開展，如馮友蘭先生論曰：「可見荀子心理學中，只有能慮能知之心，及有求而需滿足之情欲」[26]；牟宗三先生亦曰：「荀子之心，則只是認識與思辨之用，故

存有執定』，而是上溯至存有的根源這樣的『理念之探索』。這樣的理念的探索已然不是在知識論的層次，依熊氏看來，它是屬於道德實踐的層次。」（臺北：東大圖書公司，1993年），頁116。「縱貫橫講」中的「主體」，開展出一個活生生的「人」的整體知識之體知與實踐歷程，傅偉勳先生以「生命的學問」一脈絡論述人在生命之流中的體驗與實踐曰：「依循『學即是覺』的此一解釋，我深深體會到，中國儒道佛三家思想能否契接融合根本關鍵所在是，我們是否願意肯認，以此三家為主的中國生命的學問骨髓，即是在乎我說的『心性體認本位的生死智慧』這一點，不論是偏重道德的，抑或是超越道德的，此種生死智慧的建立，乃是經由實踐主體、終極關懷與終極真實這三大層面的生命探索與價值取向才有的。」（臺北：正中書局，1994年），頁58。這種從「縱貫橫攝」至「生命的學問」一脈「主體」的描述，不僅能較好地縫合「知之主體」與「實踐主體」兩概分立的困境，更能扣合西漢儒家重視「體知」與「類比性思維」與特質，描繪出西漢儒家諸子肯認以活潑、靈動而整全的「人」為「認知者」的樣貌，宜於成為本書之詮解視角。

26 馮友蘭：《中國哲學史‧子學時代》（臺北：臺灣商務印書館，1993年），頁204。

其心是認識的心，非道德的心也。」[27] 所謂「能慮能知」與「認識與思辨作用」引起學界諸多討論，而可歸納出二重論題：一為「心」之知之能力及範圍，二則為「認知心」是否具有道德修為與實踐的能力。筆者先綜論荀子「知識論」之研究成果，再論此成果對本書研究內容可借鏡處。

在第一項論題上，學界從「解蔽」與「虛壹靜」之修為，論述透過修為而臻至「大清明」狀態之「心」具有知「道」的能力。早期如張亨先生所論：

> 這是大清明的天君（心）所能知的道，同時也就是大清明天君本身的呈現。在這裡從基層的事物之被知開始，發現它們彼此間的關係，安排在他們在一定的秩序下，到整個自然界的法則和歷史演變的條例都被掌握住。空間和時間皆已不成為障礙，因為心可以超越它們而直接把握住那些永恆不變之理。同時這些理並不僅是抽象的存在，而存在於實際上具體運作的世界之中。[28]

引文呈現荀子知識論的二項重要概念，其一，「心」在虛靜清明的狀態下，具有認知事物內涵而掌握其所以然之理的能力；其次，此所以然之理即「道」，如此，「道」即成為荀子知識論中究極的知之對象。

不僅張亨先生持此論點，諸多學者亦所見略同，如潘小慧先生即確立荀子之「心」為知之主體[29]，沿著「以心治性」、「化性起偽」

---

27 牟宗三：《名家與荀子・荀學大略》（臺北：臺灣學生書局，1979 年），頁 224。
28 張亨：〈荀子對人的認知及其問題〉，《臺大文史哲學報》18 期（1971 年 3 月），頁 201。
29 潘小慧多次論證荀子所論之「心」為知之主體，如〈從「解蔽心」到「是是非非」：荀子道德知識論的建構及其當代意義〉：「荀子特別強調了知之主體『解蔽心』的不蔽之『知』/『智』，堪稱是荀子學說中所建立的人格新典範。」《哲學與文化》34 卷 12 期（2007 年 12 月），頁 47。〈荀子中的德智思想〉亦曰：「至於此認知能力的主體——解蔽心，具有『徵』及『知』的雙重作用。」《哲學與

的理路，提出心在大清明的狀態下，具有準確把握萬物與「道」的能力。[30]「道」作為究極知之對象的概念，開展出學界對荀子第二項論題的討論，即「認知心」是否具道德修為與實踐的能力。學界多認為「認知心」在虛壹而靜之大清明狀態下，具有節制「欲」而進行道德判斷與實踐的能力，如周天令與潘小慧先生所論「由智成德」的概念，認為荀子以「大清明心」認知「道」，而以「道」規正身心動向與言語行為，以此證成荀子之「認知心」具有道德修為與實踐之能力。[31]

這引發一有趣的論題，即「可能為惡」之性，是否能主動攝取以「道」為根源的知識？正如東方朔先生所問：「在先王之道、禮義法度尚不存在的世界中，亦即當心知尚沒有相應的禮義法度作為認識對象之時，一個人是如何藉由此心之認知成為一個有道德的人？」[32] 他援引德國詮釋學家高達美（H. Gadamer）所提出「前理解」的概念[33]，認為人乃在歷史的流動中，逐漸透過禮樂文化詮釋自我性格，

文化》30卷8期（2003年8月），頁99。

30 潘小慧：〈從「解蔽心」到「是是非非」：荀子道德知識論的建構及其當代意義〉論心具有把握「道」的能力曰：「由於『解蔽心』涵具認知義及自主義，知之對象涵括『物』、『人』、『天』和『道』，解蔽心亦可主動徵召『道』作為知之對象，並以達於『道』作為認知的最終目的」，頁47。

31 潘小慧：〈荀子中的德智思想〉：「對荀子而言，道德實踐建立於道德知識論的基礎之上，先決條件是『知道』。確定『道』是衡，是判準，具客觀性，權威性及規範性。然後給予規範價值判斷，判定是非對錯，是好是壞或是善是惡，合於道即對、即好，不合於道即錯、即壞、即惡」，頁103。周天令：〈荀子由智成德理論的重建與檢討〉：「心為大清明之心，則此心將不再是一不含理之空心，而是具有主體性之道心；不僅僅是判斷是非的認知心，而是足以疏觀萬物而知其情，參稽治亂而通其度，仁智全體大用全體顯露的聖心，因此，本此大清明之心，上體於道而下貫於性，以化其性而為善。」《孔孟學報》84期（2006年9月），頁130。周先生將心之作用擴張至靈妙而貫通天人物我的「聖心」，潘先生則強調心在大清明的狀態下，具有「是是非非」的道德判斷與實踐能力。雖然二者所論「大清明心」之強度有別，卻皆肯認「心」乃具有道德修為與實踐之能力。

32 東方朔：〈心知與心慮——兼論荀子的道德主體與人的概念〉，《國立政治大學哲學學報》27期（2012年1月），頁50。

33 當代詮釋學高達美（H. Gadamer）認為歷史傳統與文本脈絡常影響、規定人對文本

而逐漸權衡修正為合乎禮樂道德規範的「我」;其論曰:

> 在一個尚未有禮義的世界中,個體活動依欲望而行,此時心之似
> 乎為情欲所支使,其心即其口腹。然而,在漫長的人與自然、環
> 境的互動過程中,人的活動的每一次決定及其所帶來的後果,都
> 在心知、心慮、心識中被反覆地咀嚼,演變成最初的自我詮釋的
> 性格。[34]

除以上二項大論題外,學界對荀子知識論的研究,亦涵括「知識的檢
證」與「知識類別」等重要論題。在「知識檢證」的面向上,學界常
認為「道」可作為檢證知識的標準,一切知識皆需合於「道」。[35]

　　深觀之,關於「檢證標準」之具體操作方式,學界亦有深入討
論,洪巳軒先生將描述心透過修為臻至「虛壹而靜」而能認知「道」
的狀態,推拓於對知識的「認知態度」[36],以如此態度方能落實「辨

的理解,受到規定與影響的理解即被稱為「前理解」,見氏作、洪漢鼎先生譯:
《真理與方法・上卷:第二部分:真理問題擴大到精神科學裡的理解問題》論
曰:「其實歷史並不隸屬於我們,而是我們隸屬於歷史。早在我們通過自我反思
理解我們自己之前,我們就以某種明顯的方式在我們所生活的家庭、社會和國家
中理解我們自己。」此外,其亦引述德國哲學家海德格(Martin Heidegger)之論
而論曰:「對文本的理解永遠都是被前理解(Vorverständnis)得先把握活動所規
定。在完滿的理解中,整體和部分的循環不是被消除,而是相反地得到最真正的
實現。」(上海:上海譯文出版社,2005年),頁357、379。

34 同前注,頁54。

35 參見吳汝鈞:〈荀子的知性旨趣與經驗主義的人性論〉:「在不同的認識對象
中,荀子以道的層次為最高。故上面提到心以虛壹而靜的狀態來認識道。當然以
這種狀態來認知的,不限於道本身。但道作為客觀的認識標準,或作為事物的理
法,自可有其概括性和代表性。」《能仁學報》3期(1994年8月),頁471。

36 洪巳軒:〈荀子知識理論的倫理規範與檢證方式〉論「認知態度」曰:「知識的
倫理規範即荀子所謂的『虛壹而靜』,知識的檢證方式則包含辨合、符驗以及起
而可設、張而可施理兩項方法。荀子所謂的『虛』是指『不以所已臧害所將
受』,就知識倫理而言,此句話可以解釋為:不以已藏的記憶危害將受之現象。
『壹』則是指『不以夫一害此一』,這是說在認識活動中應當不以各別知識為相
互排斥的觀念,並以追尋各種知識之間共同性為正確的求知態度。至於『靜』則
為『不以夢劇亂知』,排除、避免認識活動中的非理因素,此及荀子所謂『靜』

合」與「符驗」的檢證方式，其論曰：

> 在知識的檢證方式中，「辨合」與「符驗」的檢證方式是主張各
> 項論點、判斷的內容必須符合於事實，合於事實者為真，反之則
> 為假。另外，「起而可設，張而可施行」，作為固然有以親身驗
> 證、實驗作為檢證方法的意義，但是這也並不是說荀子認為所有
> 的主張、論點都必須進行實際的實驗。另外也可以透過推想，也
> 就是荀子所謂的「長慮顧後」，透過推想各種方法之實行結
> 果，是否可以能和所設定之目的相符合。以可確實成其目的者為
> 正確的知識，反之則否，此是為《荀子》知識理論中所主張的檢
> 證方式。[37]

「辨合」與「符驗」需透過經驗，以驗證知識之真偽，而「長慮顧
後」則透過已知的事實與經驗，推論未知的結果，二者都呈現荀子
「經驗式」的知識論特色。[38]
　　學界所論「經驗式」的知識論特色，亦呈現於荀子所論知識之名
言表達上；學者常以「類」的概念，陳述荀子知識之名言表達，張曉
光先生即從荀子對「名」之「共名」、「別名」、「大共名」、「大
別名」之區分，確立「名」與「物」之關聯，而論「名」之分類，是
依事物或現象的因果關係為標準；其論曰：

的認識態度。」《華梵人文學報》16期，頁197。
37 同前注，頁198。
38 荀子之「經驗式知識論」之特色，可參見吳汝鈞：〈荀子的知性旨趣與經驗主義
的人性論〉：「他也有一個特點，即是，他的知性旨趣並不純粹，而是帶有很濃
厚的實效或實用傾向。他論我們的所知，把焦點放在道方面，而他的道，客觀真
理的意味並不濃，而傾向於倫理的規範義。他論邏輯，主要只就名實的關係而
言，社會功能的意味很重。他並未涉及對概念、命題的純粹性格的討論，也未有
提到推理的問題。故他雖有認知旨趣，但理論和形式思考的興趣卻不強」，頁
474。

荀子是以事物的同異關係為依據，通過對名的邏輯分類，揭示了名之間的屬種關係，以及這種關係的相對性和層次性，將性質相同的或相似的東西歸為一類，來確定對類概念的認識。

任何事物的出現，總是有原因的，是由一定的條件引起的。並還揭示了事物或現象之間的因果聯繫，指出了類是事物的本質，事物的應是由於類本質所決定的，各種事物服從於他們各自的規律，「物各從其類也」。[39]

學界所論「道」既為萬物所以然之規律，「各從其類」之根源亦為「道」，若能認知「道」，即可在事物紛陳的狀態下，洞析事物變化與發展之因果規律，而開展出「推類」思維。

綜言之，學界對荀子知識論的研究，可分為四大論題，一為「認知心」所涵括「知」與道德判斷─實踐的能力，次為「道」作為究極認識對象的論題，三則為「知識檢證」論題，合乎事實之知識方為「真」，其四乃是知識之名言表達與分類問題，而可開展出「名─類」概念與「類推」之理論脈絡。

此四種論題對本書皆有可借鏡之處。首先，在「認知心」之能力上，筆者將鋪陳西漢儒者所論「心」節制統攝官能、認知、思考、判斷等多重能力，並綰合「性」、「心」與各種知覺官能，呈現完整的「知之主體」。

其次，在知之對象上，正如前論，西漢早期儒者，如陸賈與賈誼，即以「天道」為究極認識對象，董仲舒以《春秋》賅六藝，提出素王孔子透過《春秋》載錄天道法則[40]，故人即可透過認知典籍，認

---

39 張曉光：〈孔子的推類思想〉，《世界中國哲學學報》6期（2002年），頁143。
40 董仲舒提出孔子透過《春秋》為漢立法，彰顯天道法則，（漢）班固著、（唐）顏師古注：《漢書・卷五十六・董仲舒傳》所載〈天人三策〉曰：「孔子作《春秋》，先正王而繫萬事，見素王之文焉仲尼之作《春秋》也，上探正天端，王公之位，萬物民之所欲，下明得失，起賢才，以待後聖。故引《史記》，理往事，正是非，見王公」，頁2509。

識「天道」內涵，故本書亦擬以專章探究「知識的類別與範圍」，涵括「天道」所指涉的真理意涵與究極知識、《易傳》傳統下仰觀俯察的經驗知識、素王大法之「典籍」知識、歷史知識。

復次，在知識的名言表達上，荀子對名與類的界定，以及「推類」的推論方式，可與董仲舒「深察名號」的概念互觀。故本文擬以專章討論西漢儒者所論「深察名號」的名言傳統與聲訓方法、「比興思維」與「微言大義」之詮釋等論題。

（五）西漢儒家知識論之研究現況

相較於《荀子》豐碩的研究成果，「西漢儒家知識論」較少受到關注[41]，專書提及者有夏甄陶先生《中國認識論思想史稿》、張振東先生《中西知識學比較研究》[42]、姜國柱先生《中國認識論史》，以及曾春海先生《兩漢魏晉哲學史》；而單篇論文有劉哲浩先生〈揚雄知識學研究〉、李增先生〈董仲舒知識論之研究〉，以及筆者所撰〈西漢前期黃老思想下之儒家知識論〉三篇。

從儒家諸子觀之，三部專書皆論及董仲舒與揚雄，可與〈揚雄知識學研究〉與〈董仲舒知識論之研究〉二文互觀；而姜國柱先生則論及陸賈，可與拙作〈西漢前期黃老思想下之儒家知識論〉一文相參

---

41 此研究成果之檢視，以陳麗桂先生主編：《兩漢諸子研究論著目錄》所錄 1912-2009 之研究論著為主，2009-2016 則為筆者依「中國期刊網」（http://big5.oversea.cnki.net/kns55/default.aspx）與中華民國國家圖書館期刊論文網（http://readopac2.ncl.edu.tw/nclJournal/）另行增補。

42 張振東：《中西知識學比較研究·第六章：兩漢的知識學》認為陸賈《新語》、賈誼《新書》皆無知識論相關思想，其論《新語》曰：「書中皆是政治思想，以儒家的『仁義』為主體，以道家的『無為』為法則，王者應學聖賢之治，法天地之規，則國家興盛，人民安康。因此，書中未言『知識論』的思想。」同樣地，其論賈誼《新書》曰：「賈誼以民為國之本，以教為政之本，其政教合一的思想，皆是儒家的學說。但書中無知識論的專題著述。」（臺北：中央文物供應社，1983年），頁 119、120。此論與筆者所見互有殊別，《新語》與《新書》之知識相關理論散見各篇，且脈絡縝密，對人作為知之主體之認知能力、以「天道／道」為根源之知識內涵、以及結合感性之知、理性認知與體知的知識形成過程分析縝密，且理論完整，將深論於後章。

照。為勾勒出西漢儒家諸子之各別知識論之研究現況與重要論題與發展脈絡之研究現況，筆者將自西漢早期，依歷時發展，逐家甄別而論述。

在黃老治術為主的西漢前期，姜國柱先生《中國認識論史》將中國哲學之「知識論」區分為「知之主體與知之對象」、「認識的產生與發展」、「認知與實踐」，以及「知識檢證的標準」等四項論題。[43] 他從「知之主體」與「知之對象」之面向，討論陸賈知識理論，認為「知之主體」能知「天道」，而「天道」即為究極的知之對象。[44] 然而，他並未涉及知之能力與「知天道」之途徑等重要論題。

為彌縫罅隙，並勾勒西漢前期黃老思想下的儒家知識論，拙作〈西漢前期黃老思想下之儒家知識論〉則以「知之主體」與「知之途徑」二論題為主，探究陸賈《新語》、賈誼《新書》與韓嬰《韓詩外傳》三種論著。在「知之主體」的面向上，以氣化論為底流，性、心與諸官能，結合為一具有多重「認知／感知」能力的「知之主體」，人可透過心之理性認知、思考，與統攝知覺官能的作用，形成關於外物的經驗知識。在認知行為的面向上，西漢儒學將「六經」聖化，認為典籍為天道秩序的載體，人可透過對六經的學習與認知，將「道德知識」內化於心而能實踐出來，且可與前文所論荀子之「道德知識論」互觀相詮。[45]

其次，關於董仲舒之知識論，夏甄陶先生以專章論述董仲舒與揚雄之知識理論，而在董仲舒知識理論的面向上，他將之定位為觀物、察身以求天意的「神祕主義知識論」，又從天道觀入手，呈現其「人副天數」的天人關係，以此勾勒出以「天道」為究極知之對象之三條

43　姜國柱：《中國認識論史》（武漢：武漢大學出版社，2008年）。此書從「原始思維」、「認知主體與認知客體」、「感性與理性」、「認識與實踐」、「知識檢證之標準」等五種論題，勾勒其理論內涵與發展脈絡。
44　姜國柱：《中國認識論史‧主體和客體──認識和認識對象》，頁35。
45　參見拙作〈西漢前期黃老思想下的儒家知識論〉，《新竹教育大學人文社會學報》3卷2期（2010年10月），頁1-31。

認知途徑，其一為「天人感應」式的認知途徑，其二則為外察經驗而認知天意，其三則為「內省」而觀照自身所副天數。[46]

所謂「神秘主義」（Mysticism），楊儒賓先生譯為「冥契主義」[47]，史泰司分為「向內」與「向外」二條途徑。[48] 夏氏雖未細分，然依其「心」統攝知覺官能，向外把握萬物形貌、性質與內涵，而察知天道規範之論述理路，似不符合二條途徑之定義，故董仲舒「知識論」可否運用此詞彙尚需討論。然而，他勾勒出「人副天數」概念下，人透過「內省」與「感應」，而體知天道內涵之認知途徑，可作為重要參考。

「感應」雖為董仲舒知識論之重要論題，卻未能涵蓋其知識論之全貌，李增先生即從「知之主體」、「知之對象」、「知識表達」、「認識活動」、「認識推論」等五部分，架構董仲舒知識理論內涵。首先，他綰合感覺與心、形神志氣、養生中和等知覺官能之能力與身心修為理論，勾勒出「認知心」統合官能，且能摶氣養神之修為功

---

46 夏甄陶：《中國認識論思想史稿・上卷・秦漢之際至隋唐時期的認識論思想》：「總之，董仲舒的認識論是建立在人副天數、天人感應的神祕主義的天人一體觀的基礎上。在這個基礎之上，他宣稱認識的對象是天意；認識的途徑和目的是通過外察、內省以知天意。」（北京：中國人民大學出版社，1992年），頁277。

47 「冥契」一詞的轉譯，出自楊儒賓先生所譯（美）史泰司（Walter T. Stace）《冥契主義與哲學》一書，其特別從漢魏學術傳統與哲學詞彙，考證「冥」與「契」作為哲學表述的來源而論曰：「『冥』成為重要的學術語言，似乎起於魏晉玄學，郭象每言及『冥』字，皆令人神王意暢……郭象之言，真是善言變常之名理……前人釋『冥』亦多解為『玄而合一』之意，如釋其言為幽深、了無皆是。『契』字亦然，『契』字成為重要的哲學用詞，大概起於東漢時期的《周易參同契》，此處的『契』字，具有『合』意。……顧名思義，我們取的是『合』意。此種界定與冥契主義第一義『內外契合，世界為一』是相符合的。」（臺北：正中書局，2007年），頁9-11。

48 （美）史泰司（Walter T. Stace）、楊儒賓譯：《冥契主義與哲學》：「兩者間的區別主要在外向型是藉著感官，向外觀看；向內型則是往內看，直入心靈。兩者都要證得終極的聯合。柏拉提諾稱此為『太一』，在此境中，學者知道自己已合而為一，甚至化為同一。……向內型的冥契恰好相反，他們竭力關閉感官，將形形色色的感官、意象、思想從意識中排出去，他們思求進入自我深處。在沉默黝暗之中，他宣稱他證到太一，而且與之合為一體」，頁67。

能，持守「心」之中正平和。其次，「被知對象」包涵以「天」為根源之天、地、萬物與社會科學知識，此即細膩鋪陳前文所引夏氏所論「天道知識」之內涵。其三，關於「知識之名言表達」，即董仲舒之名實觀，此可與「因果」、「演繹」、「比類」、「類比」等推論方式合而觀之，而開展西漢儒家特殊的邏輯思維。而「認識活動」則是針對知之對象，加以觀察、推論、思慮而結論的過程。[49] 此文縝密架構董仲舒以天道為根源之知識理論的內涵，對本文深具啟發性；然董仲舒《春秋繁露》可分為「公羊學」與「天人觀」二部分[50]，此文較少闡述「公羊學」之知識論，筆者擬深論之。

其三，關於揚雄之知識論，劉哲浩先生進一步論證「知之主體」、「知之對象」與「知識的方法」三論題。「知之主體」涵括心與性，以及仁義禮智信等道德內涵；「知之對象」則包括道、禮樂與法；而「知識的方法」則指學的目標、學的方法與修身三者。其中知識的主體涵括「深義理智信」等諸「德」。[51] 此即可討論揚雄之「性」是否涵括「道德內涵」，而「學」對於性中道德內涵有何作用？何種「學」方能對「性」起作用？且其知識表達與真理證立的方式為何？這些論題皆待深究。

此外，曾春海先生則討論「知之主體」與「知識檢證」二論題。

---

49 李增：〈董仲舒知識論研究〉：「在認識過程上，董氏承認感覺為認識物之起始，而後觀察、思慮、心論。在地上萬物具體物上，則以感官感覺為起點。在人事上，則是以觀察與新論為主。而在天道及至高天上，則由小及大，由顯而幽的類比描述。」《明道通識論叢》2期（2007年3月），頁54。

50 徐復觀：《兩漢思想史‧卷三‧先秦儒家思想的轉折及天的哲學的完成》論《春秋繁露》涵括二部分，其一為春秋公羊學，其論曰：「在〈俞序〉以前各篇，乃分述《春秋》之義；而〈俞序〉則係述孔子作《春秋》之用心及其效果。其中的次序，篇名，或由編者，或因傳承，而有所訛失……但大體上說，這二十三篇，皆以發明《春秋》大義為主。」第二部分為陰陽五行相結合的天道思想，其論曰：「總共四十一篇，皆以天道的陰陽四時五行，作一切問題的解決、判斷的依據，而僅偶及於《春秋》，這是董氏所建立的天的哲學，而成為《春秋繁露》的第二部分」，頁310、311。

51 劉哲浩：〈揚雄知識學研究〉論「德」曰：「揚雄主張君子具有仁、義、禮、智、信之德，所以動而有德。」《哲學論集》25期（1991年7月），頁78。

他以「心」為知之主體而論曰：「心是能認知天地人事物的知之主體，亦係能與天地人感通契合為一體境界的本體」，此論述「心」涵括「認知」與「感通」二種知之能力。其次，在「知識檢證」上，他認為經驗與道德知識需透過事實驗證[52]；同樣地，夏甄陶先生亦特別關注以「心」為主體，而涵括見聞功能的知之能力，以及言必有驗的知識檢證。[53] 此即回應「心」作為「知之主體」之能力與知識檢證方法，然亦未論及「學」與「性」之關聯，與知識名言表達之論題。

（六）「知識理論」之指涉與論題

綜上所述，民國以來學者討論中國哲學中「知識」相關論題時，常用「知識論」、「認識論」、「知識學」等概念，其概念所指與含括之論題各有殊別。在民國以來對歐陸、英美哲學中 "Epistemology" 一概念之翻譯與詮釋傳統上，學界常援引「知識論」一詞。然而，正如學界歷來指出的，「西漢儒家知識論」既著重於「道德修為與實踐」，在核心精神與理論脈絡等面向上，皆殊異於 "Epistemology" 所指涉者，若逕運用此詞譯成的「知識論」一概念，恐難呈現中國哲學以「實踐」為進路的知識特質。

其次，從學界對西漢儒家知識相關論題的討論中，可歸納出四項主要論題：首先為含括「心」、「性」、「精神」、「神明」、「氣」等概念所形成一個整全的「知之主體」，即活潑靈動的「人」。西漢儒家諸子透過「性」、「心」、「精神」、「神明」、「氣」、知覺官能等概念，描繪出人足以把握天道內涵的知之能力。

---

52 曾春海：《兩漢魏晉哲學史·第四章：西漢晚期的嚴遵和揚雄》：「君子之言，包括知識之言及道德之言，若要檢視其是否真實，則言必有驗，若所言與言及的事實相符應則為真，若言與實不相符則為妄。」（臺北：五南圖書出版股份有限公司，2008 年），頁 72、73。

53 夏甄陶：《中國認識論思想史稿（上卷）·第二篇·秦漢之際至隋唐時期的認識論思想》：「揚雄在分析人的認識能力的時候，特別強調心所具有的認識事物的能力，同時也指出事物可以為心所認識」、「揚雄強調言必有驗，反對無驗的虛妄之言……有所言，必須有一定的驗證，才是可信的」，頁 283、289。

其次則以「天道」為根源，含括六藝、史事與災異等內涵的「知之對象」，以六藝典籍為主軸的知之對象，奠基於西漢時期經學昌明的學術風氣，以及時人對氣化流衍之天道規律的關懷，推闡出結合陰陽氣化、天文曆法、政教制度、社會倫理、產業經濟等龐大的知識體系。其三則為展現「具體性思維」的名言表達方式，呈現西漢諸儒所論，就著生命真實處境而引導、啟發人的思維方式；這深刻地連結於「知識的形成過程」，而展現出結合「理性認知」、「道德修為與實踐」與「感通」的知識形成過程。

在這本書的規劃中，「知之主體」的論述脈絡將牽涉西方當代的「人本心理學」（Humanistic Phychology）、「多元智能」（Multiple Intelligences）與「認知心理學」（Cognitive psychology），以「整全的人」的概念，觀照西漢儒者所論人多元的知之能力；在「具體性思維」與其名言表達方式之論述脈絡中，會牽涉「認知語言學」（cognitive linguistics）的理脈，呈現西漢活潑的類比性思維與聲訓運用。而在「知識形成過程」的論題上，則除與「認知心理學」對話外，更會加入西方當代「課程設計」（Curriculum design）相關教育理論，開啟西漢儒者對六藝之「知識的實踐性」之討論。這些論題雖多與 "Epistemology"（知識論）息息相關，然而，心理學、腦科學與教育理論卻不易涵蓋於 "Epistemology"（知識論）一概念中。再者，西方哲學中 "Epistemology" 所推闡出的概念，亦難以對應於西漢儒者特別重視的陰陽、氣、災異等天道知識之概念，與深察名號、聲訓之特殊思維方式。因此，筆者於本書中先擱置 "Epistemology" 一詞翻譯而成的「知識論」一概念，而以包容度更廣泛的「知識理論」（The Theory of Knowledge）一概念涵蓋這四大主題。

事實上，學界已有因西方哲學之 "Epistemology"（知識論）與中國哲學知識相關論題與脈絡互有扞格，而採用「知識理論」之例證，如洪巳軒先生《荀子知識理論之建構與分析》即採用「知識理論」（The Theory of Knowledge）一概念；洪氏論此詞之蘊含論題曰：「本文的首要目的即在於，試圖將荀子有關於知識問題的理論架構呈現出

來。而此基本架構將以認識的過程、知識的檢證要件，以及知識的本質問題作為建構《荀子》知識理論的主軸。」[54] 西漢儒學既深受荀子影響，且上所提出諸論亦皆為西漢儒家知識論之主要論題，故本書擇以「知識理論」之概念，期能與西方哲學 "Epistemology"（知識論）相區別，並能依循西漢儒家諸子之文本，絲絲入扣地勾勒理論內涵與發展脈絡。

二、從《漢書・藝文志》釐定「西漢儒家論著」

本書主要研究範圍為西漢「儒家」，則應對「儒家」類名提出一明確合理的檢視標準；符合此標準之儒家論著，亦須具上文所論「知識理論」之重要命題與理論內涵，且針對此等符合標準且具「知識理論」內涵之論著，亦應作一真偽與版本之考辨。[55]

首先，關於「儒家論著」之分判標準，《漢書・藝文志》乃承繼劉向、歆父子〈七略〉內容而增刪所成，應能貼切描述西漢晚期至東漢中期圖書搜集、分類與流傳狀況，正如其篇首所論：

> 至成帝時，以書頗散亡，使謁者陳農求遺書於天下。詔光祿大夫劉向校經傳諸子詩賦，步兵校尉任宏校兵書，太史令尹咸校數術，侍醫李柱國校方技。每一書已，向輒條其篇目，撮其指意，錄而奏之。會向卒，哀帝復使向子侍中奉車都尉歆卒父業。歆於是總群書而奏其七略，故有輯略，有六藝略，有諸子略，有詩賦略，有兵書略，有術數略，有方技略。今刪其要，以備篇籍。[56]

---

54 洪巳軒：《荀子知識理論之建構與分析・緒論》（臺北：國立臺灣大學哲學所博士論文，2011年，指導教授：王曉波先生、杜保瑞先生），頁4。

55 本書研究對象論著之版本考辨請見〈附表1-5〉，頁265-281。

56 （漢）班固著、（唐）顏師古注：《漢書・卷三十・藝文志》，頁1701。

從陳農搜羅遺書，劉向等人輯校，而劉歆承繼編纂為〈七略〉的圖書分類與整理過程，可知〈七略〉應能大致呈現西漢中後期對各種論著之學派歸屬的分類標準，〈藝文志〉既以〈七略〉為底本，循此即可作為「儒家類論著」之判斷標準。

　　在〈藝文志〉的著錄中，可作為本書主要研究文獻者應不外載錄於〈六藝略〉與〈諸子略・儒家〉二類中。檢視〈六藝略〉載錄典籍凡一百零三家，傳世至今者，僅存錄於「尚書家」而保存於《漢書・五行傳》之劉向〈尚書五行傳記〉、「詩家」之《韓詩外傳》六卷、《毛詩故訓傳》三十卷，以及「春秋家」所收錄司馬遷《太史公百三十篇》、劉向整理《新國語》、《世本》與《戰國策》[57]凡七種。然本書既以西漢「儒家諸子」之知識理論為研究主題，而此七者中，除《史記》為完整一家言外，劉向〈五行傳記〉經班固整理，可一窺其災異思想[58]；《世本》、《國語》、《戰國策》三種所載乃為先秦典籍之序次與編纂，而《韓詩外傳》與《毛詩故訓傳》分別為《韓詩》與《毛詩》之引申發微與故訓詮解，不易觀察知識理論與循經學與思想發展而來的「知識理論史」式的發展動向，故除劉向〈五行傳記〉所論「災異」知識內涵，可與各家儒者之天道知識互觀相詮外，餘均不適於作為本論題之「主要」研究文獻。

　　再查，〈藝文志〉載〈諸子略・儒家〉一類共五十三家，出於西漢者二十家，傳世者有陸賈二十三篇、賈山八篇、賈誼五十八篇、董仲舒百二十三篇、桓寬《鹽鐵論》六十篇、劉向六十七篇、揚雄三十八篇凡七家，除桓寬《鹽鐵論》所載為昭帝始元六年（B.C. 81）二月鹽鐵會議紀錄，與「知識理論」諸命題較無關聯，賈山《至言》篇

57　（漢）班固著、（唐）顏師古注：《漢書・卷三十・藝文志：六藝略》，頁1703-1721。

58　黃啟書：〈《漢書・五行志》之創制及其相關問題〉論班固採輯整理劉向〈五行傳記〉，其論曰：「董仲舒《災異之記》一經劉向編採入其著作中，再經班固重輯增補，已非《史記》所述之原貌。」又曰：「由『劉向以為……董仲舒指略同』一語即可看出，班固編纂實以劉向為主，再以董仲舒作為補充。」《臺大中文學報》40期（2013年3月），頁161。

幅短小，較不適宜列入主要研究對象；而另五家則精確勾勒西漢儒學思想之發展脈絡，陸賈與賈誼呈現黃老治世下的儒家思想；董仲舒結合陰陽與五行，推闡出結合天道、災異、心性、政治、教育、社會制度等體大慮周的公羊學體系。西漢晚期，儒家諸子展現出對政教事件附會災異思想之反省，如劉向透過〈變事〉奏議，回應當時外戚放縱，宦官弄權的國家困境，使儒學歸返至君王道德修養與實踐之政教觀；而揚雄《法言》更深論心性、為學、道德修養與實踐等相關論題，呈現西漢末年儒者對陰陽災異思想的反思。

　　深觀之，此七家既被認定為「儒家」，則即須符合第二個條件，即論著中須涵括知識理論之核心命題與理論內涵。正如前論，本書所定義「知識理論」三項核心命題為「知之主體」的認知能力、「知之對象」的類別與範圍，與在兩漢經學與思想發展脈絡下結合認知、體知與感通的「知識形成途徑」。筆者已於〈西漢黃老思想下的儒家知識論〉一文，從「整全的知之主體」與「認知方法」二面向，論述陸賈與賈誼的知識理論；李增先生〈董仲舒知識論之研究〉則從「知之主體」與「知之對象」之類別與範圍，論述董仲舒公羊學下的知識理論。揚雄之知識理論雖無專篇研究論著，然正如前引，曾春海先生認為揚雄所論「認知心」具有「感通」之認識能力。以上皆無疑可以作為本書之研究對象。

　　至於《新序》、《說苑》與《列女傳》，則尚須確認其思想性質。《漢書‧楚元王傳》載曰：

向睹俗彌奢淫，而趙、衛之屬起微賤，踰禮制。[一] 師古曰：「趙皇后、昭儀、衛婕妤也。」向以為王教由內及外，自近者始。故採取詩書所載賢妃貞婦，興國顯家可法則，及孽嬖亂亡者，[二] 師古曰：「孽，庶也。嬖，愛也。嬖音必計反。」序次為《列女傳》，凡八篇，以戒天子。及采傳記行事，著《新序》、《說苑》凡五十篇奏之。數上疏言得失，陳法戒。書數十

上，以助觀覽，補遺闕。[59]

本傳申述及《列女傳》用語為「序次」，而《說苑》、《新序》則用「著」；徐復觀先生辨曰：

> 前引〈劉向傳〉對《列女傳》則言「序次」，序次云者，編訂其次序之謂。所以《列女傳》，劉向只是根據材料，分類編訂其次序；除「頌」外，向未加意見。《新序》、《說苑》則言「著」，與〈讒疾〉八篇是「依興古事」；而《新序》、《說苑》是「采傳記行事」，這是直接受到韓嬰《詩傳》的影響。但在傳記行事之外，必加入有他自己的意見；甚至是以自己的意見為主導地去採傳記行事，始可謂之著。[60]

歷代學者亦多持此論，所謂「著」非為「獨創」亦非僅「編纂」，而是從古籍中采擷而提煉或賦予道德教化意義，如曾鞏《新序‧序》所述：「蓋向之序此書，於今最為近古，雖不能無失，然遠至舜禹，次及於周秦以來古人之嘉言善行，亦往往而在。要在慎取而已」[61]，王應麟《玉海》亦論《新序》、《說苑》曰：「向采傳記行事，著《新序》、《說苑》凡五十篇。」[62] 可知「著」已隱含其對史事的接受、解釋與重述。對此三種論著，學界雖無從「知識理論」視角以論者，然從西漢初期援引史事之「過秦」傳統，可知西漢之史事詮釋對政教實踐之典範作用。且在董仲舒以降的「天道觀」中，歷史發展與君王受命亦均展現了「天」之道德意志。若如前論，「天道」為西漢儒家

59　（漢）班固著、（唐）顏師古注：《漢書‧卷三十六‧楚元王傳》，頁1957。

60　徐復觀：《兩漢思想史‧卷三‧劉向《新序》《說苑》的研究》，頁62。

61　（宋）曾鞏著：《元豐類稿‧卷十一‧序‧新序目錄序》，收入（清）紀昀編：《文淵閣四庫全書‧子部》（臺北：臺灣商務印書館，1983年），頁2。

62　（宋）王應麟：《玉海‧卷五十五‧藝文》，收入（清）紀昀編：《文淵閣四庫全書‧子部》，頁8。

知識理論之究極知識，則「史」即為一重要「知之對象」。為縝密觀察史事作為「知之對象」的作用，並較完整呈現《漢書‧藝文志》所錄〈六藝略〉與〈諸子略‧儒家〉所涵括的儒家思想內涵，筆者亦擬將之與《漢書‧五行傳》所載劉向〈尚書五行傳記〉合觀，注意「天道觀」與其史事書寫之關聯；且與司馬遷《史記》合觀，論述人透過認識史事的過程而達到「究天人之際」之認識目的。

由此，本書主要研究對象凡陸賈《新語》、賈誼《新書》、董仲舒《春秋繁露》、〈賢良對策〉、揚雄《法言》四家，並參照《史記》、《漢書》與劉向諸著以及相關詔命奏議，歷時性地全面考察以「天道」為根源之知識內涵、「知之主體」之認知能力、「知識之思維與名言表達方式」與「知識形成過程」等四項論題。

筆者將先論西漢諸儒以「天道」為根源的知識內涵；再扣合西漢思想與經學發展脈絡，呈現每個時期的思想特色。西漢前期，陸賈與賈誼呈現黃老治術下的儒家知識理論，其「氣論」與「氣感之知」等論題皆呈現黃老風貌，且影響後世甚鉅；董仲舒身為獨尊儒術的倡議者，其知識理論透顯出強烈的公羊學特質，建構精密的理性認知方式，鋪展體大慮周的知識形成過程，展現繁複的公羊微言義例。西漢晚期，讖緯大興，揚雄觝排讖緯，提出「潛」於六藝的知識形成過程，開展一種清明而幽邃的「心一氣」狀態，以及各是其是的人物美學姿度，與魏晉玄學有可相詮之處。透過這一系列的論述，冀能較全面地勾勒出西漢儒家知識理論重要論題之發展，並與現代認知理論、心理學理論與現代倫理學互觀，開顯出此論題對當代的意義與價值。

第二章 究極於「天道／道」之知識類別與內涵

　　西漢儒者甚為重視「天道」概念，誠如徐復觀先生所論，西漢天道理論脈絡與規模大致完成於董仲舒所論「天之哲學」。[1] 這套哲學有其淵遠流長的發展脈絡，且西漢諸子對「天道」概念之界定與運用各有殊別，需先釐清其義，方能討論以「天道」為究極知之對象之知識類別。

　　學界多依甲骨卜辭所載，認為孔子以降先秦儒家所論具有道德性質之「天」源於西周初期[2]，《詩經・大雅・文王》中，清晰地展現周人「天」的概念：「文王在上、於昭于天。周雖舊邦、其命維新」、「侯服于周、天命靡常」，陳來先生論曰：「周人的理解中，天與天命已經有了確定的道德內涵，這種道德內涵是以敬德和保民為主要特徵的」[3]，「敬德」與「保民」皆連結於「人」的道德修為與實踐，暗示唯有德者方能蒙天所授，承繼天命。孔子以降的儒家，常以「天」或「天道」描述「天」之概念，在「敬德」與「保民」的人文宗教內涵上，對此概念開展出突破性的道德創造。[4] 如《論語・陽

1　徐復觀先生：《兩漢思想史・卷二・先秦儒家思想的轉折及天的哲學的完成》：「他（董仲舒）由此而把陰陽四時五行的氣，認識天的具體內容，伸向學術、政治、人生的每一個角落，完成的天的哲學的大系統，已形成漢代思想的特性。可以說在董仲舒以前，漢初的思想，大概是傳承先秦思想的格局，不易舉出他作為漢代思想的特性。漢代思想的特性，是由董仲舒所塑造的」，頁269。

2　此論可參見陳夢家：《殷墟卜辭綜述・第十七章：宗教》：「西周時代開始有了天的概念，代替了殷人的上帝，但上帝與帝在西周金文和周書、周詩中仍然出現。」（北京：中華書局，1988年），頁562。

3　陳來：《古代宗教與倫理──儒家思想的根源・第五章：天命》（北京：三聯書局，1996年），頁168。

4　余英時：《中國知識階層史論・古代知識階層的興起與發展》援引韋伯、派森斯等學者的論述，以「哲學的突破」（"philosophic breakthrough"）一概念，說明「對構成人類處境之宇宙的本質發生了一種理性的認識，而這種認識所達到的層次之高，則是從來未曾有的。與這種認識隨而俱來的是對人類處境的本身及其基

貨》論「天」之概念曰:「天何言哉?四時行焉,百物生焉,天何言哉」,此可與〈述而〉:「天生德於予,桓魋其如予何」,以及〈子罕〉所載子畏於匡曰:「天之將喪斯文也,後死者不得與於斯文也,匡人其如予何」並觀。在第一則中,孔子肯認「天」具有生育長養萬物而為萬物根源的形上意蘊,孔子並非客觀論述「天之生化作用」,從〈先進〉所載孔子欣悅於曾皙所述:「浴乎沂,風乎舞雩,詠而歸」的意態,即見孔子乃是將自身入「天」之孕育之中,體證身心為渾然天道之大化流行,而生發「天生德於予」與「斯文不喪」的參贊化育之德。[5]

若孔孟儒家肯認作為道德主體之「人」透過參贊化育向上與生生化育之「天」或「天道」相連結,使吾心與萬物皆遍潤於其化育流行中;則老、莊則肯認一超越形名而作為萬物根源之「道」。學界對「道」的闡釋,可歸納為三條主要脈絡,一為「形上實有型態」,二為「主觀境界型態」,三為「存有根源型態」。

首先,在「形上實有型態」上,學界常宇宙論式地推闡「道」作為生化萬物的形上本體,而「德」則為「道」透過生化作用,分化而為萬物內在的本然質性,如徐復觀先生論《老子》由「道」至「德」的生化作用曰:「德是道的化分,萬物得道之一體以成形,此道之一體,即內在於各物之中,而成為物之所以為物的根源;各物的根源,老子即稱之為德。」[6]然而,這條脈絡固然能描述萬物形質與生化的

　　本意義有了新的解釋。」(臺北:聯經出版事業公司,1993年)余先生認為先秦學術由「王官學」轉為「百家言」,賦予傳世典籍以嶄新的精神與德行修為與實踐的意義,即展現出這種哲學的突破。

5　此論可參見唐君毅:《中國哲學原論——原道篇·第二章:孔子之仁道(下)》:「孔子於天,雖不重其人格之義,然於此命仍有舊義。其即義見命,即直接於人之知其義之所當然者之所在,見天之命令召之所在,故無義無命,而人對此天應之知之為之俟之,即人對天命之直接的回應」,頁117。

6　徐復觀:《中國人性論史·先秦篇》,頁337。在《莊子》道論上,主張「形上道體」者如劉笑敢先生《莊子哲學及其演變》:「莊子的道是世界的根源和依據,道的主要特點是絕對性和無目的性。道是絕對化的構想的產物。萬物是有條件的,道是無條件的;萬物是暫時的,道是永恆的;萬物是個別的、相異的,道是

根源，卻容易產生一個疑義，即袁保新先生的殷殷探問，若萬物皆根源於形上道體，為何萬物在形下世界所展現的實際狀態，與「道」透過生化作用內在於形下萬物的應然理序，會出現劇烈的鴻溝？

這種形上與形下兩橛緊繃，在牟宗三先生的「主觀境界型態」的理論脈絡中已有緩解，如其從體道者之冲虛玄德，論王弼《老子注》中「道」之主宰性、先在性與長存性，其論曰：「故其無外之客觀的廣被，絕對的廣被，乃即以此所親切實證之冲虛而虛靈一切，明通一切，及如此說為萬物之宗主」[7]，循此，人在虛靈一切、明通一切的體證修為中，能自然而然地不恃、不載、不有，無偏執地觀照萬物，而泯除形下世界的失序狀態，向上遍潤於「道」。

然而，此論亦隱沒住《老子・四十二章》：「萬物負陰而抱陽，冲氣以為和」的氣化作用；故當代學者透過與海德格哲學的對話，開顯出一條「即存有即開顯」的存有根源詮釋理路，此概念地呈現於《莊子・齊物論》所論：「吹萬不同，而使其自己」之天籟敘述中；「天籟」並非在「萬物」之上別立一生化萬物的形上之「道」，而是「萬物」在各如其如地開顯自己的過程中，展現出「道」之秩序性與生化作用，而「萬物」即在此過程中，各別且交絡地呈現一種蓬勃的生機與普遍的自發理序。[8] 此論雙向存保人的冲虛修為，以及萬物各在其自己的本然質性，使天人物我皆能融會於即存有及開顯的「道」之生化作用中，自然透顯出一種和諧的動態理序，而調和「形上道體」與「主觀境界型態」的困結，為一較周全的詮釋視角。更重要的

普遍的、無差別的；萬物是感性的存在，道是超驗的實體。」（北京：中國人民大學出版社，2010年），頁115。

7　牟宗三：《才性與玄理・王弼之老學》，頁151。

8　此論可參見賴錫三：《當代新道家──多音複調與視域融合・第一章：後牟宗三時代對《老子》形上詮釋的評論與重塑》：「道家式的存有論本身，乃是即存有即開顯的歷程，換言之，存有即展現為存有物的豐盈，而這個存有物的豐盈歷程，即是存有的大用流行自身。用道家話說，道是物之物化的豐盈，而這個物之物化的豐盈，其實就是道家的氣化流行，就是通天下一氣耳。道之開顯即氣化流行本身，不可在氣化的大用流行之外，別立一個道體來作為氣化開顯的根據。」（臺北：臺大出版中心，2011年），頁70。

是，在這條脈絡中，「道」亦能透過氣化運作而顯現，這就為戰國時期理脈漸豐的氣化理論，鋪墊出一條合宜的詮釋視角。

在戰國中晚期列強競逐的政治風氣下，以道生法，以氣論道，道法結合的「黃老」君術應運而生[9]，在兼容並蓄的黃老思想中，老子無形無名的「道」，被豐盈地充實為「氣化生成」的作用，而此作用不僅納入萬物的形質，更納入人類社會中約定俗成的法理秩序，使之融合為一個深層「人道」、「治道」與天地萬物運行生化法則的「道」之概念，即史華茲（Benjamin I. Schartz）所論「相關性宇宙論」的成熟狀態。[10]

戰國末年《呂氏春秋》除著重於兼融「道法」二家外，更並採眾家，而更貼切於司馬談〈論六家要旨〉對道家的說明，其論曰：

> 道家使人精神專一，動合無形，贍足萬物。其為術也，因陰陽之大順，采儒墨之善，撮名法之要，與時遷移，應物變化，立俗施事，無所不宜，指約而易操，事少而功多。[11]

---

9 陳麗桂先生：《戰國時期的黃老思想‧第一章：黃老思想的起源——從黃帝傳說推測》論「黃老思想」兼容各家的思想底蘊曰：「陰陽家一系原本深具滲透力，黃老道家一系則是先天調和的本質。兩系同時發展，黃老道家攝取了陰陽家的陰陽、精氣理論，去充實其刑德說，解釋那個無為的道體，以豐富其思想內容。」（臺北：聯經出版事業公司，1991 年），頁31。

10 （美）班傑明‧史華茲（Benjamin I. Schartz）著、成綱譯：《古代中國的思想世界》論「相關性宇宙論」曰：「處於相關性宇宙論的基本預設，大致是在人類現象與自然現象的類同關係之中，通過始其向著自然界的循環、韻律與格式『看齊』，以發現控制人類文明以及人類個性生命的手段。與老子截然相反，高級文明的範疇以及計畫，由於被看成是宇宙結構自身的一部分，從而被相關性宇宙論完全接受下來。他採用的基本預設是：自然界既親密而又符合天意地蘊藏於人類的事物之中。」（南京：江蘇人民出版社，2003 年），頁369。此處化解了《老子》：「絕聖棄智」等反的邏輯，而將「聖」與「智」這類致使文明高度發展的概念，也被蘊含於「道」的脈絡下，成為「天道—人道」相互符應的理想社會體制。

11 （漢）司馬遷著、（劉宋）裴駰集解、（唐）司馬貞索隱、（唐）張守節正義：《史記‧卷一百三十‧太史公自序》，頁3289。

黃老思想結合道法，兼採百家之善，以萬物根源之「道」作為君王治術與人間法理的原理，並以「君術」與形神修養為核心理論，展現戰國末期以來學術會通的思想趨勢；「黃老思想」在學術發展的脈絡中與各家融合。

從「天道觀」觀之，《呂氏春秋》有較《管子》更細緻的氣化生成過程，如〈仲夏記・大樂〉曰：「太一出兩儀，兩儀出陰陽。陰陽變化，一上一下，合而成章。渾渾沌沌，離則復合，合則復離，是謂天常」[12]，是由陰陽二氣氤氳交合，摶聚天地萬物，陳述形上道體「太一／道」[13]，剖判陰陽二氣而生化萬物的作用。

有趣的是，戰國時期的黃老思想已肯定人具有把握天道內涵的能力，如《黃帝四經・道法》開篇即曰：「道生法」[14]，《管子・心術》亦曰：「事督出乎法，法出乎權，權出乎道。」[15] 從「知識理論」觀之，這等於強調人對「道」內涵之把握，白奚先生《稷下學研究》從「認識理論」論述《十大經・成法》：「夫唯一之不失，以一驅化，以少知多」、〈道原〉：「得道之本，握少以之多」，曰：「這就是說，沿著道生萬物的過程從萬物返溯上去，就可以由多追溯到一，把握最根本的道，獲得最高的知識，便可以握一以知多，遍知天下而不惑。」[16]

《呂氏春秋》亦常描述人透過把握「道」而知天地萬物發展的動向，如〈審分覽・君守〉：「得道者必靜。靜者無知，知乃無知，可

---

12 （漢）高誘注、（清）畢沅校：《呂氏春秋・卷五・仲夏記：大樂》，收入《諸子集成》（北京：中華書局，2006年），頁48。

13 （漢）高誘注、（清）畢沅校：《呂氏春秋・卷五・仲夏記：大樂》下文將「太一」釋為「道」曰：「道也者，至精也，不可為形，不可為名，彊為之謂之太一」，頁48。

14 陳鼓應：《黃帝四經今注今譯：馬王堆漢墓出土帛書》（北京：商務印書館，2007年），頁2。

15 （清）黎翔鳳注：《管子校注（下）・卷十四・心術》（北京：中華書局，2004年），頁758。

16 白奚：《稷下學研究・稷下的主流學派黃老之學》（北京：三聯書局，1998年），頁116。

以言君道也」、「夫一能應萬，無方而出之務者，唯有道者能之」[17]，此處將「得道」詮解為一種至靜的身心狀態，在寂靜的狀態下，人如《老子‧十六章》所論「致虛極，守靜篤，萬物並作，吾以觀復」[18] 所述，虛靜之心觀照萬物細微的動向，展現黃老思想對老學的吸收。

無獨有偶，從〈易傳〉所論知識內涵的「形成」觀之，《易傳》較稷下先生的精氣觀，更重視仰觀俯察之經驗所構成的知識，〈繫辭〉開篇即曰：「聖人設卦觀象，繫辭焉而明吉凶，剛柔相推而生變化」，八卦與重卦之卦象，來自聖人觀察的經驗知識，而聖人從經驗知識所抽繹而構造出的人倫秩序即根源於此天道理序。由「認識行為」觀之，人透過對卦象的認識理解天道秩序，而洞察天地萬物幾微的變化，故下文曰：「與天地準，故能彌綸天地之道。仰以觀於天文，俯以察於地理，是故知幽明之故」[19]，此知「天地之道」亦為《易傳》所強調的究極知識，然有別於老學無形無名的「道體」，《易傳》更重視聖人仰觀俯察而類推於人世所展現以「天道」為根源之「人文化成」向度。

這種包羅廣大的「天道」思想被西漢儒者吸納並賦予道德內涵，意即根源於「天道」的人類社會，本應流顯出一種溫厚敦樸、尊卑井然的倫理秩序。如西漢前期，陸賈《新語》首篇〈道基〉開篇即論陰陽二氣生化天地萬物，萬物在運行中自然透顯出一活潑的理序，此理序被描述為「道」，而「先聖」仰觀俯察天地萬物生生化育與運行規

17　（漢）高誘注、（清）畢沅校：《呂氏春秋‧卷十七‧審分覽：君守》，頁201、202。

18　（魏）王弼注：《老子注‧十六章》：「以虛靜觀其反復。凡有起於虛，動起於靜，故萬物雖並動作，卒復歸於虛靜，是物之極篤也。」（北京：中華書局，2006年），頁9。此論涵括「體道者」以虛靜觀萬物之復，以及「萬物動作，終歸於靜」之天道理序二重脈絡。本文既立足於「道」為究極知識，則人應虛靜觀萬物之復，方能把握「道」，故著重第一條脈絡。

19　（魏）王弼注、（唐）孔穎達疏《周易注疏‧繫辭上》，收入（清）阮元審定、盧宣旬校：《重刊宋本十三經注疏》，影印嘉慶二十年江西南昌府學開雕本（臺北，藝文印書館，1993年），頁146。

律，以定「人道」，而人道的內涵則為「父子之親，君臣之義，夫婦之道，長幼之序」，君王簡拔人才，依「人道」治理、教化天下，而立「王道」；在此脈絡下，「人道」與「王道」皆根植於天地萬物生化與運行之「道」。

　　不同於陸賈從天地萬物運行的律則描述「道」，賈誼則哲理性地推闡「道」作為萬物生化之根源，如〈道德說〉所論「道者無形，平和而神。道物有載物者，畢以順理和適行」，以「無形」描述「道」呈現西漢初期受黃老思想浸潤的學術風氣，「順理」與「適行」描繪出萬物生化運行中自然呈現井然的理序，萬物皆依此理而行。這種理序同樣也展現於賈誼所論人之理想身心修為中，〈道術〉即論：「道者，所從接物也。其本者謂之虛，其末者謂之術。虛者，言其精微也，平素而無設施也。術也者，所從制物也，動靜之數也。凡此皆道也」，將「本者謂之虛」與「道者無形，平和而神」互觀，可知人透過在與天地萬物與人世之居處間，體驗「無形之道」方能虛靜制物。

　　至於西漢中葉，董仲舒結合黃老思想、公羊學以及先秦至漢初的信仰，建構龐大縝密的「天道」體系；《春秋繁露·深察名號》：「天有陰陽禁，身有情欲栣，與天道一也」，將萬物生化形體構造之根源歸納為「天道」，此亦見於君前奏對〈賢良對策〉中：「天道之大者在陰陽。陽為德，陰為刑；刑主殺而德主生」[20]，可見萬物生化與運行所自然透顯出的理序被稱為「天道」。董氏天道理論最為特殊者，莫過強調天之「意志」，結合「陰陽」與「五行」，並與地理方位、天文現象與氣象消息相比配，且統合於「春王正月」的架構下，而透顯出一種比附而成的「神秘秩序」[21]。在哲學史的脈絡中，形成

20　（漢）班固著、（唐）顏師古注：《漢書·卷五十六·董仲舒傳》，頁2502。

21　董仲舒天道觀所具「神秘秩序」的概念，可參見鄧紅先生：《董仲舒思想研究·天道篇》：「對人類來說，天之自然存在和自然理法，不單左右人類的自然生活，也顯示了一種神秘的秩序。故人類，特別是人類社會的支配者君王，必須效法這個神秘的秩序，『法天之行』，創造人類社會的秩序。董仲舒明確了自然天理法和人道的神秘的因果關係。」（臺北：文津出版社，2008年），頁31。

「天道觀」之理論元素較先秦至西漢前期所有天道理論更加複雜，且影響西漢中期以降之儒家諸子，故徐復觀先生認為董仲舒乃是西漢以降「天」之哲學的完成者。[22] 至於西漢晚期，揚雄《法言》設〈問道〉一章，其開篇論曰：「或問『道』。曰：『道也者，通也，無不通也。』」[23] 可見六藝典籍與存有萬物所自然透顯出的原理，被揚雄稱為「道」。

由此觀之，西漢儒者所論「天／天道」應包絡三重脈絡：其一為萬物透過陰陽二氣生化與運行之理序；其次，同樣稟氣而生的人與人所構成的人世在理想的應然狀態下，亦應流顯出天道理序，如此，人世運行「人道」亦含括於天道概念中；其三，西漢諸儒常認為人之道德修為與君王治道皆應呈顯天道理序，如此，「王道」、「道術」等概念亦應涵括於「天道」的概念中，形成西漢體系恢弘且深具道德性的「道／天道」理論規模。

一、「道／天道」之可知性

確立「天道」一詞涵括氣化理序、人世理序、人之修為與君王道術後，即可接續討論下一論題：「天道」是否可知？「知之主體」既具感知能力、氣化感通能力與理性認知能力，這些能力是否能把握天道之完整內涵？若可，則「天道」既為究極的知之對象，則西漢儒家諸子如何歸類以「天道」為根源之知識內涵？筆者將從西漢「求言詔」之治術需求，以及西漢諸儒對天道可知性之觀點，探討西漢儒家諸子對天道可知性之探討。

---

22 徐復觀先生認為董仲舒之天道觀承繼《呂氏春秋》，且構成縝密的體系，其《兩漢思想史・卷二・先秦儒家思想的轉折及天的哲學的完成》論曰：「到了董仲舒，才在天的地方，追求實證的意義，有如四時、災異。更以天貫通一切，構成一個龐大的體系。他這不是直承古代天的觀念發展下來的，而是直承《呂氏春秋》十二紀首的格套、內容，發展下來的」，頁371。

23 （漢）揚雄著、汪榮寶疏：《法言義疏・六・問道》，頁109。

（一）從求言詔「知天道」之治術需求

考察西漢諸子論「天道」之可知性前，可從西漢「求言詔」側面觀察當時「知天道」的治術需求，而可推測「天道」為極受重視的知識領域。「天道」既含括萬物生化與運行的律則，天文地理與萬物之變異亦含括於這套律則之中；自黃老治國之文景時期，至武帝獨尊儒術以降西漢中晚期君王，皆常於災異現象發生後，詔求解者而舉為「賢良方正」。如文帝〈日食求言詔〉曰：

> 乃十一月晦，日有食之，適見于天，菑孰大焉！朕獲保宗廟，以微眇之身託于兆民君王之上，天下治亂，在朕一人，唯二三執政猶吾股肱也。朕下不能理育群生，上以累三光之明，其不德大矣。令至，其悉思朕之過失，及知見思之所不及，匄以告朕。及舉賢良方正能直言極諫者，以匡朕之不逮。[24]

宣帝以降，隨著災異思想逐漸興盛，舉知解災異者為「賢良方正」之詔更繁，如〈地震詔〉曰：

> 蓋災異者，天地之戒也。朕承洪業，奉宗廟，託于士民之上，未能和群生。乃者地震北海、琅邪，壞祖宗廟，朕甚懼焉。丞相、御史其與列侯、中二千石博問經學之士，有以應變，輔朕之不逮，毋有所諱。[25]

元帝初元二年三月〈災異求言詔〉亦曰：

> 天惟降災，震驚朕師。治有大虧，咎至於斯。夙夜兢兢，不通大

24　（清）嚴可均編：《全上古三代秦漢三國六朝文‧全漢文‧文帝》，頁133。
25　（清）嚴可均編：《全上古三代秦漢三國六朝文‧全漢文‧宣帝》，頁154。同樣地，隔年又因地震詔曰：「乃者九月壬申地震，朕甚懼焉。有能箴朕過失，及賢良方正直言極諫之士以匡朕之不逮，毋諱有司」，頁154。

變，深惟鬱悼，未知其序。間者歲數不登，元元困乏，不勝饑寒，以陷刑辟，朕甚閔之。郡國被地動災甚者毋出租賦。赦天下。有可蠲除減省以便萬姓者，條奏，毋有所諱。丞相、御史、中二千石舉茂材異等直言極諫之士，朕將親覽焉。[26]

此外，《漢書·元帝紀》亦記載其於初元三年六月特別詔舉明災異者曰：

蓋聞安民之道，本繇陰陽。間者陰陽錯謬，風雨不時。朕之不德，庶幾群公有敢言朕之過者，今則不然。媮合苟從，未肯極言，朕甚閔焉。永惟烝庶之饑寒，遠離父母妻子，勞於非業之作，衛於不居之宮，恐非所以佐陰陽之道也。其罷甘泉、建章宮衛，令就農。百官各省費。條奏毋有所諱。有司勉之，毋犯四時之禁。丞相御史舉天下明陰陽災異者各三人。[27]

此知當時君王相當重視「天道」知識，甚以具備「天道知識」為選舉任官的條件。[28] 而《漢書·儒林傳》曾論博士與利祿的關聯曰：「自武帝立五經博士，開弟子員，設科射策，勸以官祿，訖於元始，百有餘年，傳業者寖盛，支葉藩滋，一經說至百餘萬言，大師眾至千餘人，蓋祿利之路然也。」[29] 這種關聯亦可延伸至「明陰陽災異」而詔

---

26 （清）嚴可均編：《全上古三代秦漢三國六朝文·全漢文：元帝》，頁161。

27 （漢）班固著、（唐）顏師古注：《漢書·卷九·元帝紀》：「漢興推陰陽言災異者，孝武時有董仲舒、夏侯始昌，昭、宣則眭孟、夏侯勝，元、成則京房、翼奉、劉向、谷永，哀、平則李尋、田終術。此其納說時君著明者也」，頁284。

28 韓復智：〈東漢的選舉〉論曰：「不定期的選舉，也可稱為特科，以賢良、方正、文學高弟與直言、極諫為最多。此外，有明當世之務、習聖賢之術、茂才異等、明災異陰陽、勇猛知兵法、治河、使絕域及通曆算本草者等等。賢良方正的察舉，主要為開直言之路，所以常在災異之後，被舉者多為現任官吏。」其雖論「東漢選舉」之項目，但此風氣於西漢首開其端，而其中「明災異陰陽」即為「天道知識」的內涵。《臺大歷史學報》4期（1977年5月），頁19。

29 （漢）班固著、（唐）顏師古注：《漢書·卷八十八·儒林傳·房鳳·贊》，頁

舉「賢良方正」、「直言極諫」，「明陰陽災異」者既有任官機會，則在經術致用的風氣下，比附經義而探究天道知識、推闡天道理論的風氣即逐漸興盛。《漢書》所載從經義推陰陽災異而求致用者，元成以降猶多[30]，可見君王對災異現象的重視，是導致「天道知識」成為西漢儒家知識之核心內涵的因素之一。

其次，從儒家諸子論著觀之，不論是黃老治術下的陸賈、賈誼，或諫議武帝獨尊儒術的董仲舒，乃至西漢晚期之揚雄，常推闡出「天道／道」為「究極」知識。「究極」的意義，由知識內容觀之，六藝知識所推拓出的各種領域與內容，其內涵皆以「天道／道」為根源；從認知目的觀之，認知六藝知識之最終目的，為把握「道／天道」內涵；從知之過程觀之，人透過體知修為所臻至的身心狀態，與實踐至自身或推拓至政教之行為與措施，均為「道／天道」的體現。

（二）西漢諸儒對「道／天道」可知性之討論

西漢君王既將「天道」視為重要知識，則西漢諸儒如何看待此論題？陸賈與賈誼多循《周易‧繫辭》「仰觀俯察」的脈絡，認為人能抽繹經驗知識而向上把握天道法則。董仲舒更重視作為「素王大法」的六藝內容，認為人能透過認知典籍而把握天道內涵；揚雄則甚重視從六藝中抽繹出「個人」體悟之天道知識；如此，「天道」即非人不能觸及的隱微或神秘的律則，而是可共認知、共修為、共實踐，且指引各種生命處境的活生生的知識。[31]

3620。

30　（漢）班固著、（唐）顏師古注：《漢書‧卷七十五‧眭兩夏侯京翼李傳：李尋傳》，頁3179。

31　關於西漢儒者所論「道」為能具體啟導人實際生活的「知識」，學界已有深論，如余英時先生：《中國知識階層史論‧古代知識階層的興起與發展》論「道」之「人間性」曰：「中國道的人間性更有一個特點，即強調人間秩序的安排。司馬談說的最明白：『夫陰陽、儒、墨、名、法、道德，此務為治者也』可見先秦諸子，包括講『堅白異同』的名家在內，最後都歸結到治國、平天下之道上去。」（臺北：聯經出版事業公司，1980年），頁56-57。其雖以先秦諸子為例，然所舉者乃為司馬談之論，可見漢初對「道」之知識的觀點亦承先秦諸子而來。

西漢前期黃老思想下的儒家諸子既常以「道」一名言概念，表達作為萬物根源之「道」。陸賈《新語》首篇〈道基〉論曰：

> 傳曰：「天生萬物，以地養之，聖人成之。」功德參合，而道術生焉。故在天者可見，在地者可量，在物者可紀，在人者可相。於是先聖乃仰觀天文，俯察地理，圖畫乾坤，以定人道，民始開悟，知有父子之親，君臣之義，夫婦之道，長幼之序。於是百官立，王道乃生。[32]

　　首段引文中，「天生萬物，以地養之」勾勒出「道」透過陰陽二氣生化萬物的歷程，而「聖人成之」與「功德參合，而道術生焉」合觀，可鋪展出透過聖人的政教實踐，使天道秩序自然落實為人間倫理秩序，「道術」呈現「由道至術」的實踐過程，這也開啟一個觀察視角：即人透過對「道」之內涵的把握，而實踐於具體的政教措施上，此亦說明「道」之內涵乃是可知的。

　　職是，第二則引文所論「故在天者可見，在地者可量，在物者可紀，在人者可相。」則明白呈現「道」之可知性，乃是透過天地萬物的實體物與人倫秩序展現出來；這種「可知性」，亦說明人可透過「心」統攝知覺官能「仰觀俯察」的感知能力，把握萬物形貌、質性與狀態，構成與萬物實體相關的經驗知識；而「圖畫乾坤，以定人道」則說明「心」能將天道生化的過程透過歸納與類推的能力建構為易卦，如此，「道」內涵即為可感知、認知的知識。

　　賈誼《新語》所論「道」脈絡更為細膩，他肯認「道」為萬物之根源，而「道」的內涵，則透過萬物的存有狀態、運行規律與人間的倫理秩序呈現出來；徐復觀先生論曰：

> 〈六術〉篇與〈道德說〉篇，是賈誼融合儒道法思想，將老子的

32　（漢）陸賈著、王利器注：《新語校注・卷上・道基》，頁1、5、9。

「道生之，德畜之」的創生立誠，再加入《韓非子・解老》篇所提出的理的觀念，再接上儒家「天命之謂性」的基本思想，一直落實到六藝之上，以組成由道家之道到儒家的六藝的大系統，使道的創生歷程，得到更大的充實；使道的形上性格，很堅確地落實於現實世界的人生價值之上。[33]

徐先生已指點一條透過認知「六藝」內容而把握「道」之內涵的途徑，而此認知途徑可細分為三個層次：首先，在「道」作為萬物根源的面向上，〈道德說〉論曰：

> 物所道始謂之道，所得以生謂之德。德之有也，以道為本，故曰道者德之本也。德生物，又養物，則物安利矣。安利物者，仁行也。仁行出於德，故曰仁者德之出也。德生理，理立則有宜適之謂義。義者，理也，故曰義者德之理也。[34]

其次，「道」透過陰陽二氣肇生萬物，二氣構成萬物形體，並內化於體內，構成萬物質性，這種質性即為「德」。此即指引出一條透過「心」統攝知覺官能，感知外物，而形成經驗知識的知識形成途徑。而第三個層次為「心」從經驗知識中，提取並歸納出仁、義等天道之道德性意涵，而這些意涵被載錄於「六藝」中。故此，認知六藝可把握天道法則。陸賈與賈誼皆肯認天道內涵可透過「心」統攝知覺官能所構成的經驗知識，以及「心」根據經驗知識而抽繹、歸納出的原理原則而認知之、理解之、實踐之。

西漢前期諸儒既已稍提及人可透過結合感知、認知與體知、氣化感通等途徑認識六藝典籍知識而把握天道內涵，董仲舒則將《春秋》與天道思想相互配合推闡，更縝密地鋪陳天道的可知性，如〈賢良對

---

33 徐復觀：《兩漢思想史・卷二・賈誼思想的再發現》，頁157。
34 （漢）賈誼著、閻振益注：《新書・卷八・道德說》，頁327。

策）釋《春秋・隱公元年》所載「春王正月」曰：「臣謹案《春秋》之文，求王道之端，得之於正。正次王，王次春。春者，天之所為也；正者，王之所為也」[35]、《春秋繁露・俞序》：「仲尼之作《春秋》也，上探正天端，王公之位，萬物民之所欲，下明得失，起賢才，以待後聖」[36]，在素王大法的觀點中，孔子受命以微言載錄天道於《春秋》中，人透過理解《春秋》而認知天道秩序。

同樣地，《春秋繁露・玉杯》亦論曰：

> 《春秋》論十二世之事，人道浹而王道備。法布二百四十二年之中，相取左右，以成文采。其居參錯，非襲古也。是故論《春秋》者，合而通之，緣而求之，五其比，偶其類，覽其緒，屠其贅，是以人道浹而王法立。[37]

引文可與〈玉杯〉前文：「《春秋》之法，以人隨君，以君隨天」互觀，勾勒出「人道」與「王道」皆為「天道秩序」之具體展現，而這種秩序即被載錄於《春秋》中。從孔子素王「為漢立法」的面向觀之，〈賢良對策〉論曰：「孔子作《春秋》，先正王而繫萬事，見素王之文焉」，〈重政〉亦論曰：「惟聖人能屬萬物於一而繫之元也，終不及本所從來而承之，不能遂其功。是以《春秋》變一謂之元，元猶原也，其義以隨天地終始也。」[38]「繫萬事」與「屬萬物」說明孔子聖人具有統攝知覺官能構成經驗知識的感知能力，並透過歸納、判斷等思辨過程，從經驗知識中抽繹出經驗知識所體現知「作為萬物根源」的天道法則，且能以文字符號描述此原理；而「緣而求之，五其

---

35 〈賢良對策〉可參見（漢）班固著、（唐）顏師古注：《漢書・卷五十六・董仲舒傳》，頁2501-2502。

36 （漢）董仲舒：《春秋繁露・卷六・俞序》，頁158-159。

37 （漢）董仲舒：《春秋繁露・卷一・玉杯》，頁32-33。

38 （漢）班固著、（唐）顏師古注：《漢書・卷五十六・董仲舒傳》，頁2509；（漢）董仲舒：《春秋繁露・卷五・重政》，頁147。

比，偶其類，覽其緒，屠其贅」亦呈現人能透過「治《春秋》之學」向上認知天道法則之內涵；說明才賦特別精粹的「聖人」，能透過仰觀俯察與抽象的思辯過程，把握全幅天道的內涵。而「中人」則能透過認知六藝內涵，認識天道法則之雙重認知途徑，此兩種途徑皆呈現「天道」可知且為究極的知之對象。

深觀之，董仲舒亦鋪陳出以「感通」把握「天道」的途徑。正如前論，在「人副天數」的理論架構下，「天德施，地德化，人德義。天氣上，地氣下，人氣在其間」[39]，萬物皆為一氣剖判所構成，在陰陽二氣生化萬物，並賦予萬物形體與質性的過程中，同時亦落實天道的道德內涵，故萬物皆為天道秩序之具體彰顯。正如〈玉杯〉所提示的：「《春秋》修本末之義，達變故之應，通死生之志，遂人道之極者也」[40]，「達變故之應」，說明萬物運動，稟氣最靈明的聖人即能感應，而洞察萬物最細緻的理脈、內涵與運作方向；也呈現「中人」能透過理解《春秋》內涵，將之實踐於對萬物的觀照，而把握天道規則的部分理脈。如此，除聖人之外，「六藝」即成為理解「天道」內涵的重要途徑，亦說明「天道」非渺然不可知，而是一可以認知、內化、實踐於生活處境的究極知識。

其三，揚雄《法言》對「道」的描述相當特別；正如前章所論，若將《法言》與《太玄》合觀，則「道」乃是剖判陰陽，肇生天地萬物之形上道體，如《太玄・玄圖》所論：

> 天曲其道，地虺其緒，陰陽雜厠，有男有女。天道成規，地道成矩。規動周營，矩靜安物。周營故能神明，安物故能類聚。類聚故能富，神明故至貴。夫玄也者、天道也，地道也，人道也，兼三道而天名之。君臣、父子、夫妻之道。[41]

39　（漢）董仲舒：《春秋繁露・卷十三・人副天數》，頁354。
40　（漢）董仲舒：《春秋繁露・卷一・玉杯》，頁39。
41　（漢）揚雄著、（宋）司馬光注、劉韶軍點校：《太玄集注・卷十・玄圖》，收入《新編諸子集成》（北京：中華書局，2013年），頁211。

揚雄繼承西漢儒家諸子的天道觀傳統，重視天道落實於人間理序的具體實踐，陰陽剖判後，生化天圓地方的生存場域，萬物在天地場域中生化孕育，長養不息，而自然呈顯一種秩序井然的運作法則，作為人倫綱常的依歸；此可與〈問道〉開篇合觀：「或問『道』。曰：『道也者，通也，無不通也。』或曰：『可以適它與？』曰：『適堯、舜、文王者為正道，非堯、舜、文王者為它道。君子正而不它。』」[42] 值得注意的是，揚雄並未從「天道」化生萬物的視角出發，而是強調天道具體落實在生命處境中的道德法則，而此道德法則，乃是透過「堯舜文王」的史事記載歸納出來的。此亦可稍窺揚雄之見，透過「潛於六藝」[43]，使身心專一沉靜，體悟事件發展的原理原則，乃是認知「天道」的途徑之一。

此外，〈問道〉下文論曰：「道、德、仁、義、禮，譬諸身乎？夫道以導之，德以得之，仁以人之，義以宜之，禮以體之，天也。合則渾，離則散，一人而兼統四體者，其身全乎！」[44] 從人性論觀之，「天道」透過陰陽之氣，賦予人潛在的性善，「道以導之，德以得之，仁以人之，義以宜之，禮以體之，天也」呈現這種「天道」所賦予的善之質性，亦成為一種潛藏「人性」中的規律性，賦予人對「道」、「德」、「仁」、「義」、「禮」有一種與生俱來的趨向性。此可與前文所論人從史事與典籍抽繹出原理合觀，而能說明人可透過具體解悟典籍，抽繹出能具體落實於道德修為與實踐的原則，而透過身心修為與道德實踐，體契「天道／道」。

42　（漢）揚雄著、（清）汪榮寶疏：《法言義疏・六・問道》，頁109。

43　揚雄提出「潛」之修為與認知途徑，（漢）揚雄著、汪榮寶疏：《法言義疏・七・問神》：「或問『神』。曰：『心。』『請問之。』曰：『潛天而天，潛地而地。天地，神明而不測者也。心之潛也，猶將測之，況於人乎？況於事倫乎？』『敢問潛心於聖。』曰：『昔乎，仲尼潛心於文王矣，達之；顏淵亦潛心於仲尼矣，未達一間耳。神在所潛而已矣』」，頁137。至於「潛」之修為與認知途徑，擬詳論於第五章之二、三節。

44　同前注，頁111。

（三）以「天道」為根源之知識分類與內涵

「天道」既為可知的究極知識，一切知識以天道為依歸，則西漢儒家諸子如何歸納知識類別，並界定其內涵？雖然唐君毅先生認為中國學術重視「書籍」的分類，而非「知識學問」的分類，且其選擇的論述對象，乃是從〈七略〉至「四部」之「書目分類」[45]，〈七略〉正如《漢書‧藝文志》所載，本以整理圖書為目的。[46]「書目」與西漢儒家知識理論所涉「以天道為根源之知之對象」有所區別；如透過知覺官能攝取的經驗知識，或氣化感通的體驗，就不見得會載錄於典籍篇章中。故此，若僅透過認知「典籍」，難以把握漢儒心中較完整的「天道」內涵。這個問題甚是複雜，在劉向〈七略〉之前，僅能從西漢儒家諸子著作中，稍微勾勒西漢中期以前對知識的分類及所指涉的內涵。

學界對這個論題相關研究成果不多，拙作〈西漢前期黃老治術下之儒家知識論〉從《史記‧儒林列傳》所載儒學流傳的譜系，稍察漢初陸賈與賈誼所論「知識」類別，乃環繞「六藝」之內涵而開展。[47]李增〈董仲舒知識論之研究〉則依循董仲舒「天有十端」之觀點，將其「知之對象」析分為「知天」、「知地」、「知物」與「知社會科學知識」等四種[48]，可知李先生所論「天」乃是筆者前文所論剖判陰

---

45 唐君毅：《哲學概論（上）‧第二部：知識論》論書目分類曰：「中國歷史上所以重書籍之分類，而不重知識學問之分，其長短得失，甚為易論。本來《七略》中之〈詩賦略〉，即今所謂文學，〈方技略〉即今所謂應用科學，〈兵書略〉即軍事學，〈術數略〉則包括各種占卜星象之術」，頁324。

46 （漢）班固著、（唐）顏師古注：《漢書‧卷三十‧藝文志》：「至成帝時，以書頗散亡，使謁者陳農求遺書於天下。詔光祿大夫劉向校經傳諸子詩賦，步兵校尉任宏校兵書，太史令尹咸校數術，侍醫李柱國校方技。每一書已，向輒條其篇目，撮其指意，錄而奏之。會向卒，哀帝復使向子侍中奉車都尉歆卒父業。歆於是總群書而奏其〈七略〉，故有〈輯略〉，有〈六藝略〉，有〈諸子略〉，有〈詩賦略〉，有〈兵書略〉，有〈術數略〉，有〈方技略〉」，頁1701。

47 西漢前期黃老思想下之儒家知識理論詳見拙作：〈西漢前期黃老治術下之儒家知識論〉，《新竹教育大學人文社會學報》3卷2期（2010年10月），頁1-31。

48 李增：〈董仲舒知識論之研究〉論「知天」曰：「整體之天為超越天地人與萬物者，為是有神之天，則要認識其天心、天意、天志、天命，而天地之天即要認識

陽、肇生天地萬物之「天道」，而知「地」乃是天道剖判陰陽後，所形成之「地理方域」，而萬物即於此場域中孕育長養，生生不息。至於李先生論「知物」，乃是在「天有十端」之天人合一的架構下，認識物之質性、類屬、形式、動力、變化，且「地」與「物」須透過人感官知覺與心對感官知覺的統攝能力方能成為「經驗知識」，故此即可歸納為「仰觀俯察的經驗知識」。

　　李先生界定的「社會科學知識」涵括政治、人倫、教育、習俗、經濟、法律等社會學科，他依循董仲舒所謂天人相應的理論脈絡，認為社會科學知識以天人相應的理論為基礎[49]，從學科分類的視角出發，上引文所論以「天道」為根源之社會規範，可歸類而懸繫於「天道」之下，然而正如董仲舒對以《春秋》為主軸的「六藝」的描述，六藝內容乃是以「天道」為依歸而「為漢立法」的素王聖典，透過六藝認知，應能理解天道落實於社會科學知識的內涵；如此，這類知識應可懸繫於六藝之下，故董仲舒所論知識類別，即可歸納為「天道」與「六藝」。

　　劉哲浩先生亦將揚雄所論「知之對象」析分為「道」、「禮樂」與「法」。他論「道」曰：「道是無不通的形上本體，而此道是堯、舜、文王之正道，非堯、舜、文王者為邪道。」不論其「道」之內涵之殊別，在形上道體與天道秩序的視角上，劉氏所論之「道」與筆者

其天道、天德、天理、天氣、天行、天術、天時、天性等，以便『參天』而與之合符以成天人合一，天人相應。」論「知地」曰：「地與天為『天地』，天為宙，是為時間；地為宇，是為空間。凡是認識主體（主）與被認識客體（客）皆被包括在時間與空間之內。天地覆載，地是空間的支持者……凡『物』被包容於空間之中。地有地方、地域，是空間廣度的展延，是以凡物必須被處於某一區域地方與方位之中。是以凡是要認識『物』，則必須識知物之空間容積與所處之方域之中。」《明道通識論叢》2期（2007年3月），頁35、36。

49 李增：〈董仲舒知識論之研究〉：「這些社會科學所依據的『道理』之本根，即是『天人合一』的形上學架構，亦即是天有十端，『天、地、陰、陽、木、火、土、金、水、人』天之數備也，即使董氏最關注的政治而言，政治的主軸是天子，天子即是天之子，以論證其合法性與權威性，治術之賞罰即依據陰陽，官制即依據五行，政治倫理即依據陰陽貴賤，五行相生的父子關係，官吏數目即依據天數而定制」，頁41。

所論究極之「天道」有一致之處。而在「禮樂」的面向上，其論曰：
「禮樂就是天常，據此天常知道要不要用，要不要增益，則就不會有
多餘或虧損的。因而又深切知道器械、舟車、宮室等文物制度，則理
就可以由自己做起。」[50]「天常」的概念又與前文所論「天道可知
性」相連結，呈現與天道相貫通的倫理秩序；此知學界歸納西漢儒者
所論「知之對象」之內容有三，其一為「天道」，其二為「六藝」典
籍，其三則為禮樂所勾勒出的倫理知識。

　　首先，在陸賈與賈誼所論經驗知識與六藝知識的面向上，二者首
先肯認「天道」為可知的究極知識，又將一切知識類別皆懸繫於「天
道」之下，正如《新語・道基》開篇所論：「故在天者可見，在地者
可量，在物者可紀，在人者可相」，即預設天地萬物皆為人可透過感
官知覺之感知能力，以及認知、思考與判斷能力而形成知識。

　　從知識類別與發展過程觀之，〈道基〉下文論曰：

> 故知天者仰觀天文，知地者俯察地理，跂行喘息，蜎飛蠕動之
> 類，水生陸行，根著葉長之屬，為寧其心而安其性，蓋天地相
> 承，氣感相應而成者也。
>
> 於是先聖乃仰觀天文，俯察地理，圖畫乾坤，以定人道，民始開
> 悟，知有父子之親，君臣之義，夫婦之道，長幼之序。於是百官
> 立，王道乃生。
>
> 民人食肉飲血，衣皮毛；至於神農，以為行蟲走獸，難以養
> 民，乃求可食之物，嘗百草之實，察酸苦之味，教民食五穀。
>
> 天下人民，野居穴處，未有室屋，則與禽獸同域。於是黃帝乃伐
> 木構材，築作宮室，上棟下宇，以避風雨。
>
> 民知室居食穀，而未知功力。於是后稷乃列封彊，畫畔界，以分
> 土地之所宜；闢土殖穀，以用養民；種桑麻，致絲枲，以蔽形
> 體。

---

50 劉哲浩：〈揚雄知識學研究〉，頁83、85。

禮義獨行，綱紀不立，後世衰廢；於是後聖乃定《五經》，明
《六藝》，承天統地，窮事微，原情立本，以緒人倫，宗諸天
地，脩篇章，垂諸來世。[51]

此處提及兩種以天道為根源的知識，其一為透過心統攝知覺官能仰觀
俯察所形成的經驗知識，其次則為「六藝」典籍知識，從「設卦觀
象」與「圖畫乾坤，以定人道」的描述，可知「六藝」內容亦多來自
仰觀俯察之經驗知識，並將此知識歸納為可具體實踐之政教措施與倫
理規範之知識體系。如此，陸賈所論以天道為根源之「知識」，可歸
納為「經驗知識」與「六藝典籍知識」。

相較於陸賈重視「經驗知識」，賈誼則更重視六藝典籍知識，
《新書‧傅職》論曰：

或稱春秋，而為之聳善而抑惡，以革勸其心。教之禮，使知上下
之則；或為之稱詩而廣道顯德，以馴明其志；教之樂，以疏其穢
而填其浮氣；教之語，使明於上世，而知先王之務明德於民
也；教之故志，使知廢興者而戒懼焉；教之任術，使能紀萬官之
職任，而知治化之儀；教之訓典，使知族類疏戚，而隱比馴
焉。此所謂學太子以聖人之德者也。[52]

此文提到兩種主要知之對象，其一為《春秋》、《禮》、《詩》等六
藝典籍，人可透過牟宗三先生所論「具體解悟」之理解途徑，理解典
籍內涵，並具體實踐出「聳善抑惡」、「上下之則」、「親親尊尊」
等道德行為與政教措施上。其次則為「故志」與「語」。閻振益引韋
昭注曰：「故志，謂所紀前世成敗之書」[53]，應可視為「史書」，而

---

51 （漢）陸賈著、王利器注：《新語校注‧卷上‧道基》，頁9-12、18。
52 （漢）賈誼著、閻振益、鍾夏注：《新書校注‧卷五‧傅職》，頁172。
53 同前注，頁176。

「語」可「明於上世」而知先王之政，可知亦為《尚書》之類政書與史書；可見賈誼所論主要「知之對象」乃是以「天道」為根源，而具教化意義之典籍。

其次，在董仲舒所論「六藝微言」的面向上，正如李增先生所提示的，董仲舒所論主要知之對象為「天道」與「六藝」，而「六藝」為「天道」之具體彰顯；在「六藝」的面向上，董仲舒既傳習公羊學，並以《春秋》統攝六藝[54]，其春秋學常呈現《春秋》上通天道，而為漢立法的觀念，可與〈賢良對策〉所論公羊學的概念互觀相詮，如〈俞序〉開篇所論：「仲尼之作《春秋》也，上探正天端，王公之位，萬物民之所欲，下明得失，起賢才，以待後聖。故引史記，理往事，正是非，見王公。」[55] 孔子據魯史而作《春秋》，賦予《春秋》史書之性格，並寄寓褒貶，呈現天道落實於人世之道德法則，故董氏認為總賅六藝的《春秋》為最重要的知之對象。

然而，董氏所傳公羊學，相當重視「微」的概念，「微」涵括二端，其一為《春秋》微言，其二為萬物理序隱微難之，對應於前者，其發展出一套「知微」的認知途徑，而能窮盡地開顯《春秋》經義。面對後者，董仲舒更提出人能透過身心修為而洞澈萬物之質性與細密

---

54 董仲舒以《春秋》統攝六藝之論，可參見（漢）董仲舒著、（清）蘇輿義證：《春秋繁露義證·卷一·楚莊王》：「《春秋》之道，奉天而法古。是故雖有巧手，弗循規矩，不能正方圓。雖有察耳，不吹六律，不能定五音。雖有知心，不覽先王，不能平天下」，頁14。「先王」所指除《春秋》外，更可推拓為諸經。同樣地，（漢）班固著、（唐）顏師古注：《漢書·卷五十六·董仲舒傳》論「獨尊儒術」曰：「《春秋》大一統者，天地之常經，古今之通誼也。……臣愚以為諸不在六藝之科孔子之術者，皆絕其道，勿使並進。邪辟之說滅息，然後統紀可一而法度可明，民知所從矣」，頁2523。其先標舉《春秋》，再論「六藝之科」，並懸繫於孔子之道上，可呈現其認為以《春秋》為主軸之六藝皆孔子素王之道，而有為漢立法的作用。其次，董氏認為以「六藝」為主要知之對象之概念，可參見《春秋繁露·卷一·玉杯》：「君子知在位者之不能以惡服人也，是故簡六藝以贍養之。《詩》、《書》具其志，《禮》、《樂》純其養，《易》、《春秋》明其知。六學皆大，而各有所長」，頁36。
55 （漢）董仲舒著、（清）蘇輿義證：《春秋繁露義證·卷六·俞序》，頁158-159。

精微的發展動向，如《春秋繁露・同類相動》所論：

> 平地注水，去燥就濕，均薪施火，去濕就燥。百物去其所與異，而從春所與同，故氣同則會，聲比則應，其驗然也。試調琴瑟而錯之，鼓其宮則他宮應之，鼓其商而他商應之，五音比而自鳴，非有神，其數然也。
>
> 故聰明聖神，內視反聽，言為明聖，內視反聽，故獨明聖者知其本心皆在此耳。故琴瑟報彈其宮，他宮自鳴而應之，此物之以類動者也。其動以聲而無形，人不見其動之形，則謂之自鳴也。又相動無形，則謂之自然，其實非自然也，有使之然者矣。[56]

「同類相動」的觀念不晚於戰國晚期，而成為西漢儒學的「一般知識與思想」[57]，董仲舒從「氣化論」解釋「同類相動」之物理現象，說明其「理」在於萬物同構於陰陽二氣；而第二段引文則說明人要洞察這種物類感應，須「內視反聽」而心持守於中正平和的狀態，如此，人對於物類之本質與其動向的直接知識，即來自人心處於中正平和狀

56　（漢）董仲舒著、（清）蘇輿義證：《春秋繁露義證・卷十三・同類相動》，頁358。

57　葛兆光：《中國思想史・導論・思想的寫法》提到較「精英」、「典籍」等涵蓋面更廣闊的「一般知識與思想」曰：「『一般知識與思想』是指的最普遍、也能被有一定知識的人所接受、掌握和使用的對宇宙現象和事物的解釋，這不是天才智慧的萌發，也不是深思熟慮的結果，當然也不是最底層的無知識的人所謂的『集體意識』，而是一種日用而不知的普遍知識和思想，作為一種普遍認可的知識與思想，這些知識與思想通過最基本的教育構成人們的文化底色，他一方面背靠人們不言而喻的終極的依據和假設，建立起一套有效的理解，一方面在日常生活中起著解釋操練的作用，作為人們生活的規則和理由。」（上海：復旦大學出版社，2000年），頁52。「一般知識與思想」雖不著重於哲學的突破與洞見，但卻是普遍於精英與一般大眾的知識，精英們也在這種思想中獲得知識、得到養分，甚至將此一般知識加入自己的哲學體系中，以解決哲學問題。以董仲舒為例，他使用陰陽與五行的知識架構其天道觀、人性論與倫理學，而陰陽與五行觀念是從戰國中末期就流行於學術與民間，成為普遍的知識與思想。故董氏在論述其哲學思想時，不能跳脫這一套解釋世界的方式，而是將陰陽、五行觀點加以擴充轉化，成為其哲學體系中重要的組成概念。

態下，統攝知覺官能而攝取的經驗。由此可知，董仲舒所論知之對象之類別，主要可歸納為「物類隱微的端序」與《春秋》微言，而此二者皆以天道為根源，六藝為天道秩序寄諸文字之載體，而人對「物類」本質即其動向的認識，則出於心透過修為而統攝知覺官能所體知到的經驗知識。

又次，西漢晚期劉向與揚雄亦多著墨於「六藝」與「史事」的知識內涵。《漢書‧藝文志》雖出於劉向、歆父子之〈七略〉，但〈七略〉呈現的是西漢中末葉之典籍流傳狀況，不能完全代表劉向對「知之對象」的討論。其「知之對象」的討論，可從其自身著作中稍窺一二。

《漢書‧楚元王》載錄劉向著有《列女傳》、《說苑》、《新序》與〈洪範五行傳〉等。後三者為經史傳記之載錄，本傳載曰：

> 向睹俗彌奢淫，而趙、衛之屬起微賤，踰禮制。向以為王教由內
> 及外，自近者始。故採取詩書所載賢妃貞婦，興國顯家可法
> 則，及孽嬖亂亡者，序次為《列女傳》，凡八篇，以戒天子。及
> 采傳記行事，著《新序》、《說苑》凡五十篇奏之。數上疏言得
> 失，陳法戒。書數十上，以助觀覽，補遺闕。上雖不能盡用，然
> 內嘉其言，常嗟歎之。[58]

正如徐復觀先生所論：「《詩》、《書》所載賢妃貞婦，興國顯家可法則，及孽嬖亂亡者，序次為《列女傳》」，所謂「序次」，乃是採集編訂與「女德」相關典籍與史傳文獻。[59] 由「知之對象」內容觀之，《詩》、《書》乃指「六藝經文」，此可與劉向傳習穀梁學的典籍教育互觀。《漢書‧楚元王傳》本傳載曰：「會初立《穀梁春

58　（漢）班固著、（唐）顏師古注：《漢書‧卷三十六‧楚元王傳》，頁1975。
59　徐復觀：《兩漢思想史‧卷三‧劉向新序說苑的研究》：「前引〈劉向傳〉對
　　〈列女傳〉則言『序次』，序次云者，編訂其次序之謂。所以《列女傳》，劉向
　　只是根據材料，分類編定次序；除《頌》外，向未加意見」，頁62。

秋》，徵更生受《穀梁》，講論五經於石渠」[60]，可見劉向所認知的「知之對象」亦涵括「六藝典籍」。此外，徐復觀先生亦提出《新序》與《說苑》之體例，直接受到《韓詩外傳》的影響，可見其傳習不限於《穀梁傳》，亦能旁通諸經。[61]

關於「知之對象」，黃先生所論劉向補足春秋以前、戰國至西漢當代的災異事件，勾勒雙重意義：其一，其學不限一經而博采六藝史傳；其二，以典籍歸納出的災異解釋條例，詮解西漢當時的災異現象，說明其非僅重視典籍知識，亦涵括知覺官能所攝取的經驗知識。如此，劉向所論「知之對象」主要可分為三項：一為六藝典籍知識，二為史傳知識，三則為經驗知識。其中殊異於西漢諸儒常言的，乃是經驗所構成的別開生面之災異知識，與過秦傳統下，各類史事讀本對「歷史知識」之理解與詮釋。

前論揚雄在《法言》中，承繼西漢儒者所論對「道」之可知性的界定，將究極知識推極到「道」的概念上，而前引〈問道〉：「適堯、舜、文王者為正道，非堯、舜、文王者為它道。君子正而不它」亦論「堯舜之事」多載於六藝典籍中；故此「道」即可與揚雄論「六藝」之論互觀，如〈問神〉、〈寡見〉所論：

> 或曰：「經可損益與？」曰：「《易》始八卦，而文王六十四，其益可知也。《詩》、《書》、《禮》、《春秋》，或因或作而成於仲尼，其益可知也。故夫道非天然，應時而造者，損益可知也。」
> 或問：「五經有辯乎？」曰：「惟五經為辯。說天者莫辯乎

60　（漢）班固著、（唐）顏師古注：《漢書‧卷三十六‧楚元王傳》，頁1929。
61　黃啟書：〈試論劉向、劉歆《洪範五行傳論》之異同〉：「劉向雖然在材料上對董仲舒《災異之記》有所因襲，但由其廣徵《尚書》、《左傳》、《國語》、《史記》等諸多材料，不僅補充春秋時代為見於《春秋》經文的災異記錄，亦上下補足了春秋以前，及戰國、秦、漢以來的災異事件，並據以推論譴告占驗之事。」《臺大中文學報》27期（2007年12月），頁138。說明其〈洪範五行傳〉災異理論雖部分承襲董仲舒，然亦多採諸經。

《易》，說事者莫辯乎《書》，說體者莫辯乎《禮》，說志者莫辯乎《詩》，說理者莫辯乎《春秋》。舍斯，辯亦小矣。」[62]

將「道非天然，應時而造」與前引文「適堯、舜、文王者為正道」互觀，恰可說明六藝典籍的雙重特質，一為知之能力殊勝於他人的聖人，如文王、孔子，能將萬物與人事發展所歸納出的「天道」律則載於六藝中，故下引文即論「為五經為辯」，「辯」即指涉其義理內涵精深於其他傳世典籍。次為六藝所載之「道」具有「變易」的調和適應性，如周文王與孔子皆依當時生存處境，透過增減經義，將「道」的調適性凸顯出來。故於揚雄理論脈絡中，「天道」內涵可透過「六藝」呈顯出來。

以此為前提，揚雄肯認六藝典籍為主要知之對象，〈學行〉論曰：「習乎習，以習非之勝是也，況習是之勝非乎？於戲，學者審其是而已矣！或曰：『焉知是而習之？』曰：『視日月而知眾星之蔑也，仰聖人而知眾說之小也。』」[63] 在《法言》中，他雖引述先秦諸子與西漢前期之言，卻未正面肯認諸子論著為「知識」。如上文所論，出於聖人之「六藝」，較其他類別的知識更有優先性。除六藝典籍之外，他亦肯認作為一種知識類別之「史事」；〈五百卷〉論曰：「或問：『聖人占天乎？』曰：『占天地。』『若此，則史也何異？』曰：『史以天占人，聖人以人占天。』」揚雄將「史」與「六藝」對舉，說明二者皆為「天道」內涵之載錄，而勾勒出一通貫人事與自然萬物的天道規律。在此脈絡下，揚雄的知識理論常展現一種對人物品鑒的審美欣趣，故其對史事人物的評論，亦常著重於人物殊別的才分稟賦與人格特質；如〈重黎〉論秦始皇之齊博士淳于越曰：

62　（漢）揚雄著、（清）汪榮寶注：《法言義疏・八・問神》、〈十・寡見〉，頁144、215。

63　（漢）揚雄著、（清）汪榮寶注：《法言義疏・一・學行》，頁21。

或問「淳于越」。曰：「伎曲。」「請問。」曰：「始皇方虎挒
而梟磔，噬士猶臘肉也越與亢眉，終無撓辭，可謂伎矣。仕無妄
之國，食無妄之粟，分無妄之橈，自令之間而不違，可謂曲
矣。」[64]

淳于越諫始皇之事，分載於《史記・秦皇本紀》與〈李斯列傳〉。始
皇設酒，淳于氏於七十博士卮酒為壽時，進言「分封功臣」與「諫受
面諛」之事[65]，秦始皇將此事交與廷議，李斯諫「禁語詩書」與「以
吏為師」諸事而始皇採納，揚雄對其人其事之評議為「伎曲」，
「伎」指涉抗顏面質君王而無懼色之諫說，「曲」則為剛中有柔而委
婉的立身之道；此已涉及人物姿度與德行所透顯出的美感，而此美感
姿度亦可透過「體知式」的認知途徑實踐於自身，且其史事與史評亦
下開東漢晚期以降人物品鑒之風，而其所論「知之對象」即主要涵括
載錄「天道」之六藝典籍知識與「歷史知識」。

綜論之，以「天道可知」為前提，西漢儒者論「知之對象」多以
「六藝」為核心，旁通歷史知識。以此為主線，諸儒各有側重。陸賈
與賈誼所論「知之對象」皆為以「天道」為根源而富具教化作用的六
藝典籍。董仲舒透過公羊學建立龐大的天道體系，在此體系中，物類
在大氣氤氳中相互感應；故其所論除了聖人載錄而為漢立法的六藝之
外，亦含括天道透過陰陽二氣所孕育化生的「萬物」之物類與其感應
變化的動向。揚雄化解董仲舒過度氤氳於氣化論的災異感應，將「知
之對象」之主軸置回「六藝」典籍與歷史知識，開展出人物姿度與德
行所透顯的品鑒欣趣，成為東漢晚期人物品鑒之先河。

---

64 （漢）揚雄著、（清）汪榮寶注：《法言義疏・十三・重黎》，頁369。
65 淳于越諫始皇如（漢）司馬遷著：《史記・卷六・秦始皇本紀》所載其議始皇分
封曰：「臣聞殷周之王千餘歲，封子弟功臣，自為枝輔。今陛下有海內，而子弟
為匹夫，卒有田常、六卿之臣，無輔拂，何以相救哉」，頁254。

二、《周易・繫辭》傳統下仰觀俯察的經驗知識

「經驗知識」乃是「心」統攝知覺官能，攝取外物所形成關於「外物」的知識。西漢儒家諸子常在《周易・繫辭傳》所論「仰觀俯察」的脈絡下，探究萬物之質性、狀態、類別與萬物氣化感通的作用。

西漢諸儒中，陸賈與董仲舒對此論題探討最為深入，二者皆甚重視在《周易・繫辭傳》「仰觀俯察」傳統下所歸納出經驗知識的來源與類別[66]，如《新語・道基》循此脈絡，融入《尚書・堯典》所述舜命禹平水土、棄阻飢、后稷播時百穀的古史，推衍知識類別與內涵，可大致歸納為「自然知識」與「人文知識」二類。「自然知識」涵括天文、地理兩大類，而「人文知識」則含括合於「禮」之器物、宮室、服儀等內涵。此外，董仲舒《春秋繁露》亦透過「天人相與」的理論脈絡，勾勒出人之身體構造等「生理知識」。

（一）天文地理之自然知識

西漢諸儒論自然知識主要涵括「天文」與「地理」兩類知識。「天文知識」包含陰陽與五行之氣的運作、星象觀測，以及結合此二者所推闡出的曆法。從西漢初年的顓頊曆，至武帝太初元年的太初

---

[66] 此可參見（魏）王弼注、（唐）孔穎達注疏：《周易注疏・卷八・繫辭下》：「包犧氏沒，神農氏作，斲木為耜，揉木為耒，耒耨之利，以教天下，蓋取諸益。日中為市，致天下之民，聚天下之貨，交易而退，各得其所，蓋取諸噬嗑。神農氏沒，黃帝、堯、舜氏作，通其變，使民不倦，神而化之，使民宜之。易窮則變，變則通，通則久。是以自天祐之，吉无不利，黃帝、堯、舜垂衣裳而天下治，蓋取諸乾坤。刳木為舟，剡木為楫，舟楫之利，以濟不通，致遠以利天下，蓋取諸渙。服牛乘馬，引重致遠，以利天下，蓋取諸隨。重門擊柝，以待暴客，蓋取諸豫。斷木為杵，掘地為臼，臼杵之利，萬民以濟，蓋取諸小過。弦木為弧，剡木為矢，弧矢之利，以威天下，蓋取諸睽。上古穴居而野處，後世聖人易之以宮室，上棟下宇，以待風雨，蓋取諸大壯。古之葬者，厚衣之以薪，葬之中野，不封不樹，喪期无數」，頁166。其將古史發展的文明物類各附於一卦中，開展出一「認知途徑」，認知者可透過認知理解卦象而把握物質文明之類別與發展。

曆，可觀察漢代曆法推衍的發展脈絡[67]，落下閎改革曆法之事，載於《史記·曆書》：「至今上即位，招致方士唐都，分其天部；而巴落下閎運算轉曆，然後日辰之度與夏正同。乃改元，更官號，封泰山」[68]，改革曆法，牽涉五德終始的循環理論、陰陽二氣所構成節氣的運作，以及天文現象的觀察，致力將實際觀察的星象與陰陽循環狀態，歸納為準確而可行的曆法，構成西漢時期的天文學知識。

首先，「仰觀天文」所獲得的經驗知識，在董仲舒《春秋繁露》中，則透過陰陽與五行互相配合所構成的天道秩序呈現出來，如〈陰陽出入上下〉曰：

> 天之道，初薄大冬，陰陽各從一方來，而移於後，陰由東方來西，陽由西方來東，至於中冬之月，相遇北方，合而為一，謂之曰至；別而相去，陰適右，陽適左，適左者，其道順，適右者，其道逆，逆氣左上，順氣右下，故下暖而上寒，以此見天之冬右陰而左陽也，上所右而下所左也。冬月盡，而陰陽俱南還，陽南還，出於寅，陰南還，入於戌，此陰陽所始出地入地之見處也。至於中春之月，陽在正東，陰在正西，謂之春分，春分者，陰陽相半也，故晝夜均而寒暑平，陰日損而隨陽，陽日益而檻，故為暖熱，初得大夏之月，相遇南方，合而為一，謂之曰至；別而相去，陽適右，陰適左，適左由下，適右由上，上暑而下寒，以此見天之夏右陽而左陰也，上其所右，下其所左。夏月盡，而陰陽俱北還，陽北還而入於申，陰北還而出於辰，此陰陽

---

67 陳遵媯《中國天文學史（第一冊）》論「太初曆」之貢獻曰：「太初曆是落下閎、鄧平制訂的，它以29又43/81日為一朔望月的長度，由於分母為八十一，所以又稱為八十一分法。它仍用十九年七閏的置閏法，這個曆法具備了後世曆法的各項主要內容，如二十四節氣、朔晦、閏法、五星、交食週期。太初曆是我國保存下來的第一部完整的曆法，它是我國最早根據實際觀測解決爭論而制訂的曆法：它的頒行，可以說是我國曆法史上的第一次大改革。」（臺北：明文出版社，1984年），頁144。

68 （漢）司馬遷著：《史記·卷二十六·曆書》，頁1260。

所始出地入地之見處也。至於中秋之月，陽在正西，陰在正東，謂之秋分，秋分者，陰陽相半也，故晝夜均而寒暑平，陽日損而隨陰，陰日益而檻，故至於季秋而始霜，至孟冬而始寒，小雪而物咸成，大寒而物畢藏，天地之功終矣。[69]

《春秋繁露》甚為重視「歲」的概念，每一年的四時運作，皆為天道終始循環規則的一部分，上文以陰陽二氣的運行規則解釋四時作用，其所使用的方位圖示如下[70]：

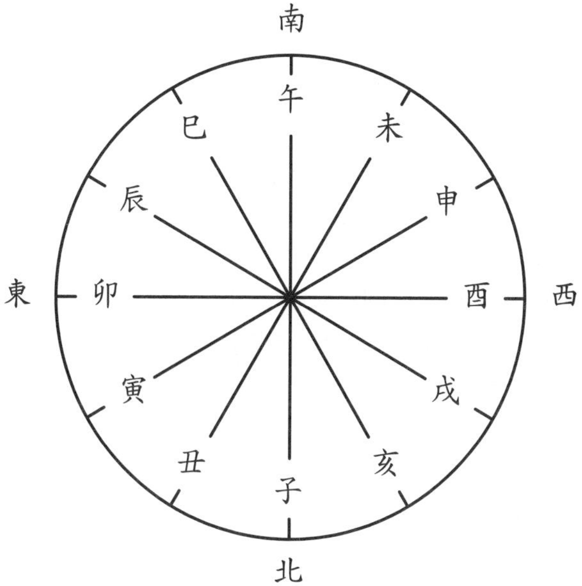

69 （漢）董仲舒著、（清）蘇輿義證：《春秋繁露義證．卷十二．陰陽出入上下》，頁343-344。

70 此圖參見（漢）劉安著、何寧注：《淮南子集解．天文》，收入《新編諸子集成》（北京：中華書局，1998年），頁167-198。筆者僅呈現此圖「方位」的部分，而未引全圖，關於本圖之詳細說明，參見拙作《春秋繁露君王觀研究．第三章》（臺北：花木蘭出版社，2010年），頁75。

董氏將「二分二至」[71]的曆法與陰陽二氣的運行相配合，陽氣以順時針方向運動（東方來西）；陰氣則以逆時針方向運行（西方來東），二氣在「冬至」相遇於北方，合而為一，此後陰氣向北方的右邊（西方）運行，陰氣則以逆時針方向（東方）運行；冬日之後，陽氣順時針向南方運行，在「寅」的位置突出於地面，而陰氣則逆時針由北向西方移動，在「戌」的方位潛入地下；東北邊的「寅」與西北邊的「戌」，分別為陰陽二氣發動於地上與潛入於地下的二方位。而在「春分」時，陰氣在西方而陽氣在正東方，陰陽相半，因此晝與夜時間長度相同。春分過後，陽氣日盛，陰氣日衰，至於「夏至」，陰陽二氣又會合於南方。夏季過後，陰氣以逆時針方向，而陽氣以順時針方向同時向北方運行，陽氣在「申」的方位潛入地下，陰氣於「辰」的方位突出於地表上，陽氣較弱而陰氣漸強；到了「秋分」，與「春分」同為「陰陽相半」，然而陰陽方位與春分相反，陽氣在正西方，陰氣則在正東方，陰氣逐漸增強，自然環境受陰氣影響而開始降霜降雪；到了「大寒」時，一歲長養與奪殺之功完成。這是較為單純的自然科學面向的解釋，四時運行受陰陽消長的自然形勢影響與掌控，配合二十四節氣（如上文所言「孟冬」、「小雪」、「大寒」）的論述，架構出完整的一歲陰陽二氣運行模式。

　　值得注意的是，這種運行模式與《淮南子》著重自然科學式的解釋並不相同，「陽尊陰卑」的理論使董仲舒必須對秋冬二季「陰氣盛於陽氣」的狀況提出解釋，於是巧妙運用意志天之「志」著重於「生生化育」的理論，認為陽氣具有繁衍長養萬物的質性，且其居於四季之前二季，彰顯意志天「好德不好刑」的面向，因此〈天道無二〉

---

71 「二分」為「春分」、「秋分」，「二至」是「冬至」、「夏至」，陳遵媯：《中國天文學史（第五冊）‧曆法、曆書》中論曰：「二十四氣中，首先知道的，當然是二分和二至，因為古人使用土圭測量日影，就能相當準確地規定這四氣。《堯典》所追述的時期，已有這四氣，不過當時還沒有春分、夏至、秋分、冬至的名稱，而使用日中、日永、宵中、日短四個詞來表示，但它已經指出仲春、仲夏、仲秋、仲冬四個月應該分別容納這四氣」，頁51。「二分二至」曆法以這四節氣作為一年的重要分期。

曰：「陽之出，常縣於前而任歲事；陰之出，常縣於後而守空虛。陽之休也，功已成於上而伏於下；陰之伏也，不得盡義而遠其處也。天之任陽不任陰，好德不好刑如是」[72]，而「任陽不任陰」在當時自然科學的解釋下，有深化理論效力的作用，且為西漢中晚期讖緯思想，奠定天文觀察與推論的基礎。

除了陰陽刑德之論外，西漢諸儒亦常以陰陽二氣之運行比附倫理秩序，如《漢書・公孫弘卜氏兒寬傳》載公孫弘奏對曰：「今人主和德於上，百姓和合於下，故心和則氣和，氣和則形和，形和則聲和，聲和則天地之和應矣。故陰陽和，風雨時，甘露降，五穀登，六畜蕃，嘉禾興，朱草生，山不童，澤不涸，此和之至也」、〈武五子傳〉則載壺關三老茂上書諫巫蠱之案中太子之冤曰：「臣聞父者猶天，母者猶地，子猶萬物也。故天平地安，陰陽和調，物乃茂成；父慈母愛室家之中，子乃孝順。陰陽不和則萬物夭傷，父子不和則室家散亡。」而〈楚元王傳〉亦載劉向之疏曰：「今二府奏佞諂不當在位，歷年而不去。故出令則如反汗，用賢則如轉石，去佞則如拔山，如此望陰陽之調，不亦難乎。」[73] 公孫弘闡釋陰陽和諧對應於君臣一體的倫理關係；壺關茂老將陰陽二氣之生生化育對應於父母子女之家族倫理；劉向則將地震災異與權臣當道相連結，勾勒出親賢遠佞的治道修為與實踐之理序。足見這套陰陽氣化理序對應人道理序之詮解範圍遍及自身與家國天下的理序，成為當時普遍的知識內涵。

董仲舒二分二制的理論固有天文曆法之實測為依據；同樣地，揚雄的天文知識亦奠基於當時對「渾天」的理解上，揚雄《法言・重黎》論曰：

或問「渾天」。曰：「落下閎營之，鮮於妄人度之，耿中丞象

72　（漢）董仲舒著、（清）蘇輿義證：《春秋繁露義證・卷十二・天道無二》，頁345。

73　（漢）班固著、（唐）顏師古注：《漢書・卷五十八・公孫弘卜氏兒寬傳》、〈卷六十三・武五子傳〉、〈卷三十六・楚元王傳〉，頁2616、2744、1944。

之，幾乎！幾乎！莫之能違也。」「請問『蓋天』。」曰：
「蓋哉！蓋哉！應難未幾也。」

陳遵媯先生認為這是西漢晚期渾天儀製作與理論之發展[74]，而「渾天」的概念可參見張衡〈渾天儀注〉：「天如雞子，地如雞中黃，孤居於天內，天大而地小，天表裡有水，天地各乘氣而立，載水而行。周天三百六十五度四分度之一，幼中分之，則半覆其上，半繞地下，故二十八宿半見半隱，天轉如車轂之運也」，其轉化「天圓地方」的概念，構造一個「圓」的天體，「地」被「天」包裹其中，天體運轉如車轂；陳遵媯先生論曰：

> 周天三百六十五又四分之一度，由中腰分他為兩半，擇一百八十二又八分之五度覆地上，所以二十八宿半現半隱，渾天旋轉軸的兩端，分別叫南極和北極，北極是天的中央，在正北，出地上三十六度，因而北極上規的徑是七十二度，這部分是常見於地上而不隱沒於地下。[75]

揚雄《太玄》常化用「渾天」的概念，如〈玄首序〉所論：「馴乎！玄，渾行無窮正象天。陰陽批參，以一陽乘一統，萬物資形」，即呈現外圍的天體渾輪運轉，而其中氣化流行，萬物生育長養的天道知識，而其以「方—州—部—家」的「玄」之體系描述此氣化流行的歷程。[76]

---

74 陳遵媯：《中國天文學史（下）‧第九編：古人論天》，頁1311。
75 同前注，頁1312。
76 由於《太玄》並非本書研究對象，然論及天文知識時，亦須呈現西漢中後期天文學轉向「渾天」的概念，以完整本書對天文知識的界定；其天文知識可參見鄭萬耕：《揚雄及其太玄》：「揚氏認為，《太玄》的世界圖式包含了天文、曆法的知識，是一個日月星辰運行、四時變化、萬物盛衰的有機結合體。這就明確告訴我們揚雄正是從當時的天文學中吸取營養，來構造他的哲學體系。」（北京：北京師範大學出版社，2009年），頁29。

其次，關於「地理知識」，〈道基〉引文依〈繫辭傳・下〉的傳統，僅呈現水文溝渠的知識，但正如《淮南子・墜形》開篇所論：「墜形之所載，六合之間，四極之內，照之以日月，經之以星辰，紀之以四時，要之以太歲，天地之間，九州八極，土有九山，山有九塞，澤有九藪，風有八等，水有六品。」[77] 可見「地理知識」主要涵括行政區域畫分，以及山川水澤等各種地勢。這些知識雖常被賦予想像與虛構的內容，卻亦奠基於一定程度的實地勘查，如劉向《說苑・辨物》論曰：

> 八荒之內有四海，四海之內有九州，天子處中州而制八方耳。兩河間曰冀州，河南曰豫州，河西曰雍州，漢南曰荊州，江南曰揚州，濟南間曰兗州，濟東曰徐州，燕曰幽州，齊曰青州。山川汙澤，陵陸丘阜，五土之宜，聖王就其勢，因其便，不失其性。高者黍，中者稷，下者秔，蒲葦菅蒯之用不乏，麻麥黍梁亦不盡，山林禽獸川澤魚鱉滋殖，王者京師四通而致之。[78]

「就其勢，因其便」應源於對九州地理形勢與水文溝渠的考察，並使產物各因其宜，相互流通，形成貨殖的制度。此亦大致呈現於更早的《春秋繁露・五行相生》：

> 東方者木，農之本。司農尚仁，進經術之士，道之以帝王之路，將順其美，匡其惡。執規而生，至溫潤下，知地形肥磽美惡，立事生則，因地之宜，召公是也。親入南畝之中，觀民墾草發淄，耕種五穀，積蓄有余，家給人足，倉庫充實。[79]

---

77 （漢）劉安著、何寧注：《淮南子集釋・卷四・墜形》，頁311-312。

78 （漢）劉向編、向宗魯校：《說苑校證・卷十八・辨物》，收入《中國古典文學基本叢書》（北京：中華書局，1987年），頁445-446。

79 （漢）董仲舒著、（清）蘇輿義證：《春秋繁露義證・卷十三・五行相生》，頁362-363。

董仲舒架構以天道為根源之官職體系[80]，以「司農」與五行之「木」相配，其主要職務即觀知土質而能規劃作物。「觀知」即呈現地理知識自有探勘踏查之經驗作為基礎。而《漢書・地理志》開篇即論曰：「昔在黃帝，作舟車以濟不通，旁行天下，方制萬里，畫野分州，得百里之國萬區。」[81] 可見這種源自經驗的地理知識觀察傳統，亦被東漢儒者繼承，成為當時地理「一般知識與思想」之一種面向。

前文已論，「天道」既為西漢儒者所論之究極知識，而「天文」與「地理」即皆展現「天道」運行的律則及其內涵。這種觀念，從陸賈至董仲舒皆有清楚的呈現，《春秋繁露・天地陰陽》所論涵括天地、陰陽、五行與人等十端[82]，可知人透過觀察天文現象與地形土宜，歸納出天道法則，並依此落實為人居處生活的倫理之道。

（二）奠基於「禮」之人文知識

在西漢儒者中，賈誼與董仲舒討論此論題最為深切，其所論「人文知識」，主要涵括「器物」與「衣著」等居處面向，二者各有所重。賈誼從「尊卑有等」的概念，架構出「倫理式」的器物與容服體制；而董仲舒則依循「天道秩序」，建構完整的居處理論。此二者皆不期然呈現西漢前期貧富差距日益劇烈的經濟現況；《史記・太史公自序》論作〈平準書〉之目的曰：「維幣之行，以通農商；其極則玩巧，并兼茲殖，爭於機利，去本趨末。作〈平準書〉以觀事變」[83]，呈現武帝時富豪兼併，貧富差距擴大的經濟現象，〈平準書〉剖析貧

80　（漢）董仲舒著、（清）蘇輿義證：《春秋繁露義證・卷七・官制象天》一文架構涵括三公、九卿、二十七大夫、八十一元士等合於天道秩序的理想官職體系，如「三公」即符應於「天以三成之，王以三自持」，頁214-215。

81　（漢）班固著、（唐）顏師古注：《漢書・卷二十八上・地理志》，頁1253。

82　董仲舒所論「十端」載於（漢）董仲舒著、（清）蘇輿義證：《春秋繁露義證・卷七・官制象天》：「天有十端，十端而止已。天為一端，地為一端，陰為一端，陽為一端，火為一端，金為一端，木為一端，水為一端，土為一端，人為一端，凡十端而畢，天之數也」，頁215。

83　（漢）司馬遷著：《史記・卷一百三十・太史公自序》，頁3306。

富差距之因,肇端於漢初國力空虛,富者囤積居奇,哄抬物價,其論曰:

> 漢興,接秦之獘,丈夫從軍旅,老弱轉糧饟,作業劇而財匱,自天子不能具鈞駟,而將相或乘牛車,齊民無藏蓋。於是為秦錢重難用,更令民鑄錢,一金一斤,約法省禁。而不軌逐利之民,蓄積餘業以稽市物,物踊騰躍,米至石萬錢,馬一匹則百金。[84]

為解決富豪兼併的問題,高帝與惠帝推行「賈人不得衣絲乘車,重租稅以困辱之」、「市井之子孫亦不得仕宦為吏」等抑制商賈的政策。文景時皆可以粟受爵,景帝時以粟除罪,皆得充盈國家府庫;至於武帝,豪強兼併,過於前代,〈平準書〉論曰:「當此之時,網疏而民富,財驕溢,或致兼併豪黨之徒,以武斷於鄉曲,宗室有土,公卿大夫以下,爭於奢侈,室廬輿服僭於上,無限度。」[85] 處於文景武之世,面對逐漸奢靡無度的社會風氣,賈誼與董仲舒皆提出服輿的節制之道。這種服輿器物的知識體系以「禮」為根源,而深具「節制生理本然之欲」的作用,且能呈現結合儒法之「尊卑有等」的倫理秩序。[86]
　　賈誼《新書》中,「禮」被賦予「明尊卑」之重要作用,如〈瑰

84　(漢)司馬遷著:《史記・卷三十・平準書》,頁1417。
85　同前注,頁1420。
86　賈誼結合儒法之「禮」之思想可參見林聰舜先生:《西漢前期思想與法家的關係・第三章:賈誼思想中的儒法結合特色》:「賈誼的儒法結合特色,更表現在他所重視的『禮』中,亦滲入了法家思想。這是賈誼思想中更值得注意的儒法結合的型態。本文分從賈誼視為禮之一部分的堂、陛、地的階級觀念,以級別服章的觀念,說明這些觀念雖與先秦儒家有關,卻也滲入濃厚的法家思想觀念,其中最重要的是極端尊君的觀念。另外,賈誼擔心富人大賈驕奢過度,破壞等級秩序,因此而有的重農抑商主義,也具有法家傾向……在這層意義上,可以說賈誼以儒家思想解釋法家觀念,以儒家思想吸納、改造法家思想;當然,法家思想也因而滲入了賈誼的儒學體系中,改造了儒學,形成獨特的儒法結合的型態。」(臺北:大安出版社,1991年),頁90。

瑋〉所論：「今去淫侈之俗，行節儉之術，使車輿有度，衣服器械各有制數。制數已定，故君臣絕尤，而上下分明矣」、「去淫侈之俗，行節儉之術」可與〈禮〉一文所論互觀相詮：「禮，聖王之於禽獸也，見其生，不忍見其死，聞其聲，不嘗其肉，隱弗忍也。故遠庖廚，仁之至也。」[87] 說明所謂「明尊卑」，並非強制規訓人實踐倫理，而是透過「禮」之節制，使身心自然處於平和中正的狀態，與萬物和諧共處。

從「身心平和」的視角檢視西漢早期貧富差距極大的社會問題，可看出賈誼的器物理論，乃是透過各階層皆節制物用，建立一素樸而尊卑有等的倫理體制；人處於此體制中，不仍「強迫」自身節制，而是在身心平和的狀態下，自然地節制物用，實踐倫常。

如此，賈誼所架構出的人文器物知識，即相對呈現出倫理階層，如〈審微〉論「樂」曰：「禮，天子之樂，宮縣；諸侯之樂，軒縣；大夫直縣；士有琴瑟」，即呈現尊卑有等的「禮」之場合與所配合的器樂。同樣地，〈服疑〉論曰：

> 奇服文章，以等上下而差貴賤。是以高下異，則名號異，則權力異，則事勢異，則旗章異，則符瑞異，則禮寵異，則秩祿異，則冠履異，則衣帶異，則環佩異，則車馬異，則妻妾異，則澤厚異，則宮室異，則床席異，則器皿異，則飲食異，則祭祀異，則死喪異。[88]

「器物」，涵括旗章、衣著、生活器具、宮室、交通工具各面向，依據階層尊卑，各有運用之規準；而這種規準具有實際解決貧富差距，杜絕豪奢僭越的作用，如〈孽產子〉所論：「民賣產子，得為之繡衣

87　（漢）賈誼著、閻振益、鐘夏注：《新書校注·卷三·瑰瑋》、〈卷六·禮〉，頁104、216。
88　（漢）賈誼著、閻振益、鐘夏注：《新書校注·卷一·服疑》，頁53。

編絰履偏諸緣，入之閑中，是古者天子后之服也，后之所以廟而不以燕也，而眾庶得以衣棄妾。」[89] 如此，奠基於「禮」的器物知識即被賦予節制生理本然之欲的作用，並能正面回應當時貧富不均，而豪強兼併的經濟問題。

其次，董仲舒架構以「天道」為根源的器物知識，主要涵括官制、禮器、容服與養生食材。在國家體制上，董仲舒結合陰陽與五行而架構完整的天道理論，並以此作為人道秩序的根源，故國家體制亦為天道秩序之落實。[90] 公卿大夫等官員人數，皆合應於天道律則所歸納出的神聖數字，「三人」與「四選」扣合三月為一時，四時成一歲，周全終始，此為董仲舒一貫的思想。《春秋繁露》運用《春秋‧隱公元年》：「元年，春，王正月」之文，認為「元」具有「天道為人道本源」的意義。

這種創造性的詮釋表明作為人道本源的「天」，能擇選君王，使君王受命而安定天下，如〈玉英〉曰：「是故《春秋》之道，以元之深正天之端，以天之端正王之政，以王之政正諸侯之即位，以諸侯之即位正竟內之治。五者俱正，而化大行。」[91]「以元之深正天之端，以天之端正王之政」為天道落實於君道，「王政」以下則是君道落實於治道。同樣的觀點亦見於〈賢良對策〉：「謂一為元者，視大始而欲正本也。《春秋》深探其本，而反自貴者始。故為人君者，正心以正朝廷，正朝廷以正百官，正百官以正萬民，正萬民以正四方。」[92]「《春秋》之道」為整部《春秋》所論述的微言大義，何休將「元之

89　（漢）賈誼著、閻振益、鐘夏注：《新書校注‧卷三‧孽產子》，頁107。

90　（漢）董仲舒著、（清）蘇輿義證：《春秋繁露義證‧卷七‧官制象天》：「吾聞聖王所取儀，金天之大經，官制亦象者，此其儀與？三人而為一選，儀於三月而為一時也。四選而止，儀於四時而終也。三公者，王之所以自持也。天以三成之，王以三自持。立成數以為植而四重之，其可以無失矣。備天數以參事，治謹於道之意也」，頁214-215。

91　（漢）董仲舒著、（清）蘇輿義證：《春秋繁露義證‧卷三‧玉英》，頁70。

92　（漢）班固著、（唐）顏師古注：《漢書‧卷五十六‧董仲舒傳》，頁2502-2503。

深」釋為「元氣」[93]，《春秋繁露》與〈賢良對策〉均未使用「元氣」一詞，而是以「渾淪之氣」作為天化生萬物的根源。「以元之深正天之端」應是天以「渾淪之氣」作為化生的端緒，「以天之端正王之政」則是王者受命後，應以天道運轉的理序作為執政的法則，「諸侯即位」與「竟內之治」為君王受命即位後，由內而外、由上而下的政治教化具體落實。此以天道為依歸的官制知識，呼應公羊學「春王正月」的詮釋進路，依此架構國家體制，可使體制運作井然有序。

這種合應於天道秩序的官制體系，亦可與「受命改制」的理論互觀，架構出完整的國家儀節與器物知識體系。〈三代改制質文〉論曰：「王者必受命而後王。王者改正朔，易服色，制禮樂，一統於天下，所以明易姓，非繼人，通以己受之於天也。」君王受命即位後，當依天道秩序而改正朔、易服色，更替禮樂祭器，此亦為漢武帝罷黜百家，獨尊儒術之新制度，建立器物更替的理論依據。

而在服儀的面向上，《春秋繁露‧服制像》論曰：

> 天地之生萬物也以養人，故其可適者以養身體，其可威者以為容服，禮之所為同也。劍之在左，青龍之象也。刀之在右，白虎之象也。韨之在前，朱鳥之象也。冠之在首，玄武之象也。四者，人之盛飾也。夫能通古今，別然不然，乃能服此也……是以君子所服為上矣，故望之儼然者，亦已至矣，豈可不察乎！[94]

此論實承《禮記‧曲禮》所載：「行前朱鳥而後玄武，左青龍而右白

---

93 （漢）何休注、（唐）徐彥疏：《春秋公羊傳注疏‧隱公元年》：「《春秋公羊解詁‧隱公元年》即注曰：『即位者，一國之始。政莫大於正始，故《春秋》以元之氣正天之端。』」收入（清）阮元審定、盧宣旬校：《重刊宋本十三經注疏》，影印嘉慶二十年江西南昌府學開雕本（臺北：藝文印書館，1989年），頁10。

94 （漢）董仲舒著、（清）蘇輿義證：《春秋繁露義證‧卷六‧服制象》，頁151-152。

虎。招搖在上，急繕其怒。進退有度，左右有局，各司其局。」[95] 此本為行軍之禮，鄭玄注曰：「以此四獸為軍陳象」[96]，而董氏則將君子所配之劍、刀、鞙、冠等器物，與神獸相比附，使君子服儀具有軍威的徵象，呈現莊重的容色。

此外，董仲舒亦結合黃老思想，以「調和形神」為目的，討論養生食材相關知識。如《春秋繁露·循天之道》特別重視食、聲、色等節制與修養，此三者與身體結構、各種官能的運作最為息息相關，而節制之法亦上推於天道內涵，其論「食」之修為曰：

> 四時不同氣，氣各有所宜，宜之所在，其物代美，視代美而代養之，同時美者雜食之，是皆其所宜也。故薺以冬美，而荼以夏成，此可以見冬夏之所宜服矣。冬，水氣也，薺，甘味也，乘於水氣而美者，甘勝寒也，薺之為言濟與，濟，大水也；夏，火氣也，荼，苦味也，乘於火氣而成者，苦勝暑也。天無所言，而意以物，物不與群物同時而生死者，必深察之，是天之所以告人也。故薺成告之甘，荼成告之苦也，君子察物而成告謹，是以至薺不可食之時，而盡遠甘物，至荼成就也。天所獨代之成者，君子獨代之，是冬夏之所宜也。春秋雜物其和，而冬夏代服其宜，則當得天地之美，四時和矣。[97]

引文提出四時皆有合於節氣生長的「所宜之物」，這些「宜時之物」與所對應的節氣質性相反，以五行相勝的概念達到天道中和的狀態。如冬日宜食薺，以甘調節冬寒，使人體不受冬寒之害。而夏宜食「荼」，夏與火相應，荼味以苦勝火，使身體不受暑氣之害；說明「食」之修為重在服食四時所宜，忌飢忌飽，使陰陽體氣調和、精神

95　（漢）鄭玄注、（唐）孔穎達疏：《禮記·卷三·曲禮上》，頁56。
96　同前註，頁56。
97　（漢）董仲舒著、（清）蘇輿義證：《春秋繁露義證·卷十六·循天之道》，頁454。

靈明。

由此觀之，董仲舒所架構的人文知識，涵括國家體制、容服器物，以及養生食材，而這諸種經驗知識皆以天道為根源，透過對這些知識內涵之認知與實踐，能由內而外地使身心臻至中正平和、儼然而威的狀態；並推拓於國家體制上，使國體井然有序，合應於天道秩序。

（三）「心─氣─臟腑」之生理知識

在西漢前期儒家諸子所論「生理知識」，多循先秦諸子身心修為的傳統，而著重於「心─氣─形」之身體構造，呈現「心」在清明的狀態下，體內氣血豐盈周流，知覺官能靈明，如《新書·懷慮》：「故氣感之符，清潔明光，情素之表，恬暢和良，調密者固，安靜者祥，志定心平，血脈乃彊，秉政圖□兩，失其中方」[98]，直至董仲舒在當時醫學逐步發展的脈絡下，提出體系縝密的「生理知識」，透過這種對身體結構的觀察與推測，架構其「人副天數」的理論脈絡。

在董仲舒的生理知識中，除循著「生之謂性」的理路，提出「性為天質之樸」、「情為性之如實發用」，以及「以心制約引導性情」等等概念之外；更以天道為根源，將身體結構賦予道德意涵，「心」不僅為性情的管理者，亦能主掌身體臟腑與各種官能的運作；身體結構就被安置在「心」的制約之下，共同構成一整全的道德人性觀。

董氏以「人副天數」的理論，架構一以天道為根源的人體，〈人副天數〉論曰：

> 天德施，地德化，人德義。天氣上，地氣下，人氣在其間。春生夏長，百物以興，秋殺冬收，百物以藏。故莫精於氣，莫富於地，莫神於天，天地之精所以生物者，莫貴於人。人受命乎天也，故超然有以倚；物疾疾莫能為仁義，唯人獨能為仁義；物疾

98　（漢）陸賈著、王利器注：《新語校注·卷下·懷慮》，頁139。

疾莫能偶天地，唯人獨能偶天地。人有三百六十節，偶天之數也；形體骨肉，偶地之厚也；上有耳目聰明，日月之象也；體有空竅理脈，川谷之象也；心有哀樂喜怒，神氣之類也；觀人之體，一何高物之甚，而類於天也。物旁折取天之陰陽以生活耳，而人乃爛然有其文理，是故凡物之形，莫不伏從旁折天地而行，人獨題直立端尚正正當之，是故所取天地少者旁折之，所取天地多者正當之，此見人之絕於物而參天地。人副天數是故人之身首坌而員，象天容也；髮象星辰也；耳目戾戾，象日月也；鼻口呼吸，象風氣也；胸中達知，象神明也；腹胞實虛，象百物也；百物者最近地，故要以下地也，天地之象，以要為帶，頸以上者，精神尊嚴，明天類之狀也；頸而下者，豐厚卑辱，土壤之比也；足布而方，地形之象也。是故禮帶置紳，必直其頸，以別心也，帶以上者，盡為陽，帶而下者，盡為陰……天以終歲之數，成人之身，故小節三百六十六，副日數也；大節十二分，副月數也；內有五臟，副五行數也；外有四肢，副四時數也；占視占瞑，副畫夜也。[99]

此處先呈現天道透過「施」、「化」生成萬物的方式，彰顯其超越的道德性，而此道德性亦落實於人之身體結構上，是以臟腑、骨骼、筋絡等所有組成身體的器官與構造，都「象天」；「象」指涉結構、度數與質性之符應；如在外顯的容貌體態上，人以「身首坌而員」與「形體骨肉」、「足布而方」的體貌合應宇宙天圓地方的架構；以眼目雙耳察識萬物的功能，合應於日月的照明作用；又以靈活運動的四肢，合應於四時運作。而在內在器官的面向上，五臟合應於五行；呼吸吐納合應於風氣流動；筋絡穴脈合應於山川河谷。至於「心」則合應於「神氣」，蘇輿引用孔穎達《禮記・孔子閒居・疏》曰：「神氣

99　（漢）董仲舒著、（清）蘇輿義證：《春秋繁露義證・卷十三・人副天數》，頁354-355。

謂神妙之氣。」[100] 呈現神氣為最精純靈明的陰陽之氣，天透過此氣賦予「心」認知、感知與判斷的功用，以管理身體所有器官與構造。

　　以天道為根源的身體構造，勾勒人體為一個自足的「小宇宙」。宗教神話學者伊利亞德（Mircea Eliade）在《聖與俗──宗教的本質》中，提出「身子─房子─宇宙」的概念，即人的身體為一個小宇宙，他認為「宗教人與諸神持續在交往中，且宗教人分享了世界的神聖性。」[101] 如在印度宗教中，身體與宇宙亦互相比喻，如人的脊椎被比喻為宇宙軸，婚姻則隱喻為天地的神聖結合（hierogamy）；此宇宙性的象徵「賦予某個東西或行動新的價值，而不影響到它們原來特有的與直接的價值。」[102] 此賦予「人體」合應於天道秩序的構造，突顯人神聖的質性與獨尊萬物的地位，使人有別於萬物而能實踐「仁義」，而能說明人透過向內體知自身之心性身體結構與質性，發用出性中「善」之潛質，進而培養自身成為合於天道秩序的道德人。

　　由是觀之，「經驗知識」為「心」統攝知覺官能，攝取外物所形成關於「外物」的知識；在西漢諸儒將此經驗知識之觀察與內化，向上推至《易傳》仰觀俯察的傳統，而從西漢諸子論著觀之，其所論經驗知識，可歸納為「天文」、「地理」等透過觀察自然萬物而歸納抽繹出的「自然知識」，以及透過人文生活所逐漸推闡出的禮樂儀典、服儀與社會制度等「人文知識」，與在醫學發展的基礎上對人體的觀察與推測之「生理知識」，諸種知識皆以「天道」為根源，人可透過仰觀俯察，且與萬物相居處的平居生活中，形成關於這些外在事物的知識，並抽繹出天道理序，而向上契於天道內涵。

100　同前注，頁355。
101　（羅馬尼亞）伊利亞德（Mircea Eliade）著、楊素娥譯：《聖與俗──宗教的本質‧第四章：人類的存在和聖化的生命》（臺北：桂冠圖書股份有限公司，2000年），頁212、213。
102　同前注，頁207。

三、素王大法與六藝知識

循前論，可歸納出西漢諸子對「六藝」的三重觀點：其一，「天道」可知，而聖人透過仰觀俯察萬事萬物之質性與發展動向，歸納「天道」律則而載錄為「六藝」；其次，承上，人能透過對「六藝」典籍之認知，把握「天道」律則。其三，在「天道」與「人事」相貫通的脈絡下，「六藝」內涵能實際引導、規約人應物處世，而作為道德修為與實踐的準則。這同時開啟一條西漢儒者所推廣之「真理證立」的條件，即人所獲得之「信念」合於「六藝」內涵者為「真理」，反之則為謬誤。

此處援引的「真理」概念，乃是唐君毅先生所歸納中國哲學常論之三重「真理」內涵：其一為「同於價值上之善美之真理」，以人之真性情（真誠、率真）、文學作品之不落格套（真意、真趣）、與社會政治之黑暗（無真理）等面向，認為此中之「真」涵括「知識中所謂真或真理之意」，認為「真與真理皆涵價值上善與美之義。亦可兼涵依形上學中所謂真實之義者。」二則為「純粹之形上學所謂真理」，釋曰：「此可同於先天地生之道，或一切理之自身。佛學所謂真如，亦稱為真理。此皆形上學中之真理，乃可離人現有知識及現實事物而言者」，其三則為「客觀事物或理之本身，而稱之為真或真理」。[103] 唐先生認為此三者「非指直接關聯於人之現有知識及真知識一名之涵義的真理，亦即非知識論中的真理。」[104]

值得一提的是，唐先生下文論所謂「知識論中的真理」，乃是西方知識論常論符合事實且確證的真信念，此觀點受到美國當代哲學家蓋提爾（Edmund Gettier）於 1963 年提出著名的「蓋提爾難題」（Gettier problem）的質疑與衝撞，他認為即使滿足「真」、「信念」與「證立」三要件，也不能保證其為「真知」。此論引發學界熱

---

103 唐君毅：《哲學概論（上）‧第二部：知識論》，頁606。
104 同前注，頁606。

烈討論「成為真知」的第四種要素；其中美國當代哲學家古德曼（A. I. Goldman）「可靠論」中的重要觀點為「真知」產生於「可靠的形成機制」；而美國當代哲學家 Linda Zagzebski（1946~）則提出「淹沒難題」（"The Swamping Problem"），認為若「透過可靠的形成機制所獲得的真信念」與「真信念」的價值一致，則所謂「可靠的形成機制」如知覺、記憶、邏輯推理、不可擊敗等用於保證形成機制的方法，就難以彰顯其必要性。[105] 面對「淹沒難題」，知識的價值問題被凸顯出來，而 Ernest Sosa 即循此開啟一條「德性知識論」的脈絡，凸顯人的內省性、熟習性等各種知態，如此，「知識」即成為一種「適切的信念」（an apt belief），米建國先生詮曰：「一個在知態上表現適切的信念，並且展現出相信者在獲取真理時的相關認知能力。」[106] 這種「認知能力」即能與西漢儒者重視道德修為與實踐的「知」之過程互觀相詮。

　　由西方知識論所論「符合事實且確證的真信念」之「真理」與「蓋提爾難題」所質疑者，可知西漢儒者將「六藝」視為「真理」者，與西方知識論下的指涉互有齟齬，而較合於唐君毅先生所論三項內涵，且貫通此三者。在「純粹之形上學所謂真理」的面向上，「六藝」載錄「天道」之內涵，此即唐先生所論「生天生地之道」，而此「道」即如唐先生所論，乃作為人道德修為與實踐之準則，而具有人格上之美善修為的意義；又，「六藝」內容乃是知覺能力特別靈明的聖人透過仰觀俯察所歸納出萬物所以然之原理，復合於唐先生所論第三條「客觀事物或理之本身」。故筆者擬從唐先生對「真理」的定義，並扣合西漢儒學發展的脈絡，觀察西漢黃老治術至獨尊儒術時期，而至西漢晚期反省災異的揚雄所論「六藝」內涵與作用。

---

105 本文所論美國當代哲學家 Linda Zagzebski「德性知識論」對傳統知識論的討論，參見米建國：〈什麼是德性知識〉，《哲學與文化》39 卷 2 期（2012 年 2 月），頁 36-40。
106 同前注，頁 38。

（一）「六藝」知識及其作用

　　不晚於戰國晚期的傳世典籍，有合論「詩、書、易、春秋、禮、樂」諸典籍之說[107]，然少見諸典籍被合稱為「六藝」；至於秦末漢初，陸賈《新語》即有將「五經」與「六藝」類比的用法，而未明指六種典籍：「禮義獨行，綱紀不立，後世衰廢；於是後聖乃定《五經》，明《六藝》，承天統地，窮事微，原情立本，以緒人倫」[108]；然而，稍晚於陸賈的賈誼，則明確將這六種典籍合名為「六藝」：「是故內本六法，外體六行，以與《詩》、《書》、《易》、《春秋》、《禮》、《樂》六者之術，以為大義，謂之六藝」，然而這六藝乃被規約為「先王為天下設教」的先王故典，至於司馬遷乃循著《禮記・經解》藉孔子之言說明六種典籍之特質，與六者被通名為「六藝」的雙重論點，認為六藝出於孔子之教，如《史記・滑稽列傳》：「孔子曰：『六藝於治一也。禮以節人，樂以發和，書以道事，詩以達意，易以神化，春秋以義』」[109]；這種論點被董仲舒強化，以春秋統貫諸經，並認為《春秋》為「為漢立法」的素王大典。[110] 此知西漢諸儒不僅確立「六藝」指「詩、書、易、春秋、禮、樂」等諸典籍，更將這六種典籍與孔子相連，成為重要的知之對

107　（漢）鄭玄注、（唐）孔穎達疏：《禮記・卷五十・經解》藉孔子之言論諸典籍的特質曰：「子曰：『入其國，其教可知也。其為人也：溫柔敦厚，《詩》教也；疏通知遠，《書》教也；廣博易良，《樂》教也；潔靜精微，《易》教也；恭儉莊敬，《禮》教也；屬辭比事，《春秋》教也」，頁845。（清）王先謙注：《荀子集解・卷一・勸學》亦論曰：「故書者、政事之紀也；詩者、中聲之所止也；禮者、法之大分，類之綱紀也。故學至乎禮而止矣。夫是之謂道德之極。《禮》之敬文也，《樂》之中和也，《詩》《書》之博也，《春秋》之微也，在天地之間者畢矣」，頁7。

108　（漢）陸賈著、王利器注：《新語校注・卷上・道基》，頁18。

109　（漢）司馬遷著：《史記・卷一百二十六・滑稽列傳》，頁3197。

110　（漢）班固著、（唐）顏師古注：《漢書・卷五十六・董仲舒傳》載〈賢良對策〉將六藝與孔子相聯繫曰：「《春秋》大一統者，天地之常經，古今之通誼也。今師異道，人異論，百家殊方，指意不同，是以上亡以持一統；法制數變，下不知所守。臣愚以為諸不在六藝之科孔子之術者，皆絕其道，勿使並進。邪辟之說滅息，然後統紀可一而法度可明，民知所從矣」，頁2523。

象。

　　首先，前引陸賈《新語‧道基》論「六藝」之內涵與作用，呈現西漢初年所論「六藝」內容，源自聖人仰觀俯察「天道內涵」而形諸名言，所謂「天道內涵」則涵括事物的本質與隱微的發展動向，此即可作為人事發展的準則。同樣地，〈本行〉論曰：

> 治以德為上，行以仁義為本……自□□□深授其化以厚終始，追
> 治去事以正來世，案紀圖錄以知性命，表定《六藝》，以善惡不
> 相干，貴賤不相侮，強弱不相凌，賢與不肖不得相踰，科第相
> 序，為萬□□□而不絕，功傳而不衰，《詩》、《書》、
> 《禮》、《樂》，為得其所，乃天道之所立，大義之所行也。豈
> 以□□威耶？[111]

正如錢穆先生所論，「德為上」一句已透顯出《新語》兼合儒道的特質，回應當時黃老治術的時代背景。[112] 在黃老思想的背景下，陸賈所論「六藝」主要內涵有三，其一為「厚終始」，即載錄事物質性與其隱微的發展動向；其二為「追治去事」，即從歷史事件歸納出發展法則；其三則為「知性命」，即明辨萬物殊別的質性與狀態，勾勒出尊卑有等的人倫體制，而透顯出天道法則。

　　「六藝」所具彰明人倫的作用，成為西漢前期儒家諸子的共見，如《史記‧太史公自序‧論六家要旨》所論：「若夫列君臣父子之禮，序夫婦長幼之別，雖百家弗能易也。」[113] 然而，倫理秩序並非

111　（漢）陸賈著、王利器注：《新語校注‧卷下‧本行》，頁142-143。

112　錢穆：〈讀陸賈新語〉，收入《中國學術思想論叢（三）》：「〈本行〉篇盛倡儒道，然其語多近《荀子》與〈大學〉，並旁採《老子》，亦徵其語時出漢初，與武帝時人意想不同」、「觀下一語（筆者案：「表定六藝」），知孔子定六經，其說遠有所自。殆起荀卿以下，或出秦博士，而賈承其說。觀上一語（筆者案，即〈本行〉篇盛倡儒道），則儒道陰陽合流之跡已顯。」（臺北：東大圖書公司，1993年），頁4。

113　（漢）司馬遷著：《史記‧卷一百三十‧太史公自序》，頁3290。

透過外在行為規訓而來，而是透過「心」認知六藝，內化六藝內容而臻於道德完善。陸賈較少論述「六藝」內化而臻於道德完善的作用，賈誼則甚關注於此，如《新書·六術》論曰：

> 是以先王為天下設教，因人所有以之為訓，道人之情，以之為真，是故內本六法，外體六行，以與《詩》、《書》、《易》、《春秋》、《禮》、《樂》六者之術，以為大義，謂之六藝。令人緣之以自脩，脩成則得六行矣。六行不正，反合六法。藝之所以六者，法六法而體六行故也，故曰六則備矣。[114]

賈誼透過「六」架構其哲學體系，「道」透過「道德性神明命」的過程化生萬物，並賦予萬物各從其類而各自殊別的質性。正如前論，「道」化生人，並賦予人內在的善性，此「善性」之具體內涵，即「仁義禮智信」諸德、人若能將內化的善性發顯出來，即能萌發怡然而「樂」的道德情感，故所謂「仁義禮智信樂」即為上引文所謂「六行」，而「六藝」即是人修成並發用「六行」的教材與媒介。

　　此外，從賈誼對「六藝」的描述中，亦可發現他嘗以「真」一概念描述「六藝」，且此詞彙僅用於「六藝」而未推於其他知識類別，如上引文論六藝「道人之情，以之為真」，即可見其作為「真理」之確鑿性。要言之，西漢前期黃老治術下的儒家諸子，確立「六藝」所具端正倫理秩序的內涵，並能透過具體解悟，使人自然實踐倫常；如此，「六藝」除為載錄「天道」內涵之先王故典外，更被描述為人內化、修為與實踐的活生生的道德知識。

　　其次，從黃老治道至獨尊儒術，董仲舒對西漢治術轉變影響甚劇。正如前論，西漢前期黃老治術下的儒家諸子，認為「六藝」為具有端正倫常作用的先王故典，董仲舒則進一步將「六藝」與「孔子」連結，且彰顯《春秋》的重要性。正如〈賢良對策〉所論：「臣愚以

114　（漢）賈誼著、閻振益、鍾夏注：《新書校注·卷八·六術》，頁316。

為諸不在六藝之科孔子之術者,皆絕其道,勿使並進」,「六藝之科」與「孔子之術」相連結,使「六藝」從「先王故典」轉化為「為漢立法」的素王聖典;同樣地,《春秋繁露‧玉杯》亦論曰:「是故孔子立新王之道,明其貴誌以反和,見其好誠以滅偽」,董氏即從「孔子立新王之道」,為漢武帝訂立改正朔、易服色,且獨尊儒術的聖王新法。

　　這種觀點可與《淮南子》相對照。〈主術〉論曰:「孔丘、墨翟,修先聖之術,通六藝之論,口道其言,身行其志,慕義從風,而為之服役者不過數十人」,〈說山〉論曰:「為孔子之窮于陳、蔡而廢六藝,則惑;為醫之不能自治其病,病而不就藥,則勃矣。」[115] 二文僅將孔子描述為「修習六藝者」而異於董仲舒的觀點。可見「《春秋》出於孔子」的觀點,乃是在景武之間逐漸成形的儒學論述,以作為「獨尊儒術」的理論基礎,錢穆先生即論:「漢代五經又必以孔子《春秋》為之主。此因《詩》、《書》、《易》、《禮》皆屬於前王,只有《春秋》,是一種新王法,不啻是孔子早為漢廷安排了。」[116] 在為漢立法的理論基礎下,「六藝」的內涵較黃老治術下的儒家諸子所論,更為深廣全面,而《春秋繁露》所建構出「政教觀」與「道德修為與實踐」等論題,皆以公羊學為基礎。

　　在政教觀的面向上,《春秋》被董仲舒釋為新王改制之範例,《三代改制質文》曰:

> 《春秋》曰「王正月」,《傳》曰:「王者孰謂?謂文王也。曷為先言王而後言正月?王正月也。何以謂之王正月?曰:王者必受命而後王。王者和改正朔,易服色,制禮樂,一統於天下,所

---

115 (漢)劉安著、何寧注:《淮南子集釋‧卷九‧主術》、〈卷十七‧說山〉,頁698、1167。

116 錢穆先生:《兩漢經學今古文平議‧孔子與春秋》(臺北:東大圖書公司,1989年),頁277。

以明易姓，非繼人，通以己受之於天也。[117]

「白統—赤統—黑統」之「三統說」落實於君王改制的理論[118]，此論以公羊學為核心，結合五德終始與當代天文曆法知識所架構出的歷史解釋體系，用於為西漢當代建構具體可行的國家制度[119]，乃是戰國末年至漢初多種學術理論的匯集，可謂當時對歷史循環規律的合理解釋，這種解釋以天道運轉的法則為根源，受命的君王必須實踐其中規律。

　　除了國家體制外，董仲舒亦承繼西漢前期儒者對「六藝」所具端正倫理秩序的作用，並將之與「公羊學」連結，建立更為完整的倫常體系；〈楚莊王〉論其倫常概念之大要曰：「此其別內外、差賢不肖而等尊卑也……義不訕上，智不危身，以故用則天下平，不用則安其身，《春秋》之道也。」其依《春秋》建立尊尊卑卑的倫常體系，而此倫常體系則呈現於「三綱」理論中，〈基義〉論曰：「君臣、父子、夫婦之義，皆取諸陰陽之道。君為陽，臣為陰；父為陽，子為陰；夫為陽，妻為陰。陰道無所獨行。」[120] 在戰國晚期至西漢初期之氣化理論中，「陰—陽」為一組對立而齊等的概念；董仲舒轉化對等的概念，而區分陽尊陰卑的位分，以對應人倫關係，使君臣、父

117　（漢）董仲舒著、（清）蘇輿義證：《春秋繁露義證‧卷七‧三代改制質文》，頁184-185。

118　三統說之內涵可參見張端穗：〈董仲舒思想中三統說的內涵、緣起及意義〉：「西漢大儒董仲舒在〈三代改制質文〉一篇文字中提出了一個內容豐富、系統嚴密的古代歷史發展理論。這個理論簡稱為三統說，據學者考證是模倣戰國時期騶衍的五德終始說而建立的。」《東海中文學報》16期（2004年7月），頁55。

119　此論如王健文先生所論：《奉天承運──古代中國的「國家」概念其正當性基礎》所論：「在戰國秦漢之際，五德終始說往往還搭配著三統說及質文相救說，三者基本上都是肯定在時間的流轉當中，存在著一種宇宙力量或是人事遷變的終始循環系統，這個系統由幾個相關而可以一定次序相互替代的部分共同組成（或二或三或五），但同一個時間範疇內，只展現出其中的一個部分，時久則弊，改由另一部分取代。」（臺北：東大圖書公司，1995年），頁232。

120　（漢）董仲舒著、（清）蘇輿義證：《春秋繁露義證‧卷一‧楚莊王》、〈卷十二‧基義〉，頁13、350。

子、夫妻成為尊卑相對，且以卑輔尊的綱常體系。

　　值得注意的是，這種綱常體系透過陰陽二氣的運作，成為「天道」在人倫世界的具體落實，且「天道」亦為此倫常體系的道德上「善」之保證，正如〈深察名號〉所論：「循三綱五紀，通八端之理，忠信而博愛，敦厚而好禮，乃可謂善。此聖人之善也。」若將之與前引董仲舒「待教而為善」所論潛藏的人性善質相對照，可知人遵循倫常體制，並非來自外在道德行為的訓育，而是由內而外的道德修為與實踐臻於君子的成善途徑。此知董仲舒所論「六藝」內涵，著重於孔子「為漢立法」的《春秋》上，且透過《春秋》架構完整的國家體制與倫常綱紀，這種體制建立於「天道」與「人道」相貫通的理路上，以天道為根源之「六藝」即成為「真理」，而人的信念合於六藝的即為正確，反之則為謬誤。從認識途徑觀之，人可透過理解《春秋》，乃至於「六藝」諸經，向上體契天道內涵，而成為合應於天道法則的道德人。

　　西漢中晚期災異思想甚為興盛，正如前揭宣帝、元帝、成帝皆曾詔舉明災異者，而儒生亦多能解釋災異現象，在此學術環境下，「六藝」經義常與「災異」相比附，且不限於《春秋》或《尚書·洪範》，如前引劉向諸篇災異策論，即多旁及諸經[121]，且《說苑》與《新序》之事例亦多有比附諸經者，這呈現六藝內涵之雙重特質，其一為「真理性」，即前文所論符合六藝經義者為真理，反之則否，使六藝成為判斷萬事萬物的規準；其次，又擴大六藝詮解的範圍，正如

121　劉向災異理論旁及諸經，如（漢）班固著、（唐）顏師古注：《漢書·卷三十六·楚元王傳》所載〈變事奏〉論群小當政而天降災殃，惟趨賢遠佞方能合於天意，其論曰：「以群小窺見間隙，緣飾文字，巧言醜詆，流言飛文，譁於民間。故《詩》云：憂心悄悄，慍于群小。小人成群，誠足慍也。昔孔子與顏淵、子貢更相稱譽，不為朋黨；禹、稷與皋陶傳相汲引，不為比周。何則？忠於為國，無邪心也。故賢人在上位，則引其類而聚之於朝，《易》曰飛龍在天，大人聚也；在下位，則思與其類俱進，《易》曰拔茅茹以其彙，征吉。在上則引其類，在下則推其類，故湯用伊尹，不仁者遠，而眾賢至，類相致也」，頁1945。其所引即遍及《毛詩》與《周易》，可見一端。

《說苑》所載，六藝經義之比附遍及全書，而《說苑》分載君道、臣術、敬慎、尊賢、正諫、辨物等二十種主題，遍及君臣之道德修為與實踐、倫理規範、祭祀儀典、君王治道、外交關係、知識證立等多種主題，而這些主題皆與六藝經義相比附，而成為人立身處世的準則。

降及西漢末年，這一脈從結合氣化的天道觀，到董仲舒所論「災異」出於「天譴」，乃至西漢晚期大量比附經義的災異之作，而至王莽欲偽造符瑞取得政權，這種過度比附天道、災異與經義的詮解方式易流於妖妄，遮蔽六藝經義，故揚雄作《法言》，有回歸六藝經義，端正學風的目的。[122]

揚雄《法言》既欲歸本六藝，抵排災異讖言，則其對「六藝」內涵之說明，亦不盡同於陸賈、賈誼所側重結合「明尊卑、別親疏」之倫理制度與道德修為的脈絡，亦不同於董仲舒所論結合氣化論、公羊學與倫理架構的天道觀，與「經義─災異」相比附的詮解，而應如徐先生所論，乃懸繫於孔子人格之興發感召所鋪設的身心修為與道德實踐；以《法言‧學行》二則為例：

> 天之道，不在仲尼乎？仲尼駕說者也，不在茲儒乎？如將復駕其說，則莫若使諸儒金口而木舌。

---

122 此論可見（漢）班固著、（唐）顏師古注：《漢書‧卷八十七下‧揚雄傳下》：「雄見諸子各以其知舛馳，大氐詆訾聖人，即為怪迂，析辯詭辭，以撓世事，雖小辯，終破大道而或眾，使溺於所聞而不自知其非也。及太史公記六國，歷楚漢，記麟止，不與聖人同，是非頗謬於經。故人時有問雄者，常用法應之，譔以為十三卷，象《論語》，號曰《法言》」，頁3580。徐復觀先生：《兩漢思想史‧卷二‧揚雄究論》釋曰：「『雄見諸子各以其知舛馳』到『使溺於所聞而不自知其非也』的這段話，好像說的是先秦的情形，其實主要是針對他所面對的思想形勢。由董仲舒所引發的許多方技讖緯，怪誕不經之說，有如《漢志》中所錄諸子略中的陰陽家，兵書略中的兵陰陽，數術略中的天文，五行蓍龜，雜占，方技略中的房中，神僊等，給思想文化以極大的擾亂。但他們幾乎皆依附各種傳說性的古人以及孔子以自重。不過當時王莽諸人，正欲憑讖緯符瑞以取天下，故《法言》在消極方面，以扼要鉤玄的方式，破除了不少怪迂之說。在積極方面，闡揚了他所把握得到的以孔子為中心的思想，這便構成《法言》的第一部分」，頁503。

螟蛉之子，殖而逢，蜾蠃祝之曰：類我，類我。久則肖之矣！速哉，七十子之肖仲尼也。[123]

第一則符應漢初以降儒者解經的傳統，將「天道」懸繫於孔子著述，此可與〈吾子〉、〈問神〉互觀：「舍五經而濟乎道者，末矣。棄常珍而嗜乎異饌者，惡睹其識味也？委大聖而好乎諸子者，惡睹其識道也」、「《易》始八卦，而文王六十四，其益可知也。《詩》、《書》、《禮》、《春秋》，或因或作而成於仲尼，其益可知也。」[124] 呈現孔子將天道運行律則，載錄於典籍的論述傳統，確立典籍的「真理性」。

第二則想像弟子與孔子居處而受其教化的情狀，與前引文合觀，可描繪弟子向孔子問學、與孔子居處而體悟天道內涵，展現其應物而動的人格向度[125]；此開啟一種有別於諸漢儒重視天道、倫理關係、名物之理解角度，而將孔子視為一個「整全的人」，他就著弟子稟賦與各種疑難所給予的及時點撥，皆不僅為單純的「道德訓誨」，而是其學問、智慧、情感、道德、美感與生活方式等各種向度的具體揭顯；弟子在多元的教學範材與教導方式的引導下，遂皆能依自身潛能，安立道德，展現各自殊別獨立的生命姿度。[126]

由此觀察《法言》，可看出揚雄常描述理解六藝典籍所需的特別

---

123 （漢）揚雄著、汪榮寶疏：《法言義疏・二・學行》，頁6、8。

124 （漢）揚雄著、汪榮寶疏：《法言義疏・四・吾子》、〈八・問神〉，頁67、144。

125 杜維明：《體知儒學：儒家當代價值的九次對話》載錄杜氏透過與日本漢學家今道友信之對話，描述孔子豐富的人格向度：《體知儒學：儒家當代價值的九次對話》：「一般人看《論語》就是從道德說教的角度，但如果重新從美學的視角來看《論語》，孔子在其弟子心中有極大的人格魅力，他的一舉一動都被認為有深刻的象徵意義，所以他的一些具體行為被記錄下來，使大家身臨其境地和孔子在一起，即使是片刻也是彌足珍貴的。」（浙江：浙江大學出版社，2012年），頁146。

126 此論可參見徐復觀：《兩漢思想史・卷二・揚雄究論》：徐復觀先生將《法言》視為「以孔子五經為中心所樹立的作人與立言的標準」，頁504。

專注而靈明的身心狀態，如〈問神〉所論：「『敢問潛心於聖。』曰：『昔乎，仲尼潛心於文王矣，達之；顏淵亦潛心於仲尼矣，未達一間耳。神在所潛而已矣。』」[127] 引文透過孔子學易、顏淵傳習孔子之學，描繪出「心」沉潛專一的身心狀態，而這種身心狀態為適宜認知的知態，若依本節引言所論「德性倫理學」之理論脈絡，這種狀態可很大程度地成為獲得「真知」的保證；人亦可透過身心沉潛專注而清明的修為，把握六藝內涵，開顯出個人獨特的道德修為與人格美感。

（二）感應與天譴：災異知識與解釋

西漢中晚期，「災異」乃是深受君王與儒者推重的知識內涵。正如前論，西漢君王屢詔求明災異者，在君王詔求，儒者比附經義的推闡下，災異理論逐漸繁複，旁比周密而趨瑣碎。學界對西漢時期「災異」理論之探究，多集中於董仲舒與劉向[128]；然上溯董仲舒與劉向之災異理論，可發現西漢初期儒者已併稱「災異」，且「災異」之意義隨著儒者對「天道」理論之推闡而逐漸繁複縝密；這種知識不僅大量運用於對國家現狀的譴告與示警，亦相當程度地浸潤於諸子對自身生命處境的解釋中，化為其對自身存有知識的內涵，以下即深論西漢儒家諸子所論「災異知識」之內涵。

陸賈《新語‧明誡》將「災」與「異」二概念並稱，並將之置放於「氣化相感」的氣化論背景下，值得細究：

> 故世衰道失，非天之所為也，乃國君者有所取之也。惡政生於惡氣，惡氣生於災異。蝮蟲之類，隨氣而生；虹蜺之屬，因政而

---

127 （漢）揚雄著、汪榮寶疏：《法言義疏‧八‧問神》，頁137。

128 依陳麗桂先生編：《兩漢諸子研究論著目錄》（1912-2009）所載西漢「災異論述」凡三十五篇，董仲舒專論或涉及董仲舒者凡十七篇，涉及劉向、劉歆或專論者凡九篇，超過總篇數三分之二；參見中華民國國家圖書館漢學研究中心「兩漢諸子研究論著目錄資料庫」：http://ccs.ncl.edu.tw/g0107/ExpertDB.aspx。

見。治道失於下，則天文度於上；惡政流於民，則虫災生於地。賢君智則知隨變而改，緣類而試思之，於□□□變。聖人之理，恩及昆虫，澤及草木，乘天氣而生，隨寒暑而動者，莫不延，傾耳而聽化。聖人察物，無所遺失，上及日月星辰，下至鳥獸草木昆虫，□□□鷁之退飛，治五石之所隕，所以不失纖微。至於鴝鵒來，冬多麋，言鳥獸之類□□□也。「十有二月李梅實，十月殞霜不煞菽」，言寒暑之氣，失其節也。[129]

引文所述「災異」多出於先秦傳世典籍，如「□□□鷁退飛」、「隕石于宋」、「李、梅實」、「隕霜殺菽」皆出於《春秋》。《公羊傳・僖公三十三年》釋「異」的概念曰：「何以書？記異也。何異爾？不時也。」可見得不晚於戰國晚期，不合於時人觀察萬物所抽繹出來的律則之「自然現象」已被釋為「異」，實可說明「異」源於人的經驗知識。而關於「災」之概念，《春秋》將出於自然現象而造成人事損傷者釋為「災」，如〈隱公五年〉：「螟。何以書？記災也」、〈桓公元年〉：「秋，大水。何以書？記災也」、〈莊公十八年〉：「秋，有蜮，為災也」。此外，《公羊傳》亦曾釋「災」與「異」之別，如〈定公元年〉與〈文公二年〉所釋：「冬，十月，隕霜殺菽。何以書？記異也。此災菽也，曷為以異書？異大乎災也」、「自十有二月不雨，至于秋七月。何以書？記異也。大旱以災書，此亦旱也，曷為以異書？大旱之日短而云災，故以災書；此不雨之日長而無災，故以異書也。」[130] 可見超越時人經驗詮解，且「人事損傷特別嚴重」或「未造成損傷」的自然現象亦被稱為「異」。可知「災」與「異」皆源於人對自然萬物難解之事的觀察與解釋。

陸賈將災異之自然現象類比於國政之失，這種類比方式盛行於戰

129　（漢）陸賈著、王利器注：《新語校注・卷下・明誡》，頁155。
130　（漢）何休注、（唐）徐彥疏：《公羊注疏・卷十二・僖公三十三年》、〈卷三・隱公五年〉、〈卷九・莊公十八年〉、〈卷二十五・定公元年〉、〈卷十三・文公二年〉，頁159、58、159、317、165。

國晚期，如《呂氏春秋·季夏紀·明理》所論：「國有此物，其主不知驚惶亟革，上帝降禍，凶災必亟。其殘亡死喪，殄絕無類，流散循饑無日矣。此皆亂國之所生也，不能勝數，盡荊、越之竹，猶不能書。」[131] 此已將「災異」上推為具有「道德意志」之「天」（上帝）的譴告，「天之譴告」類比於「亂國」，而國家亂象，又與「人主之失」相類比，如此，「災異」即成為具體規範「人主」政教措施的「天道」律則。

事實上，「災」與「異」與人主政教措施相類比的詮解方式，春秋時期之傳世典籍已有載錄，如《左傳·宣公十五年》伯宗諫請晉侯伐酆舒之事曰：「夫恃才與眾，亡之道也。商紂由之，故滅。天反時為災，地反物為妖，民反德為亂，亂則妖災生。故文，反正為乏。盡在狄矣。」[132] 酆舒於潞為政，殺潞子夫人，傷潞子之目，群大夫認為不宜攻打，而伯宗認為應討有罪。伯宗將天地萬物之災變與君德及其國政相類比而定酆舒之罪；由此觀察上引陸文，可知陸賈已將先秦積累的種種「災異解釋」相互彌縫，勾勒出一套氣化論下的災異解釋：天地萬物以「道」為根源，陰陽二氣生化萬物，萬物之存有情狀透顯出一活潑而井然的「天道」理序；人君失政，天地萬物類應其錯謬而生發「災異」，以透顯君王德行與施政背離「天道」理序而責其改之。

值得注意的是，賈誼《新書》雖較少提及君王失政，萬物類應而生發災異之說；然其卻常「災異式」地描述其不遇的生命處境，如其名作〈鵩鳥賦〉述曰：「庚子日施兮，服集予舍，止于坐隅，貌甚閑

---

131 筆者案，引文所述「國有此物」乃指上文：「其妖孽有生如帶，有鬼投其陴，有菟生雉，雉亦生鷃，有螟集其國，其音匈匈，國有游蛇西東，馬牛乃言，犬彘乃連，有狼入於國，有人自天降，市有舞鴟，國有行飛，馬有生角，雄雞五足，有豕生而彌，雞卵多假，有社遷處，有豕生狗」等災異特怪之天文地理物類，參見（漢）高誘注、（清）畢沅校：《呂氏春秋·卷六·季夏紀·明理》，頁63。

132 （晉）杜預注、（唐）孔穎達疏：《左傳注疏·卷二十四·宣公十五年》，收入（清）阮元審定、盧宣旬校：《重刊宋本十三經注疏》，影印嘉慶二十年江西南昌府學開雕本（臺北，藝文印書館，1993年），頁408。

暇。異物來集兮，私怪其故，發書占之兮，策言其度，曰：『野鳥入
處兮，主人將去，請問於服兮，余去何之？吉乎告我，凶言其
菑。』」其以「異」描述外於經驗的「服鳥來集」，以「災」述此異
兆可能隱含的生命災變；正如君王面對災異需有德行與施政相應的調
整，賈誼也在此異兆中，開顯其相應的修為與實踐，〈鵬鳥賦〉下文
述曰：「真人澹漠兮，獨與道息；釋之遺形兮，超然自喪；寥廓乎荒
兮，與道翱翔」，在文帝疏遠，南任長沙的不遇處境中，賈誼對《莊
子》的「認知」已如前引林安梧先生論「超越知識的掌握」，是對存
有本身一種隨時隨事的活潑指引，是全副生命的體知、浸潤與實踐；
這也就回應「災異」固然是對自然萬物難解之事的觀察與解釋，但這
種經驗知識仍需「縱貫橫講」地回應於人的生命修為與實踐。

　　其次，關於董仲舒的災異理論，前已引學界所論其「天」之概念
涵括「陰陽與五行氣化之律則」與「道德意志之人格天」；如此，陸
賈所論君王違背天道理序而萬物感應所出現的自然界災異現象，就進
一步被連結於「天之道德意志」下而成為「天譴」，《春秋繁露·必
仁且智》論曰：

> 凡災異之本，盡生於國家之失。國家之失乃始萌芽，而天出災害
> 以譴告之；譴告之而不知變，乃見怪異以驚駭之，驚駭之尚不知
> 畏恐，其殃咎乃至。以此見天意之仁而不欲陷人也。謹案災異以
> 見天意。天意有欲也，有不欲也。所欲所不欲者，人內以自
> 省，宜有懲於心；外以觀其事，宜有驗於國。故見天意者之於災
> 異也，畏之而不惡也，以為天欲振吾過，救吾失，故以此報我
> 也。《春秋》之法，上變古易常，應是而有天災者，謂幸國。[133]

從「災異」現象之發生言之，董仲舒連結「災異」與「君王失政」，
而歸諸道德意志「天」對失政之君的懲戒；作為公羊學家的董仲舒對

133　（漢）董仲舒著、（清）蘇輿義證：《春秋繁露·卷八·必仁且智》，頁260。

「災異」之理解，乃出於《春秋公羊傳》對災異之詮解，並自其中歸納出「災異」生發的原因、災異的類別，以及道德修為與實踐的化解之道；甚又將之推闡至當時發生的各類災異中。《史記・儒林列傳》載曰：「以春秋災異之變推陰陽所以錯行，故求雨閉諸陽，縱諸陰，其止雨反是。行之一國，未嘗不得所欲。」[134] 可見其嘗由《春秋》歸納的災異原則，親身實踐於當時災異現象的推闡中。從知識理論之視角觀之，「災異」固然為「心」統攝知覺官能而仰觀俯察所得來的經驗知識，然儒者對《春秋》經義的理解，卻成為形塑並解讀這項經驗知識的前理解。

董仲舒歸本於《春秋》而結合「意志天」與「氣化論」的災異理論，深刻影響了其後儒者對災異的理解，如《鹽鐵論・論菑》載賢良文學論災異曰：

> 始江都相董生推言陰陽，四時相繼，父生之，子養之，母成之，子藏之。故春生，仁；夏長，德；秋成，義；冬藏，禮。此四時之序，聖人之所則也。刑不可任以成化，故廣德教。言遠必考之邇，故內恕以行，是以刑罰若加於己，勤勞若施於身。又安能忍殺其赤子，以事無用，罷弊所恃，而達瀛海乎？……好行惡者，天報以禍，妖菑是也。《春秋》曰：『應是而有天菑。』周文、武尊賢受諫，敬戒不殆，純德上休，神祇相況。《詩》云：『降福穰穰，降福簡簡。』日者陽，陽道明；月者陰，陰道冥；君尊臣卑之義。故陽光盛於上，眾陰之類消於下；月望於天，蚌蛤盛於淵。故臣不臣，則陰陽不調，日月有變；政教不均，則水旱不時，螟螣生。此災異之應也。[135]

134　（漢）司馬遷著：《史記・卷一百二十一・儒林列傳》，頁3128。

135　（漢）桓寬著、王利器校注：《鹽鐵論・卷九・論菑》（北京：中華書局，1992年），頁556-557。此論乃回應御史大夫之疑：「巫祝不可與並祀，諸生不可與逐語，信往疑今，非人自是。夫道古者稽之今，言over者合之近。日月在天，其徵在人，菑異之變，夭壽之期，陰陽之化，四時之敘，水火金木，妖祥之應，鬼神

此乃賢良文學回答御史大夫所問陰陽四時、萬物變化與災異之本源，全文以董氏結合陰陽與五行所推闡出的天道理論為基礎，天道規律則透過萬物生成化育、四時更迭運行，以及尊尊卑卑的人倫秩序透顯出來。若君王未合應於此秩序，施行仁政，萬物即感應其政教背謬的狀態，生發災異；此災異又被連結於「天報以禍」的脈絡下，成為「意志天」的譴罰。

除《鹽鐵論》外，劉向也展現類似的詮解脈絡。《漢書》載劉向災異相關奏對凡四，筆者依嚴可均所命名，分別為〈使外親上變事〉、〈條災異封事〉、〈極諫用外戚封事〉、〈復奏上災異〉四者，而〈日食對〉則載於《漢書‧五行志》[136]，正如黃啟書先生的觀察，劉向前期災異理論多承繼董氏，而後期則多採「洪範五行」之論：

> 設使無論《洪範五行傳論》傳世前後，劉向奏疏中所推衍之災異法則，皆屬於《洪範五行傳》中之五行五事系統，則劉向災異理論前後並無重大演變；反之，如在《洪範五行傳論》撰成之前，其奏疏中並不見五行五事之色彩，則吾人可推論劉向災異理論極可能存在前後期的發展。[137]

〈使外親上變事〉作於元帝初元二年，〈洪範五行傳論〉作於成帝河平三年，〈極諫用外戚封事〉作於成帝陽朔二年，可知此四篇實貫通前後期，而可稍窺劉向對災異知識轉折中的連續性。

策論本有明顯的時事關懷，在這四封奏議中，均將時事類比於災異事件，再將之貫串於「天譴」的概念上，呈現其所理解的「天」近似於董氏而皆具道德意志。如〈使外親上變事〉即將宦官弘恭、石顯

之靈，祭祀之福，日月之行，星辰之紀，曲言之故，何所本始？不知則默，無苟亂耳。頁556。

136 （漢）班固著、（唐）顏師古注：《漢書‧卷二十七下‧五行志》，頁1486。

137 黃啟書：〈試論劉向災異學說之轉變〉，頁8。

弄權而構陷蕭望之、周堪等入罪之事與地震、天雪等災相比附而論[138]，相較於董仲舒之災異理論著重於「君德」與「天道」之比附，劉向則將類推的範圍擴大，將宦官朝臣弄權之事納入災異詮解範圍內，使災異理論更具現實感。

其次，劉向所論「天」層次複雜，包括天文與氣象等發生於「天」之空間的自然現象、具道德意志之「意志天」，以及天地萬物之運行所透顯出自然的「天道律則」三種，第一種如〈條災異封事〉所述：「天變見於上，地變動於下，水泉沸騰，山谷易處」、「竊見災異並起，天地失常，徵表為國」，第二種如其所論：「和氣致祥，乖氣致異；祥多者其國安，異眾者其國危，天地之常經，古今之通義也」[139]，第三種如「諸侯和於下，天應報於上……此皆以和致和，獲天助也。」[140] 天具有「報應」且「助有德之君」的道德意志，在「意志天」之思想脈絡下，災異即出自「天」之譴告。此概念一直貫串至〈洪範五行傳論〉寫作之後，如作於延元三年之〈復上奏災異〉所論：「天狗夾漢而西，久陰不雨者二十餘日，昌邑不終之異也。皆著於漢紀。觀秦、漢之易世，覽惠、昭之無後，察昌邑之不終，視孝宣之紹起，天之去就，豈不昭昭然哉」[141]，即連結星象與氣象，作為漢廢帝昌邑王因無道而被廢的災異表徵，此災異與「天之去就」相連結，呈現「意志天」揀擇有德者為君的道德意志，與貶絀寡德之君的天譴，與君王「以德受命」的君道傳統。

---

138 （漢）班固著、（唐）顏師古注：《漢書・卷三十六・楚元王傳》：「前弘恭奏望之等獄決，三月，地大震。恭移病出，後復視事，天陰雨雪。由是言之，地動殆為恭等。臣愚以為宜退恭、顯以章蔽善之罰，進望之等以通賢者之路。如此，太平之門開，災異之原塞矣」，頁1931。

139 （清）嚴可均輯：《全上古三代秦漢三國六朝文・全漢文・卷三十五・劉向》，頁324。

140 同前註，頁324。

141 同前註，頁329。

（三）公羊視野下歷史知識之理解與詮釋

關於先秦時期史事理解與詮釋的傳統，徐復觀先生將之與「諸子傳統」相對舉，而歸為「春秋家」的傳統[142]，陸賈、賈誼、董仲舒、劉向、揚雄諸儒皆善於將自身見解比附於史事解釋上，而其所運用之史事來源甚為廣泛，以《新語》為例，陸賈援引史事涵括如堯舜等上古理想君王之典範、三代君王與執政者，如禹、湯、文、武、周公，以及東周以降的史事。上古三代史事多載於《尚書》，春秋時期的史事則多載於《春秋》。將經史疊合的現象，與前揭「六藝」載錄「天道」律則合觀，呈現人從史事歸納出的事件發展原則，與人修身處事的方式，其理想狀態仍皆以「天道」律則為根源，說明西漢儒者所理解的「史事」內涵，乃是在「氣化—六藝—史事—人道」相連結的背景下，而上推回「天道」根源；如此，所謂「史事」借鑑，實可視為「天道」律則之透顯。

這條詮釋脈絡固能回應西漢諸儒所理解的「歷史知識」之理論架構；然而，卻會遇到一個有趣的疑難：若如第一節所論，西漢儒者常認為「天道」為可知且確鑿的究極知識，則為何諸儒常針對同一史事或歷史人物，歸納出不同的「天道」內涵？舉例言之，陸賈《新語·輔政》、賈誼《新書·大政上》、揚雄《法言·問道》分別從「堯」的史事中，歸納出不同的天道內涵：

> 天道以大制小，以重顛輕。以小治大，亂度千貞。讒夫似賢，美言似信，聽之者惑，觀之者冥。故蘇秦尊於諸侯，商鞅顯於西秦。世無賢智之君，孰能別其形。故堯放驩兜，仲尼誅少正卯；甘言之所嘉，不為之傾，惟堯知其實，仲尼見其情。
>
> 道者，聖王之行也，文者聖王之辭也，恭敬者聖王之容也，忠信

---

142 徐復觀：《兩漢思想史·卷三·韓詩外傳集釋的研究》：「另一種方式，或者可以說是屬於《春秋》的系統。把自己的思想，主要用古人言行表達出來；通過古人的言行，作為自己思想得以成立的根據」，頁1。

者聖王之教也。夫聖人也者，賢智之師也。仁義者，明君之性
也。故堯舜禹湯之治天下也，所謂明君也，士民樂之。

或問「道」。曰：「道也者，通也，無不通也。」或曰：「可以
適它與。」曰：「適堯、舜、文王者為正道，非堯、舜、文王者
為它道。君子正而不它。」

第一則類比「故堯放驩兜」、「仲尼誅少正卯」二則史事歸納出審聽
明辨的德行修為，並將之比附於透顯於自然界與人事發展之「以大制
小，以重顛輕」的現象，而上推於天道律則，說明上位者察情辨實
後，應適當地處置讒逆者。第二則與第三則分別鋪排恭敬、忠信、
文、仁義諸德行，將之類比於堯舜禹湯等上古三代的君王，且將「正
道」懸繫於「堯舜文王」之君德典範，而呈現出天道重德的向度；即
使後二則凸顯「天道」之內涵相近，但畢竟有別。

這種透過相同之史事或人物所歸納出不同的「天道」內涵的現
象，正呈現西漢儒者所論天道應物不窮的觀點，其詳者如賈誼〈保
傅〉：「篤仁而好學，多聞而道順。天子疑則問，應而不窮者謂之
道。」[143] 此雖說明解天子之惑為「傅」之職，然「應之不窮謂之
道」正呼應西漢諸儒所論「伏羲仰觀俯察，以畫八卦」的繫辭傳統，
所以呈現「天道」內涵，正是透過「人」的觀察、經歷、參與及詮釋
透顯出來。

此知，以相同史事歸納出「天道」循環往復卻應變無窮的豐富內
涵的詮釋方式，說明相較於追求史事之精確完整，儒者更關懷是否能
透過史事體察而揭顯出「天道」內涵。比如上文所引「堯」之史事均
被裁切、揀選而比附於作者所體察的「天道」內涵。事實上，這種解
讀史事的作法，就可與美國著名的後現代歷史學者海登‧懷特
（Hayden White, 1928~）所揭示「歷史」為一種解讀者摻雜其從文本

143　參見（漢）賈誼著、閻振益、鍾夏注：《新書校注‧卷五‧保傅》引〈明堂之
　　位〉所論，頁184。

所發現的事件，與個人獨特的想像虛構，而虛實摻半的「敘事」。[144]

　　這個角度可適當地觀察西漢諸儒運用史事的作用，儒者裁切史事，將事件類比而拼合，再歸納出相似的義理條目，將此條目向上推溯為天道內涵，而懸繫於其所談論的主題中，如前文所引第一則《新語‧輔政》，通篇觀之，旨在論述節欲與德行並重的君王身心修為的方式，其裁切堯、舜、孔子之治道，對舉於秦皇、李斯、趙高重刑之術，並將此類比於國家興滅的後果，再上推於天道；如此，陸賈所呈現的即非「史事」本身，而是透過「史事」比附出的義理條則與天道內涵。值得注意的是，這種詮解脈絡成為西漢儒者理解並運用歷史知識的常態，儒者常循此思維方式「過秦」，並將「史事」與「時事」結合，使西漢諸儒的歷史解釋，具有鮮明的社會關懷特質。

1. 從「過秦」風氣論歷史知識與天道法則之連結

　　西漢初期，「過秦」風氣甚盛。「過秦」一詞，引自《漢書‧陳勝項籍列傳》班固贊所引賈誼〈過秦〉。此文亦收錄於《新書》，標題即作「過秦」，意指規過秦之失政。面對不足廿載即覆滅的秦帝國，儒者常論其覆亡之因，而討論的方法則往往借鑒於上古三代至先秦史事，並逐漸強化古史所歸納出天道運行法則，作為君王治道的借鑒；而「史事」與「天道」的連結亦承繼先秦史事理解與詮釋的風氣。

　　《史記》載秦覆滅後，儒者常省察得失因，如《史記‧酈生陸賈列傳》載劉邦請陸賈為其言「我得天下、秦失天下之因」。[145]「秦所

---

144 （美）海登‧懷特（Hayden White）著、陳新譯：《元史學：十九世紀的歷史想像‧結論》論史家對史事的詮釋富含隱喻與想像曰：「我已經指出，某一特定的史學家在論證、其情節化或意識形態蘊涵的層次上，將傾向於選擇某種解釋模式，以呼應比喻的各種需要，而這些比喻貫穿於他用來預構被挑選出來研究的歷史事件領域的語言規則。簡而言之，我指出了在預構歷史領域行為和史學家於特定著作中運用的解釋策略之間存在一種選擇性的親和關係。」（南京：譯林出版社，2004年），頁584、585。

145 （漢）司馬遷著：《史記‧卷九十七‧酈生陸賈列傳》載曰：「陸生時時前說稱

以失天下」牽動甫定天下之高帝對秦帝國覆亡之焦慮感；從西漢傳經脈絡觀之，在董仲舒將孔子與六藝連結前，西漢前期諸儒認為六藝乃是先聖透過仰觀俯察天道秩序而載諸文字的史事典籍；如此條所引，商湯文武事載於《尚書》，而夫差與智伯之事俱載於《左傳》，皆可作為天下初定的治道參考。

　　對應秦帝國覆亡的焦慮感，西漢初期諸儒常以「過秦」資鑑治道，如《韓詩外傳‧卷五》：

> 天設其高，而日月成明；地設其厚，而山陵成名；上設其道，而百事得序。自周衰壞以來，王道廢而不起，禮義絕而不繼。秦之時，非禮義，棄詩書，略古昔，大滅聖道，專為苟妄，以貪利為俗，以較獵為化，而天下大亂，於是兵作而火起，暴露居外，而民以侵漁過奪相攘為服習，離聖王光烈之日久遠，未嘗見仁義之道。[146]

秦失天下肇因於毀棄學脈，致使典籍失傳，而透過傳習典籍所內化的仁義修為與實踐亦一併衰微，而使民風澆薄。這種「失學脈而失天下」的理解為時人共識，如前引陸賈所論「鄉使秦已并天下，行仁義，法先聖，陛下安得而有之？」同樣地，司馬遷亦對強秦治術有同樣的見解，《史記‧太史公自序》論曰：「維我漢繼五帝末流，接三代業。周道廢，秦撥去古文，焚滅詩書，故明堂石室金匱玉版圖籍散

詩書。高帝罵之曰：乃公居馬上而得之，安事詩書！陸生曰：『居馬上得之，寧可以馬上治之乎？且湯武逆取而以順守之，文武并用，長久之術也。昔者吳王夫差、智伯極武而亡；秦任刑法不變，卒滅趙氏。鄉使秦已并天下，行仁義，法先聖，陛下安得而有之？高帝不懌而有慚色，乃謂陸生曰：試為我著秦所以失天下，吾所以得之者何，及古成敗之國。』陸生乃粗述存亡之徵，凡著十二篇。」下文亦載酈生與高帝之辯議曰：「足下欲助秦攻諸侯乎？且欲率諸侯破秦也？沛公罵曰：豎儒！夫天下同苦秦久矣，故諸侯相率而攻秦，何謂助秦攻諸侯乎？酈生曰：必聚徒合義兵誅無道秦，不宜倨見長者」，頁2699、2692。可見「過秦」為當時知識分子之重要關懷。

146　許維遹注：《韓詩外傳集釋‧卷五‧第十六章》，頁183-184。

亂。」「典籍散逸」說明透過典籍所傳習的禮樂教化與道德規範亦難以傳習，使民風澆薄。

「過秦」以資治道的風氣從秦亡之後，延續至高帝、惠帝，施及文帝，仍綿延不絕，《漢書·賈鄒枚路傳》載賈山以〈至言〉為文帝言「治亂之道」曰：

> 秦皇帝居滅絕之中而不自知者何也？天下莫敢告也。其所以莫敢告者何也？亡養老之義，亡輔弼之臣，亡進諫之士，縱恣行誅，退誹謗之人，殺直諫之士，是以道諛諭合苟容，比其德則賢於堯舜，課其功則賢於湯武，天下已潰而莫之告也。《詩》曰：「匪言不能，胡此畏忌，聽言則對，譖言則退。」此之謂也。又曰：「濟濟多士，文王以寧。」天下未嘗亡士也，然而文王獨言以寧者何也？文王好仁則仁興，得士而敬之則士用，用之有禮義。[147]

此處將秦皇覆滅與文王興國之史事對舉，裁切「秦王縱恣行誅，以塞諫言」，與「文王好仁興仁，樂於納諫」的史事，歸納君王納諫，有容乃大的道德修為與實踐，再將此理想的治道，與下文「今陛下念思祖考，術追厥功，圖所以昭光洪業休德，使天下舉賢良方正之士，天下皆訢訢焉，曰將興堯舜之道，三王之功矣」[148] 相聯結，呈現賈山期待漢文帝舉納人才的政教措施；並將此政教措施類比於「治亂之道」，呈現「治」與「亂」之歷史事件生發之根源，而此「根源」在西漢前期儒學的語脈中，即可上推至「天道」律則；如此，即隱約地透過三代史事，勾勒一條上通「天道」之「治道」法則。

簡言之，對應秦失天下之因，西漢儒者亦透過秦前的歷史事件，

---

147 （漢）班固著、（唐）顏師古注：《漢書·卷五十一·賈鄒枚路傳》，頁2333-2334。
148 同前註，2334。

歸納出「天道」與「歷史」發展相貫通的史事理解方式。這種理解方式有其根源。殷商至西周，「天」從宗教神逐漸轉換為道德修為與實踐之「人德」，而史官即從史事中歸納出道德修為與實踐之原則；至於西漢，從漢初諸儒以古史過秦的傳統，至董仲舒透過古史建立完整的受命改制理論，乃至於劉向編輯《新序》、《說苑》與《列女傳》等史事讀本，再再強化古史所歸納出天道運行法則，以作為君王治道的借鑒。

2. 商周時期「歷史知識」貫通「天道」之詮解傳統

「天道法則」與「歷史知識」相連結之思想源於商周時期，徐復觀先生《兩漢思想史・原史》從「史」之金文字形，論「史」之原始職務為「祭祀時之祝禱者，並將禱語書於冊」：

> 從口，與祝之從口同。因史告神之辭，須先寫再冊上，故從彐，像右手執筆，將筆所寫之冊，由口告之於神，故右手所執之筆，由手直通向口。[149]

徐先生從先秦史料歸納出作為宗教服務之「史」，其主要司職有五，分別為「祭神祝禱」、「主管占筮」、「主管天文曆象」，並因其具有仰觀俯察天文地理的能力，而被賦與解說災異的職務，並能掌管錫命、冊命與氏族譜系資料[150]；前三種司職皆與宗教意義上的天意與天命相關，後二者則關乎人文化成的政教活動[151]；同樣地，陳來先生亦論西周時期「史」被賦予連結宗教信仰與政教倫理的雙重職務[152]，可

---

149. 徐復觀：《兩漢思想史・卷三・原史》：「就史所記錄的內容說，最重要的發展，是由宗教的對象，進而記錄到與宗教無直接關係的重要政治活動，這是史由宗教領域進入到人文世界的重要關鍵」，頁224。

150. 同前注，頁225-228。
151. 同前注，頁228。
152. 陳來：《古代宗教與倫理：儒家思想的根源・第三章：巫覡》：「西周的史官活動特色有二，第一，史官的冊命文告職能也兼人神兩面，既代王宣讀文告冊命，

第二章 究極於「天道／道」之知識類別與內涵　　107

與商周時期「天」之意義轉換互觀。正如學界共見，殷商時期，對「天」或「帝」之敬畏順從的宗教精神[153]，西周時期逐漸轉向人文之德的修為與實踐，「天」、「天命」被賦與道德性的解釋，如《尚書・泰誓》：「民之所欲，天必從之」、「天視自我民視，天聽自我民聽。百姓有過，在予一人，今朕必往」[154]，「民欲」與「民聽」所代表之人民處境，乃是「天意」在生存世界的具體彰顯，若君王逆反民意，「天」即透過民誅暴君的行為，彰顯其尚仁好德的道德意志與法則。[155]

此知，西周以降，「天」之意義從「宗教神」轉向「人文之德」，而「史」之職務涵括宗教活動與政教事務之載錄，這種文化現象，成為春秋時期史官載錄詮釋史事的基礎。在此基礎上，春秋時期的史官，常從歷史事件中，抽繹出道德內涵，並與「天道」相結合，使歷史發展的過程，成為「天道」之道德內涵的具體彰顯。這種精神展現於《春秋》、《左傳》史事載錄中，如《孟子・滕文公》、〈離

又代王在卜記中冊告。第二，參與宗教性活動，如《逸周書》記載的史逸代王告皇天后土」，頁62。

153 關於殷商時期「天」具有意志並能降禍福的概念，源於華土初民自上古以來即有的原始信仰，陳夢家：《殷墟卜辭綜述・第十七章》，從甲骨卜辭的內容中，分析出殷人的信仰觀念大致分為三類：甲、「天神」：上帝；日、東母、西母、云、風、雨、雪。乙、「地示」：社；四方、四戈、四巫、山、川。丙、「人鬼」：先王、先公、先妣、諸子、諸母、舊臣。陳氏並解釋「上帝」曰：「卜辭中的上帝有很大的權威，是管理自然與下國的主宰。」並論曰：「殷人之上帝或帝，是掌管自然天象的主宰，有一個以日月風雨為其臣工使者的帝廷。上帝之令風雨、降禍福是引天象示其恩威，而天象中風雨之調順時為農業生產的條件，所以殷人的上帝雖也保佑戰爭，而其主要的實質是農業生產的神。」胡厚宣：〈殷代之天神崇拜〉亦論及風雨等自然現象，皆屬於「上帝」的命令：「殷人求年祈雨為農事之大典，然知降雨者乃雲，故又屢見祭云之辭，又以云乃屬於上帝，故又言帝云，且以帝禮祭之。」可知殷商時期，應有對「天」（上帝）之原始信仰。

154 （漢）胡安國傳、（唐）孔穎達疏：《尚書注疏・卷十一・泰誓》，頁155。

155 此論可參見陳來：《古代宗教與倫理：儒家思想的根源・第五章：天命》：「以周公為卓越代表的西周思想，以宗教觀念和政治思想為主要內容，取得了殷周所不能比的積極進展，這些進展就宗教觀念的角度來說，可以概括為：第一，天命無常；第二，天命惟德；第三，天意在民」，頁201。

婁）所論《春秋》筆削之精神曰：

> 世衰道微，邪說暴行有作，臣弒其君者有之，子弒其父者有
> 之。孔子懼，作《春秋》。《春秋》，天子之事也。是故孔子
> 曰：「知我者其惟《春秋》乎！罪我者其惟《春秋》乎！」
> 孟子曰：王者之迹熄而《詩》亡，《詩》亡然後《春秋》作。晉
> 之《乘》，楚之《檮杌》，魯之《春秋》，一也。其事則齊
> 桓、晉文，其文則史。孔子曰：其義則丘竊取之矣。[156]

從「天道觀」觀之，「天子」或「王者」在西周「道德性天命」的概
念下，因其道德修為與實踐，而能順應民意，方受命為「天子」或
「王」，而其受命之後，亦應透過典籍傳習與實踐的教化，陶冶人民
的道德，並誅罰違反道德性天命的諸侯，因此《春秋》微言所寄寓的
褒貶，本為「天子誅伐之事」。平王東遷後，王室陵夷，諸侯僭越，
西周透過禮樂教化所形成的倫理秩序逐漸崩毀，孔子即透過《春秋》
的史事褒貶執行天子方能執行之誅伐決斷。如此，《春秋》史事載錄
中，即隱含道德性天命之運行規律，而深刻地影響西漢諸儒所論「歷
史知識」之內涵與作用。

3. 由「先王故典」至「為漢立法」

在西漢初期「過秦」的政論風氣中，陸賈與賈誼等儒者習從史事
中抽繹出政教法則，並上推於「天道」；而時代稍後之董仲舒則透過
「孔子受命」的概念，將「先秦故典」轉化為「素王聖典」，以天道
觀的視角，將史事發展解讀為天道運行的規律，並推闡出完整的「受
命改制」觀點。這種容易過度比附而偏向妖妄的觀點，在西漢後期劉

156　（漢）趙岐注、（宋）孫奭疏：《孟子注疏・卷五・滕文公》、〈卷七・離
　　婁〉，收入（清）阮元審定、盧宣旬校：《重刊宋本十三經注疏》，影印嘉慶
　　二十年江西南昌府學開雕本（臺北：藝文印書館，1989年），頁117、146。

向與揚雄的歷史知識觀點中，逐漸被刊落，而回歸陸賈與賈誼所論「天道」與「史事」之理相貫通的脈絡上。從知之過程觀之，西漢諸儒多肯認「史事」內涵既隱含天道法則，人即可透過歸納史事發展之律則，把握「天道」運行之法則與內涵，作為處世的規準。

西漢早期儒者由史事推闡「人道」並上通於「天道」之典型論述，可從《新語》、《新書》之論觀之，如《新書·過秦下》曰：

> 故先王者見終始之變，知存亡之由，是以牧之以道，務在安之而已矣。下雖有逆行之臣，必無響應之助。故曰：安民可與為義，而危民易與為非。此之謂也。貴為天子，富有四海，身在於戮者，正之非也，是二世之過也。[157]

「貴為天子，身在於戮」義近於〈過秦·上〉所論「仁心不施，而攻守之勢異也」，此為賈誼所歸納出秦帝國覆亡之因，面對嚴刑峻法，殺戮過甚的弊端，賈誼認為須透過「見終始之變，知存亡之由」，從其中歸納出政教措施，方能「安民」、「牧民」。「終始之變，存亡之由」的內涵，可與〈傳職〉所論「教之故志，使知廢興者而戒懼焉」[158] 互觀，「故志」為漢前史事載錄，人可透過內化「故志」之內涵，理解國家興亡與發展的原則。重要的是，「故志」所歸納出的政教法則，則以「天道」為根源，〈禮容語〉論曰：

> 單襄公告魯成公曰：「晉將有亂，其君與三郤其當之乎？」魯侯曰：「寡人固晉而彊其君，今君曰『將有亂』，敢問天道乎？意人故也？」對曰：「吾非諸史也，焉知天道？吾見晉君之容，而聽三郤之語矣，殆必有禍矣。君子目以正體，足以從之，是以觀容而知其心。今晉侯視遠而足高，目不在體，而足不步目，其心

---

157 （漢）賈誼著、閻振益、鍾夏注：《新書校注·卷九·大政上》，頁15。
158 （漢）賈誼著、閻振益、鍾夏注：《新書校注·卷四·傳職》，頁172。

必異矣。體目不相從，何以能久？夫合諸侯，國之大事也，於是觀存亡之徵焉。故國將有福，其君步言視聽，必皆得適順善，則可以知德矣。視遠曰絕其義，足高曰棄其德，言爽曰反其信，聽淫曰離其名。夫目以處義，足以踐德，口以庇信，耳以聽名者也，故不可不慎也。偏亡者有咎，既亡則國從之。今晉侯無一可焉，吾是以云。夫郤氏，晉之寵人也。是族在晉，有三卿五大夫，貴矣，亦可以戒懼矣。今郤伯之語犯，郤叔訐，郤季伐。犯則凌人，訐則誣人，伐則揜人。有是寵也，而益之以三怨，其誰能忍之？齊國武子亦將有禍。齊，亂國也。立於淫亂之朝，而好盡言以暴人過，怨之本也。惟善人能受盡言。今齊既亂，其能善乎？」居二年，晉殺三卿。明年，厲公弒於東門。是歲也，齊人果殺國武子。《詩》曰：「敬之敬之，天惟顯思，命不易哉，毋曰高高在上，陟降厥士，日監在茲，維予小子，不聰敬止，日就月將，學有緝熙于光明，佛時仔肩，視我顯德行。」故弗順弗敬，天下不定，忘敬而息，人必乘之。嗚呼，戒之哉！[159]

「吾非諸史也，焉知天道」說明先秦史官由仰觀天文、占筮吉凶，以及史事載錄所抽繹出的事物發展之端緒與規律，乃是天道法則之具體落實；而引文以《左傳·成公十七年》齊國武子與晉厲公之二則史事為例，推闡「天道」道德性內涵之運行律則。以晉厲公之事為例，《左傳·成公十七年》載晉厲公除郤氏之事，厲公言行偏邪，多用寵臣，《左傳》述曰：「晉厲公侈，多外嬖，反自鄢陵，欲盡去群大夫而立其左右」[160]，三郤把持國政，氏族多構怨之，且不敬君王，厲公因田獵之事與郤至衝突而欲誅伐之；胥童建議先討伐三郤，故胥童、夷羊五「帥甲八百，將攻郤氏」而誅殺三郤，而後欒書、荀偃執厲公，隔年弒之。

159　（漢）賈誼著、閻振益、鍾夏注：《新書校注·卷十·禮容語》，頁380。
160　（晉）杜預注、（唐）孔穎達疏：《春秋左傳注疏》，頁483。

依《左傳》的載錄，晉厲公與三郤君不君、臣不臣，導致君殺臣、臣弒君的後果；賈誼從此事中抽繹出由內而外，順善剛直之身形體貌的「君德」內涵；此描繪出知識形成的過程：「君子目以正體，足以從之，是以觀容而知其心」，說明「心」專一清明而統攝耳目等知覺官能，使耳目能靈明地接收善言，展現統合和諧的身心狀態；在此狀態下，「足」所連結完整的身形體貌，展現端肅合宜的姿勢體態。而晉厲公「遠而足高，目不在體，而足不步目，其心必異矣」，說明其「心」直截地被生理本然之欲牽引，所謂「目不在體，足不步目」即呈現身心昏亂，知覺官能迷散遲鈍，且身形體貌躁動的狀態。

「夫合諸侯，國之大事也，於是觀存亡之徵焉」可呼應前論人可透過認知「故志」而抽繹出「存亡之徵」；在第三段引文中，「存亡之徵」又透過援引《詩‧周頌‧敬之》，而與「天命」的概念相縐合。從此詩在先秦至西漢前期的接受史觀之，《韓詩外傳》屢次援引此詩，多從「日就月將，學有緝熙于光明」，勾勒君子務學之義[161]；而〈卷三〉所引，則強調君王知過能改，推行仁政，合應於「天意」：

> 曰：宋大水。魯人弔之曰：「天降淫雨，害於粢盛，延及君地，以憂執政，使臣敬弔。」宋人應之，曰：「寡人不仁，齋戒不修，使民不時，天加以災，又遺君憂，拜命之辱。」孔子聞之，曰：「宋國其庶幾矣。」弟子曰：「何謂？」孔子曰：「昔桀紂不任其過，其亡也忽焉。成湯文王知任其過，其興也勃焉。過而改之，是不過也。」宋人聞之，乃夙興夜寐，弔死問疾，戮力宇內，三歲，年豐政平。鄉使宋人不聞孔子之言，則年

---

161 許維遹注：《韓詩外傳集釋‧卷三‧十四章》、〈十五章〉、〈十六章〉、〈卷八‧二十三章〉、〈二十四章〉共引《周頌‧敬之》凡五次，〈卷三〉首則述孟嘗君「袪衣請受業」，第二則論「教學相長」之理，第三則為述「師道尊嚴」；〈卷八〉第一則論「學而不已」之理，第二則述「士必學問而後君子」，勾勒出士道德修為與實踐的歷程，此皆著重人務學之義，頁98-99、293-296。

穀未豐，而國家未寧。《詩》曰：「佛時仔肩，示我顯德
行。」[162]

引文論宋國大水之因乃是「天降淫雨」，與前論西周以降「道德性天
命」之說互觀，大雨洪災乃為「天」對宋國國政不修之示警；唯有君
王修德自持，改善政教措施，方能免於政權覆滅。從認知作用觀之，
面對國內洪災的困境，君王可從「成湯文王」等商周史事歸納出知過
能改的道德修為與實踐，合應天道之道德性內涵。如此，從史事中抽
繹出的道德修為與政教措施，即以「天道」內涵為根源。

　　此引用之義可與上述賈誼所引晉厲公之例互觀相詮。賈誼在文末
論曰：「故弗順弗敬，天下不定，忘敬而怠，人必乘之」，讀者可透
過晉厲公因失德而敗亡，最終被弒之結果，歸納出君王應持守敬慎恭
謹的態度；所謂「故弗順弗敬，天下不定，忘敬而怠，人必乘之」，
「敬」與「順」的對象乃是「天道」與「天命」所賦予君王的職務，
君王可透過認知「史事」，歸納出合應於天道的政教措施；如此，歷
史知識即為「天道」在人事發展上的具體彰顯。

　　此知，陸賈與賈誼皆肯認「歷史知識」為天道之具體彰顯，而
「歷史知識」即涵括於六藝典籍與先秦故典中；從知之過程觀之，讀
者可透過「心」運用推理、歸納等思辨能力，從史事之端緒、徵兆、
歷程，抽繹出發展之律則，而在天道觀的統攝下，這些律則即為天道
在人事發展上的具體彰顯；如此，在西漢前期的儒者即已論證出「天
道與人事相貫通」之歷史知識的內涵與精神。

　　至於西漢中葉，董仲舒則提出「孔子受命作《春秋》」的觀點。
這個觀點首先如前引學界所論，賦予「天道」超越的道德意志，使
「天道」的概念結合「道德意志」與「陰陽五行氣化作用」，如此，
西漢前期「道德性的天道」，就被轉化為「天之道德意志」，而史事
隱微的端序與發展過程就成為「天之道德意志」的展現。這條「孔子

162　許維遹注：《韓詩外傳集釋・卷三・十七章》，頁99-100。

受命作《春秋》而為漢立法」的脈絡，影響董仲舒對「史」的觀點，在《春秋繁露》中，「史」之詞彙僅出現三則，其中二則皆指官制，僅一則指涉「史事」，即《春秋繁露·俞序》：

> 仲尼之作《春秋》也，上探正天端，王公之位，萬物民之所欲，下明得失，起賢才，以待後聖。故引史記，理往事，正是非，見王公。史記十二公之間，皆衰世之事，故門人惑。孔子曰：「吾因其行事而加乎王心焉。」以為見之空言，不如行事博深切明。故子貢、閔子、公肩子，言其切而為國家資也。其為切而至於殺君亡國，奔走不得保社稷，其所以然，是皆不明於道，不覽於《春秋》也。[163]

從上文脈絡觀之，所謂「引史記，理往事」與「史記十二公之間」所指「史記」之內涵有別，前指載錄上古三代事之著錄，如《尚書》一類古史；而後者則指孔子受命所作《春秋》，如此，所謂「史記」即如西漢前期諸儒所論「先王故典」，而《春秋》被別開而成為「素王聖典」，展現其為漢立法的政教意義與真理性。

前揭《春秋》之義可歸納為四：「上探正天端」所論「天道內涵」、「王公之位」所指「國家體制」、「萬物民之所欲」所論人倫名物、「下明得失，起賢才，以待後聖」所指君王治道作為，以天道為根源之政道修為與實踐的律則。如此，若人君背於天道律則，受命的素王即以微言褒貶，而史事之解讀者，就要透過各種理解方式，將微言的內涵敞開，而透顯出天道律則。

這種開顯微言褒貶的理解方式，可以《春秋繁露·玉杯》引《春秋·文公二年·經》「文公以喪取」為例，董氏論曰：

---

163 （漢）董仲舒著、（清）蘇輿義證：《春秋繁露義證·卷六·俞序》，頁158-159。

《春秋》譏文公以喪取。難者曰：「喪之法，不過三年。三年之喪，二十五月。今按經，文公乃四十一月方取。取時無喪，出其法也久矣，何以謂之喪取？」曰：《春秋》之論事，莫重於志。今取納幣，納幣之月在喪分，故謂之喪取也。[164]

魯僖公於西元前六百二十七年薨，公子興於公元前六百二十六年繼位[165]，是為魯文公。

對文公而言，僖公具有「君—父」的雙重身分，文公應懷抱無比哀思悲慟服斬衰之喪。[166] 然而，自文公二年起，其於居喪過程中，就出現三次違禮的瑕疵：其一為「丁丑，作僖公主」，《公羊傳》譏曰：「不時也。……欲久喪而後不能也。」[167] 其二為「八月丁卯，大事于大廟，躋僖公」，《公羊傳》論曰：「譏。何譏爾？逆祀也。其逆祀奈何？先禰而後祖也。」[168]「不時」與「逆祀」已呈現貶意，而第三項錯誤，即董仲舒藉以論「志」的事例：「公子遂如齊納幣。納幣不書，此以何書？譏。何譏爾？譏喪娶也。娶在三年之外，則何譏乎喪娶？三年之內不圖婚。」[169] 公子遂為僖公庶子，竟在君王父喪未滿時，前往齊國下聘婦姜。

這條經傳資料需與文公四年「夏，逆婦姜於齊」相對照，根據董

---

164 （漢）董仲舒著、（清）蘇輿義證：《春秋繁露義證・卷一・玉杯》，頁23-24。

165 僖公卒年與文公繼位時間，乃根據李宗侗先生之考鏡，見氏著：《春秋公羊傳今注今譯》（臺北：臺灣商務印書館，1973年），頁257。

166 （漢）鄭玄注，（唐）孔穎達疏：《禮記・第四十九卷・喪服四制》曰：「其恩厚者，其服重；故為父斬衰三年，以恩制者也。……資於事父以事君，而敬同，貴貴尊尊，義之大者也。故為君亦斬衰三年，以義制者也」，頁1032。先秦居喪情狀，可參見（漢）鄭玄注、（唐）孔穎達疏：《禮記注疏・卷五十八・三年間》：「斬衰，苴杖居倚廬，食粥、寢苫、枕塊，所以為至痛飾也」，頁961。

167 （漢）何休注、（唐）徐彥疏：《春秋公羊傳注疏・卷十三・文公十三年》，頁164。

168 同前注，頁165。

169 同前注，頁166。

仲舒的推算，從文公元年至文公四年迎娶婦姜，期間共四十一月。[170]
斬衰之喪二十五月，是文公並非在服喪期間迎娶，故實無「喪取」之
事，亦無在行為上的實際錯誤。然《春秋》以貶筆「譏」記載納幣之
事，肇因於「三年之內不圖婚」。「圖」，《說文解字》釋為「畫計
難也」[171]，引申為意圖及其行動落實，何休注曰：「僖公以十二月
薨，至此未滿二十五月，又禮先納采、問名、納吉，乃納幣，此四者
皆在三年之內，故云爾」[172]，故《春秋》所批判的並非文公之「喪
取」，而是文公在理應哀痛的喪期間表現「圖婚」之志。

　　從《春秋》所載文公納幣事，到《春秋公羊傳》與〈玉杯〉對
《春秋》經文的詮釋，開展了兩種「志」的解釋「視域」，一為「文
本的視域」，此為文本在特定的時空背景下被裁切、書寫、編纂而成
的樣貌，即孔子在「春秋時代魯國」此一特定歷史條件下記載的史事
所表現出的意義：孔子特例書寫此事，表達文公斬衰而圖婚的不當之
「志」，也體現孔子微言貶抑之「作者之志」；二為「理解者的視
域」，即後代的解釋者在自身的時空背景下所做的詮釋，董仲舒即依
此提煉「公羊貴志」的義例，使作為「歷史知識」的《春秋》的微言
被拆解開，透顯出「天」之道意志的趨向與其內涵。

　　除董仲舒之外，西漢晚期之劉向亦透過編纂、著述《列女傳》、
《新序》、《說苑》，展現其對歷史知識之理解與詮釋。《漢書‧楚
元王傳》載劉向編述三書之目的：

　　睹俗彌奢淫，而趙、衛之屬起微賤，踰禮制。向以為王教由內及
　　外，自近者始。故採取詩書所載賢妃貞婦，興國顯家可法則，及

170　（漢）董仲舒著、（清）蘇輿義證：《春秋繁露義證‧卷一‧玉杯》：「文公乃
　　四十一月方取」，頁25。

171　（漢）許慎著、（清）段玉裁注：《圈點段注說文解字‧卷七‧口部‧圖》，頁
　　279。

172　（漢）何休注、（唐）徐彥疏：《春秋公羊傳注疏‧卷十三‧文公十三年》，收
　　入（清）阮元審定、盧宣旬校：《重刊宋本十三經注疏》，頁166。

孽嬖亂亡者，序次為《列女傳》，凡八篇，以戒天子。及采傳記行事，著《新序》、《說苑》凡五十篇奏之。數上疏言得失，陳法戒。書數十上，以助觀覽，補遺闕。上雖不能盡用，然內嘉其言，常嗟歎之。[173]

所謂「著」並非「獨創」或「編纂」，而是如曾鞏《新序‧序》所述，乃是從古籍中采擷而提煉或賦予道德教化意義[174]，而引文所述「採擷」即如前文所引美國當代歷史學家海登‧懷特（Hayden White）所論，乃是一種夾雜人從文本發現的事件，以及個人獨特的想像或虛構的敘事；劉向這種虛實夾雜的歷史敘事中，鋪排出一套「言得失，陳法戒」而深具道德修為與實踐之教化意味的史事詮釋脈絡。

在這條脈絡中，劉向常從六藝及先秦至西漢前期之諸子中裁切史事，添加敘事情節，抽繹出道德修為與實踐之「理」。以《說苑》屢述晉平公與師曠相談之事為例，《說苑‧君道》、〈建本〉、〈善說〉、〈辨物〉載二人之事凡五則，筆者引其四曰：

晉平公問於師曠曰：「人君之道如何？」對曰：「人君之道清淨無為，務在博愛，趨在任賢；廣開耳目，以察萬方；不固溺於流俗，不拘繫於左右；廓然遠見，踔然獨立；屢省考績，以臨臣下。此人君之操也。」平公曰：「善！」

晉平公問於師曠曰：「吾年七十欲學，恐已暮矣。」師曠曰：「何不炳燭乎？」平公曰：「安有為人臣而戲其君乎？」師曠曰：「盲臣安敢戲其君乎？臣聞之，少而好學，如日出之陽；壯

173　（漢）班固著、（唐）顏師古注：《漢書‧卷三十六‧楚元王傳》，頁1957。

174　（宋）曾鞏著：《元豐類稿‧卷十一‧序‧新序目錄序》：「蓋向之序此書，於今最為近古，雖不能無失，然遠至舜禹，次及於周秦以來古人之嘉言善行，亦往往而在。要在慎取而已。」收入（清）紀昀編：《文淵閣四庫全書‧子部》（臺北：臺灣商務印書館，1983年），頁2。

而好學，如日中之光；老而好學，如炳燭之明。炳燭之明，孰與昧行乎？」平公曰：「善哉！」

晉平公問於師曠曰：「咎犯與趙衰孰賢？」對曰：「陽處父欲臣文公，因咎犯，三年不達，因趙衰，三日而達。智不知其士眾，不智也；知而不言，不忠也；欲言之而不敢，無勇也；言之而不聽，不賢也。」[175]

在傳世之六藝典籍中，師曠之事首載於《左傳》，載師曠與晉平公之事凡五則，一為〈襄公十四年〉師曠為晉平公釋「衛人出其君」乃因衛君肆於民上，而不施德政；二為〈襄公十八年〉載齊師伐晉，師曠謂晉公曰：「鳥烏之聲樂，齊師其遁」；三為〈襄公十八年〉冬，楚師伐鄭，晉國聞楚師，師曠以樂歌卜之曰：「不害。吾驟歌北風，又歌南風，南風不競，多死聲。楚必無功」，四為〈襄公二十六年〉，師曠反駁晉平公所論「晉其庶乎」，認為公室將因臣子力爭卻不務德的風氣而衰微，此載多與《說苑》相異，然卻描繪出師曠具有感通天地萬物而知其情實與發展端緒，且重德行修為與實踐的人物形象。

在先秦至漢初諸子之書中，關於師曠諫晉文公的歷史敘事更加豐富，如《韓非子‧十過》述晉平公與衛靈公於施夷之台，欲聽師涓撫琴，師曠言其為亡國之聲，而後平公迫師曠鼓清商、清徵、清角之樂，而後晉國大旱，國君癃病之事，而歸納出君王不務政之弊；而〈外儲說右上〉則述師曠以「惠民」諫晉平公；〈難一〉則述平公失言，師曠撞琴以諫。至於《淮南子》所述多不類《左傳》而近似《韓非子》，如〈覽冥〉載師曠為平公奏白雪之音而國家大旱，君王重病；〈泰族〉則述師曠為平公辨別亡國之音；此皆前有所承，然〈主術〉另條卻載曰：「師曠瞽而為太宰，晉無亂政，有貴於見者

---

[175] （漢）劉向編、向宗魯：《說苑校釋‧卷一‧君道》、〈卷三‧建本〉、〈卷十一‧善說〉、〈卷十八‧辨物〉，收入《中國古典文學基本叢書》，頁1-2、69、271、467-468；此外，〈辨物〉尚載晉平公出畋，見乳虎伏而不動而請問謂師曠之事，頁467。

也」[176]，此不見於傳世典籍，亦不知其所承。以上說明「師曠」之敘事在史事的積累與詮釋中，不斷擴充而豐富其內涵，其所能抽繹出來的「理」亦更加綿密繁複。

因此，敘事者可依自身的詮釋目的，將同一段史事或同一位歷史人物之事件，排列、切割、並合併添加各種元素[177]，循此觀察六藝典籍與先秦至西漢前期諸子所述「師曠」的敘事現象，推拓及傳世典籍與諸子所載的各種人物上，即可抽繹出千變萬化且符應作者欲陳述的「理」。這也就可以解釋為何《說苑》所載師曠之事，能貫串西漢複雜的思想元素，如第一則言君道「清靜無為」而切近黃老，第二、三則即論好學與智、忠、賢等德行修為，第四則援引《左傳》，陳明戒奢之君道；若將這些從史事中抽繹出來的「理」，置放於前文所論劉向肯認的「天道」下，即可呈現如陸賈與賈誼所論與天道相貫通之人事理則，而作為實際指引人居處應變與判斷世事發展的規準。

有趣的是，在《新序》與《說苑》中，雖常談論孔子作為道德與實踐之典範的人物形象，卻僅有一則提及「孔子作《春秋》」之事，《說苑‧貴德》論曰：

> 誠惻隱於中，悃悃於內，不能已於其心；故其治天下也，如救溺人，故其治天下也，如救溺人，見天下強陵弱，眾暴寡；幼孤羸露，死傷係虜，不忍其然，是以孔子歷七十二君，冀道之一行而得施其德，使民生於全育，烝庶安土，萬物熙熙，各樂其終，卒不遇，故睹麟而泣，哀道不行，德澤不洽，於是退作春秋，明素王之道，以示後人，恩施其惠，未嘗輒忘，是以百王尊之，志士

176　（漢）劉安著、何寧注：《淮南子集解‧卷九‧主術》，頁617。

177　此論可參見（美）海登‧懷特著、陳新譯：《元史學：十九世紀歐洲的歷史想像‧導論》：「這些思想家撰寫的著作，就歷史過程的同一片段和史學思想的任務這兩方面而言，表現出了那些可以選擇的，甚至表面上互相排斥的概念。若將他們的著作純粹視作言詞結構，這些著作似乎就具有迥然不同的形式特徵，並且是以根本不同的方式來使用解釋著同一組材料的概念術語」，頁5。

法焉，誦其文章，傳今不絕，德及之也。[178]

同樣論「孔子作《春秋》」，劉向所側重與董仲舒不同，董氏著重於前文所論受天命而為漢立法與微言褒貶，劉向則將其懸繫於「貴德」的主題下，透過孔子描繪出惻隱之仁與安頓民心的治道，而「素王作《春秋》之事」也從董仲舒所論「為漢立法」的視角，轉變為「仁君治道」之載錄，而刊落過於妖異之論。此知劉向所論「歷史知識」較切近於陸賈與賈誼所論，裨益道德修為與治國之道的知識，人可從其中抽繹出人事發展之理而上契於「天道」。

這種刊落妖妄，裁切史事而賦予教化意義，切近於陸賈與賈誼所論「天道」與「人道」相貫通的史事解釋脈絡，同樣展現於揚雄《法言》中。正如前論，在《法言》所載之歷史人物與史事中，孔子師弟所佔比例甚高，尤其特別呈現孔子與弟子的居處情狀，然正如徐復觀先生所提示的，揚雄常帶著《太玄》幽渺的形上學視角，使孔子的形象崇高玄遠。[179]

在崇高玄遠的視角下，揚雄所裁切與擷擇出來的孔子人物形象，即與先秦典籍所載的樣貌有極大的殊別，如〈八百〉載述：

> 或問：「聖人有詘乎？」曰：「有。」曰：「焉詘乎？」曰：「仲尼於南子，所不欲見也；陽虎，所不欲敬也。見所不見，敬所不敬，不詘如何？」曰：「衛靈公問陳，則何以不詘？」曰：「詘身，將以通道也。如詘道而信身，雖天下不為也。」[180]

此文裁切並拼合《論語・雍也》「子見南子」、〈陽貨〉「陽貨欲見

178　（漢）劉向編、向宗魯校：《說苑校證・卷五・貴德》，頁95-96。

179　徐復觀：《兩漢思想史・卷二・揚雄究論》：「在聖人語言中的無窮意味，乃來自人我同在的偉大人格中流露出來，便透入到每一個正常人生命生活中的真實裡去，絕非如揚雄所說的不可使易知」，頁510。

180　（漢）揚雄著、汪榮寶疏：《法言義疏・十一・八百》，頁249。

孔子」與〈魏靈公〉「魏靈公問陳」三件史事，第一則孔子謂子路自身見南子而無愧，第二則即言自身用世之志，而第三則謂靈公治國重在敬慎持恭，篤厚民德；三則意旨實均不同於揚雄所歸納出的「詘身通道」之「理」，揚雄再將此「理」上通於「道」，「道」內涵即透過「孔子」言行露顯出來。然而，這種「透顯」並非如董仲舒將孔子神格為「為漢立法」的受命素王，而是透過史事編纂與評論，將孔子「體道」的身心修為與道德實踐呈顯出來。從讀者的角度觀之，正可透過認知並內化孔子及其他歷史人物所展現的道德修為與實踐的方式，依此修為，而向上把握天道內涵，作為自身應物處事的規準。

西漢前期黃老治術下的儒家諸子，確立「六藝」所具端正倫理秩序的內涵，人可透過倫常的修為與實踐把握六藝內涵，上契於天道。董仲舒所論「六藝」內涵，著重於孔子「為漢立法」的《春秋》上，透過《春秋》架構完整的國家體制與倫常綱紀，這種體制建立於「天道」與「人道」相貫通的理路上。

在此脈絡下，西漢儒家諸子肯認讀者能從史事中歸納出「天道」發展的端緒與理脈，則在以「天道」為根源的究極知識脈絡下，儒者皆肯認「歷史知識」為必要且能向上把握天道內涵的知識類別。西漢初期，在「過秦」的風氣下，儒者往往歸納上古三代至先秦史事的發展軌跡，並將「史事發展」與「天道理序」相比附，討論秦帝國覆亡之因，並作為當時君王治道的借鑑；而「六藝」與在《春秋》精神下深受重視的災異與歷史知識，相互交絡而結合為西漢儒家諸子所重視的龐大「典籍知識」之內涵。

結語：以「天道」為根源的知識類別

西漢諸儒認為人可憑藉自身的「知之能力」把握「天道」知識；《新語》、《新書》、《春秋繁露》與《法言》皆深論以天道為根源之認知類別，可歸納出透過心統攝知覺官能所形成的經驗知識、透過文字所載錄的六藝典籍知識、災異知識與歷史知識。

首先，「經驗知識」為「心」統攝知覺官能，攝取外物所形成關於「外物」的知識；西漢儒家諸子論經驗知識，奠基於其歸本於《易傳》仰觀俯察的傳統，諸儒最常探究的是在氣化論下彼此感通的萬物之質性與狀態及其類別。

　　其次，在六藝內涵的面向上，「六藝」成為判斷經驗知識的參照標準，合於六藝者為「真知」，反之則否。如此，「六藝」即被視為聖人著述，是上契天道而確鑿不移的「真理」。奠基於六藝典籍的「災異」解釋，亦成為「天道」法則的具體彰顯，人首先抽繹出《春秋》災異原則，而將之類推於當下的災異事件，並廣博地類推於史事或時事的解釋中，再推拓災異詮解的範圍與其理論架構；職是，「災異」雖源於經驗，然其理解與詮釋方式卻歸納自以《春秋》為核心的六藝典籍，而成為結合經驗知識、六藝典籍而上通於天道的特殊知之對象。

　　其三，由商代以降「史」之概念探究「史事發展」比附「天道理序」的傳統，說明先秦史事載錄本常涵括「道德性天命」之運行規律。戰國晚期以降，透過陰陽氣化的作用，論者可以更穩固地連結「人事發展」與「天道律則」，而陸賈與賈誼所肯認的「歷史知識」，即涵括於六藝典籍與先秦故典中。如此，「理解者」可透過「心」運用推理、歸納等思辨能力，從史事之端緒、徵兆、歷程，抽繹出史事發展之律則，並視之為「天道」在人事發展上的具體彰顯。董仲舒「天道觀」結合「道德意志」與「陰陽與五行之氣化律則」，而「史事」形成於素王載錄，被賦予微言褒貶，詮解者須透過解讀方式，盡其所能地開顯出微言之義，並歸納提煉出史事義例，透顯出「天」之道意志的趨向與氣化律則之內涵。西漢晚期，以「經義」比附「災異」之學術風氣更加興盛，劉向所編《說苑》、《新序》與揚雄《法言》均回歸經義，透顯「史事」中道德修為的面向，成為天道律則在人事上的具體展現。

第三章　《新語》、《新書》所見西漢前期
黃老治術下之儒家知識理論

　　西漢前七十年，黃老思想以結合道法兼採百家的特質，成為漢家治道。陸賈《新語》與賈誼《新書》完成於秦末至漢初「黃老」理論逐漸完備的時期。關於二者生平，《史記‧酈生陸賈列傳》述陸賈曰：「陸賈者，楚人也。以客從高祖定天下，名為有口辯士，居左右，常使諸侯」，並為漢高帝作《新語》，使知「存亡之徵」[1]，又嘗出使南越，重立故南越王尉佗，穩固百越；文帝時，越王自立為帝，陸賈再次出使南越，使之「去帝制黃屋左纛」，降為藩屬[2]，故司馬遷稱其為「辯士」。根據史遷所載，賈誼年十八通六藝典籍，文帝召為博士，以善對而在一年間超遷至太中大夫，而後議立正朔、服色儀典之制，更秦之法，因諸公卿讒譖而謫為長沙王太傅，又上〈陳政事疏〉，建議裁撤諸侯國，爾後因梁王墜馬而死，以憂傷過甚卒，其有論五十八篇，集結而為《新書》。[3]

　　從《兩漢諸子研究論著目錄》所錄可知，學界對陸賈與賈誼的研究多集中於其兼採儒家與黃老的思想內涵、透過歷史與經義論述理想政治制度的政治哲學等論題；關於賈誼的研究凡458篇，除其生命際遇與辭賦文學研究外，其兼合黃老與儒家之「禮—法」政治思想與經學傳習是最受學界關注的論題[4]，雖然諸論較少觸及「知識理論」，

1　（漢）司馬遷著：《史記‧卷九十七‧酈生陸賈列傳》，頁2697。
2　陸賈出使南越之事，載於（漢）司馬遷著：《史記‧卷一百十三‧南越列傳》，頁2970。
3　（漢）司馬遷著：《史記‧卷八十四‧屈原賈生列傳》，頁2491-2496。
4　參見陳麗桂先生編：《兩漢諸子研究論著目錄》，收錄於中華民國漢學研究中心資料庫：http://ccs.ncl.edu.tw/expertDB1.aspx。以2002-2009為例，收錄陸賈《新語》研究綜述類凡九篇，含括天道觀、史學、經學，以及經學史上的定位等論題，而義理專題則收錄九篇，主要為其兼合道法的思想與民本等政治思想。賈誼《新書》研究則有考據三篇、綜數十五篇，含括賈誼思想之時代背景、學脈背景、歷史詮釋與其引經考；而義理類則收錄二十一篇，除了兼合禮法的思想與仁

但兼融「黃老」與「儒家」之研究卻給予本書極深的啟發。

《漢書‧藝文志》雖將《新語》與《新書》二書歸於儒家，然如學界所論，陸賈與賈誼常呈現「黃老」特色，結合道法，兼採陰陽之思想。[5] 以「儒」為本，兼採道、法、陰陽之思想內涵，展現於儒家知識理論上，開展出許多在先秦隱而不顯的概念與論題：其一，在人的認知能力上，《新語》與《新書》常論「精」、「神」、「精神」等概念與「心」認知能力的關係，以及「氣」與「性」、「心」、「知覺官能」之構成與運作關連等論題，學界甚少探究，卻為「知之主體」之關鍵問題。其次，《新語》與《新書》展現出「具體性思維」的特色，並常運用聲訓，開啟西漢中期以降董仲舒「深察名號」的名言運用方式。其三，面對經驗知識、六藝典籍、災異知識與歷史知識，《新語》與《新書》展現氣化感通與透過身心修為與實踐而內化知識的知識形成途徑。循此，本章擬以《新語》、《新書》為核

政等政治思想之外，亦含括較具現代性的「生態倫理」與「柔性領導」等論題，此外，尚有賈誼方國外交政策與七國之亂，與年譜等其他論題，可見陸賈與賈誼之理論在學界的探勘下逐年拓展，而皆可做為知識理論之研究背景。

5　參見徐復觀：《兩漢思想史‧卷二‧漢初的啟蒙思想家——陸賈》：「西漢政治思想的大勢，由陸賈、賈誼、《淮南子》中的劉安及其賓客，董仲舒的《春秋繁露》，《鹽鐵論》中的賢良對策，以及揚雄，都是儒道兩家思想上的結合。當然其中有分量輕重的不同。尤其是以道家的態度立身處世，以儒家的用心言政治言社會，更是由陸賈開其端的兩漢知識分子的特色」，頁102。這種兼採眾家的思想風格，亦可參見陳麗桂先生：〈融合道法、兼採陰陽的漢儒——陸賈〉：「較之於秦的純以法統，漢代的先以道統和後以儒統都帶著較多的彈性，不論在實質內容還是技巧手法上都表現了較大的包容性。其以道統的黃老，司馬談說是『采儒墨之善，撮名法之要』；其以儒為統的，一樣兼融道法與陰陽……其以儒為統的，由陸賈發其端，經賈誼，到董仲舒而成熟鼎盛，達到目標，造成武帝的獨尊儒術。說是獨尊，其實兼採了不少道法和陰陽成分。在漢儒相繼詆秦用刑太亟的理論中，已經很明白地宣示了：『劉漢不管是以道統，還是以儒統，是斷然不會再走像秦一樣純以法統的老路子了。』」《中國學術年刊》17期（1996年2月），頁2。同樣「以儒為統，兼採他家」之論亦可見蔡忠道：〈陸賈的儒道思想析論〉：「陸賈無為政治的典範是儒家的舜與周公，對舜的歌詠在其無為而治，周公的無為則是制禮作樂，以禮樂治國，是以德服人所達到的境界，所以他的『無為』其實是『有為』，和道家的無為不同，是融合儒道的新意義。」《鵝湖月刊》32卷4期（2006年10月），頁51-52。

心，參照《韓詩外傳》、《淮南子》等典籍，以呈顯較完整的知識理論圖像。

一、「質樸之性」之轉化潛能

　　陸賈與賈誼以儒為本，兼採道、法、陰陽之思想內涵，推闡出許多先秦時期的隱性論題。以下先論「氣化論」下「質樸之性」之內涵，作為「知之主體」之理論基礎。

　　西漢黃老治世期間，六藝傳習與教化制度正在發展，而儒者如陸賈、賈山、賈誼皆已提出六藝對人性之教化可能，如《新語‧慎微》論曰：

> 夫力學而誦《詩》、《書》，凡人所能為也；若欲移江、河，動太山，故人力所不能也。如調心在己，背惡向善，不貪於財，不苟於利，分財取寬，服事取勞，此天下易知之道，易行之事也，豈有難哉？[6]

在「氣化論」的脈絡下，人發用之善惡行為肇源於陰陽二氣施化而成的渾淪質樸人性。人性若受「心」所概括之知之主體「力學而誦詩書」之教化引導，則能「背惡向善」，實踐出「不貪於財，不苟於利，分財取寬，服事取勞」之道德行為。

　　《新語》論人對治「質樸之性」凡七次，分見〈道基〉：「布氣治性」、「為寧其心而安其性」、「治情性」、「調氣養性」，〈術事〉亦論「五穀養性」、〈慎微〉與〈懷慮〉則分別論「性得以治」與「養氣治性」，此諸論背後隱藏一重要的人性論觀點，即「質樸之性」中，有一被「對治」而「轉化」的潛能，「人」亦有主動對治性中「惡」之質素的「能動性」，此亦為「知之主體」主動趨向並攝取

6　（漢）陸賈著、王利器注：《新語校注‧卷上‧慎微》，頁91。

六藝知識找到根植於「人性」的基礎。

　　進言之，西漢儒者常認為攝取六藝知識，具有啟導與培養「質樸之性」的作用，據此根源於人性的趨向，可深論所謂培養並非透過外物介入，「改變」質樸之性的本然質素，而是「依順」本性所涵藏「善」之傾向，如其所是地開展並成全自身本具之質性。[7]

　　這條脈絡雖然在西漢儒家的人性論討論中未充分開顯，但卻能連結性、心、氣、知覺官能，成為一較完整的「知之主體」之概念，亦能展開與西方認知心理學對話的可能，拓展「人性理論」諸向度與縱深。故筆者從「氣化論」觀察《新語》、《新書》與〈至言〉所論陰陽二氣生化「質樸之性」之過程與「人性」之內涵。

　　從「氣化論」觀之，天地萬物本然質性皆根源於陰陽二氣生化，論者並將「陰陽」二氣之根源上推於「道」[8]，其中隱約鋪排一條「天」生化萬物的過程；「張日月列星辰」隱含撐開上下四方的天地場域，而日月星辰序列於「天」；「序四時」則呈現天地空間中，陰陽二氣消息流轉，形成四時理序；「調陰陽，布氣治性」則是二氣凝結摶聚為「萬物形構」與「生理生命之本然質性」，萬物即在陰陽二氣所構成的天地場域中，依四時循環、生化長養，孕育不息。

7　「質樸之性」所具轉化潛能的概念，近年逐漸被學界拓展開來，如佐藤將之：《荀子禮制思想的淵源與戰國諸子之研究·第六章：荀子禮治思想的淵源與戰國諸子研究》論荀子謂「人性轉化可能」曰：「在《荀子》一書，化字在二十二篇中出現約七十次。荀子用這些例子來說明從自然現象到人事層面的各種改變與轉化，且強調聖人能轉化民眾性格，甚至改善人的惡性。」同書〈第五章·效法天地秩序和體現文明秩序的帝王〉論「人心和情緒之秩序性」，並由「理」言「治」曰：「荀子探討個人層次之理的時候，此理常常指思考、情感以及推論上，保持具備調理有秩序的心理狀態」，其並認為人心保持「理」的狀態，乃為達成「治」的目的，其論曰：「治德概念代表人的言行以及人的存在型態之整體秩序，也就是《荀子》政治哲學中的核心價值。」（臺北：臺大出版中心，2013年），頁254、22。

8　（漢）陸賈著、王利器注：《新語校注·卷上·道基》篇首釋「天生萬物，以地養之，聖人成之」曰：「張日月，列星辰，序四時，調陰陽，布氣治性，次置五行，春生夏長，秋收冬藏，陽生雷電，陰成雪霜，養育群生，一茂一亡」，頁1-2。

「道」透過陰陽二氣生化萬物之過程，在《新書》中更加細緻。〈道德說〉論「道─德─性─神─明─命」之生化理序[9]；賈誼論「道」為「道者無形，平和而神」之形上道體，「道」分化落實為「德」，並在「德」之階段中，賦予萬物形構、稟賦與存有之理；賈誼論曰：「德者，離無而之有，故潤則腒然濁而始形矣，故六理發焉。」[10] 萬物於「德」之階段中，已被生化為實存狀態，並透過「道」而被賦予自身存有之「理」，賈誼以「道德」概念，詮解此存有之「理」：

> 德生理，理立則有宜適之謂義。義者，理也，故曰義者德之理也。德生物，又養長之而弗離也，得以安利。德之遇物也忠厚，故曰忠者德之厚也。德之忠厚也，信固而不易，此德之常也，故曰信者德之固也。德生於道而有理，守理則合於道，與道理密而弗離也，故能畜物養物，物莫不仰恃德，此德之高，故曰密者德之高也。[11]

萬物在「道」之生化過程中，被賦予得諸「道」之本然質性，且此質性透顯出「忠厚」之常理，此理即將萬物本性規範於「道德」的範圍內，勾勒出在萬物相居處的天地場域中，能自然煥發出道德上「善」的理序。而在賈誼的人性理論中，人既被賦予「畜物養物」的責任，則人性中即本有較萬物更豐富，而源諸「道」的「忠厚之理」；這條理路並非如孟子從純善的四端之心，向內推人所本具的善之潛能，卻亦在人所本具的生理需求中，賦予人性積極向善的質性與可受教化的

9　賈誼以「道─德─性─神─明─命」論生化理序之觀點，可參見曾春海：《兩漢魏晉哲學史‧第二章：西漢儒道法的互攝和變遷》：「萬物的始源是道，萬物得於道且據以存在和變化者謂為德，德以道為根本，德涵具道、德、性、神、明、命六理，可範圍天下一切事物之理，推明所有的法律制度」，頁30。

10　（漢）賈誼著、閻振益注：《新書校注‧卷八‧道德說》，頁326。

11　同前注，頁327。

潛能。

　　這種隱藏的「善」之潛能，更透顯於賈誼對「性」的論述中：〈道德說〉下文論曰：「性者，道德造物，物有形而道德之神專而為一氣，明其潤益厚矣。濁而膠相連在物之中，為物莫生，氣皆集焉，故謂之性。」[12] 在「德」落實為萬物之「性」的階段中，最重要的特徵，為「物有形而道德之神專而為一氣」，「神」為「道體」與道落實於萬物殊分之「德」中最靈妙的作用，而此作用透過「氣」摶聚為萬物實存之「形」與「性」而透顯出來，「濁而膠相連在物之中，為物莫生，氣皆集焉」，更說明「氣」先於萬物而存在，具有摶形萬物，內構質性之作用。

　　「氣」既以「道」為根源，則天道秩序亦透過「道德性神明命」之生化過程，摶具於萬物形體與質性中；如此，分殊的萬物能展現根源於「道」而各從其類、相互依存的天地場域中，且萬物交絡融通之居處，亦展現活潑和諧的天道秩序。〈六術〉以人為例論曰：

> 六理無不生也，已生而六理存乎所生之內，是以陰陽天地人，盡以六理為內度，內度成業，故謂之六法。六法藏內，變流而外遂，外遂六術，故謂之六行。是以陰陽各有六月之節，而天地有六合之事，人有仁義禮智信之行，行和則樂與，樂與則六，此之謂六行。
>
> 人雖有六行，微細難識，唯先王能審之。凡人弗能自至，是故必待先王之教，乃知所從事。是以先王為天下設教，因人所有以之為訓，道人之情，以之為真，是故內本六法，外體六行，以與《詩》、《書》、《易》、《春秋》、《禮》、《樂》六者之術，以為大義，謂之六藝。令人緣之以自脩，脩成則得六行矣。[13]

12　同前注，頁325。

13　（漢）賈誼：《新書・卷八・六術》，收入《諸子集成》，頁316。

從普遍的人性觀之，「以六理為內度」說明「六理」透過「道」以陰陽二氣化生萬物的過程，將「六理」普遍地摶具於人初生的質樸之性中，規範人性的質素，故人本性即藏具「仁義禮知信」之善質；此潛藏於內在的善質與規範性，須透過「內度成業」的修為方能摶具為「仁義理知信」等五種具體德行。若將「內度成業」與下則引文互觀，可發現賈誼認為形成德行的途徑，乃是透過對「先王之教」之認知與內化，而「先王之教」的內涵則為「六藝」典籍。這在儒家知識理論上深具意義。

首先，這開啟了透過對六藝典籍內涵之認知與把握而成德的認知途徑，其次，這種途徑可以啟導、開發人性潛藏的善質，此即撐開學界對兩漢人性論定著於「善惡」質性的架構，將人的生理需求、學習能力、道德傾向、資質秉賦皆涵具其中，開顯人性豐富的層次與面向。

事實上，潛藏規範性的人性內涵也與現代心理學的臨床諮商所見甚為相合，如馬斯洛（Abraham Harold Maslow）與羅哲斯（Carl. R. Rogers）等人本心理學家，已在大量臨床諮商治療的過程中，關注到人本性有一種普遍而自發的正向動機與規律性。馬斯洛描述人類自我實現的可能性，普遍地存在於人自身，其將之描述為「人正常的本質」：

> 現在回到我們一開始的問題上——「正常」的本質。我們幾乎將它等同於人類所能達到的最高完美境界。但是，這個理想並不是高不可及的目標，實際上它能存在於我們本身，存在但又被隱藏著。它是潛在的可能性，不是實現性。[14]

14　（美）馬斯洛（Abraham Harold Maslow）著、許金聲等譯：《動機與人格·第十章：達到正常與健康的方法》（*Motivation and Personality*）（北京：中國人民大學出版社，2007年），頁153。

羅哲斯亦述其於長年的心理諮商歷程中，發現人性具有一種「建設性且可信賴的特質」，其論曰：

> 我的觀察中，另一個明顯的意涵是：人若得以自在的發揮功能，則其基本天性是有建設性，而且可信賴的。對我來說，這是二十五年心理治療經驗中不可避免的結論。在我們讓人從防衛性中解放開來之後，她能同時接觸自身的一整片需求以及環境與社會中種種規則，則我們可以相信他的反應會是積極、前進而有建設性的。[15]

人本心理學的臨床諮商成果，對西漢前期黃老思想下的儒家知之主體，帶來兩重意義：其一，說明陸賈與賈誼所論人性所具的善質與秩序性，非僅為一哲理之推闡，而是合於近世臨床諮商的觀察。其次，藏於人性中的善質與秩序性，既為一種潛質，即能透過人對六藝典籍內容之認知與內化，開顯而定為具體「德行」，如此，這種透過六藝之教的開顯，即並非一種扭曲人性本質的訓育，而是對人性「順承性」的轉化，即依順人的質樸之性，透過六藝之教「如其所是」地開顯自己，成為一合於六藝道德內容的道德人。

二、「知」之能力

陸賈與賈誼既皆認為人性須透過對六藝典籍的認知，開發為「如其所是」的道德人，則作為「知之主體」之人對六藝的「知之能力」，即成為「人」成為「道德人」的必要條件。中國哲學界對人「知之能力」的論述，常扣合先秦以降，諸子對心與知覺官能之描

15　（美）卡爾・羅哲斯（Carl Rogers）著、宋文里譯：《成為一個人・一個治療者對心理治療的觀點：治療者心目中的美好人生》（臺北：桂冠圖書股份有限公司，1992年），頁231。

述，而安置於「知覺官能」的感知能力，以及「心」對「知覺官能」的統攝能力與其認知能力上，成為一種對知之主體的論述傳統；下文依循這條論述傳統，從《新語》與《新書》中，歸納出「心」之主動修為的能力、感官知覺能力、理性認知能力，以及氣化感通能力等相互連結的整全認知能力。

（一）節制統攝知覺官能

從西漢前期儒家諸子展現對「身體」的認知觀之，「心」乃是知覺官能的樞紐，具有「統攝」與「節制」知覺官能的作用，而知覺官能則是內藏之「心」向外接觸萬物的通渠。所謂「統攝能力」，洪巳軒先生從《荀子》「兼知」概念論曰：「心天生有知覺的能力，此知覺能力的對象是五官認識萬物所形成各種不同的感受，對於各種不同的感覺，心有兼知的能力，此即統合感覺的知覺能力。」[16] 心所具統合感官知覺的能力，與現代身體生理學（Human Physiology）之發現若合符節，《人體生理學·感覺生理學》論曰：

> 我們對於內在與外在世界的意識，是神經機制對於傳入感覺訊息進行處理後產生。這些來自皮膚、肌肉和內臟以及特定感覺包括了：視覺、聽覺、前庭感覺和化學感覺的訊息，皆會傳遞至中樞系統神經。[17]

在先秦至西漢儒家知識理論脈絡中，質樸之性肇生於陰陽二氣，含藏普遍的生理本然需求與善之質素及秩序性，然而人性內藏，需透過知覺官能與外物相接，以滿足生理本然需求，「心」即涵括上文所論中樞神經系統所具整合知覺的能力，且能於滿足內藏的生理本然需求

16　洪巳軒：《荀子知識理論之建構與分析·記憶的能力》，頁36。
17　（美）艾瑞克·溫德邁爾（Eeric P. Windmaire）等著、蔡元奮譯、賴義隆校閱：《人體生理學：身體功能之機轉·第五章：感覺生理學》（臺北：軒藝圖書出版社，2006年），頁140。

後，可引發滿足後的愉悅感。深觀之，在知覺官能與萬物相接而滿足生理需求，並引發「心」之愉悅感的理論脈絡中，「心」乃為一「被動接收」感官知覺的器官，而顯不出其統攝官能的能力，這個狀態可能造成生理需求之過度流盪。

　　然而，在「節制」的作用上，西漢儒家知識理論特別強調「心」節制知覺官能，使人合宜地滿足生理需求，並透過知覺官能，向外攝取六藝知識而啟導之，開發潛藏的善質。故此，西漢前期儒家諸子對知覺能力之論述前提，即為「心」對官能的節制，如陸賈承繼先秦儒家論述，深論眼目口鼻等身體官能的「知覺能力」，《新語·慎微》論曰：

> 夫目不能別黑白，耳不能別清濁，口不能言善惡，則所謂不能也。故設道者易見曉，所以通凡人之心，而達不能之行。道者，人之所行也。夫大道履之而行，則無不能，故謂之道。孔子曰：「道之不行也。」言人不能行之。故謂顏淵曰：「用之則行，舍之則藏，唯我與爾有是夫。」言顏淵道施於世而莫之用。猶人不能懷仁行義，分別纖微，忖度天地，乃苦身勞形，入深山，求神仙，棄二親，捐骨肉，絕五谷，廢《詩》、《書》，背天地之寶，求不死之道，非所以通世防非者也。[18]

引文說明「知覺官能」兩層相互關涉的能力，第一層為排除特殊狀況下，人初生普遍即具的知覺與表意能力，此展現於目之視覺、耳之聽覺、鼻之嗅覺、口之味覺與發聲能力，與肌膚觸覺上；然而，在「心」節制官能的前提下，原始的知覺能力並非陸賈定義的「能」，而是在「心」的節制下，透過對六藝內涵之認知與內化修為後，就著善之質性，開顯各種美善德行。當德行履踐於外，則眼目口鼻自然能實踐道德行為，此即是陸賈所論之「能」，引文所謂「夫目不能別黑

18　（漢）陸賈著、王利器校注：《新語·卷上·慎微》，頁93。

白，耳不能別清濁，口不能言善惡，則所謂不能也」，黑白、清濁、善惡呈現道德價值之判斷，此乃於視覺、聽覺、發聲等各種初樸原始的知覺能力上，透過六藝之啟導，如其所是地推拓人性中「善」之質素，發用於對視聽言動的知覺規範上。

根植於初樸人性而規範知覺官能動向之理論肇端於先秦儒學；《論語・顏淵》論曰：

> 顏淵問仁。子曰：「克己復禮為仁。一日克己復禮，天下歸仁焉。為仁由己，而由人乎哉？」顏淵曰：「請問其目。」子曰：「非禮勿視，非禮勿聽，非禮勿言，非禮勿動。」顏淵曰：「回雖不敏，請事斯語矣。」[19]

「為仁由己」已在人性中安置「善」的質性，可作為道德實踐的能動性，這種能動性能在「心」透過知覺官能而接受道德教化後，約束自身知覺官能的動向，而實踐出「非禮勿視、非禮勿聽、非禮勿言、非禮勿動」的道德行為，並深化「仁」的修為；如此，源自原初質樸之性所潛藏善質，即能作為心節制知覺官能的動能，而被節制的知覺官能所實踐出的道德行為，亦能深化並內化「心」於居處中「體認」德行修為與把握並內化典籍內容之成德過程。

出土文獻郭店〈五行〉則更加開顯《論語》所藏著「心」統攝官能而論曰：「耳目口鼻手足六者，心之役也。心曰唯，莫敢不為；諾，莫敢不諾；進，莫敢不進；後，莫敢不後；深，莫敢不深，淺，莫敢不淺。和則同，同則善。」[20] 其〈說〉文首先釋原始知覺官能之作用，再引而歸諸心曰：

---

19 （魏）何晏集解、（宋）邢昺疏：《論語注疏・卷十二・顏淵》，收入（清）阮元審定、盧宣旬校：《重刊宋本十三經注疏》，影印嘉慶二十年江西南昌府學開雕本（臺北，藝文印書館，1993年），頁106。

20 龐樸：《竹帛《五行》篇校注及研究・郭店楚簡《五行》篇釋文》（臺北：萬卷樓圖書公司，2000年），頁7。

耳目也者，悅聲色者也；鼻口者，悅臭味者也；手足者，悅佚愉
者也。心也者，悅仁義者也。之數體者皆有悅也，而六者為心役
何？曰：心貴也。有天下之美聲色於此，不義，則不聽弗視
也。有天下之美臭味於此，不義，則弗求弗食也，居而不聞尊長
者，不義，則弗為之矣。何居？曰幾不□，小不勝大，賤不勝貴
也哉。[21]

從前揭身體生理學所論「心」統攝官能的視角觀之，所謂「悅」，乃
是知覺官能所獲取的感官元素，經過感覺神經元傳導入中樞神經，引
發具有中樞神經之理論地位之「心」的愉悅情感。此由感官所引發的
愉悅感深層而複雜[22]，在當代心理學的解釋中，這類飽含詩意的描
述，勾勒感官知覺與萬物相接所引發的各種愉悅與慾望，實皆根源於
複雜多重的人性本質，如精神分析學家佛洛依德論「本我」（id）所
涵括滿足原始潛意識衝動的欲望，而滿足欲望則可引發快樂的情緒；
人本心理學家馬斯洛之需求層次論則提出人性本質具有包括生理、安
全、隸屬與愛等「基本需求」，而滿足基本需求則可引發「心」原始
的歡愉感。

　　事實上，現代心理學透過臨床觀察與諮商所得出的結論，與先秦
儒家論著對人性之觀察亦有一致之處，如《孟子・梁惠王下》載孟子
以齊宣王所好者說之曰：

他日，見於王曰：「王嘗語莊子以好樂，有諸？」王變乎色
曰：「寡人非能好先王之樂也，直好世俗之樂耳。」曰：「王之

21　龐樸：《竹帛《五行》篇校注及研究・竹帛《五行》篇校注》，頁77。
22　人自然愉悅之感與生理欲望相互連結，如（美）黛安・艾克曼（Diane Acker-
　　man）、莊安祺譯：《感官之旅：感知的詩學》：「當嗅覺細胞察覺到某物——在
　　吃東西、交配、情緒激動或在公園漫步時，它就會將訊息送到大腦皮質，發出訊
　　號直達邊緣系統（limbic system），一個在我們大腦中神祕、古老，而強烈情緒化
　　的區域，我們因它而感覺、產生慾望，也因它而興起創作之意。」（臺北・時報
　　文化出版企業股份有限公司，2007年），頁113。

好樂甚，則齊其庶幾乎！今之樂，由古之樂也。」曰：「可得聞與？」曰：「獨樂樂，與人樂樂，孰樂？」曰：「不若與人。」曰：「與少樂樂，與眾樂樂，孰樂？」曰：「不若與眾。」「臣請為王言樂：今王鼓樂於此，百姓聞王鐘鼓之聲、管籥之音，舉疾首蹙頞而相告，曰：『吾王之好鼓樂，夫何使我至於此極也？父子不相見，兄弟妻子離散。』今王田獵於此，百姓聞王車馬之音，見羽旄之美，舉疾首蹙頞而相告曰：『吾王之好田獵，夫何使我至於此極也？父子不相見，兄弟妻子離散。』此無他，不與民同樂也。」[23]

「好樂」乃是耳向外接收樂聲所引發「心」自然滿足的情緒，展現人生理本然需求；這種情緒促使宣王持續地「好世俗之樂」。而西漢前期儒家諸子亦延續此觀察，而論述知覺官能在與外物相對時，所引發在人性需求滿足的狀態下，心之原始素樸之歡愉感；如《新語·道基》：「後世淫邪，增之以鄭衛之音，民棄本趨末，伎巧橫出，用意各殊，則加雕文刻鏤，傳致膠漆丹青、玄黃、琦瑋之色，以窮耳目之好，極工匠之巧。」[24] 筆者先擱置「淫邪」、「棄本趨末」等道德判斷，直接觀察引文所論繁複的匠藝對視覺的刺激所引發「心」的自然之「好」，可知陸賈肯認人性中本有透過知覺官能而得以滿足並獲取愉悅的原始需求。然而，前揭《孟子·梁惠王上》提出另一種「樂」的情緒，即在四端之心之節制與推拓下，所引發「與民同樂」的「道德情感」，這種「道德情感」非僅人性需求滿足所引發心之原始素樸的歡愉感，而是來自於推己及人的道德實踐。

在西漢前期氣化人性論的理論脈絡中，雖無如孟子所論普遍的仁義禮知純善之性，卻亦透過陰陽二氣之施化而賦予人性道德的向度，在「心」向外認知並內化六藝典籍的道德修為過程中，人性善的質素

---

23 （漢）趙岐注、（宋）孫奭疏：《孟子注疏·卷二·梁惠王下》，頁29。
24 （漢）陸賈著、王利器注：《新語·卷上·道基》，頁21。

被如其所是地開顯出來，而知覺官能的作用也會產生提升與轉化，展現超越的洞察能力。

由此視角重新檢視前揭陸賈〈慎微〉所論：「分別纖微」，正如本書所歸納出西漢儒家知識理論乃以「天道」為究極之知之對象，則「纖微」即可指涉天道隱微於天地萬物之運作軌跡，而萬物的軌跡與動向，則需知覺官能清明而細微的洞察能力；此即勾勒出知覺官能「仰觀俯察」的作用，《新語·思務》曰：「君子廣思而博聽，進退循法，動作合度，聞見欲眾而采擇欲謹，學問欲欲敦，見邪乃知其直，觀花乃知其實，目不淫炫燿之色，耳不亂阿。」[25] 賈誼《新書·過秦論下》亦論曰：「是以君子為國，觀之上古，驗之當世，參之人事。察盛衰之理，審權勢之宜，去就有序，變化因時，故曠日長久，而社稷安矣。」[26] 人透過道德修為，其知覺官能非僅能發用為素樸原始的知覺能力，且能透顯出兩重超越的知覺能力，其一為以知覺官能能洞澈天地萬物與人事發展之運作規律之「仰觀俯察」的能力，其二則是「觀花乃知其實」所述透過心統攝知覺官能而把握萬物發展動向。二者奠基於素樸原始的知覺官能的知覺能力上，透過「心」之修為，轉化出超越觀照能力，而此為人把握「天道」內涵的必要條件。

（二）感官知覺能力

「心」能統攝耳目等知覺官能，發揮靈妙的觀察作用，仰觀俯察萬物的形貌與細微的動向，如《新語·道基》：

> 聖人王世，賢者建功，湯舉伊尹，周任呂望，行合天地，德配陰陽，承天誅惡，剋暴除殃，將氣養物，明□設光，耳聽八極，目觀四方，忠進讒退，直立邪亡，道行姦止，不得兩張，□本

25　（漢）陸賈著、王利器注：《新語·卷上·道基》、〈卷下·思務〉，頁21、163。

26　（漢）賈誼著、閻振益、鍾夏注：《新書·卷一·過秦下》，頁17。

理，杜漸消萌。

〈術事〉亦論曰：

> 善言古者合之於今，能術遠者考之於近。故說事者上陳五帝之
> 功，而思之于身，下列桀、紂之敗，而戒之于己，則德可以配日
> 月，行可以合神靈，登高及遠，達幽洞冥，聽之無聲，視之無
> 形，世人莫覩其兆，莫知其情，校脩《五經》之本末，道德之真
> 偽，既□其意，而不見其人。[27]

二文對觀，說明「心」在浸淫於教化而所臻至專一貞定的狀態下可統
攝官能，使其「聽之無聲，視之無形」、「耳聽八極，目覩四方」，
而能周備地知覺萬物細微幽渺的狀態與動向。值得注意的是，「視之
無聲」與「聽之無形」可與《老子・十六章》所論虛靈靜篤的體道者
經由「萬物並作，吾以觀復」所展現超越的知覺能力相詮。然而《老
子》乃是以「損之又損，以至於無為」的修為化除知識的障蔽；而陸
賈身為儒生，雖受黃老思想影響，仍以內化典籍知識的途徑，使
「心」專一貞定，方能統攝官能，而極盡靈妙細微的知覺能力。

同樣地，《韓詩外傳・卷五》論曰：

> 孔子抱聖人之心，彷徨乎道德之城，逍遙乎無形之鄉。倚天
> 理，觀人情，明終始，知得失，故興仁義，厭勢利，以持養
> 之。于是周室微，王道絕，諸侯力政，強劫弱，眾暴寡，百姓靡
> 安，莫之紀綱，禮儀廢壞，人倫不理，於是孔子自東自西，自南
> 自北，匍匐救之。[28]

---

27 （漢）陸賈著、王利器注：《新語・卷上・道基》、〈卷上・術事〉，頁28、
　　37。
28 許維遹：《韓詩外傳集釋・卷五・第二章》，頁165。

「彷徨乎道德之城，逍遙乎無形之鄉」勾勒聖人「心」虛靜靈妙的狀態，而能實踐出「倚天理」與「觀人情」的行為，「倚天理」說明其統攝知覺官能認知天道規律，並內化而依循之；「觀人情」則呈現聖人發用知覺官能，觀照萬物實狀與其動態發展。

　　值得注意的是，「心」在虛靈狀態下所統攝知覺官能的作用，能不受障蔽，而一定程度地保持經驗知識的正確性，這從陸賈與賈誼中皆作〈辨惑〉與〈審微〉即可知，陸賈《新語·辨惑》論曰：

> 夫舉事者或為善而不稱善，或不善而稱善者，何？視之者謬而論之者誤也。故行或合於世，或順於耳，斯乃阿上之意，從上之旨，操直而乖方，懷曲而合邪，因其剛柔之勢，為作縱橫之術，故無忤逆之言，無不合之義者。[29]

由於《新語》主題在於「存亡之徵」，故陸賈對經驗知識正確性之描述，乃是著重於君王辨惑上，「視之者謬」與「順於耳」皆呈現心統攝知覺官能精確分辨所獲取的訊息；同樣地，賈誼《新書·審微》亦論曰：「故明者之感姦由也蚤，其除亂謀也遠，故邪不前達」，「明者」描繪出心清明虛靜的狀態，而能統攝官能，覺察事物之動向與變化。

（三）主動修為之能力

　　學界甚少關注西漢前期儒學所論「心」之作用，然誠如前論，若西漢儒學之義理內涵較近於荀學，則歷來對荀子提出「心」之論述，即可作為一研究參照。關於荀子「心」之論述，學界常著重於認知、思考與判斷之「認知功能」、整合並節制感官之「統攝功能」，以及道德修為等三重功能。如唐君毅先生論《荀子》「心」之作用曰：

29　（漢）陸賈著、王利器注：《新語·卷上·辨惑》，頁72。

然荀子之言心，畢竟有大異於墨莊者，則在荀子言心之知，不只是一知類心，而兼是一明統心。荀子言心，亦不只為一理智心及有實行理智所知者之志之心，如墨子所說；而實兼為一能自作主宰之心。荀子言心之虛靜工夫，必與「壹」之功夫相連。而荀子虛壹而靜之功夫，則又不只成就一個靈臺之光耀，且為本身能持續統類秩序，以建立社會之統類秩序，以成文理之心。[30]

「明統心」可涵括「理知」之認知、思考與推斷的能力，以及「虛壹而靜」的修養能力。前者乃是學界之共識，但後者即開啟豐富多元的論述視角。

唐先生認為「心」為「道德的主宰心」，可作為「虛壹而靜」之修養主體，然徐復觀先生則認為荀子之「心」僅具有修為能力，不足以作為「為自己立法」之自律主體，其論曰：

> 荀子認為心是虛壹而靜，故可以知道。但荀子決不曾認為心是虛壹而靜，可以當下自己呈現。若如此，則人即可信賴自己心知的能力而直接得到道，因此，人亦可由知這一方面而取得其可以信賴的主宰地位。如前所述，荀子也承認心的自主性。但他並不認為心的這種自主性都是可靠的，亦即認為每個人直接呈現出的心知並不是可靠的，而需要憑藉著道作標準的知，才是可靠的。[31]

其認為「心」在素樸狀態下的「知之能力」，難以作為「真知」的保證，需憑藉「道」之校正，使「心」臻至虛靜專一的狀態，方能有效保證認知準確性，可與牟宗三先生之論互觀：

---

30 唐君毅：《中國哲學原論・導論篇：第四章・原心下》，頁132-133。
31 徐復觀：《中國人性論史（先秦篇）・第八章：從心善向心知——荀子的經驗主義的人性論》（臺北：臺灣商務印書館，1994年），頁246。

荀子以智心之明辨（即不暗之天君）治性，實非以智心本身治性，乃通過禮義而治性也。明辨之心能明禮義、為禮義，而禮義卻不在人性中有根，卻不在惻隱之心、羞惡之心、辭讓之心中表現，是則禮義純是外在的，而由之「積習」以成，是經驗義。[32]

牟徐二人側重不同，徐先生著重於「道」作為心知之校正與保證，說明在「道」的規範下，人能避免認知內容錯誤；牟先生則著重於以「心」所認知的禮樂治性，故此「心」並非為自己立法之道德主體心，而僅為一具認知能力的認知心，若無道的保證，則無法規範知的正確性；故此二條論述脈絡，皆展現外於人之「道」，可作為以「心」為樞紐之「知之主體」的內在修為之校正；故心並不如唐先生所論具主動修養之主宰能力。

　　這兩條論述脈絡揭開一個有趣的論題：荀學脈絡下的「認知心」能否作為道德修為之主體？是否具修養的動能？西漢前期儒家諸子在氣化論的前提下，認為「質樸之性」秉受於陰陽二氣，而涵具一種普遍的轉化向善的潛能，這種潛能賦予「心」一種自然向善修為的趨向，如陸賈《新語·慎微》所論：「如調心在己，背惡向善，不貪於財，不苟於利，分財取寬，服事取勞，此天下易知之道，易行之事也，豈有難哉？」[33]「調心在己，背惡向善」說明心有修養其自己的能力，此即較荀子所論「以禮義校心知」的認知心更為內在而主動，同樣地，具有荀學背景的《韓詩外傳》亦論曰[34]：

　　傳曰：衣服容貌者，所以說目也，應對言語者、所以說耳也，好

32　牟宗三：《名家與荀子·荀學大略》，頁226。

33　（漢）陸賈著、王利器注：《新語·卷上·慎微》，頁91。

34　關於韓詩外傳集釋所展現的荀學背景，徐復觀：《兩漢思想史·卷三·韓詩外傳集釋的研究》論曰：「我們應注意到他大量徵引了《荀子》的材料，甚至其著書體裁，亦由《荀子》發展而來，即可了解他受荀子影響之深」，頁22。而其重「學」的理論脈絡亦近於荀子，筆者將深論於下。

惡去就者、所以說心也。故君子衣服中，容貌得，則民之目悅
矣；言語遜，應對給，則民之耳悅矣；就仁去不仁，則民之心悅
矣。三者存乎身，雖不在位，謂之素行。[35]

人性既包涵善之傾向與秩序性、生理本然需求，及得諸陰陽二氣之殊
性稟賦，則「悅目」與「悅耳」乃是滿足生理需求後，心所自然引發
的喜悅情感，而「好惡去就」之道德判斷與「心中存善而日新」的能
力，則根植於人性善之傾向。《韓詩外傳》亦論曰：「君子有主善之
心，而無勝人之色；德足以君天下，而無驕肆之容；行足以及後世，
而不以一言非人之不善。」[36]「主善之心」與上引文中「心中存善」
之述，在涵括善之傾向與秩序性的人性論基礎上，可呈現「心」具有
根植於人性而能修為道德的主動性。當然，此「主動性」有別於孟子
式「為自己立法」而能修養拓充的純粹自律道德，而是在氣化論的架
構下，受到陰陽殊別的氣稟與生理需求的影響，致使每個個體都含藏
不同的道德動能；但從人性的「普遍性」觀之，每個殊別的個體仍皆
具備此道德修為的動能。

　　相較於陸賈《新語》與《韓詩外傳》直截賦予心修為動能之論
述，賈誼論「心」之動能則隱藏在「道－德－性－神－明－命」之生
化而逐漸落實於萬物之身形體貌與稟賦中，如《新書・道德說》論
「目」曰：

鑑者所以能見也，見者目也，道德施物精微而為目。是故物之始
形也，分先而為目，目成也，形乃從。是以人及有因之在氣，莫
精於目，目清而潤澤若濡，無蟲穢雜焉，故能見也。由此觀
之，目足以明道德之潤澤矣，故曰澤者鑑也。生空竅通之以

35　許維通注：《韓詩外傳集釋・卷一・第二十四章》，頁24-25。
36　許維通注：《韓詩外傳集釋・卷二，第十七章》，頁52。

道。[37]

在「道」透過陰陽二氣而逐漸落實至「命」的過程中，人原初素樸之性，已具備得諸「道」之善質，而人在身形體貌與內在稟賦上，亦透顯出得諸「道」的特質，雖然「物之始形，先分而為目」缺乏現代醫學實證，此處卻呈現出「道／目」類比的思維[38]，將「目」勾勒為「道」落實在身形體貌之表徵。

在「道」的面向上，賈誼受黃老思想影響，以有形有名之「玉」將老子所論無形無名的形上之「道」具象化；〈道德說〉開篇即論：

> 德有六理，何謂六理？曰道、德、性、神、明、命。此六者，德之理也。諸生者皆生於德之所生，而能象人德者，獨玉也。寫德體，六理盡見於玉也，各有狀，是故以玉效德之六理。澤者鑑也，謂之道；腒如竊膏，謂之德；湛而潤，厚而膠，謂之性；康若濼流，謂之神；光輝謂之明；礐乎堅哉，謂之命。此之謂六理。鑑生空竅而通之以道，德生理通之以六德之華離狀。[39]

賈誼認為「道」具有「鑑」的質性與作用，從道作為形上本體的視角觀之，「道」能如實光照萬物，使萬物於天地場域中開顯其自身，並能在交絡融通中展現生生化育，長養不息的天道規律。而從「人」體契於道的修養論觀之，體道之人能如萬物之實地鑑察，並推測事物動

37　（漢）賈誼著、閻振益、鍾夏注：《新書·卷八·道德說》，頁325-326。

38　此處所論「類比思維」即首章所論本書主要論題之一：「具體性思維」之展現，陳榮灼先生〈作為類比推理的墨辯〉引《墨經·經下》：「在諸其所然未然者，說在於是推之」而論曰：「這很清楚地指示出所謂『類比推理』之基本程序乃是以兩不同對象的不同屬性的相似性為出發點，來推出這兩對象的部分屬性的相似性。」收入黃俊傑編：《中國古代思維方式探索》，頁220。循此，道可照鑑萬物，落在人體上可類比於目之觀照萬物，道物相互類比；關於陸賈與賈誼「比」之思維，將申論於下節。

39　（漢）賈誼：《新書·卷八·道德說》，頁324-325。

向。

　　「道」鑒照萬物的特質落實在人體上，可展現於「目」之視覺作用，此勾勒出賈誼所論「人體」，非僅一承載生理本然功能的有機體，而是合應於形上之「道」內涵之「道德身體」（"moral body"），此與隱含善之內涵與秩序性的原初人性相呼應，呈現「心」根植於人性「善」之質性上，天生即具一種修為的動能與對道德知識的自然喜好與傾向，《新書‧保傅》即論曰：「心未濫而先諭教，則化易成也」，「化易成」說明教化乃是依循「心」對道德知識自然的喜好與傾向，然此傾向在生命歷程中若未受到合適的啟導，即有可能在知覺官能與外物交接的過程中受到蒙蔽引誘，如此，「心」即成為感官訊息的被動「容受者」，而非一統攝者，故應於「心」被蒙蔽前依順本然傾向而進行教化。

　　雖然西漢前期黃老思想下的儒家諸子多承繼荀學義理內涵，卻透過「氣化論」賦予「人性」更豐富多重的意義，在此意義下，陸賈與賈誼皆肯認「心」具備一種根植於人性而天生的道德修為與實踐的能力，此能力正可作為「心」統攝知覺官能，而發用為多重認知能力的基礎。

（四）理性認知能力

　　西漢前期儒家諸子將理性認知能力之發用可能，架設於「心」修為至清明專一的狀態上；而「心」之清明專一則需透過統攝知覺官能的修為。首先，「心」既有統攝知覺官能的能力，如陸賈《新語‧懷慮》所論：

> 目以精明，耳以主聽，口以別味，鼻以聞芳，手以之持，足以之行，各受一性，不得兩兼，兼則心惑，二路者行窮，正心一堅，久而不忘，在上不逸，為下不傷，執一統物，雖寡必眾，心佚情散，雖高必崩，氣泄生疾，壽命不長，顛倒無端，失道不

行。[40]

前節已論耳目口鼻等知覺官能與肢體各有作用，「不能兩兼」除可指各種官能作用不同外，更可遙指知覺官能之相互聯結[41]；如此，「兩兼」即可指人雖以一種官能與一物相接，卻能以多重官能感知此物，故人雖以聽覺與一美妙音樂相接，此妙音亦能使其聯想演奏樂器者之身形體貌，與演奏場域之氣味等等；可說明官能對攝取外物之聯結性，可能成為「心」之宰制而被「惑」。

面對「心惑」的困境，陸賈特重「戒奢」的修為，如〈輔政〉論曰：「君子遠熒熒之色，放錚錚之聲，絕恬美之味，疎嗑嘔之情」，這種知覺修為有助於心臻至寧定專注的狀態；同樣地，《韓詩外傳‧卷九》亦勾勒「心」統攝官能的修為：

> 君子之聞道，入之於耳，藏之於心，察之以仁，守之以信，行之以義，出之以遜，故人無不虛心而聽也。小人之聞道，入之於耳，出之於口，苟言而已，譬如飽食而嘔之，其不惟肌膚無益，而於志亦戾矣。《詩》曰：「胡能有定。」[42]

其對舉君子與小人「心」之狀態，「入之於耳，出之於口」，說明「心」認知、理解與判斷的能力，受到知覺官能各自滿足生理本然需求之控制，無法明現其作為知之主體之統攝性，而君子「入之於耳，藏之於心」，則呈現耳受心之統攝，能深入思考、論證與分析判斷其聽聞之內涵，若將之與《韓詩外傳‧卷二》互觀：「佚四肢，全耳

---

40 感官相互連結的概念，可參見余舜德：〈從田野經驗到身體感的研究〉，其從「眼見」之骯髒，可聯想「手觸」之骯髒：「有時雖只有單一的感官刺激，但此刺激亦讓我們立即聯想到其他組成要素感官的呈現，就如我們看到桌子油膩的表面，就以預期到觸覺之髒的感受，而不願置手於其上。」收入《體物入微：物與身體感的研究》（新竹：清大出版社，2008年），頁18。

41 （漢）陸賈著、王利器注：《新語‧卷上‧懷慮》，頁139。

42 許維遹：《韓詩外傳集釋‧卷九‧第十四章》，頁319。

目，平心氣，而百官理，任其數而已」，應可描繪出「心」平和專注的狀態，能發用靈妙精確的多重理性認知能力。

再者，陸賈與賈誼對「理性認知能力」之描述細膩而豐富，含括思考、類推、歸納、分析等理性能力。所謂「理性認知能力」，唐君毅先生析之甚詳，其認為「理性」具有五種解釋途徑：

甲、理性可指一切由已知推向未知事物之具體情狀之能力。

乙、理性可指一切把握或認識共相或普遍者之能力。

丙、理性可指一切純依抽象的概念，原理或假設而做純理論之推演之能力。

丁、理性可指綜合貫通不同的經驗之內容，概念，共相，發現其關連，或納之於一系統，及綜合貫通零碎的知識，以構成知識系統之能力。

戊、理性可指自覺依邏輯或思想規律以思想，並批判思想，兼校正經驗中之幻覺錯覺等之能力。[43]

西漢儒家諸子所論「理性認知能力」乃是辨別並歸納事物或典籍內涵的異同與關聯，此從《新語‧道基》論「知」的概念即可窺一二：「於是先聖乃仰觀天文，俯察地理，圖畫乾坤，以定人道，民始開悟，知有父子之親，君臣之義，夫婦之道，長幼之序。於是百官立，王道乃生。」[44] 先聖「仰觀俯察」而載錄為「六藝」的天道內涵，在教化過程中，被人民透過認知、內化而能實踐「父子之親，君臣之義，夫婦之道，長幼之序」，說明「認知」非僅知識內容的理解與記憶，而是一種具有「體知」作用的認知，此不僅展現出如杜保瑞先生所論中國知識理論之實踐性格，更具有一種認知心理學（Cognitive psychology）所論自動提取知識之作用，鄭昭明先生論「認知技能自

---

43 唐君毅：《哲學概論（上）‧第二部‧知識論》，頁378。
44 （漢）陸賈著、王利器注：《新語‧卷上‧道基》，頁9。

動化的歷程」曰：

> 就知識的「程序化」而言，Neves 與 Anderson（1981）認為，早
> 期知識的學習是把知識貯存於長期的語意記憶系統裡面，而構成
> 「陳述性」知識的一部分，在使用時，才依照需要從長期記憶系
> 統搜尋與提取出來，經由一組的詮釋程序的應用，才達到使用的
> 目的。[45]

「詮釋程序」即「如果—則」之產生法則，鄭先生以一元一次方程式
舉例說明曰：

> P1：「如果」目的是解決一個方程式 $a = bx+c$ 的 x。
> 　　「則」子目的是隔離 x 在等式的右邊。
> P2：「如果」目的是隔離 x 在等式的右邊。
> 　　「則」先從等式的右邊去除 c，再去除 b。
> P3：「如果」目的是從等式的右邊除去 c。
> 　　「則」加 $-c$ 到等式的兩邊。
> P4：「如果」目的是從等式的右邊除去 b。
> 　　「則」等式的兩邊除以 b。
> P5：「如果」目的是解方程式的 x，而 x 已被隔離在等式的右邊。
> 　　「則」等式左邊的值就是 x。
> 一旦以上的產生法則是經常的使用，則以後在使用時就不必再從
> 記憶系統裡提取。就知識的使用而言，它是快速而不經思索
> 的。

「快速提取」而運用知識，亦可觀察上述人道內涵「父子之親，君臣
之義，夫婦之道，長幼之序」，心認知六藝知識後，人居處於父子、

45　鄭昭明：《認知心理學理論與實踐·認知技能自動化的歷程》，頁 319-320。

君臣、夫婦、長幼的倫理處境中，能流暢地提取道德知識，發用出合宜的道德行為。可知陸賈對六藝知識「認知」之設定，並非停留於「知識內容」之理解，而是一種深度內化而可隨時提取的「能力」。

賈誼亦從「體知」的視角論述心「知」之能力，《新書・傅職》論曰：

> 或稱《春秋》，而為之聳善而抑惡，以革勸其心。教之禮，使知上下之則；或為之稱詩而廣道顯德，以馴明其志；教之樂，以疏其穢而填其浮氣；教之語，使明於上世，而知先王之務明德於民也；教之故志，使知廢興者而戒懼焉；教之任術，使能紀萬官之職任，而知治化之儀；教之訓典，使知族類疏戚，而隱比馴焉。此所謂學太子以聖人之德者也。[46]

引文論認知內容涵括禮、史事與典籍，此三者所培養出的「能力」，使人能實踐出「上下之則」、「族類疏戚」所描述的倫理秩序、「先王之務明德於民」與「治化之儀」所指涉的治道與國家體制。值得注意的是，此道德實踐的能力隱含一種戒懼的道德情感。

而在涵括歸納、演繹等分析的能力上，陸賈與賈誼亦皆有論，其論與墨子所論「本之者、原之者、用之者」之「三表法」有可互觀相詮之處[47]；其中「原」所指統攝感官而獲取經驗知識的能力，前文已有深論；「本」與「用」所論根據古史、典籍與局勢，以抽繹歸納並檢證概念的能力，陸賈與賈誼雖未運用相同詞彙，卻透過對六藝與史

46　（漢）賈誼著、閻振益、鍾夏注：《新書校注・卷五・傅職》，頁172。
47　李賢中：《墨學：理論與方法》論「三表法」之內涵曰：「三表法在時間上涵括著過去、現在與未來，本之者是根據過去聖王的經驗效用；原之者是根據過去的及現在眾人的五官經驗，用之者則是以現在和將來的經驗效用為準則。在推論上，符合三者為正確，不符合為錯誤，三表法雖不符合純粹形式論證的架構，但其中已有歸納法與演繹法的推理形式：如原之者，是歸納眾人耳目之實的結果，而本之者，則視古者聖王之事為演繹推論的大前提。」（臺北：揚智文化事業股份有限公司，2003年），頁54。

事之分析與判斷，細膩地鋪展出來。

　　陸賈《新語‧術事》論曰：「善言古者合之於今，能術遠者考之於近。故說事者上陳五帝之功，而思之于身，下列桀紂之敗，而戒之于己，則德可以配日月，行可以合神靈。」[48]「善言古者合之於今，能術遠者考之於近」勾勒兩種分析能力，其一為從古史內涵與當前局勢，「歸納」政教概念之「歸納」能力，其二則為以古史內涵與當前局勢作為「演繹」之大前提的「演繹」能力，亦展現於「思於自身」而分析自身處境的推論上；同樣地，〈明誠〉亦論曰：

> 觀天之化，推演萬事之類，散之於□□之間，調之以寒暑之
> 節，養之以四時之氣，同之以風雨之化，故絕國異俗，莫不知
> □□□，樂則歌，哀則哭，蓋聖人之教所齊一也。[49]

此可與《新書‧過秦下》：「故先王者，見終始之變，知存亡之由」互觀[50]，「觀天之化，推演萬事之類」、「見終始之變，知存亡之由」皆展示心統攝知覺官能，而「歸納」出天道終始之規律，再以此作為大前提，「演繹」出人世萬物各從其類而又相關相連的發展。同樣地〈胎教〉論曰：「明鑑所以照形也，往古所以知今也。夫知惡古之所以危亡，不務襲跡於其所安存，則未有異於卻走而求及前人也。」[51]賈誼以「類推法」，開張「心」之歸納與演繹的能力，「往古所以知今」可知從古事內容中歸納出事件發展的動態可能，再由此演繹出當前局勢的可能變化。由此等論述可知，西漢前期儒家諸子已肯認知之主體所具細緻的歸納演繹之分析與判斷能力。

48　（漢）陸賈著、王利器注：《新語‧卷上‧術事》，頁37。
49　（漢）陸賈著、王利器注：《新語‧卷下‧明誠》，頁157。
50　（漢）賈誼著、閻振益、鍾夏注：《新書校注‧卷一‧過秦中》，頁15。
51　（漢）賈誼著、閻振益、鍾夏注：《新書校注‧卷十‧胎教》，頁393。

（五）感應能力

在「氣化論」的脈絡下，陸賈與賈誼透過剖判陰陽，周流天人物我之「氣」，開展出特殊的「感應能力」。首先，在「感應」一詞的意義上，自春秋戰國，至西漢初期，屢經轉變而豐富。

早於戰國時期的傳世文獻中，「感」之概念運用如《左傳·昭公二十一年》所載：

> 二十一年，春，天王將鑄無射，泠州鳩曰：「王其以心疾死乎！夫樂，天子之職也。夫音，樂之輿也；而鐘，音之器也。天子省風以作樂，器以鐘之，輿以行之。小者不窕，大者不摦，則和於物。物和則嘉成。故和聲入於耳而藏於心，心億則樂。窕則不咸，摦則不容，心是以感，感實生疾。今鐘摦矣，王心弗堪，其能久乎！」[52]

引文對舉「和」與「不和」二種音樂的「知」之活動。「和音」透過耳，傳導至具有「中樞神經」作用的「心」中，「心」會生發「億」所指涉安適的情感。[53] 反之，耳接收細微的「窕音」與粗響的「摦音」，即會產生「不咸」與「不容」的狀況。[54] 鑄「無射」大鐘發為「摦音」，傳導至「心」，則會生發楊伯峻先生所釋「感借為憾，不安也」的狀態，故「感」為「心」透過知覺官能與外物互動所發生的心理強烈感受。

又《詩·召南·野有死麕》：「舒而脫脫兮，無感我帨兮，無使

---

52 （晉）杜預注、（唐）孔穎達疏：《春秋左傳注疏·卷五十·昭公二十一年》，頁867。

53 （晉）杜預注「心億則樂」曰：「億，安也」，可知其描述「安適愉悅」之情感，同前注，頁867。

54 楊伯峻先生釋「不咸」為「音細則能聞者不周遍」，而釋「音太響而難容」，見氏作：《春秋左傳注·卷五十·昭公二十一年》（臺北：洪葉文化事業有限公司，1993年），頁1424。

尨也吠」[55]，鄭玄釋「感」為「動」，王先謙則引《說文》「感，動人心」與「撼，搖也」為說，而解此為「以手取物，作撼為正」。[56] 可知春秋時期，「感」除心受外物振動所生發的心理感受外，或亦可指行為舉動。

戰國時代，「感」的意義在「心理振動」與「行為舉動」的基礎上，被納入剛興起的氣論而更加繁複，《禮記・樂記》與《周易・咸卦》、〈繫辭〉將「感」拓展為人對天地萬物的深層互動[57]，其所謂「性靜」之內涵，可與下文「夫民有血氣心知之性，而無哀樂喜怒之常，應感起物而動，然後心術形焉」互觀相詮，「血氣」描繪人的生理機能，而「心知」則凸顯「心」所具之認知能力，此二者皆內藏於體內，若不透過官能與外物相接，則呈現出相對於感物而「動」之「靜」的狀態。正如第二段引文所論：「凡姦聲感人，而逆氣應之」、「正聲感人，而順氣應」，這種「動」，奠基於化生萬物並內化於萬物之中，而構成萬物質性之「氣」上。萬物肇於氣之化生，則萬物體內自有陰陽二氣交溢周流，透過聽覺官能攝取聲音，會出於生理反應地鼓動體內之氣，使氣自然生發或「順」或「逆」的狀態。值得注意的是，〈樂記〉肯認體內「氣」之鼓動乃自然的生理反應，聽到情感過度的「姦聲」，體內之氣會自然逆行，故要以「和樂」引導

---

55 （漢）鄭玄箋、（唐）孔穎達疏：《毛詩注疏・卷一・野有死麇》，收入（清）阮元審定、盧宣旬校：《重刊宋本十三經注疏》，影印嘉慶二十年江西南昌府學開雕本（臺北：藝文印書館，1989年），頁66。

56 （清）王先謙著、吳格點校：《詩三家義集疏・卷二・野有死麇》（北京：中華書局，2011年），頁114。

57 （漢）鄭玄注、孔穎達疏：《禮記注疏・卷三十七・樂記》：「人生而靜，天之性也；感於物而動，性之欲也。物至知知，然後好惡形焉。好惡無節於內，知誘於外，不能反躬，天理滅矣。夫物之感人無窮，而人之好惡無節，則是物至而人化物也」、「凡姦聲感人，而逆氣應之；逆氣成象，而淫樂興焉。正聲感人，而順氣應之；順氣成象，而和樂興焉」，頁666、681；而「音樂感人而動」此一論點亦可見於（清）王先謙注：《荀子集解・卷十四・樂論》：「凡姦聲感人而逆氣應之，逆氣成象而亂生焉；正聲感人而順氣應之，順氣成象而治生焉。唱和有應，善惡相象，故君子慎其所去就也」，頁254；而荀子則更重君子去就之道德修為與實踐。

人民。可知「感」並非主客對立式的向外「認知」，而是人體與萬物氣化結構的深層互動。

同樣地，《周易‧咸卦‧象傳》論曰：「咸，感也。柔上而剛下，二氣感應以相與，止而說，男下女，是以亨利貞，取女吉也。天地感而萬物化生，聖人感人心而天下和平，觀其所感，而天地萬物之情可見矣。」咸卦卦象為艮上兌下，〈說卦傳〉釋艮為少女，兌為少男，此卦透過男女相感孕育之象，指涉陰陽二氣相感而生化萬物。如此，「感」在人體中，乃是與生俱來的生理欲求深層互動的作用。

由此觀照〈繫辭‧上〉所論：「《易》無思也，無為也，寂然不動，感而遂通天下之故」，當人體陰陽二氣與萬物之氣相鼓動交盪，便自然能通透萬物細微的發展動向。楊儒賓先生即從「氣」之交盪感應，觀察占卜活動而論曰：「嚴格說來，感應還不當說成『心中所感』與『外界所應』。因為占卜時，感應的關係是從內在的陰陽二氣之流通交感而延，而不是從外在的類種形貌來劃分。因此，就其存在的根基而言，只可說是氣之間的自然感應，自趨於圓滿完成。」[58] 故於《易傳》與《禮記‧樂記》中，「感」皆被視為一種在氣化背景下的人與萬物的深層通透的互動。

而在《荀子》中，「感」則被釋為根植於「質樸之性」的本能，〈正名〉與〈性惡〉論曰：「生之所以然者謂之性；性之和所生，精合感應，不事而自然謂之性。性之好惡喜怒哀樂謂之情。情然而心為之擇謂之慮，心慮而能為之動謂之偽」、「若夫目好色、耳好聲、口好味、心好利、骨體膚理好愉佚，是皆生於人之情性者也；感而自然，不待事而後生之者也。」[59] 在「氣化論」理論脈絡下，萬物皆肇生於氣，且構成萬物形質，如此，第二則引文所論「感而自然，不待是而後生之者也」，「感」應為人自然透過感官知覺與外物相接時，

---

58 楊儒賓：〈從氣之感通到貞一之道：易傳對占卜現象的解釋與轉化〉，收入黃俊傑編《中國古代思維方式探索》，頁141。

59 （清）王先謙注：《荀子集解‧卷十六‧正名》、〈卷十七‧性惡〉，頁274、291。

所引發體內之氣與萬物之氣的交盪流動的能力；而「應」在〈正名〉中，則可指生理實情的直截反映：「性者，天之就也；情者，性之質也；欲者，情之應也」，將此概念與「感應」之「應」互觀，可勾勒人與萬物之氣相感，而體內自然產生「氣」之交流鼓盪的生理反應，與外物相對應。

此知春秋至戰國晚期，「感」的概念，多著重於氣化論下人與萬物氣感相應的深層互動。西漢前期黃老思想下的儒家諸子，即奠基在此基礎上，發展其感應理論。西漢前期儒家諸子亦從「氣化論」的視角，建立「感」之理論脈絡，《新語‧道基》所論：「跂行喘息，蚑飛蠕動之類，水生陸行，根著葉長之屬，為寧其心而安其性，蓋天地相承，氣感相應而成者也」[60]，「天地相承，氣感相應而成」描繪出剖判陰陽，二氣氤氳交盪，化生天地場域與萬物的氣化結構；萬物在天地場域中，即如前文所述先秦儒家所指萬物因氣感相應而深層互動：然而，相較於先秦儒家，陸賈與賈誼則傾向將先秦儒家所申體內之氣與萬物之氣相鼓盪的生理反應，收攝至「心」之感應上。

人體臟腑皆構生於「氣」；如此，「心」亦為氣所構成而具有感應外物的作用，如〈懷慮〉所論：「故氣感之符，清潔明光，情素之表，恬暢和良，調密者固，安靜者祥，志定心平，血脈乃彊。」[61]「氣感之符，清潔光明」描述「心」之二重能力：其一，「心」乃是氣感之符，即能與萬物之氣深層交盪，而把握萬物最細微之特質與發展動向的臟器。其二，將「清潔明光」與「恬暢和良」互觀，可勾勒出心在專一寧定的狀態下，方能靈妙地呈顯其「氣感」之能力。

同樣地，賈誼《新書‧道德說》論曰：

性者，道德造物，物有形而道德之神專而為一氣，明其潤益厚矣。濁而膠相連在物之中，為物莫生，氣皆集焉，故謂之性。

60　（漢）陸賈著、王利器注：《新語‧卷上‧道基》，頁7。
61　（漢）陸賈著、王利器注：《新語校注‧卷下‧懷慮》，頁137。

性，神氣之所會也，性立則神氣曉曉然發而通行於外矣。與外物
之感相應，故曰潤厚而膠謂之性。性生氣，通之以曉。明者，神
氣在內，則無光而為知，明則有輝於外矣。外內通一，則為得
失，事理是非皆職於知，故曰光輝謂之明。明生識，通之以
知。[62]

引文描述在賈誼所提出「道德性神明命」之生化過程中，「性」為人
體透過精純的「神氣」摶聚內化，形成各自殊別的稟賦；將之與「性
生氣，通之以曉」以及第二則引文互觀，可發現「神氣」，可內化為
「心」所具「明」的認知能力；如此，「與外物之感相應」即非僅先
秦時期特重之體內之氣與外物相鼓動的生理反應，而是在人體稟神氣
而有「心知」的狀態下，透過「心」所統攝的體內之氣，與外物交盪
吞吐，以深刻地知曉、通透萬物細微的性質與發展動向。

　　綜言之，西漢前期黃老思想下的儒家諸子在荀學基礎上，透過
「氣化論」賦予「人性」豐富多重的意義。循此，陸賈與賈誼皆肯認
「心」具備一種與生俱來且根植於人性之道德修為與實踐的能力，而
能統攝知覺官能，發用多重認知能力。在此基礎上，陸賈與賈誼肯認
作為「知之主體」之「心」具有三種主要作用：統攝知覺官能的感知
作用、歸納演繹之分析與判斷能力之理性作用與氣化感應作用。人以
「心」統攝修為體內之氣而至精純，以此與萬物之氣相吞吐、鼓動、
流通，而感知萬物的細微性質與發展動向。

三、《新語》與《新書》論知識形成途徑

　　《新語》與《新書》皆肯認作為知之主體之「心」有統攝知覺官
能，並進行理性思考、推闡、演繹、歸納與判斷能力，而能形成符合
事實的知識。然而，在陸賈與賈誼的理論中，「心」須持守於清明的

62　（漢）賈誼著、閻振益、鍾夏注：《新書校注・卷八・道德說》，頁326。

狀態，方能發用各種感知、認知、體知與氣化感通的能力，形成上契於天道的「知識」，而對應自身的生存處境。以下將先探究適宜認知活動的「心」之修為，再以此為基礎探究知識形成的途徑。

（一）適宜認知之「心」的修為

陸賈《新語・辨惑》假設一個「心」處於混亂狀態下所造成的認知謬誤，其論曰：「夫眾口之毀譽，浮石沉木。群邪所抑，以直為曲。視之不察，以白為黑。」[63]「心」未處於清明的狀態時，易於被外物蒙蔽而構成假信念，或無法可靠地證成信念；而「心」之修為，能使「心」持守於一種適合認知活動的清明的狀態下，而能避免因蒙蔽或混亂所形成的假信念。

「清明」是「心」能主動修為而臻至之適於「認知」的狀態，此狀態如何臻至？〈懷慮〉論曰：

> 目以精明，耳以主聽，口以別味，鼻以聞芳，手以之持，足以之行，各受一性，不得兩兼，兼則心惑，二路者行窮，正心一堅，久而不忘，在上不逸，為下不傷，執一統物，雖寡必眾，心佚情散，雖高必崩，氣泄生疾，壽命不長，顛倒無端，失道不行。故氣感之符，清潔明光，情素之表，恬暢和良，調密者固，安靜者祥，志定心平，血脈乃彊。[64]

引文可勾勒出二層「心」之修為脈絡，其一為「各受一性，不得兩兼，兼則心惑，二路者行窮，正心一堅，久而不忘」，提示心統攝知覺官能，當使之專一而不散逸，在此狀態下，心可專注於當前的知之對象。其次，正如引文所論：「故氣感之符，清潔明光，情素之表，恬暢和良，調密者固，安靜者祥，志定心平，血脈乃彊」，「氣感之

---

63 （漢）陸賈著、王利器注：《新語校注・卷上・辨惑》，頁75。
64 （漢）陸賈著、王利器注：《新語校注・卷下・懷慮》，頁139。

符」與「情愫之表」聯結，可勾勒出「心」作為情緒抒發與通感外物的主體，而這種「氣感」是在「心」專一而統攝知覺官能的狀態下，體內之氣自然豐盈周流，此處以「清潔明光」、「恬暢和良」、「調密」、「安靜」說明心在大清明的狀態下身心和諧統整的狀態；如此，人即能感應外物最細微的徵兆與端緒，此為最適宜認知活動的狀態。

同樣重視「心」清明的認知狀態，賈誼則以「明」的概念描述之。正如《新書・傅職》所論：「明惠施以道之忠，明長復以道之信，明度量以道之義，明等級以道之禮，明恭儉以道之孝，明敬戒以道之事」，「明」不僅為證成信念與內化知識的能力，更是一種適宜認知的身心狀態。

正如《新書・道德說》所論，「天道」透過氣化生人，將「道德性神明命」六者內化於人初樸之性中：「六德者，德之有六理，理離狀也。性生氣而通之以曉，神生變而通之以化，明生識而通之以知，命生形而通之以定」，「明」雖為人本然所具的能力，卻需透過身心修為，才能將其能力彰顯出來，〈道德說〉論曰：「明者，神氣在內，則無光而為知，明則有輝於外矣。外內通一，則為得失，事理是非皆職於知，故曰光輝謂之明。明生識，通之以知。」其勾勒一條「心」修為的脈絡，「神氣在內」呈現「心」統攝體內之「氣」豐潤周流於血脈中，正如〈道德說〉前文所論：「故仁人行其禮，則天下安，而萬理得矣。逮至德渥澤洽，調和大暢，則天清澈地富熅，物時熟，民心不挾詐賊，氣脈淳化。」[65]「氣脈淳化」的狀態，需要人透過「禮」之修為與實踐方能發用出來，而「禮」則需以敬慎的態度，節制生理本然需求與外在行為，而不縱之為欲，以符合倫理規範，如〈禮〉論曰：「是以君子恭敬撙節退讓以明禮」[66]，故「心」統攝「體內之氣」的前提，乃是心誠敬專一，發用於身形體貌上，行程端

65　（漢）賈誼著、閻振益、鍾夏注《新書校注・卷四・傅職》，頁172。

66　（漢）賈誼著、閻振益、鍾夏注《新書校注・卷八・道德說》，頁324、326。

謹莊重的狀態。

　　有趣的是，正如〈六行〉所論：

> 德有六理，何謂六理？道、德、性、神、明、命，此六者，德之
> 理也。六理無不生也，已生而六理存乎所生之內，是以陰陽天地
> 人，盡以六理為內度，內度成業，故謂之六法。六法藏內，變流
> 而外遂，外遂六術，故謂之六行。是以陰陽各有六月之節，而天
> 地有六合之事，人有仁義禮知信之行。行和則樂興，樂興則
> 六，此之謂六行。[67]

　　「六行」為透過道德修為，將「道德性神明命」自然開顯出來所形成
的美行，其中「知」可與前引〈道德說〉：「明生識，通之以知」互
觀，說明賈誼所論適宜認知的德性內化於人性中，透過修為而被開顯
出來，並非由外鑠成；這說明人性中本有潛藏一種自然而然對知識的
趨向，因此，人認知知識乃是順承人性本然趨向的活動；此推論與人
本心理學所論「人有知的需求」[68] 的歸納若合符節。

　　歸納言之，陸賈與賈誼所論適宜認知的狀態，有兩項共同的特
徵，其一為「心」統攝知覺官能，而專一於當前認知物的狀態，其二
為體氣周流，能與外物相感通。這兩種狀態，說明「心」不僅為一知
之主體，亦為一具有主動修為能力的道德主體。從前引 Linda Zag-
zebski 提出「德性知識論」觀照陸賈與賈誼心之修為概念，可說明在
道德主體的修為下，良好的認知前提，乃是「心」陶冶而成適宜認知
的清明、誠敬、專一等「智德」，作為證成「真信念」的德性保證。

67　（漢）賈誼著、閻振益、鍾夏注《新書校注·卷八·六行》，頁316。
68　「人本心理學」（Humanistic Psychology）認為人有與生俱來的求知之需求，
　　（美）馬斯洛（Abraham Harold Maslow）著、許金聲譯：《動機與人格·第三
　　章：基本需要的滿足》：「了解和理解的需求在幼年晚期和童年期就表現出來，
　　並且可能比成年期更強烈。不僅如此，無論怎樣解釋，這似乎是天生的而非學習
　　的結果」，頁57。此論可與賈誼將「求知」列為人性本然質性的觀點對觀，而知
　　漢儒所論人性非僅學界所關注的善惡之辨，尚涵括各種與生俱來的質性與能力。

（二）典籍知識形成之過程

前章已論西漢儒者所肯認的知識內容，可分為「經驗知識」、「典籍知識」與「歷史知識」等諸項，而此諸種知識皆以「天道」為根源，並開顯出「天道」之內涵。針對這三項知識，陸賈與賈誼皆透過「學」、「思」、「慮」等概念，勾勒出一條「具體解悟」而證成「信念」，構成「知識」的認知途徑，以及在「氣化論」思想中，與萬物相互「精合感通」而感知萬物最細微的質性與發展動向之氣化感知途徑。

六藝典籍既源於聖人對天地萬物之觀察經驗，這些「經驗知識」如何形成？上古初民的經驗知識如何演變為六藝典籍？這種「典籍化」的過程，如何影響人攝取六藝典籍而形成知識的認知途徑？

《新語・道基》描繪「經驗知識」形成的過程：「於是先聖乃仰觀天文，俯察地理，圖畫乾坤，以定人道，民始開悟，知有父子之親，君臣之義，夫婦之道，長幼之序」[69]，仰觀俯察之「先聖」，以及定五經六藝的「後聖」，都是稟賦本然所具之知覺與認知能力特別靈明的先覺者，這些先覺者在「心」清明專一的狀態下，統攝知覺官能而觀察萬物，形成對萬物的「信念」，並透過思考、歸納等思辨能力，提煉出關於觀察對象的「知識」，再經過組織連結，構成人對天道理序的「知識」。

在知識內涵不斷擴大、綿密而繁複的發展過程中，「後聖」如孔子則立定五經六藝而成為西漢時期各種生活處境的準則，引文論五經六藝具有「承天統地，窮事微，原情立本，以緒人倫，宗諸天地，脩篇章，垂諸來世，被諸鳥獸，以匡衰亂，天人合策，原道悉備」之內涵，不僅隱含一種從文明初萌之創制，發展至禮樂教化的社會秩序之「進步史觀」的視角[70]，更可勾勒孔子等後聖攝取以「天道」為根源

69　（漢）陸賈著、王利器注：《新語校注・卷上・道基》，頁5-18。

70　「進步史觀」的概念可參見蔡忠道：《陸賈思想之研究・第四章：陸賈的思想》：「陸賈合天、地、人三者而言道術，人是最能體現道術，尤其是聖人。《新語》透過歷代聖王的創制發明，說明人類歷史的演變與文明的進化，闡發

之「知識」之認知途徑。首先，「承天統地」、「宗諸天地」描繪出後聖非僅攝取「先聖」所構成的「知識」，而是需運使「心」統攝知覺官能與萬物相對，再透過思考、歸類、判斷等作用，與先聖構成的「知識」相比對，形成合於客觀外物的「知識」。

此外，「窮事微」與「原情立本」亦開展出氣化感通而感知萬物極盡細微的發展動向；如此，「後聖」即將「先聖」所構成的天道理序，經過感官知覺的體驗與理性察驗、判斷與歸納，架構為縝密的知識體系，並能實際運用於人倫世界的各種生存處境上。此即說明「典籍知識」之認知途徑並非僅理解、思考、判斷、推闡等理性作用，而是需要體驗式的經歷、修為與實踐。

相較於陸賈勾勒出從「經驗」到「典籍」的知識發展歷程，賈誼更重視六藝的內涵與作用，《新書・六術》論曰：

> 是以先王為天下設教，因人所有以之為訓，道人之情，以之為真，是故內本六法，外體六行，以與《詩》、《書》、《易》、《春秋》、《禮》、《樂》六者之術，以為大義，謂之六藝。令人緣之以自脩，脩成則得六行矣。六行不正，反合六法。藝之所以六者，法六法而體六行故也，故曰六則備矣。[71]

引文描述認知六藝內涵的途徑為「修」，將「修」之概念與〈六術〉前文「人有仁義禮智信之行……人謹脩六行，則亦可以合六法矣」互觀，可描繪人除了透過理解、思考、判斷等理性認知途徑理解六藝內涵之外，亦須配合對「仁義禮智信」等諸德的修為與實踐而內化六藝內涵。此知，陸賈與賈誼所論「認知途徑」，皆須結合體驗、修為，以及理解、認知、組織等理智能力，使「心」對六藝的認知符合六藝

『聖人成之』的道理」、「人道在天地間的主體性，透過聖人的創造而表露無遺，文明也在這些層層晉升的發明中，不斷往前進步。」收入林慶彰先生主編：《中國學術思想研究集刊》（臺北：花木蘭出版社，2008年），頁86、87。

71　（漢）賈誼著、閻振益、鍾夏注《新書校注・卷八・六術》，頁316。

內涵，而形成對六藝之知識，而可隨時被提取以解決生存問題。

（三）結合認知之「體知」

　　從前文所引《新書・六術》「外體六行，以與《詩》、《書》、《易》、《春秋》、《禮》、《樂》六者之術，以為大義，謂之六藝。令人緣之以自脩，脩成則得六行矣。」提出「體」與「修」討論「認知途徑」，可發現陸賈與賈誼所論對六藝的認知，除了「心」統攝知覺官能而讀取文字，並透過思考、歸納等理性認知能力，內化典籍內涵之外，更重視體驗式的身心修為；而這種體驗可與杜維明先生所論「體知」互觀相詮。

　　杜維明先生嘗從宋明儒學之修為提煉出「體知」的概念，認為張載所論「德性之知」乃是提出做為道德主體的「人」如何可能窮理盡性之知，此「知」需先挺立內在的道德主體，並超越感官知覺對外物的認知，而在生命處境一切事物中體證並體現出來；如此，杜維明先生即亟需安頓張載所論「聞見之知」與「德性之知」之關聯，在張載「大其心」的脈絡下，「德性之知」源於作為道德主體之人「盡心知性知天」之內在體證，與肇自人的感官知覺經驗之「聞見之知」互不相屬，但人若先「大其心」，以逆覺體證挺立我之為我的道德主體性，如此，在居處間即能透過萬事萬物體察天道規律並實踐德行。[72]然而，正如馮耀明先生的質疑，這一條逆覺體證的體知或體認途徑，無法用客觀的方法檢證。[73] 所謂「客觀」乃是指這種逆覺體證無法說

---

72 杜維明：〈論儒家的體知——德性之知的涵義〉論張載「德性之知」與「聞見之知」曰：「德性之知是內在體證之知，而聞見之知只是透過感官從外界獲得的經驗知識。在體知結構中，聞見之知是不能欠缺的，但德性之知不萌現於聞見。但這並不是說這種認知途徑是截然分開的，它們之間是一種既分別又統合的關係。談分別是為了突出德性之知的特殊意義，而談統合是讓聞見之知在德性之知為主體的前提下獲得適當位置」，頁367。

73 此論可參見馮耀明：《中國哲學的方法論問題・中國哲學可以用分析哲學的方法來處理嗎？》提出的質疑：「這種說法不能在觀察事實上得到檢證或否證，也不能由客觀上可接受的前提邏輯地推導出此種說法或其否定說法來。不過，它告訴我們這種主體性真理不可由語言及認知的方式向外窮索而得，要反求諸己，透過

明其具體發生程序，亦無法檢證其本身體證的程度。此論點揭開「體知」論述之重要問題：如何彌縫「體知」的具體途徑與體證的程度？

杜維明先生藉由張載「聞見之知」與「德性之知」討論「體知」，「體知」即自然成為「大其心」或「逆覺體證地挺立道德主體」這條道德修為與實踐知進路，但若從杜先生所論「體知」之定義出發，本即一種透過體驗而內化知識或技藝的途徑。如此，「體知」則可勾勒出一條較「逆覺體證」或與「聞見之知」相殊別的認知途徑，即以「實踐」與「體驗」的態度面對典籍，從典籍內涵演繹出可具體實踐且靈活運用的的行為規準。有趣的是，這一點不僅可呼應賈誼所論「外體六行」與「令人緣之以自脩，脩成則得六行矣」中對典籍之「體」與「修」，且這種概念亦流顯於杜維明先生所論「六藝」之感性陶冶作用曰：

> 以身體的感性覺情為線索，具體闡釋何為眼、耳、鼻、身各種感官所體知的經驗是人倫日常間不可消解的神聖作用。雖然，目明耳聰在儒家修身傳統中具有特殊地位。禮樂教化對身體的各種感性覺情都予以重視。六藝正是從整體出發陶冶童蒙全副性情的藍本。[74]

杜先生肯認六藝能「陶冶」人的性情，這種「陶冶」說明並非將六藝視為主客對立的架構下的對象與客體，而是能透過體會、契悟，並內化其內涵，具體實踐於生活處境中的「生命的學問」。故「六藝」並不屬於杜先生所論「大其心」或「求其放心」之逆覺體證，亦非囿限於感官知覺的經驗知識，而是啟發人能「大其心」或「求其放心」並

內外的履踐來體現體證。因此，這種說法是否成立，我們不能客觀地知道」，頁323。秉此懷疑，馮先生提出分析哲學的方式，觀察儒學透過體知而展開的德行觀念。

[74] 杜維明：〈從體知看人的尊嚴（提綱）〉，《國際儒學研究》6期（1999年2月），頁21。

挺立自身道德主體性的特殊知識內涵。這條「體知六藝」的脈絡，較切近於賈誼所論對六藝內涵之「體」與「修」，如此，「體知」即結合對六藝內涵深度的理解，並由其中抽繹可具體實踐的德行而實踐於生活處境中。

前論陸賈認為「心」在「清明」的狀態下，能有效地統攝知覺官能，使眼目與文字相接，並解讀寄諸文字的典籍。陸賈與賈誼所論「體知」既結合對六藝典籍的「認知」，又將親身體驗並實踐典籍內涵，則「體知」的第一步即上文所論透過文字理解典籍內涵，《新語‧術事》論曰：

> 善言古者合之於今，能術遠者考之於近。故說事者上陳五帝之功，而思之于身，下列桀、紂之敗，而戒之于己，則德可以配日月，行可以合神靈，登高及遠，達幽洞冥，聽之無聲，視之無形，世人莫覩其兆，莫知其情，校脩《五經》之本末，道德之真偽，既□其意，而不見其人。[75]

引文中，「善言古」與「說故事」說明認知者之「心」已熟習史書內涵，從《新語》所論「學」與「思」之觀念，可勾勒出「熟習」的途徑，如〈思務〉：「夫口誦聖人之言，身學賢者之行」與〈慎微〉：「夫力學而誦《詩》、《書》，凡人所能為也」皆呈現「心」處於清明的狀態下，統攝知覺官能，辨認文字並付諸於口；當然，這種「口誦」亦可能不理解其意而徒誦，然而若結合上引文「故說事者上陳五帝之功」即可說明人的「說」與「陳」乃是深解其意；如此，「誦」若加上其他內化知識的認知活動，如〈思務〉：「廣思而博聽」、〈明誡〉：「賢君智則知隨變而改，緣類而試思之」、「觀天之化，推演萬事之類」，「推演」與「緣類」呈現「心」面對知之對象時，展現思考、類推與歸納的能力，形成與典籍內涵一致的「知識」。

75　（漢）陸賈著、王利器注：《新語‧卷上‧術事》，頁37。

有趣的是，上引文所論「故說事者上陳五帝之功，而思之于身，下列桀、紂之敗，而戒之于己，則德可以配日月，行可以合神靈」，可見對陸賈而言，「善學者」乃是運用理性認知的能力，透過文字理解，從口誦、解讀，而歸類出適宜處世的德行與借鑑，再躬行實踐於生活中；若人不能「思之於信」、「戒之於己」，歸納其德而實踐己身，即不能算獲得典籍「知識」，故「體知」的第二步為歸納出適宜實踐的道德律則，如〈道基〉：

> 聖人懷仁仗義，分明纖微，忖度天地，危而不傾，佚而不亂者，仁義之所治也。行之於親近而疏遠悅，脩之於閨門之內而名譽馳於外。故仁無隱而不著，無幽而不彰者。虞舜蒸蒸於父母，光耀於天地；伯夷、叔齊餓於首陽，功美垂於萬代；太公自布衣昇三公之位，累世享千乘之爵；知伯仗威任力，兼三晉而亡。

引文所論虞舜、伯夷、叔齊、姜太公、智伯之史事可見於《尚書》與《左傳》，從認知途徑觀之，「心」先處於大清明的狀態，體內之氣自然豐潤周流，且知覺官能能專一面對典籍；如此，「心」統攝知覺官能，並運用理性的認知能力，從典籍中歸納出仁義等道德律則與合於「天道」的政教策略，並能躬行實踐。

這種運用理性認知能力，從典籍中歸納出宜於實踐的道德律則之論點，亦見於〈道基〉下文：

> 仁者、道之紀，義者、聖之學。學之者明，失之者昏，背之者亡。陳力就列，以義建功，師旅行陣，德仁為固，仗義而彊，調氣養性，仁者壽長，美才次德，義者行方。君子以義相褒，小人以利相欺；愚者以力相亂，賢者以義相治。《穀梁傳》曰：

「仁者以治親，義者以利尊。萬世不亂，仁義之所治也。」[76]

從行文脈絡觀之，此似先鋪陳仁義等諸德行，再將之比附《穀梁》經義；然從知之過程觀之，陸賈並未主張人與生俱來即內在「道德」的觀念，僅說人性有隱藏的善質，需透過道德之修為與實踐教化發顯出來；如此，以天道為根源之經驗、六藝與史事，皆能引導人修為德行而上契天道；而引文所引《穀梁傳》正說明人認知六藝，而形成與六藝內涵一致的知識，並由典籍文本中，歸納出「仁義」等德行，而實踐於治身、治軍、治國等由內及外的生命處境中。

同樣地，賈誼亦肯認從六藝典籍中歸納可實踐的德行，如《新書‧六術》：

> 是以先王為天下設教，因人所有以之為訓，道人之情，以之為真，是故內本六法，外體六行，以與《詩》、《書》、《易》、《春秋》、《禮》、《樂》六者之術，以為大義，謂之六藝。令人緣之以自脩，脩成則得六行矣。[77]

賈誼在〈六術〉上文論「六行」曰：「人有仁義禮智信之行。行和則樂興，樂興則六，此之謂六行，陰陽天地之動也，不失六行，故能合六法。」「仁義禮智」與孟子所論「四端」相同，然孟子「四端」乃是內在的善性，而賈誼則認為「道德」來自於對「六藝」之認知與修為，且透過道德修為與實踐而認知六藝並培養德行的過程，並非違背人的本性而強制的訓育，而是循著人性本有的善性而啟導之、調和之，如此，本然之性方能無礙而和暢地抒發為引文所論之「樂」之情感。

正如前引《新書‧道德說》：「或稱《春秋》，而為之聳善而抑

76　（漢）陸賈著、王利器注：《新語‧卷上‧道基》，頁34。
77　（漢）賈誼著、閻振益、鍾夏注《新書校注‧卷八‧六術》，頁316。

惡，以革勸其心。教之《禮》，使知上下之則；或為之稱《詩》而廣
道顯德，以馴明其志……」從知之過程觀之，人亦須先認知六藝典籍
之內涵，形成符合六藝內容的知識，再從經義中歸納如「聳善抑
惡」、「上下之則」、「溫柔敦厚之志」等宜於實踐的德行，而躬行
實踐。賈誼在〈道術〉一文鉅細靡遺地列舉數十種德行，而於文末論
曰：「……信理遂憺謂之敢，反敢為掄。志操精果謂之誠，反誠為
殆。克行遂節謂之必，反必為怛。凡此品也，善之體也，所謂道
也。」[78] 這諸種德行交絡結為「品善之體，所謂道也」，即特別適宜
道德修為與實踐，而臻於至善並上通於「道」的人格樣態；如此，人
越透過典籍歸納出適宜修為的德行，而具體地躬行實踐，就越能體契
「道」之內涵；人越能把握「道」，即能更貫通透徹地理解六藝典
籍，而不斷深化並開顯其中的義理內涵。

（四）氣化感通之「知」

西漢儒家諸子在「氣化論」的脈絡下，發展出一套與萬物「氣化
感通」的知之途徑。前已論先秦時期「感」的概念，多指「心」受外
物牽引時，會從「質樸之性」中生發相值的情實。而在「氣化論」發
展的過程中，則形成人可透過新受外物牽引之「感」，與同構於
「氣」之天地萬物相感；而西漢前期之「感」為「心」在清明的狀態
下，自然搏任體內之氣，使體內之氣與外物之運作相互激盪而感知物
最細微的狀態與動向，並將內在之「性」如實感發為「情感」；若外
物質性中正平和，所激發出的情感即能寬厚而和諧。

正如《呂氏春秋》所描繪透過「感」而體契於「道」的修為，西
漢儒家諸子論「感」之作用，亦甚近於此義；他們多認為人「感」的
主要對象有二，其一為「人與萬物真實的情感」，其二則為「萬物之
狀態與動向」；在「氣化論」的脈絡下，「萬物之狀態與動向」本展
現「天道」運作的理序，故此「感通」的作用亦可上契於「道」，而

78　（漢）賈誼著、閻振益、鍾夏注《新書校注・卷八・道術》，頁304。

展現出遍潤於萬物的知覺狀態。

　　《新語》中，陸賈勾勒出一幅「氣感之知」的理論圖像，《新語·懷慮》論曰：「故氣感之符，清潔明光，情素之表，恬暢和良，調密者固，安靜者祥，志定心平，血脈乃彊。」[79] 從「志定心平」可推知所謂「氣感之符」乃是「心」在清明寧定的狀態下，體內陰陽之氣自然豐潤周流，而能深層地感知萬物細微的質性與動向。

　　這就可以重新探究陸賈「經驗知識」的形成過程。前文已論「心」在清明的狀態下統攝知覺官能，與外物相對，而攝取外物的形貌與質性，形成符合外物事實的「知識」；然而，這種知識受限於存有的時空限制，人不可能跨越時空而認識外物，這就無法合理地解釋為何「聖人」能遍知萬物，無所遺漏，如〈明誡〉所論：「聖人察物，無所遺失，上及日月星辰，下至鳥獸草木昆蟲，□□□鶂之退飛，治五石之所隕，所以不失纖微。至於鴝鵒來，冬多麋，言鳥獸之類□□□也。」[80] 這固然說明《春秋》無所不知的典籍性與神聖性，更可描繪出「聖人」在心大清明的狀態下，能「無所遺失」、「不失纖維」地明察萬物，而形成與萬物一致的知識；這就為陸賈源於仰觀俯察的「經驗知識」，加深一層「氣感」的保證，使「仰觀俯察」的經驗之知更加深切完備。當人不受觀察當下萬物已呈顯出的樣貌之遮蔽，而能擴大為其「全幅」的狀態，加上其與萬物互動的深層有機連結，而能體契於天道透過陰陽氣化流行與萬物動向所開展出的理序。

　　陸賈將氣感的能力，設定於「心」之作用上，而賈誼則將此能力，更深層地設定於人初樸之性內藏的稟賦，如《新書·道德說》論曰：「性，神氣之所會也，性立則神氣曉曉然發而通行於外矣。與外物之感相應，故曰潤厚而膠謂之性。性生氣，通之以曉。」[81] 「神氣」即陰陽二氣最精萃靈妙的成分，凝聚為人初樸之性，此「性」與

79　（漢）陸賈著、王利器注：《新語校注·卷下·懷慮》，頁139。
80　（漢）陸賈著、王利器注：《新語校注·卷下·明誡》，頁155。
81　（漢）賈誼著、閻振益、鍾夏注：《新書校注·卷八·道德說》，頁326。

萬物之性同稟棄而生，故能「同類相感」。有趣的是，相較於萬物的質性、狀態、動向，賈誼更重視人對人事發展之「感」，〈審微〉論曰：「故明者之感姦由也蚤，其除亂謀也遠，故邪不前達。」「感」被描述為能感通而知事「未發」前隱微的端序與徵兆，〈審微〉下文釋一例曰：

> 彼人也，登高則望，臨深則窺，人之性，非窺且望也，勢使然也。夫事有逐姦，勢有召禍。老蚺曰：「為之於未有，治之於未亂。」管仲曰：「備患於未形」，上也。語曰：「焰焰弗滅，炎炎奈何，萌芽不伐，且折斧柯。」智禁於微，次也。事之適亂，如地形之惑人也，機漸而往，俄而東西易面，人不自知也。[82]

賈誼所論「心」具有統攝知覺官能而觀察的能力，然此能力常受「環境」（勢）的影響與侷限；但根植於氣性同類之「感」，卻能感知事件無形的端緒而防患未然；如此，「感」即成為一種彌補感官知覺之侷限的特殊認知能力，能深度感於事物隱微的狀態與動向，並自然生發與之相應的身心表現。

除了陸賈與賈誼所論「感於事物隱微的狀態與動向」之外，《韓詩外傳》則循著先秦以降「樂教」的傳統，討論「同類相感」的概念曰：

> 古者、天子左五鐘，將出，則撞黃鐘，而右五鐘皆應之，馬鳴中律，駕者有文，御者有數，立則磬折，拱則抱鼓，行步中規，折旋中矩，然後太師奏升車之樂，告出也。入則撞蕤賓，以治容貌，容貌得則顏色齊，顏色齊則肌膚安，蕤賓有聲，鵠震馬鳴，及倮介之蟲，無不延頸以聽，在內者皆玉色，在外者皆金

82　（漢）賈誼著、閻振益、鍾夏注：《新書校注‧卷二‧審微》，頁73-74。

聲，然後少師奏升堂之樂，即席告入也。此言音樂有和，物類相感，同聲相應之義也。《詩》云：「鐘鼓樂之。」此之謂也。[83]

音樂所具「感」的作用，先秦諸子與傳世典籍已有深論，如《荀子‧樂論》：「凡姦聲感人而逆氣應之，逆氣成象而亂生焉；正聲感人而順氣應之，順氣成象而治生焉」，周流於人體的「氣」與「心」透過「耳」而感知的旋律聲響相互感應，此即說明人非僅以「心—耳」的感知結構攝取音樂，而是以一種深層的氣感作用與音樂相感動相應和。學界對《荀子‧樂論》氣感作用之研究雖不多，然從中國音樂之「氣感作用」之研究，亦可窺其關竅，如楊儒賓先生論《禮記‧樂記》：「感於物而動，故形於聲；生相應，故生變……」中「心」之通感能力曰：

> 這段引文中，「起」「生」「動」「感」「動」「形」「相應」「生變」等具有主動性、互動性的語彙交疊呈現。其言主動性，乃因人具有特殊的通感能力。其言互動性，乃因人心的存在本身不是一種抽象思維後抽離過的存在，而是「與世界同在互入」的一種有機關係網的存在。[84]

他勾勒出《禮記‧樂記》中，「心」被賦予一種特殊的感通能力，能主動地與外物感應互通。荀子則如前文所論，將感通的能力，設定於體內之「氣」，以及「心」對體內之「氣」統攝調節的作用上，當人「心」透過「耳」攝取音樂時，體內之「氣」亦與旋律的頻率與聲波的波長相互激盪，從質樸之性中引發出真誠無偽的情感。

而在上引文中，所謂天子將出，撞鳴「黃鐘」，即性質中正平和

---

83 許維遹注：《韓詩外傳集釋‧卷一‧十六章》，頁15-16。
84 楊儒賓：《儒家身體觀‧論公孫尼子的養氣說》（臺北：中研院文哲所，1996年），頁101。

的「中央C」，諸音與「C」相感而應，應聲和諧，方能出現引文所論「馬鳴中律，駕者有文，御者有數」的秩序性；蕤賓為「升f」，以此為主音所鋪排出的相對大調為「A大調」，調性莊嚴肅靜，人與萬物與之相感，能自然流顯齊莊中正的容止；萬物與蕤賓之律相感，又自然流顯出諧和的狀態。有趣的是，引文援引〈關雎〉：「鐘鼓樂之」解釋「此言音樂有和，物類相感，同聲相應之義」，可見若被「雅樂」所感，性會自然流顯出和諧溫潤而合於「道」的愉悅感，而這種愉悅感，往往可與先秦以降儒家諸子所論的「道德情感」相互解釋。[85] 如此，「感」即被賦予「情」修為至和諧愉悅而合於「道」的意義。

結語：以道德修為穩固知識

　　西漢前期推行黃老治術，黃老思想本以「道」為主而兼容並蓄；歷來學者已論陸賈、賈誼等儒者深具黃老傾向，二者皆以「氣化論」賦予「人性」豐富多重的意義，肯認「心」具備一種根植於人性而天生的道德修為實踐與氣化感通的能力，以此做為統攝知覺官能，發用多重認知能力的基礎，而展顯出三種主要作用：其一為統攝知覺官能的感知作用，其二為歸納演繹之分析與判斷能力之理性作用，其三則為氣化的感應作用，心能發用此作用，與萬物之氣相吞吐、鼓動、流通，而把握萬物的細微性質與發展動向。

　　在「認知途徑」的面向上，陸賈與賈誼皆承荀子，認為心若不清明，難以形成與外物、典籍一致的「知識」，且即便人能與外物或六

85　儒家諸子所論道德情感，可參見潘小慧：〈上博簡與郭店簡「性自命出」篇中「情」的意義與價值〉區別「本能的情」與「道德情感」而論曰：「情，對儒者而言，或為『人之所以為人』而言，更重要的意義在於，它還是道德生命與道德實踐所立基的道德之情。」《輔仁學誌：人文藝術之部》29期（2002年7月），頁54。可知此情乃是發於純善之性而與天人物我同情的道德情感，如孟子將「不忍人之政」的王政實踐，奠基於不忍人的純善之心與心所發生的不忍之情上，如此，不忍之情就成為政德修養與實踐的基礎。

藝典籍達成一致，也不能保證其能上通於天道。二者所論知之過程，即是結合認知與體知，向上契於「天道」內涵。

在「認知途徑」的面向上，人須以「心」統攝知覺官能，運用思考判斷等理性認知能力，形成與外物及典籍達成一致的知識。而在體知的面向上，則需運用理性歸納的能力，歸納出合宜實踐的德行，躬行實踐於自身生命中。由於六藝本載錄天道律則，儒者所歸納出來的德行乃透顯出天道律則，當儒者躬行實踐諸律則時，能使自身言行舉動合於天道律則，成為真誠無偽的「道德人」，且唯有臻至合於天道的「道德人」之身心狀態，方能較穩固地保證自身已內化外物與六藝典籍之內涵而形成「知識」。這套知識體系，亦可作為西漢前期君王治道，與黃老君術互為表裡，並為西漢武帝時期「獨尊儒術」奠定傳經的風氣與理論基礎。

第四章　〈賢良對策〉與《春秋繁露》所見 獨尊儒術下之儒家知識理論

　　前漢七十年雖推行黃老治道，但自惠帝廢除「挾書律」後[1]，文景二帝多有搜羅六藝典籍與講倡儒學之舉，趙歧〈孟子題辭〉載曰：「漢興，除秦虐禁，開延道德，孝文皇帝欲廣遊學之路，《論語》、《孝經》、《孟子》、《爾雅》皆置博士」[2]，且根據《史記》、《漢書》的記載，其又立申公、韓生為詩博士，並命晁錯至齊地從伏生受《尚書》[3]；至於景帝，則立轅固生為《詩》博士，董仲舒與胡毋生皆為《公羊》博士[4]，君王對典籍的重視與設立學官的政教措施，成為推動儒學思想的動力，亦為武帝以儒學為治道與國家政策的學術基礎。

　　武帝推行儒家治道，舉用趙綰、王臧等儒者，竇太后崩後，更立五經博士、設立學校，施行禮樂教化，定立以儒學為主軸的國家政策[5]，而董仲舒亦在〈賢良對策〉中提出「獨尊儒術」之議[6]，此議核

1　（漢）班固著、（唐）顏師古注：《漢書·卷二·惠帝紀第二》載曰：「三月甲子，皇帝冠，赦天下。省法令妨吏民者；除挾書律」，頁90。

2　（漢）趙岐注、（宋）孫奭疏：《孟子注疏·題解辭》，頁7。

3　申公為博士之事載於（漢）班固著、（唐）顏師古注：《漢書·卷三十六·楚元王傳》：「文帝乃以宗正上邳侯郢客嗣，是為夷王。申公為博士，失官，隨郢客歸，復以為中大夫」，頁1923；晁錯從伏生受尚書之事則載於〈楚元王傳〉下文曰：「至孝文皇帝，始使掌故朝錯從伏生受尚書」，頁1968。

4　轅固生為博士之事，載於（漢）司馬遷著：《史記·卷一百二十一·儒林列傳》：「清河王太傅轅固生者，齊人也。以治《詩》，孝景時為博士」，頁3122。而胡毋生與董仲舒為《春秋》博士，則分別載於《史記·卷一百二十一·儒林列傳》：「胡毋生，齊人也。孝景時為博士，以老歸教授」，頁3128；以及（漢）班固著、（唐）顏師古注：《漢書·卷五十六·董仲舒列傳》：「董仲舒，廣川人也。少治《春秋》，孝景時為博士」，頁2495。

5　《史記·儒林列傳》：「及今上即位，趙綰、王臧之屬明儒學，而上亦鄉之，於是招方正賢良文學之士」，頁3118。

6　（漢）班固撰、（唐）顏師古注：《漢書·卷五十六·董仲舒傳》載曰：「《春秋》大一統者，天地之常經，古今之通誼也。今師異道，人異論，百家殊方，旨

心在於確立「六藝之科」與「孔子之道」為國家正統治道；錢穆先生認為武帝崇儒與董氏獨尊儒術的理論確有其時代必要性，其論曰：

> 然申韓刑名，正為朝廷綱紀為立而設。若政治已上軌道，全國共尊法度，則申韓之學，亦復無所施。其時物力既盈，綱紀亦立，漸達太平之境。而黃老申韓，齊學皆起於戰國晚世。其議卑近，主於應衰亂，唯有經術儒生高談唐虞三代，禮樂教化，獨為盛世所憧憬。自衰世言之，則見為迂闊遠於事情。衰象既去，元氣漸復，則如人之並起，捨藥劑而嗜膏粱，亦固其宜也。[7]

而錢先生〈孔子與春秋〉一文，認為孔子作《春秋》「一面是承接王官之學的舊傳統，另一面則是開創了百家言的新風氣」，因此，武帝立五經博士、崇儒更化的政策，「一面是革秦之舊，排除了百家，一面是復古之統，專尊了六藝，專尊了古王官學，而同時又是漢代新王之創法，與古王官學性質又不同。」[8] 故董氏提倡以《春秋》為六藝核心與主要治道，除了出於國家發展之必要性外，亦冀能革除舊法，以孔子之道為漢建立新典範。

在獨尊儒術的學脈發展上，西漢中葉儒家諸子所提出的知識理論，對以《春秋》為核心之六藝典籍的理性認知與實踐，而六藝又被

意不同，是以上亡以持一統；法制數變，下不知所守。臣愚以為諸不在六藝之科孔子之術者，皆絕其道，勿使並進。邪辟之說滅息，然後統紀可一而法度可明，民知所從矣」，頁2523。

7 錢穆：《兩漢經學今古文平議‧兩漢博士家法考》（臺北：東大圖書公司，1989年），頁180。西漢儒者本具有強烈的時代感，其理論多為回應時代問題，如孫長祥：《董仲舒思想述評》：「當知漢代思想家之時代任務，即在汲汲精思，以尋求一既足代秦制，又得包容宇宙人生全體之學說。學術上共同目的在反秦制法家，而有主復古者、有主創新者、有主調和者，要之態度識見不同，取擇頗異。或雜刑名於儒家者如賈誼；或評六家而歸於道者如司馬談；或兼設儒道自為系統者如淮南鴻烈；或本儒家頗採諸子如董仲舒等等。」（臺北：中國文化大學哲學博士論文，1984年，指導教授：羅光先生），頁43。

8 錢穆著：《兩漢經學今古文平議‧孔子與春秋》，頁248-249、251。

詮解為受命之素王大法，上契於結合氣化律則與道德意志之「天」；故儒者所論「知之主體」，乃結合「氣化律則」之知覺官能與含括思考、判斷等「心」之理性認知能力；而在知識之名言表達的面向上，董仲舒更提出「深察名號」之理論，深化「名言」源於天道律則的概念。如此，人能透過認知、理解與判斷名言構成的天地萬物與六藝典籍內涵而向上契於天道。本章擬以董仲舒《春秋繁露》與〈賢良對策〉為主，參照《史記》與武帝至昭宣時期的奏議，探究在氣化理論下的知之主體、主體對典籍之理性認知能力、「深察名號」之知識名言思維與表達方式、形成「知識」的途徑，較完整地探究西漢中葉儒家知識理論。[9]

一、人性中「善善惡惡」之潛質

董仲舒人性理論，並見於〈賢良對策〉與《春秋繁露》，且後者所論「人性」概念並不一致，「性善」多被置放於「春秋學」主題下，而「性未善」則多出自〈深察名號〉與〈實性〉等涉及陰陽氣化之篇章中，此造成歷代對董仲舒「性論」之研究觀點分歧。首先，關於董仲舒「春秋學」主題下的人性理論，《春秋繁露・玉杯》論曰：「人受命於天，有善善惡惡之性，可養而不可改，可豫而不可去，若形體之可肥，而不可得革也。」〈竹林〉亦論曰：「正也者，正於天之為人性命也。天之為人性命，使行仁義而羞可恥，非若鳥獸然，苟為生，苟為利而已」、「今善善惡惡，好榮憎辱，非人能自生，此天施之在人者也。」[10] 二者合觀，可歸納出「人性」的兩項特質：「人

9　董仲舒為西漢諸儒中備受學界矚目的研究對象，依陳麗桂先生：《兩漢諸子研究論著目錄》所收錄 2002-2009 年之篇數凡 364 篇，見中華民國漢學研究中心所錄資料庫：http://ccs.ncl.edu.tw/expertDB1.aspx。其論題涵括天道觀、政教觀、春秋學、心性論與董氏與當時學術傳承之關聯等學術史問題，雖較少探觸知識理論之論題，然天道觀、春秋學與心性論等均可作為本書之參照。

10　（漢）董仲舒著、（清）蘇輿義證：《春秋繁露・卷一・玉杯》、〈竹林〉，頁34、63。

性受命於天」與「人性本質乃是道德上的善」，兩種特質看似圓融，
卻為董仲舒的人性理論，鋪展出歧異的觀點。

　　「人性受命於天」奠基於「天」的概念上，正如學界所論，董仲
舒所論「天」涵括「元氣」剖判為陰陽五行之氣之運行理序，與「百
神之大君」、「天志」、「上帝」所指涉之具有絕對道德意志的「意
志天」。在氣化理序上，則不同於西漢前期黃老思想下的氣化理論，
陸賈與賈誼雖肯認陰陽生化的理序，卻並未將此理序與人世的尊卑位
份相連結。然而，董仲舒卻在縝密的陰陽生化理序中，賦予其陽尊陰
卑的價值意義，藉以說明「性」、「情」的關聯。

　　《春秋繁露・深察名號》論曰：

> 人之誠，有貪有仁。仁貪之氣，兩在於身。身之名，取諸天。天
> 兩有陰陽之施，身亦兩有貪仁之性。天有陰陽禁，身有情欲
> 㮊，與天道一也。是以陰之行不得干春夏，而月之魄常厭於日
> 光。乍全乍傷，天之禁陰如此，安得不損其欲而輟其情以應
> 天。[11]

從「氣化理序」觀之，「元氣」剖判陰陽，陰陽二氣氤氳交溫，化生
萬物外顯的身形體貌與內在稟賦，〈陰陽義〉亦論曰：「天地之常，
一陰一陽。陽者天之德也，陰者天之刑也。跡陰陽終歲之行，以觀天
之所親而任」[12]，其賦予陽氣「善」的特質，陰氣「惡」的質性，故
將仁、德等善之德行歸於陽氣，反之則歸諸陰氣。〈賢良對策〉釋
「仁」曰：「聖人法天而立道，亦溥愛而亡私，布德施仁以厚之，設
誼立禮以導之。春者天之所以生也，仁者君之所以愛也」[13]，〈離合

11　（漢）董仲舒著、（清）蘇輿義證：《春秋繁露・卷十・深察名號》，頁295-
　　296。
12　（漢）董仲舒著、（清）蘇輿義證：《春秋繁露・卷十二・陰陽義》，頁341。
13　（漢）班固著、（唐）顏師古注：《漢書・卷五十六・董仲舒列傳》，頁2515。

根〉亦釋「仁」為「泛愛群生」[14]，可知陽氣與人君所透顯出的「仁」乃是生育長養，汎愛眾生的意義；而〈陰陽義〉則明釋「陰氣」指涉「刑喪」[15]，二者皆化具於人的質樸之性中，內化為萬物各從其類而相互殊別的質性。

從「氣化論」觀察「人性受命於天」與「人性本質乃是道德上的善」二項人性理論特質之視角；可發現「人性受命於天」的概念，呈現人性既肇端於元氣剖判陰陽，而內化構成人原初的善惡並具的質性稟賦，則如〈深察名號〉所論：「是正名號者於天地，天地之所生，謂之性情。性情相與為一瞑。情亦性也。謂性已善，奈其情何？故聖人莫謂性善，累其名也。身之有性情也，若天之有陰陽也。言人之質而無其情，猶言天之陽而無其陰也。」[16] 學界對此文多有論辯，陰陽二氣內化為人初生所具「仁─善」、「貪─惡」之稟賦，然而配合上文董氏行文模糊之處，「身亦兩有仁貪之性」與「身有情欲」，互此即產生「性善情惡」與「性未善」二種推論。持第一種意見者，如馬育良先生所論：

> 到了董仲舒那裡，則將性與情分開講，性表現於外為仁，情表現於外為貪，從而提出性善而情惡的觀點。此後，情惡逐漸成為漢人的通識。所以徐復觀認為：此一分別對後來言性的，發生了很大的影響。這應該已具有性情二元或對立的傾向。[17]

馬先生對舉「性情」二概念，認為「仁貪之性」所述之「貪」，實為

14　（漢）董仲舒著、（清）蘇輿義證：《春秋繁露‧卷十八‧離合根》：「凡愛群生，不以喜怒賞罰，所以為仁也」，頁165。

15　（漢）董仲舒著、（清）蘇輿義證：《春秋繁露‧卷十二‧陰陽義》：「陰者天之刑也」，頁341。

16　（漢）董仲舒著、（清）蘇輿義證：《春秋繁露‧卷十‧深察名號》，收入《新編諸子集成》，頁298。

17　馬育良：《中國性情論史‧漢代思想家的性情論——以董仲舒為中心》（北京：人民出版社，2010年），頁144。

「身有情欲」之「情欲」，並舉徐復觀先生為證。

然而，徐復觀先生實同時抱持「性善情惡」與「性未善」兩種觀點，其論曰：

> 按性字從生，是表示生而即有的本能：亦即此處之「如其生之自然之資」；若緊扣此點以作判斷，則告子的性無善無不善，最為合理。但仲舒在此處，只由性字的正名，時即由性字的訓詁，以否定性善之說，不同於告子的判斷，因為董氏認為性是既有善，又有惡的。
>
> 按董氏以前的儒家，性內而情外，性向外發展為情。性情雖有內外之不同，但在性格上是相同的。所以若主張性善，則情亦善。若認為性惡，則情亦惡。《莊子·德充符》有「惠子謂莊子曰！人故無情乎？莊子曰然」的一段談話，則係將情與德（即外篇所謂性）相對立，已有性善情惡之意。至董氏則顯然將性與情分開，認為性善而情惡。此一分別對後來言性的，發生了很大的影響。[18]

董仲舒「人性論」之疑難如何解決，可從其運用「情」字之意義窺知。在《春秋繁露》中，「情」常作「情實」之義，如上文「身有情欲」一詞，即可釋為「生理本然需求」；同樣地，〈深察名號〉所論「性情相與為一瞑。情亦性也。謂性已善，奈其情何？」即不見得要如馬先生將性情對舉，而可把「情」所指涉之生理本然需求意涵括於人本然質性中，如〈賢良對策〉所論：「臣聞命者天之令也，性者生之質也，情者人之欲也。或夭或壽，或仁或鄙，陶冶而成之，不能粹美，有治亂之所生，故不齊也。」[19]「情者人之欲」呈現人之生理需

---

18 徐復觀：《兩漢思想史·卷二·第三章：先秦儒家思想的轉折及天的哲學的完成》從「春秋正名思想」、「天的哲學」與「對政治之要求」三條脈絡，架構董仲舒性善情惡之人性理論，頁401、402。

19 （漢）班固著、（唐）顏師古注：《漢書·卷五十六·董仲舒列傳》，頁2501。

求，此生理需求在不依循天道秩序的發用下，有遮蔽人性潛藏善質的可能，需透過道德修為，節制情之發用，歸於中和之道。

此概念並不違背董氏春秋學脈絡下「善善惡惡之性」。在氣化生成的人性稟賦中，陽氣賦予人善善惡惡的道德之性，而陰氣則內化為人之生理本然需求，後者若無心之節制，即有可能流蕩而為惡。正如〈玉英〉所論：「公觀魚於棠，何？惡也。凡人之性，莫不善義，然而不能義者，利敗之也。」[20] 將「善義」與「利敗之也」合觀，可發現人性既有與生俱來的善性，亦有根植於生理需求而受「利」引誘的可能，此說明陰陽二氣俱內化於人的質樸之性中，而賦予人潛藏的善性，以及基本的生理需求。故〈深察名號〉特重對人性之教化與啟發，其論曰：「卵待覆而成雛，繭待繰而為絲，性待教而為善。此之謂真天。天生民性有善質，而未能善，於是為之立王以善之，此天意也。」[21] 將「待教為善」的善質與「仁貪之性」之「仁」並置互觀，說明人性潛藏之善質乃是「仁」，透過六藝的教育，能將「仁」質開顯出來。

由此觀察《春秋繁露》與〈賢良對策〉中「仁」的概念，可發現「仁」非僅限於「泛愛群生」一種德行，而實涵括豐富的道德意蘊，如《春秋繁露・必仁且智〉所論：「何謂仁？仁者憯愛人，謹翕不爭，好惡敦倫，無傷惡之心，無隱忌之志，無嫉妒之氣，無感愁之欲，無險之事，無闢違之行。故其心舒，其誌平，其氣和，其欲節，其事易，其行道，故能平易和理而無爭也。如此者謂之仁。」[22]「謹翕不爭」隱含「禮」之實踐能力，「好惡敦倫」隱含「義」與能辨是非之「知」，可與前引「善善惡惡」、「行仁義而羞可恥」之「性」相呼應；而「無隱忌之志，無嫉妒之氣，無感愁之欲，無險之事，無闢違之行」，更潛藏「中和」的質性，「其心舒，其誌平，其氣和，

20　（漢）董仲舒著、（清）蘇輿義證：《春秋繁露・卷三・玉英》，頁72-73。
21　（漢）董仲舒著、（清）蘇輿義證：《春秋繁露・卷十・深察名號》，頁300-301。
22　（漢）董仲舒著、（清）蘇輿義證：《春秋繁露・卷八・必仁且智》，頁258。

其欲節，其事易，其行道」，則呈現「仁」具備身心修為與實踐的動能。可見董仲舒所謂「仁」，不僅限於「惻隱」之愛，更涵括諸德，並為諸德行之實現原理。此知董仲舒之人性理論，應為肇端於氣，而潛藏道德善質的質樸之性，透過六藝教育之認知與修為實踐，可如其氣性稟賦之實，將潛藏的「善性」發用為各種美善德行。

董仲舒認為人質樸之性含括道德上「善」的質性、生理需求，以及每個獨特的存有各自的氣性稟賦。事實上這三種觀點，亦常見於西漢君王詔令與諸儒之論中，如《漢書‧宣帝紀》有詔曰：「父子之親，夫婦之道，天性也。雖有患禍，猶蒙死而存之。誠愛結于心，仁厚之至也，豈能違之哉！」[23] 此「性」包括人與生俱來之隸屬與愛的「基本需求」[24]，以及殷商晚期至西周以降奠基於人生理需求而逐漸發展出來的「倫理秩序」，正如董仲舒的論述，人之所以能實踐出合於此倫理秩序的，乃肇端於人性中潛藏的善質；同樣地，〈竇田灌韓傳〉載武帝初即位，籍福說竇嬰：「君侯資性喜善疾惡，方今善人譽君侯，故至丞相；然惡人眾，亦且毀君侯。君侯能兼容，則幸久；不能，今以毀去矣」[25]，將「喜善嫉惡」置入「善善惡惡」的理脈中，可描繪出「喜善嫉惡」非僅被描述者的氣性稟賦，此氣性稟賦更根植於人潛藏的善性上。

綜言之，在西漢人性理論的發展脈絡上，董仲舒奠基於西漢前期黃老思想下的儒家諸子從「氣化論」架構人性理論的傳統，認為人性

23　（漢）班固著、（唐）顏師古注：《漢書‧卷八‧宣帝紀》，頁251。

24　（美）馬斯洛（Abraham Harold Maslow）著、許金聲譯：《動機與人格‧第二章：人類動機理論》論人有「隸屬與愛的基本需求」曰：「如果生理需要和安全需要都很好地得到了滿足，愛、感情和歸屬的需要就會產生，並且以此為中心，重複著已描述過的整個環節。對愛的需要包括感情的付出和接受，這如果不能得到滿足，個人會空前強烈地感到缺乏朋友、心愛的人、配偶或孩子」，頁27。先秦哲學即已注意人普遍地具有這類需求，如（漢）趙岐注、（宋）邢昺疏：《孟子注疏‧卷六‧滕文公下》：「丈夫生而願為之有室，女子生而願為之有家」，頁109。「男女家室」所涵括的夫婦與父子之道不僅說明人的生理需求，亦呈現人隸屬與愛的情感需求。

25　（漢）班固著、（唐）顏師古注：《漢書‧卷五十二‧竇田灌韓傳》，頁2378。

肇生於陰陽二氣，陽氣賦予其潛藏的善質，而陰氣則賦予人性本然的需求；此已將前論陸賈與賈誼人性理論中「涵具潛藏規範性的人性內容」，立定為道德上的「善」，而成為西漢中葉普及的人性理論，更為東漢《白虎通》所論「性善情惡」的性情論奠定理論基礎。[26]

二、「人副天數」脈絡下的知之能力

在西漢諸儒中，董仲舒對知之主體的描述較為詳盡，學界雖常論其心性、形神相關論題，卻較少探究「知之主體」之認知能力，較全面者唯李增先生〈董仲舒知識論之研究〉，其提出董仲舒「知之主體」涵括「形」、「神」、「氣」、「志」四種組成，其中「氣」於西漢初期黃老思想氣化論之脈絡下，已成詮釋萬物之本質與身形體貌構成之主要理論，故應納入「知之主體」之討論中。[27]

而在「形—神」一組觀念上，「形」指涉外顯的身形體貌與知覺官能，在「氣化論」所構成「人副天數」的天人關係脈絡中，人之身形體貌能與天地萬物相符應，構成「感通」之特殊認知途徑之理論基礎。至於「神」的概念，雖較少出現於西漢初期儒家論著中，然《春秋繁露》卻多次論述「神」之概念與氣、性、心之關聯，應併入討論。其三，李先生所論「心」所發之「志」具有理性思辨能力，然《春秋繁露》曾多次論及「認知心」之作用，故本文擬將「志」的概念收回「心」之認知能力上，並探究其與「知覺官能」、「神」、

---

26 （清）陳立疏、吳則虞點校：《白虎通疏證・卷八・總論性情》：「性情者，何謂也？性者陽之施，情者陰之化也。人秉陰陽氣而生，故內懷五性六情。情者，靜也。此人所秉六氣以生者也……陽氣者仁，陰氣者貪，故情有利欲，性有仁也。」（北京：中華書局，1994年），頁381。可知其融會董仲舒之論，將性與情分別歸疏於陽氣與陰氣，陽氣化生之性為「仁—善」，陰氣化生之情為「陰—惡」。

27 李增：〈董仲舒知識論之研究〉：「人受命於天，即具形、神、氣、志之合。形為身體，神為精神、意識知覺，氣為生命力，生理之現象，志為心，為意識、思辨、理性。董氏受黃老思想影響，亦認為人之認識活動，並不僅僅是心的理性辨識之行動，亦會受身形、精神狀態、氣血、心志、欲情的影響」，頁28-29。

「氣」、「性」與「情」等諸概念之關聯。

　　首先，〈賢良對策〉與《春秋繁露》所論「心」之認知能力與「知覺官能」之感知能力建立於「人副天數」的脈絡下。〈人副天數〉論曰：

> 人受命乎天也，故超然有以倚。物疾莫能為仁義，唯人獨能為仁義；物疾莫能偶天地，唯人獨能偶天地。人有三百六十節，偶天之數也；形體骨肉，偶地之厚也。上有耳目聰明，日月之象也；體有空穿進脈，川谷之象也；心有哀樂喜怒，神氣之類也。
>
> 是故人之身，首而員，象天容也；髮，象星辰也；耳目戾戾，象日月也；鼻口呼吸，象風氣也；胸中達知，象神明也。腹胞實虛，象百物也。百物者最近地，故要以下，地也。[28]

人受命於「天」，透過陰陽二氣施化為人之外在形體與內在稟賦，則人之形體與陰陽二氣所施化的「天地」，即產生在度數與性質、樣貌上特殊的對應關係，架構出殊別於萬物的身體。[29] 在物理性質上，人

28　（漢）董仲舒著、（清）蘇輿義證：《春秋繁露·卷十三·人副天數》，頁354-355。

29　董仲舒對「天地」概念的運用，涵括雙重意涵，其一為包括天文與地理形貌與現象，萬物生育長養於其中之「場域」，如（漢）董仲舒著、（清）蘇輿義證：《春秋繁露·卷六·服像制》：「天地之生萬物也以養人，故其可適者以養身體，其可威者以為容服，禮之所為同也」、〈立元神〉：「天地人，萬物之本也。天生之，地養之，人成之。天生之以孝悌，地養之以衣食，人成之以禮樂，三者相為手足，合以成禮，不可一無也」，頁151、168。「天生地養」乃是透過四時與風雲雨露之運行，以及地土物產孕育長養萬物。其次，「天生之以孝悌」說明絕對道德意志之「天」，透過陰陽二氣之剖判、摶聚與內化，賦予人潛藏的道德善性，呈現此「天地場域」乃為一透顯天道理序之神聖場域，此「天道理序」透過陰陽二氣之剖判與運行流顯出來，如〈五行相生〉所論：「天地之氣，合而為一，分為陰陽，判為四時，列為五行」，運行於天地場域中之天道理序，透過陰陽與五行之氣透顯出來，〈陰陽義〉則論曰：「天地之常，一陰一陽。陽者天之德也，陰者天之刑也。跡陰陽終歲之行，以觀天之所親而任。」前論陰陽二氣被具有道德意志之「天」賦與「刑一德」之道德內涵，而被陰陽二氣化生的

與天地場域皆為陰陽二氣之同質共構；在道德內涵上，「天地」與「人」同樣呈現陰陽二氣所蘊括的「德一刑」內涵。而在生化次序上，〈觀德〉論曰：「天地者，萬物之本，先祖之所出也。」[30]「天地」首出於人，且為人之生存場域，人倫道德亦取法天地所透顯之陽尊陰卑的天道理序。

深觀之，董仲舒所論「天」透過陰陽二氣賦予「人體」合應於天道秩序的構造，與「善善惡惡」的性善之潛質相連結，凸顯出人有別於萬物而有善之質與善之形體，且能實踐「仁義」的特質。且人獨尊於萬物的特質，常見於董仲舒的理論架構中[31]，父子之親、君臣之誼、耆老長幼皆為倫理秩序，「以文相接」則為人可透過文字符號表達並傳遞人文化成的知識，而「相愛」則呈現人能由質樸之性發出真誠無妄的情感，這些感官知覺所綜合出人的認知與道德修為實踐能力，皆被懸繫於與天道相符的神聖性之下。

從〈人副天數〉對「心」的描述，如「心有哀樂喜怒，神氣之類也」、「胸中達知，象神明也」[32]，可知「心」被設定為靈妙而有「達智」的知之能力。所謂知之能力應含括三重內涵，其一為節制情緒、搏揉體氣使之靈妙的修為能力，其次則為統攝感官知覺的感知能力，其三則為認知、理解、思辨與判斷等理性認知能力，在董仲舒的理論脈絡中，人能精確無謬地形成與萬物相符合的知識，根植於第一種修為能力，筆者分論如下。

（一）「和心求當」之情緒節制

《春秋繁露》格外重視「心」節制情緒的能力，人的情緒根源於

萬物形貌與氣候現象，亦被賦予道德內涵，頁362、314。

30　（漢）董仲舒著、（清）蘇輿義證：《春秋繁露‧卷九‧觀德》，頁269。

31　此論可參見（漢）班固著、（唐）顏師古注：《漢書‧卷五十六‧董仲舒列傳》：「人受命於天，固超然異於群生，入有父子兄弟之親，出有君臣上下之誼，會聚相遇，則有耆老長幼之施；粲然有文以相接，驩然有恩以相愛，此人之所以貴也」，頁2516。

32　（漢）董仲舒著、（清）蘇輿義證：《春秋繁露‧卷十三‧人副天數》，頁355。

陰陽二氣交盪所形成的天道秩序[33]，如〈為人者天〉與〈人副天數〉
所論：「人之好惡，化天之暖清；人之喜怒，化天之寒暑；人之受
命，化天之四時。人生有喜怒哀樂之答，春秋冬夏之類也……天之副
在乎人。人之情性有由天者矣」、「心有哀樂喜怒，神氣之類
也。」[34] 在「人副天數」的理論架構下，人之情緒以天道為根源，陰
陽二氣消長而有四時，人亦在耳目口鼻等知覺官能與外物相接時，自
然從氣化質樸之性中，激盪出合應於四時之喜怒哀樂等情緒，而此情
緒乃透過「心」之統攝方能發用；此知「情」乃是質樸之「性」透過
「心」之如實發用。

　　《春秋繁露》認為陰陽二氣之運行自然呈現出「中和」的理序，
而人之情緒亦應復返至「中和」。在「中和」理序之內涵上，〈循天
之道〉論「中和」概念曰：

> 中者，天地之所終始也；而和者，天地之所生成也。夫德莫大於
> 和，而道莫正於中。中者，天地之美達理也，聖人之所保守
> 也。《詩》云：「不剛不柔，布政優優。」此非中和之謂與？是
> 故能以中和理天下者，其德大盛；能以中和養其身者，其壽極
> 命。男女之法，法陰與陽。陽氣起於北方，至南方而盛，盛極而
> 合乎陰。陰氣起乎中夏，至中冬而盛，盛極而合乎陽。不盛不
> 合，是故十月而壹俱盛，終歲而乃再合。[35]

陰氣於盛夏開始運行，至冬而盛，陽氣於陰氣最盛時，開始運作而逐
漸增強，二氣皆不過度，且相互調節，呈現「中和」狀態；而上文所

33　（漢）董仲舒著、（清）蘇輿義證：《春秋繁露·卷十一·為人者天》、〈卷
　　十三·人副天數〉，頁320、355。

34　（漢）董仲舒著、（清）蘇輿義證：《春秋繁露·卷十一·為人者天》、〈卷
　　十三·人副天數〉，頁320、355。

35　（漢）董仲舒著、（清）蘇輿義證：《春秋繁露·卷十六·循天之道》，頁444-
　　445。

引《詩》：「不剛不柔，布政優優」所述「不剛不柔」的狀態，亦呈現人情緒不能過度，而臻至中正平和的狀態。[36]

在《春秋繁露》中，「心」顯具調合情緒之能力，〈威德所生〉論曰：「我雖有所愉而喜，必先和心以求其當，然後發慶賞以立其德。雖有所忿而怒，必先平心以求其政，然後發刑罰以立其威。能常若是者謂之天德，行天德者謂之聖人。」「忿而怒」與「愉而喜」勾勒出人性透過知覺官能與外物相接下所激盪出的喜怒實情，而「心」則具調節實情，使其臻至「平和」的作用。《春秋繁露》將調節之法，安置於心對「氣」之修為上，〈循天之道〉論曰：「凡氣從心。心，氣之君也，何為而氣不隨也。是以天下之道者，皆言內心其本也。故仁人之所以多壽者，外無貪而內清淨，心和平而不失中正，取天地之美以養其身，是其且多且治。」[37] 從身體構造觀之，人體既稟陰陽二氣生化而成，二氣內化於身體中，隨血液周流體內，如〈通國身〉論曰：「精積於其本，則血氣相承受；賢積於其主，則上下相制使。血氣相承受，則形體無所苦」[38]，心既主氣主血，而可節制之。「心」透過「無貪」的修為，節制生理本然需求，而臻至平和靜定的狀態；如此，人在與外物相接的過程中，不放縱知覺官能激盪質樸之性。當心處於此狀態中，氣血即自然渾順地周流於體內。當身體處於

---

36 事實上，董仲舒調節情緒臻於「中和」的養生之法，非僅為了合於天道的「理論推測」，從當代精神醫學的概念觀之，應可與「情緒療癒」的概念互觀，如美國當代心理學家丹尼爾‧高曼（Daniel Goleman）編、李孟浩譯：《情緒療癒》：「我們的情緒對健康有很大的影響。一方面，大量科學資料顯示憤怒、焦慮和憂鬱等負面情緒對於健康的影響特別強烈。人若長處在這些負面狀態，不但抵抗力會減弱、症狀會惡化，康復過程也多受阻礙。另一方面，平靜和樂觀等正面情緒也有增進健康的效果。」（臺北：立緒出版社，2010年），頁39。可見西漢儒者所論調節情緒之論，亦能開啟與當代精神醫學對話的空間。

37 （漢）董仲舒著、（清）蘇輿義證：《春秋繁露‧卷十七‧威德所生》、〈卷十六‧循天之道〉、〈卷七‧通國身〉，頁462、448-449、182。

38 （漢）董仲舒著、（清）蘇輿義證：《春秋繁露‧卷七‧通國身》，收入《新編諸子集成》，頁182。鍾肇鵬：《春秋繁露校釋（上）‧通國身》引張之純注「血氣相承受」曰：「心包名富中，主上宗氣，合心之主血，故曰：『相承受。』『血氣』謂血液與氣血」，頁315。

知覺官能被「心」統攝，且「氣血周流」的狀態下，人的情緒能被調節為「中和」，而合應於天道理序，而確保認知的內涵合於事實。

（二）「察物」之感官知覺能力

《春秋繁露》肯認「心」之統攝知覺官能而觀察外物的能力，如〈深察名號〉論曰：「靜心徐察之，其言可見矣」，從《春秋繁露》對「察」的描述，可發現其觀察之對象涵括「天地萬物」與「典籍」。在「天地萬物」的面向上，〈觀德〉論曰：「隕石於宋五，六鷁退飛，耳聞而記，目見而書，或徐或察，皆以其先接於我者序之」[39]，《春秋公羊傳・僖公十六年》釋「六鷁退飛」曰：「《春秋》不曷為先言六而後言鷁？六鷁退飛，記見也，視之則六，察之則鷁，徐而察之則退飛」[40]，《公羊傳》析別出「視」、「察」、「徐察」三者之別，此三者雖同為「心」統攝知覺官能而把握外物狀態，然「視」乃是「目」與「物」相接所見最素樸的外物狀態，故僅能見其數量，而「察」乃可細見物種；「徐察」不僅可見數量、物種，亦可見外物細緻的運作。可見「徐察」更重視「心」臻至專一清明之狀態。在此狀態下，「目」在可見視域中，能觀察到最精微細緻的萬物狀態與動向。

復次，在對「典籍」之觀察上，《春秋繁露》常強調《春秋》對萬物萬事變化動向之「洞察」，這種「洞察」有兩種層次，其一為「素王聖典」之作者層次，呈現孔子所具洞察萬事萬物的能力；其二則為讀者接受的層次，即讀者透過對《春秋》之理解，能動察深藏於史事記載下的微言大義；此二者同樣勾勒出人心所具「洞察」的能力。如〈玉杯〉論曰：「此言物莫無鄰，察視其外，可以見其內也」，蘇輿釋曰：「察外可以見內，即微可以知著，觀往可以驗來，

39　（漢）董仲舒著、（清）蘇輿義證：《春秋繁露・卷九・觀德》，頁274。
40　（漢）何休注、（唐）徐彥疏：《春秋公羊傳注疏・卷八・僖公十六年》，頁85。

徵人可以通天。故太史公曰：『春秋推見以至隱』。」[41]「察外見內」乃是「心」統攝「目」攝取外物，形成符合外物事實的知識，並深入契入物之理脈、義理內涵與精微的動向。

心所具「察」之能力，可契入物之理脈，其精微程度，可見〈精華〉所論：

> 今《春秋》之為學也，道往而明來者也。然而其辭體天之微，故難知也。弗能察，寂若無；能察之，無物不在。是故為《春秋》者，得一端而多連之，見一空而博貫之，則天下盡矣。[42]

正如前論，「天道」乃是究極知識對象，而「天道」透過陰陽二氣之運作展現出來。雖然「氣」之運作精微難見，然孔子仍體契天道，將之載於《春秋》中，可見聖人「察」的能力，可以契入知覺官能無法覺知之天道規則。總括言之，聖人察物的能力，已非「心」單純地統攝知覺官能與外物相對之攝取，而是心在清明的狀態下，統攝知覺官能，在知覺官能與外物相對時，能契入外物之細微理脈與精細的發展動向，使之成為可以思考、判斷與省察的對象，而此「察」受限於人之氣稟，故聖人「察」之能力，應為人心在清明專一狀態下，統攝知覺官能所臻至「察物」之極限。

（三）陰陽相應而起之感應能力

除了統攝知覺官能與節制情緒之外，「心」亦能感應萬物之發展動向。前論《春秋繁露》將同類相動之可能設置於氣化同質之根源上；循此，「陰陽二氣」之運作有三重主要作用：剖判天地，構造萬物生成的場域、陰陽交盪，生化萬物之形體，並內化成萬物之質性，以及相互調和，在四時運轉中透顯出天道理序。在「人副天數」視角

---

41 （漢）董仲舒著、（清）蘇輿義證：《春秋繁露·卷一·玉杯》，頁41。
42 （漢）董仲舒著、（清）蘇輿義證：《春秋繁露·卷三·精華》，頁96-97。

下，質性相同之人與天地、萬物之發展與變動，能交相感應互動。

　　這種感應互動可分成二層次：其一，正如〈同類相動〉所論：「天將陰雨，人之病故為之先動，是陰相應而起也」，陰雨與身體濕寒致病皆肇端於陰氣鼓動，二者相互感應，然這種感應乃是生理自然反應，毋須透過「心」之統攝即可運作。其次，除生理反應式的感應外，《春秋繁露》特別重視「心」對感應互動的「覺察」，〈同類相動〉論曰：

> 故聰明聖神，內視反聽，言為明聖，內視反聽，故獨明聖者知其本心皆在此耳。故琴瑟報彈其宮，他宮自鳴而應之，此物之以類動者也。其動以聲而無形，人不見其動之形，則謂之自鳴也。又相動無形，則謂之自然，其實非自然也，有使之然者矣。[43]

「聰明聖神，內視反聽」勾勒一條「心」向內修為臻至寂靜的身心修養脈絡，此可與〈立元神〉互觀相詮：「故為人君者，謹本詳始，敬小慎微，誌如死灰，安精養神，寂莫無為。休形無見影，搶聲無出音，虛心下士，觀來察往。」[44]「內視反聽」與「誌如死灰」描繪「心」統攝知覺官能，使之從與外物相對的狀態中抽離出來；「心」即超越外物控制，體現「寂寞無為」的狀態；如此，「心」能覺察到極其細微的感應運動，而理解萬物感通運動皆有一「使之然者」為其根源，「使之然者」即陰陽二氣運作所透顯出的天道秩序。此呈現一重要訊息：「心」寂靜專一方能體契天道秩序，掌握萬物最細微的感應動向。

43　（漢）董仲舒著、（清）蘇輿義證：《春秋繁露・卷十三・同類相動》，頁360。
44　（漢）董仲舒著、（清）蘇輿義證：《春秋繁露・卷六・立元神》，頁166。

（四）「知心覽先王」之理性認知能力

《春秋繁露》明言「心」具有認知能力，如〈楚莊王〉：「雖有知心，不覽先王，不能平天下」。所謂「知心」，涵括多重認知能力，如李增先生提出「心」具有「思考」、「計畫」與「推論」三種認知能力，此固為確論[45]；然「心」尚具有其他重要認知能力；首先，從認知能力之根源觀之，〈人副天數〉分論曰：「胷中達知，象神明也」、「心有計慮，副度數也」說明「心」所具認知與思考等認知能力，皆以陰陽二氣運行所體現之天道秩序為根源。其次，除了這些能力之外，從《春秋繁露》對「知」一詞之運用，可歸納「心」之認知能力應涵括三大項：統攝知覺官能所攝取經驗知識的「觀察」能力、涵括推論、判斷之抽象思考能力；以及道德「內省」能力，此三者皆為內化知識的重要認知能力。

1. 以「神明」為前提之「思」

在董仲舒《春秋繁露》與〈賢良對策〉中，呈現兩種「思」，一種是受生理本然需求之操控所發出的欲念之思，如《春秋繁露·玉杯》批判「文公喪取」之事曰：「今全無悼遠之志，反思念取事，是《春秋》之所甚疾也。」[46]「思」與「念」合指納幣圖婚的欲念。另一種思，則是涵括推理與判斷等抽象思考能力，而這種「思」，則是以「心」統攝體內陰陽之氣而至清明靈妙的修為為前提。

《春秋繁露·五行五事》援引《尚書·洪範》論「思」曰：

---

45 李增：〈董仲舒知識論之研究〉論「知」之能力曰：「董氏之所謂『有知心』，即是心除了能接受外五官之感覺外，尚有內五官之知覺；心在理性、悟性方面，及心能『思慮』〈正貫〉，『心能計慮』〈人副天數〉。所謂『思慮』，即是思想、考慮。所謂計慮即是計數、計算、計畫。即是『心』能慮『論』、『知其義』〈仁義法〉，『論』也者，即是推論，研討也。心尚有意志，『心知所之之謂意』〈循天之道〉。此者，皆論證心之有理性、悟性、意志之功能」，頁31。

46 （漢）董仲舒著、（清）蘇輿義證：《春秋繁露·卷一·玉杯》，頁26。

五事，一曰貌，二曰言，三曰視，四曰聽，五曰思。何謂也？夫
五事者，人之所受於天也，而王者所修而治民也。故王者為
民，治則不可以不明，準繩不可以不正王者貌曰恭，恭者敬
也。言曰從，從者可從視，曰明，明者知賢不肖者分明黑白
也。聽曰聰，聰者能聞事而審其意也。思曰容，容者言無不
容。容作聖，聖者設也，王者心寬大無不容，則聖能施設，事各
得其宜。[47]

〈洪範〉原文作「思曰睿」，《大傳》釋曰：「必通於微」[48]，說明
西漢早期「睿」的概念，著重於「心」在清明的狀態下，能自然搏運
體內陰陽二氣，使之柔和清暢，周流體內；「心」在體氣柔和的狀態
下，即能靈妙地體契萬物的細微狀態與發展動向而「通於微」。引文
「思曰容」則描繪「思」的二種內涵：其一，「容者言無不容」，與
「聖能施教，事各得其宜」合觀，呈現「心」大量接收外物，進而統
整、歸納的知之過程。如此，人方能將「無不容」之外物，經過統整
與判斷，實踐為「各得其宜」的「施教」。

其次，將前文所論「察」的功夫納入「思」的概念中，可發現人
大量攝取外物，並歸納、判斷的能力之前提，乃是「心」處於清明專
一的狀態，如〈天道施〉所論：

目視正色，耳聽正聲，口食正味，身行正道，非奪之情也，所以
安其情也。變謂之情，雖持異物性亦然者，故曰內也。變變之
變，謂之外。故雖以情，然不為性說。故曰：外物之動性，若神
之不守也。積習漸靡，物之微者也。其入人不知，習忘乃為，常
然若性，不可不察也。純知輕思則慮達，節欲順行則倫得，以諫

---

47 （漢）董仲舒著、（清）蘇輿義證：《春秋繁露·卷十四·五行五事》，頁389-
   390。
48 （漢）胡安國傳、（唐）孔穎達疏：《尚書注疏·卷十二·洪範》，頁170。

爭靜為宅，以禮義為道則文德。[49]

此處有兩個概念與「思」相關，其一為「神之不守」，其二為「輕思」。《春秋繁露》曾以「神」描述「心」之作用，著重於為體內陰陽之氣修養調和臻於極致的「心」所透顯之感通作用，如前所引〈人副天數〉：「胸中達知，象神明也」、〈離合根〉：「天高其位而下其施，故為人主者，法天之行，是故內深藏，所以為神；外博觀，所以為明也」，「神」與「明」乃是「心」之兩重作用，「神」乃是體內之氣修為至中正平和，而「心」透顯出靈妙的感通作用，與萬物氣感通透，而上通天道秩序；在此前提下，「心」即能透過知覺官能，透顯出清明的思考能力。

「神」所指涉「心」與萬物氣感通透的能力，亦表現於〈立元神〉中：

> 壹其陽然後可以致其神……為人君者，其要貴神。神者，不可得而視也，不可得而聽也，是故親而不見其形，聽而不聞其聲。聲之不聞，故莫得其響，不見其形，故莫得其影。莫得其影則無以曲直也，莫得其響則無以清濁也。無以曲直則其功不可得而敗，無以清濁則其名不可得而度也。所謂不見其形者，非不見其進止之形也，言其所以進止不可得而見也。所謂不聞其聲者，非不聞其號令之聲也，言其所以號令不可得而聞也。不見不聞，是謂冥昏。能冥則明，能昏則彰。能冥能昏，是謂神人。[50]

「壹其陽然後可以致其神」勾勒出一條「心」透顯出「神」的修為方式，陽氣質清，摶柔至平和而周流於體內，則可透顯出「神」的作用。正如引文所論，「神」為一可體察觀照「冥昏」的能力；「冥

---

49 （漢）董仲舒著、（清）蘇輿義證：《春秋繁露・卷十七・天道施》，頁470。
50 （漢）董仲舒著、（清）蘇輿義證：《春秋繁露・卷十九・立元神》，頁171。

昏」指涉萬物極其細微的形貌與發展動向，這種狀態趨於寂靜，若「心」為修養至「神」的狀態，即無法體契。

由「神」的概念觀察上文所論「神之不守」，可勾勒出「心」若不節制生理本然需求，致使欲求過度，體內陰陽二氣即會散亂滯濁，蒙蔽質樸之性中的善之稟賦，如此即無法達致「純知輕思」、「節欲順行」。可見「思」的前提乃是「心」處於清明的狀態，而體氣平和，自然周流，方能展現清明的思考、推論與判斷能力。

2.「心」之類推與歸納

在《春秋繁露》中，「思」主要涵括思考、推論能力，而多展現於「春秋學」相關篇章中。此亦提示人面對「春秋學」之微言大義，應運用多重思考與理解方式而能開顯經義；〈竹林〉論曰：

> 若《春秋》之偏戰也，善其偏，不善其戰，有以效其然也。《春秋》愛人，而戰者殺人，君子奚說善殺其所愛哉？故《春秋》之於偏戰也，猶其於諸夏也。引之魯，則謂之外；引之夷狄，則謂之內。比之詐戰，則謂之義；比之不戰，則謂之不義。故盟不如不盟。然而有所謂善盟。戰不如不戰，然而有所謂善戰。不義之中有義，義之中有不義。辭不能及，皆在於指，非精心達思者，其孰能知之。[51]

《公羊傳》載錄八則「偏戰」，如〈僖公元年〉載曰：「季子待之以偏戰」，何休詁曰：「莒人可憤，而能結日偏戰，是其不加暴之義。」楊樹達先生亦釋曰：「約結日期而後戰，謂之偏戰，詐戰則反是，詐擊即詐戰也。」[52] 依《公羊傳》義理，「戰爭」與「愛人」為

51　（漢）董仲舒著、（清）蘇輿義證：《春秋繁露・卷二・竹林》，頁50。
52　楊樹達：《春秋大義述・卷三・惡戰伐第十七》（上海：上海古籍出版社，2007年），頁168。

道德悖論，「戰爭」導致「殺人」，悖反於《春秋》所論根植於天道秩序之「愛人」的道德原則，然引文以「諸夏—夷狄」之類比，重新商榷「偏戰」的道德性。

「諸夏—夷狄」之對比，建立於「大一統」概念所延伸出「內諸夏而外夷狄」之春秋義法，此出於《公羊傳・成公十五年》：「《春秋》內其國而外諸夏，內諸夏而外夷狄。王者欲一乎天下，曷為以外內之辭言之？言自近者始也。」[53] 何休注「言自近者始也」曰：「明當先正京師乃正諸夏，諸夏正乃正夷狄，以漸至之」，可知「內外」的概念原用於解釋天子受命布政，乃從京師而推拓至諸夏的次第：如此「內外」就成為一組相對的領域概念，以魯為內，則諸夏乃為外，以諸夏為內，夷狄即為外。由此類推「偏戰」與「詐戰」，「戰」雖與「愛人」的天道法則相違背，卻亦透顯「義」的道德內涵。《春秋繁露・仁義法》釋「義」曰：「義之法在正我，不在正人。我不自正，雖能正人，弗予為義」、「義治我，躬自厚而薄責於外」[54]，相對於「仁」用於治人，「義」則用於自我修為，將潛藏的質樸善質發用為具體德行，如此，「約結日期而戰」即呈現君王的誠信的道德行為。如此，「愛人」與「殺人」對立的道德悖論，就轉化為「義與不義」相互蘊含的關係，而此關係中則含藏微言大義之指涉。

如上文所論，若道德概念相互蘊含，則如何細膩剖析義理，勾勒微言大義，並透過大義體契天道與人道相貫通的秩序，就成為解經者最重要的任務。上文以「精心達思」概括各種解經方法，而「偏戰」一例已運用類推與歸納而作成判斷的理解方法，可見「思」應涵括類推、歸納、引申等多重理性認知能力。

《春秋繁露》常論「類推」之法，如〈玉杯〉論理解《春秋》的方法曰：「是故論《春秋》者，合而通之，緣而求之，五其比，偶其

53　（漢）何休注、（唐）徐彥疏：《春秋公羊傳注疏・卷十八・成公十五年》，頁231。
54　（漢）董仲舒著、（清）蘇輿義證：《春秋繁露・卷八・仁義法》，頁252-253。

類，覽其緒，屠其贅，是以人道浹而王法立。」[55] 此論可概分為「貫通」、「歸納」、「引申」三種類推方式。

首先，在「貫通」方法上，《春秋繁露》對「通」之詮釋，多採「貫通」之義，如〈正貫〉：「《春秋》，大義之所本耶？六者之科，六者之旨之謂也。然後援天端，布流物，而貫通其理，則事變散其辭矣」，「貫通其理」說明人透過理解《春秋》中「天端」、「流物」、「得失」、「法誅」、「尊卑」、「謙義」等六科大旨，通透天道秩序之內容；如此，「通」即展現徹上徹下，深入義理脈絡與內涵的通透理解能力。由此能力觀察蘇輿釋「合而通之」曰：「合全書以會其通，如傳聞、所聞，所見異辭之類是也」，此以「三世」為例，說明理解《春秋》史事，不可割裂時空背景與文辭而孤立觀察，應在時空脈絡下勾勒其史事脈絡與微言大義。

其次，「歸納」涵括「緣而求之，五其比，偶其類」，此皆呈現事類比較後的共同性，再依共同性歸納「義例」。蘇輿釋「緣而求之」為「緣此以例彼」，而「五其比，偶其類」則為「此見於經，有類可推者也」。從《公羊傳》成立的角度觀之，《春秋》既為素王聖典，透過微言展現天道法則，則理解者可從《春秋》史事記載中歸納重要義例，如「大一統」、「不與諸侯專封」、「譏貶」、「災異」或「受命改制」等。此可與墨子「類推」的概念互觀相詮，李賢中先生論曰：「所謂的『類』就是若干事物經比較後所呈現的共同性，這也是『名』形成的因素之一。」[56] 這是從「名」形成的原因，探討「歸類」的作用；此亦可推拓於從相同事類之比較，找出共同性，歸納為「義例」。

其三為「引申」，蘇輿釋「覽其緒，屠其贅」曰：「此不見於經，餘義待伸者也」，下文論曰：「屠，蓋剖析之意。先師或得之口

55　（漢）董仲舒著、（清）蘇輿義證：《春秋繁露・卷一・玉杯》，頁33。
56　李賢中：《墨子・導讀》，收入《新視野中華基本文庫》（香港：中華書局，2014年），頁18。

授，或由于例推，皆所以明義也。西漢治經，專重大義，要以原本禮紀，推極微眇，貴在不失聖人之意。」[57] 此可與〈精華〉所論「《春秋》無達辭」互觀，蘇輿引程大昌所釋曰：「《春秋》大率所書事同則辭同，後人因謂之例。然有事同辭異者，蓋各有義，非可例拘也」[58]，在公羊學脈絡下，《春秋》是為漢立法的素王聖典，然其辭義精微，歸納出的義例難以涵蓋所有相關史事，故所謂「引申」，乃是將歸納出的公羊義例，引申至未明言或殊異的論點，並分辨其異同，以靈活地揭顯《春秋》微旨的全貌。

值得注意的是，「引申」奠基於義例之歸納上，並將《春秋》預設為一有機而和諧的整體，避免自相矛盾的詮釋，此甚符合袁保新先生所論詮釋六項原則中之前四項：「詮釋本身必須在邏輯上是一致的」、「必須取得文獻的印證與支持，且其詮釋觀點籠罩的文獻越廣，則詮釋越成功」、「用文獻中清楚的概念解釋有疑義的部分」、「將典籍本身視為思想上一致和諧的整體，避免將詮釋對象導入自相矛盾的立場」[59]，在第一與第四項原則中，《春秋》被視為「為漢立法」的素王聖典，乃是邏輯一致的和諧整體。在第二項原則中，《春秋》所歸納出的義例，可籠罩《春秋》之微言大義，並可支援其他典籍的義理內涵。在第三項原則中，歸納出的義例可引申詮解而「彌補」文本空缺與懸疑之處；這種詮釋的「彌補」，正好呈現《春秋》大義隱微幽渺，更彰顯其作為素王聖典之神聖性。

綜上所述，董仲舒所論「心」的思考能力，乃是心在清明專一的狀態下，對經驗知識與典籍知識的思考、推論與判斷能力，而「推論」，即涵括「歸納」與「引申」兩種作用，如此，人即可以透過多重思考能力的運作，理解並內化六藝典籍的內容，使其成為可以具體實踐於生活場域的「知識」。

57　（漢）董仲舒著、（清）蘇輿義證：《春秋繁露・卷二・竹林》，頁33。
58　（漢）董仲舒著、（清）蘇輿義證：《春秋繁露・卷三・精華》，頁93。
59　袁保新：《老子哲學之詮釋與重建》（臺北：文津出版社，1991年），頁77。

3.「心」之湛思自省

　　除了多重思考能力外，「心」尚具有「內省」的能力，這是一種「自我省察」的能力，先秦儒學即已關注人具有這種能力，如《論語・里仁》載子曰：「見賢思齊焉，見不賢而內自省也」，可見「自省」乃是一種「內在」的能力，而〈學而〉載曾子曰：「吾日三省吾身：為人謀而不忠乎？與朋友交而不信乎？傳不習乎？」[60] 即將「省」與省思自身是否能實踐忠、信、習三事之思考相連結，而將「省」包含於心「思」的作用中。

　　在荀子的理論中，「省」亦為心向內對自我行為的省察，〈修身〉論曰：「見善，修然必以自存也；見不善，愀然必以自省也。善在身，介然必以自好也；不善在身，菑然必以自惡也。」[61]「愀然」乃是「質樸之性」透過道德修為，而在「心」的節制下所發出的道德情感；這種自責而懊悔的道德情感，與心向內自我省察的行為相連，勾勒出「心」對自我行為的認知與反思。

　　這種內省能力，並非一種道德行為的「假設」。事實上，此與當代腦神經科學對「道德內省能力」之臨床研究若合符節，提出「多元智能」理論的迦納（Howard Gardner）博士即提出人普遍所具「內省智能」之兩項特質：其一，人的「內省能力」根源於神經結構，在大腦額葉能正常運作的狀況下，這種能力是普遍的。其次，「內省能力」指的是一種人自發性地認知自我、調整自我的能力[62]，正如迦納

60　（魏）何晏集解、（宋）邢昺疏：《論語注疏・卷一・學而》，頁6。

61　（清）王先謙注：《荀子集解・卷一・修身》，頁12。

62　（美）霍華・迦納（Howard Gardner）著、李乙明、李淑貞注：《多元智能・第一篇：多元智理論》論人之內省智能曰：「和人際智能一樣，額葉在人格的改變上扮演著重要角色。額葉下方區域受損，可能會導致容易興奮或生氣；而上方區域受損則比較容易變成消極、倦怠、遲緩及冷漠—某種憂鬱的性格」、「內省素質的演化證據更難以取得，但我們可以推斷這種能力與超越內在趣力滿足是有關的。對於不再不斷陷入生存奮鬥的物種而言，這種潛能越顯重要。而產生意識的神經結構很可能形成基礎，讓自我意識得以建構。」（臺北：五南圖書出版股份有限公司，2008年），頁19。

博士於下文所論：「內省智能則使各人得以瞭解並與自己相處。」[63]

「瞭解並與自己相處」敞開一個有趣的視角。首先，從「天道觀」觀之，在《春秋繁露》的理論架構中，人肇端而生化於陰陽二氣，而陰陽二氣運行的理序，即內化為人體臟腑的結構與血脈運行的規律，如此，「瞭解自己」乃是一種透過內省而瞭解自我，以理解「天道秩序」的過程。其次，從「人性論」觀之，如前所論，性善之質素內化於自己，則透過向內觀照的途徑，「瞭解而與自己相處」，即成為人開顯善之質性之道德修為與實踐。

從「天道觀」與「人性論」的兩種角度，觀察《春秋繁露》對心之「內省」能力的討論，可發現「內省」呈現人透過對六藝的理解，反求諸己地省察自身意念與行為，藉以體悟「天道」內涵。如〈玉杯〉論「趙盾弒君」之事曰：「趙盾賢而不遂於理，皆見其善，莫見其罪，故因其所賢而加之大惡，繫之重責，使人湛思而自省悟以反道。」[64]「趙盾弒君」載於《春秋‧宣公二年》，《公羊傳》釋曰：

> 穿弒也，盾不弒，而曰盾弒，何也？以罪盾也。其以罪盾，何也？曰：靈公朝諸大夫而暴彈之，觀其辟丸也。趙盾入諫，不聽。出亡，至於郊，趙穿弒公，而後反趙盾。史狐書賊曰：「趙盾弒公。」盾曰：「天乎！天乎！予無罪。孰為盾而忍弒其君者乎？」史狐曰：「子為正卿，入諫不聽。出亡不遠，君弒，反不討賊，則志同。志同則書重，非子而誰？故書之曰『晉趙盾弒其君夷皋』者，過在下也。」[65]

依照史實，弒君者為趙穿，然而趙盾作為主政賢臣，並未討伐、誅殺趙穿，故應與弒君者同罪。從公羊學「原心定罪」的義法觀之，趙盾

63　同前注，頁19。
64　（漢）董仲舒著、（清）蘇輿義證：《春秋繁露‧卷一‧玉杯》，頁43。
65　（漢）何休注、（唐）徐彥疏：《春秋公羊傳注疏‧卷十二‧宣公二年》，頁116。

「不討賊」的行為，應出於「弒君」的隱微動機，故上引文所論「湛思而自省悟以反道」即是要讀者透過這則史事，省察自身最隱微細密的動機是否合於六藝所揭顯出的「天道」法則；如此，「自省悟」即成為開張人性隱微善質的道德修為途徑。

同樣地，〈賢良對策〉亦論此內省作用曰：「國家將有失道之敗，而天乃先出災害以譴告之，不知自省，又出怪異以警懼之，尚不知變，而傷敗乃至。」引文含括一整套知之過程，人君應先透過典籍與經驗，形成關於「天道」之知識，以此知識判斷災異現象，並依「天道」與「人道」相貫通的道德修為，調整自己的思考與行為，並實踐於國家治道上，方能攘除災異，而這種調整即是「自省」的歷程。

綜論之，董仲舒論「心」之作用，主要含括「統攝知覺官能」、「氣化感通」以及「理性思考與判斷」的能力，這三種能力亦為西漢君王與諸儒所論之心之主要能力。如《漢書・武帝紀》載武帝元朔元年詔舉孝廉曰：「朕夙興夜寐，嘉與宇內之士臻於斯路。故旅耆老，復孝敬，選豪俊，講文學，稽參政事，祈進民心，深詔執事，興廉舉孝，庶幾成風，紹休聖緒。」「祈進民心」即指人民可以透過君王徵選文學孝廉之士蒙受教化，而認知並實踐出君臣父子之倫理秩序；同樣地，〈公孫弘傳〉則載其奏對曰：「氣同則從，聲比則應。今人主和德於上，百姓和合於下，故心和則氣和，氣和則形和，形和則聲和，聲和則天地之和應矣。」[66]「心和則氣和」勾勒出「心」統攝感官知覺，摶具體內之氣臻至豐潤周流的狀態，使「心一氣」能自然地與萬物之氣相動，感知萬物最細微的端序與發展動向，此亦展現西漢中葉時期臻於完備的氣化論體系，成為君王與儒者廷議時常見的知識內涵。[67]

---

66 （漢）班固著、（唐）顏師古注：《漢書・卷五十八・公孫弘卜式兒寬傳》，頁2616。

67 秦漢「廷議」制度可參見楊樹藩：《兩漢中央政治制度與法儒思想》：「論及博士一官，每議其必出席，蓋以其『掌通古今』或『國有疑事，掌承問對』之故，

三、「知微」之知識形成途徑

　　董仲舒之公羊學重視「微」的概念，認為透過以《春秋》為首的六藝所載錄的天道理序隱微難知，而發展出一套「知微」的方法，以此向上把握天道理序。事實上，「微」的概念在先秦時期已開其端；如《荀子‧勸學》：「夫是之謂道德之極。禮之敬文也，樂之中和也，詩書之博也，春秋之微也，在天地之間者畢矣。」《春秋》之微已展現出《春秋》經文簡短，隱微難知的特點；而在《呂氏春秋‧先識覽‧察微》則論治亂之端，隱微難知曰：「且治亂存亡則不然，如可知、如可不知，如可見、如可不見……故治亂存亡，其始若秋毫。察其秋毫，則大物不過矣。」[68]人君當之治亂端序之微的概念，亦見於稍晚的《新書‧審微》中：「當夫輕始而傲微，則其流必至於大亂也，是故子民者謹焉」；此外，《新語‧慎微》則從人之道德修為與實踐，論成大事者應先於事事物物上歷練曰：「夫建大功於天下者必先脩於閨門之內，垂大名於萬世者必先行之於纖微之事。」[69]

　　這諸種「微」的概念皆展現於董仲舒之詮解中，荀子所論「《春秋》之微」被董仲舒公羊學竭盡地推闡出來；在公羊學的脈絡下，「微」透顯出兩個層次：名言表達之「微」與「志」之微。在名言表達的面向上，如〈楚莊王〉：「於所見微其辭，於所聞痛其禍，於傳聞殺其恩，與情俱也。是故逐季氏而言又雩，微其辭也。」[70]此與「三世說」連結，在《春秋》史事之載錄中，昭、定、哀三公為「所見世」而言詞隱微，寄寓褒貶；此應為不晚於西漢中期，學界對《春

　　因博士均為通經術之名儒，熟習往古聖王故事，延其參加廷議，可以聽取其所知過去各朝之政體興廢，以及典章制度等之報告，藉作本朝學事之參考。」（臺北：臺灣商務印書館，1986年），頁197。

68　（清）王先謙注：《荀子集解‧卷一‧勸學》，頁7。

69　（漢）陸賈著、王利器注：《新語校注‧卷上‧慎微》，收入《新編諸子集成》，頁89。

70　（漢）董仲舒著、（清）蘇輿義證：《春秋繁露義證‧卷一‧楚莊王第一》，頁10-11。

秋》的共見，司馬遷《史記‧匈奴列傳》所載：「孔氏著《春秋》，隱桓之間則章，至定哀之際則微。為其切當世之文，而罔褒忌諱之辭也。」[71] 此亦呈現在尊尊卑卑的天道倫常中，聖人為尊者諱的道德實踐。

其次，〈玉杯〉論曰：「《春秋》之好微與？其貴誌也。《春秋》修本末之義，達變故之應，通生死之志，遂人道之極者也。」前論董氏引「文公喪取」之例，論述文公雖未於父喪時迎娶，然卻於服喪期間納幣而展現圖婚之志，這種隱微難察的心思意念，又被以隱微的名言載錄於《春秋》中，這使董仲舒所理解的《春秋》難以被義例規約與貫通，而須審慎辨別其中隱微的殊別，而其中抽繹出的《春秋》大義，即可用於理解事務發展之端序，並作為道德實踐之準則，如〈賢良對策〉所論：「言行，治之大者，君子之所以動天地也。故盡小者大，慎微者著。」[72] 因此，君王把握《春秋》微言之內涵，而提煉出治道之後，即能具體實踐於言行實踐中，俾使視聽言動皆能合於情勢，這種結合認知與體知的特殊知微方式，在《春秋繁露‧精華》中一言以蔽之曰：「春秋無達辭」。[73]

為了推闡董仲舒透過「知微」而形成典籍與經驗知識的途徑，擬先討論氣化論脈絡下「心」與「體氣」之修為，作為認知的基礎，並討論「心」在清明狀態下，適切而熟練地運使心統攝感官知覺與理性認知能力，以認知六藝內涵，並加入氣化感通的途徑，鋪陳出董氏所論結合「認知」與「體知」之「知微」途徑。

（一）適宜認知之「心」與「氣」之修為

董仲舒常強調《春秋》所載史事呈現天道隱微難知的理序與內涵，如《春秋繁露‧精華》所論：「今《春秋》之為學也，道往而明

71　（漢）司馬遷著：《史記‧卷一百十‧匈奴列傳》，頁2919。

72　（漢）班固著、（唐）顏師古注：《漢書‧卷五十六‧董仲舒傳》，頁2517。

73　（漢）董仲舒著、（清）蘇輿義證：《春秋繁露‧卷三‧精華》，頁95。

來者也。然而其辭體天之微，故難知也。弗能察，寂若無；能察之，無物不在。」[74] 面對以《春秋》為主軸，統攝諸經的六藝內涵，人應處於何種身心狀態，方能適切地認知內化其內容，進而把握天道理序？

有趣的是，董仲舒首先將適宜認知的身心狀態，歸於人向內敏覺質樸之性潛藏的善質，〈賢良對策〉論曰：

> 生五穀以食之，桑麻以衣之，六畜以養之，服牛乘馬，圈豹檻虎，是其得天之靈，貴於物也。故孔子曰：「天地之性人為貴。」明於天性，知自貴於物；知自貴於物，然後知仁誼；知仁誼，然後重禮節；重禮節，然後安處善；安處善，然後樂循理；樂循理，然後謂之君子。故孔子曰「不知命，亡以為君子」，此之謂也。[75]

人性中本潛藏「善善惡惡之性」，是董仲舒對人性理論的預設，然而，人要如何覺察這種本然之性？董仲舒提出從居處之間對衣食器物之運用，覺察自身在天地萬物之間的特殊性，向內省察自身對萬物最合乎天道律則的相對待方式，在這種省察間，體會殊別於萬物而潛藏性中的善質；以此為基礎，結合認知與體知，理解並實踐六藝典籍中載述的仁義道德規範。

敏覺自身潛藏的善性後，第二步則是使心持守於清明的狀態。正如前節所論，董氏肯認「心」具有調節情緒、梳理體氣而臻至靈明平和狀態之能力，身心清明而透顯神明，正是《春秋繁露》所述適宜認知六藝的知態，如〈玉杯〉所論：「今趙盾賢而不遂於理，皆見其善，莫見其罪，故因其所賢而加之大惡，擊之重責，使人湛思而自省悟以反道」、「逆而距之，不若徐而味之」、〈竹林〉論曰：「辭不

---

74 同前注，頁96。
75 （漢）班固著、（唐）顏師古注：《漢書・卷五十六・董仲舒傳》，頁2516。

能及，皆在於指，非精心達思者，其孰能知之」、〈重政〉：「聖人思慮不厭，書日繼之以夜，然後萬物察者，仁義矣」[76]；「湛思」與「省悟」描繪「心」在澄澈清明的狀態下運使思考與反省等理性思考作用，將之與「精心達思」、「徐而味之」結合，則呈現「心」在靈妙中和狀態下，深刻思考事物端緒本末與隱微的發展動向的知之過程。

人如何臻至清明澄淨而體氣平和的身心狀態？在「人副天數」的理論脈絡下，人體度數與知覺官能、臟腑血脈、情緒等生理機能之運作，與作為天道運行場域的「大宇宙」之度數與運行規律皆相與為一[77]；如此，天道運行所呈現的自然節度亦可透過修為而呈顯於人體中。首先，《春秋繁露》論述陰陽之氣形聚為人體時，賦予其中和的原初狀態，在此前提下，可以描繪出一條透過「節制情緒」與「節欲」而「治氣」的修為途徑：〈威德所生〉與〈循天之道〉論曰：

> 天之序，必先和然後發德，必先平然後發威，此可以見不和不可以發慶賞之德，不平不可以發刑罰之威，又可見德生於和，威生於平也，不和無德，不平無威，天之道也，達者以此見之矣。我雖有所愉而喜，必先和心以求其當，然後發慶賞以立其德；雖有所忿而怒，必先平心以求其政，然後發刑罰以立其威。
>
> 君子怒則反中而自說以和，喜則反中而收之以正，憂則反中而舒之以意，懼則反中而實之以精。夫中和之不可不反如此。[78]

從天道生化與運行的理序觀之，陰陽二氣氤氳交盪而生化萬物，並在

---

76 （漢）董仲舒著、（清）蘇輿義證：《春秋繁露義證・卷一・玉杯》、〈卷二・竹林〉、〈卷五・重政〉，頁43、50、148-149。

77 人體被視為小宇宙，與大宇宙相符應的神話思維，可參見〈第二章・第一節：「心─氣─臟腑」之生理知識〉所引羅馬尼亞學者伊里亞德（Eliade Mircea）著：《聖與俗：宗教的本質》之論。

78 （漢）董仲舒著、（清）蘇輿義證：《春秋繁露義證・卷十七・威德所生》、〈卷十六・循天之道〉，頁461、448。

天地場域運作為四時的過程中，自然而然地呈現調和的狀態，如〈陰陽終始〉：「天之道，終而復始。故北方者，天之所終始也，陰陽之所合別也……多少調和之適，常相順也。」又如〈十指〉所論：「木生火，火為夏，則陰陽四時之理相受而次矣……統此而舉之，德澤廣大，衍溢於四海，陰陽和調，萬物靡不得其理矣。」[79]「人體」既相副於「天道」，則天道透過陰陽二氣生化為人體時，即已形聚為體內陰陽調和的原初狀態，若體內陰陽之氣被擾動，則需透過「節制情緒」與「節欲」的修為而重臻中和。

關於「節制情緒」，第一則引文所論喜怒，乃是「心」統攝知覺官能與外物相接時，受物激發的自然情緒反應，但若體內陰陽之氣本質為「中和」，情緒變動即偏離之，故情緒所發應有節度，已發之後亦應回歸中和；從董仲舒論人性具「善善惡惡」的道德潛質，故「反中」非僅節制情緒，而是透過身心修為，使情緒發用為中正調和的狀態，如「自悅以和」可與〈為仁者天〉：「好仁厚而惡淺薄，就善人而遠僻鄙，則心說矣」互觀，而知「悅」源於人真誠的惻隱敦厚之德行修為。同樣地，在董仲舒的描繪中，「喜」常與居處樂事與生活豐足相連結[80]，「收之以正」乃是使生理需求如其所當地發用與滿足而合於中和，此即「節欲」之修為，而「節欲」又與「治氣」相互關涉，臻至體氣調和的身心狀態。

〈循天之道〉又從人之生活方式論「節欲」之修為：「是故男女體其盛，臭味取其勝，居處就其和，勞佚居其中，寒暖無失適，饑飽無過平，欲惡度理，動靜順性，喜怒止於中，憂懼反之正，此中和常在乎其身，謂之得天地泰。」[81] 他肯認人有與生俱來的生理需求，在

---

79 （漢）董仲舒著、（清）蘇輿義證：《春秋繁露義證・卷五・十指》，頁146-147。

80 董仲舒所論「喜」有與平居中美善之事相連結者，如（漢）氏著、（清）蘇輿義證：《春秋繁露義證・卷十三・同類相動》引《尚書大傳》曰：「周將同之時，有大赤鳥銜之種，而集王屋之上者，武王喜，諸大夫皆喜。周公曰：『茂哉！茂哉！天之見此以勸之也』」，頁361。周武王之喜即源於赤鳥瑞徵之樂事。

81 （漢）董仲舒著、（清）蘇輿義證：《春秋繁露義證・卷十六・循天之道》，頁

人副天數的背景下，人對生理需求之滿足亦應節制於使體內陰陽之氣臻至「中和」的狀態，而居處、勞佚、寒暖、饑飽描繪出人整體的生活方式，當人依循天道法則生活，其體內之氣亦可能臻至豐潤沖和，而透顯出格外靈明的認知能力，如〈循天之道〉：「氣從神而成，神從意而出。心之所之謂意，意勞者神擾，神擾者氣少，氣少者難久矣。故君子閒欲止惡以平意，平意以靜神，靜神以養氣」[82]，董仲舒所論「神」，乃是體內之氣最豐潤沖和的狀態下，心所透顯出最清明敏銳的感通能力，正如〈循天之道〉前文所論：「心，氣之君也」，心能統攝體內之氣，使之豐潤周流，然而心統攝氣的前提，乃是人處於情緒中和而節制欲望，使之和於天道秩序的狀態，故所謂「統攝」，實乃相互關涉，而體氣豐潤飽滿，周流體內的狀態下，心能格外地靈明敏銳，而透顯出洞澈萬物的感通能力。

這種感通能力正如〈同類相動〉所論：「故聰明聖神，內視反聽，言為明聖，內視反聽，故獨明聖者知其本心皆在此耳」，而〈保位權〉亦論：「君虛心靜處，聰聽其響，明視其影，以行賞罰之象」，後者雖論人君賞罰之事，亦可勾勒出董仲舒所論「心」之修為，乃是先使「心」專一寧定，將知覺官能向內收回歛息，而氣自然周流豐潤，使身心臻於大寧定的狀態。這種狀態乃是最靈明敏銳的知覺狀態，不僅可統攝知覺官能，與氣感的能力相聯結，而洞澈萬物最精微細緻的狀態與動向，不受萬事萬物當下呈現的狀態的遮蔽，並與「心」本然所具之思考、分析等理性認知能力相連結，而能較穩固地形成符合萬物實情的真知。

（二）「知微」的途徑

面對隱微的《春秋》大義，董仲舒一面說明其解讀的困難度，一面又肯認「心」處於清明的狀態下，能較穩固地保證其能理解《春

456。
82 同前注，頁451。

秋》微言與聖人之志，如〈竹林〉所論：

> 不義之中有義，義之中有不義。辭不能及，皆在於指，非精心達
> 思者，其孰能知之。
>
> 《春秋》記天下之得失，而見所以然之故。甚幽而明，無傳而
> 著，不可不察也。夫泰山之為大，弗察弗見，而況微渺者乎？[83]

第一段引文說明當知覺官能被蒙蔽，即便是肉眼可見之物，亦無法察
覺；將之與第二段引文合觀，可描繪出「心」處於「精」的狀態下，
應可有效地統攝知覺官能，並運用上一章所論的「類比」思維，貫通
史事，歸納出義例，並找出例外，形成符合微言大義的知識，再將其
實踐於自身的德行修為與政教措施上；而這種實踐不僅為人內化知識
的徵兆，更使人能更有效地理解《春秋》微言而達成「精熟」的狀
態。

1.「貫比而論」之認知途徑

前論西漢儒家諸子善用類比思維的方式認知與詮釋典籍知識；將
這種思維置放於前文所論「心」之修為能力的脈絡下，可勾勒出
「心」在清明的狀態下，能統攝知覺官能與理性認知能力，而貫串事
件歸納義例。《春秋繁露》首篇〈楚莊王〉論人對《春秋》的理解方
式：「《春秋》，義之大者也，觀其是非，可以得其正法；視其溫
辭，可以知其塞怨。是故於外，道而不顯，於內，諱而不隱。於尊亦
然，於賢亦然。此其別內外、差賢不肖而等尊卑也。義不訕上，智不
危身。」《春秋》以魯史繫年而載及他國史事，「道而不顯」與「諱
而不隱」說明其隱匿於載錄文字中的「內外之別」，如此，理解《春
秋》置詞之隱顯與指涉即形成符合典籍內涵之真信念的要務；由此觀

83　（漢）董仲舒著、（清）蘇輿義證：《春秋繁露義證·卷二·竹林》，頁50、
56。

點檢視引文「視其溫辭，可以知其塞怨」，可知此「視」乃是「心」統攝知覺官能，辨認文字符碼而理解其所指，然此「理解」又涵括深入類比、思考、判斷等諸項認知行為。

如《春秋繁露‧玉杯》所論：「是故論《春秋》者，合而通之，緣而求之，五其比，偶其類，覽其緒，屠其贅，是以人道浹而王法立。」引文勾勒「知微」的理性認知途徑，蘇輿釋「合而通之」曰：「合全書以會於通，如傳聞，所聞，所見異辭之類也」，即遍讀每則史事，貫串其編年事件本末首尾，並辨其用辭殊別而歸納要義。

蘇輿又釋「緣而求之」曰：「緣此以例彼，如不與諸侯專封例貶，而殺慶封稱楚子之為諸侯討之類是也。」《公羊傳‧昭公四年》釋「楚子執齊慶封，殺之」曰：「此伐吳也，其言執齊慶封何？為齊誅也。其為齊誅奈何？慶封走之吳，吳封之於防。然則曷為不言伐防？不與諸侯專封也。慶封之罪何？脅齊君而亂齊國也。」慶封誅絕崔杼全家而獨攬齊國政務，盧蒲癸與王何謀攻慶氏，慶封逃往吳國，而楚子攻伐吳國，誅戮慶封。在公羊學所揭「春王正月」而尊天子的理論脈絡下，非天子所行之分封與攻伐皆應貶之，故僭越天子而行征討者，不得稱其爵號；然《春秋繁露‧楚莊王》卻從微言角度釋曰：

> 不與諸侯之專討，獨不複見於慶封之殺，何也？曰：《春秋》之用辭，已明者去之，未明者著之。今諸侯之不得專討，固已明矣。而慶封之罪未有所見也，故稱楚子以伯討之，著其罪之宜死，以為天下大禁。[84]

在天子獨尊的理法上，楚國國君出兵不應稱為「討」，亦不應以霸主爵位稱呼國君，然而《公羊傳》雖不與諸侯專討，卻仍稱楚國國君為「子」，乃因標舉慶封獨攬國政、荒淫無道之罪惡深重，如此，在「緣而求之」的認知途徑下，「楚子」之稱即非特例，亦非經權，而

84　（漢）董仲舒著、（清）蘇輿義證：《春秋繁露義證‧卷一‧楚莊王》，頁4。

是《春秋》「微言」之具體展現。

　　蘇輿又釋「五其比，偶其類」曰：「此見於經，有類可推者也」[85]，即呈現人之類推能力。正如徐復觀先生之分析，《春秋繁露》前十六篇，自〈楚莊王〉至〈符瑞〉為其公羊學要義，而〈俞序〉為公羊學之總綱，諸篇多從相似史事，歸納出公羊義例，如〈玉杯〉從「趙盾弒君」歸納出「貴志」的概念，其論曰：

> 今案盾事而觀其心，願而不刑，合而信之，非篡弒之鄰也。按盾辭號乎天，苟內不誠，安能如是？是故訓其終始無弒之志。掛惡謀者，過在不遂去，罪在不討賊而已。臣之宜為君討賊也，猶子之宜為父嘗藥也。子不嘗藥，故加之弒父；臣不討賊，故加之弒君。所以示天下廢臣子之節，其惡之大若此也。故盾之不討賊，為弒君也，與止之不嘗藥為弒父無以異。[86]

引文舉《春秋·宣公二年》載：「趙盾弒其君夷皋」，《左傳》載其事曰：「乙丑，趙穿攻靈公於桃園，宣子未出山而復，大史書曰，趙盾弒其君，以示於朝，宣子曰，不然，對曰，子為正卿。亡不越竟，反不討賊。非子而誰，宣子曰，嗚呼，我之懷矣，自詒伊慼，其我之謂矣。」[87] 弒晉靈君者為趙穿而非趙盾，董狐載「趙盾弒君」即譴責其不討賊故與賊同罪，但趙盾在董狐載錄時嘆曰：「嗚呼，我之懷矣，自詒伊慼，其我之謂矣」[88]，在「詩言志」的作用上，董仲舒透過賦詩觀察趙盾之「志」，認為趙盾言並非弒君叛逆者，故僅論趙穿弒君之後，其不出奔、不討賊的過愆。對比上段引文所載文公並未喪

85　（漢）董仲舒著、（清）蘇輿義證：《春秋繁露義證·卷一·玉杯》，頁33。
86　（晉）杜預注、（唐）孔穎達疏：《左傳·卷二十一·宣公二年》，頁365。
87　同前註，頁365。
88　關於董狐載錄趙盾弒君之事，（晉）杜預注、（唐）孔穎達疏：《左傳·卷二十一·宣公二年》載孔子之評曰：「孔子曰：董狐，古之良史也。書法不隱，趙宣子，古之良大夫也，為法受惡，惜也」，頁365。所謂「為法受惡」即說明趙盾並未弒君，卻因《春秋》親親疏疏，善善惡惡的書法，而不得不載錄此事。

取，卻因有圖婚之志，被公羊家判為「喪取」，說明公羊學透過人理性「類推」的能力，找出不同史事中相似的概念而歸納為義例。

蘇輿又釋「屠其贅」曰：「此不見於經，餘義待伸者也」，他認為俞樾所論：「凡非經本有之義，皆為之贅。為《春秋》宜杜塞之，則聖人大義不為羣言肴亂矣」為誤而辯曰：「俞說誤，贅者，董子之所重也。故下云：『有所見而經安受其贅。』屠，蓋剖析之意。先師或得口授，或由例推，皆所以明義也。」[89] 由於下文有論「今夫天子踰年繼位，諸侯於封三年內稱子，皆不在經也，而操之與在經無以異。非無其辯也，有所見而經安受其贅也」，可見「贅」並非俞樾所論肴亂經文者，而是未載於經，而由經義推闡出的論點。故此處採用蘇輿所釋。所謂「餘義待伸」，循上文所引「貴志」的論點，雖然《春秋》未載斷獄之事，然董仲舒卻從「貴志」推闡出「原心定罪」的動機論決獄原則，如《春秋繁露・精華》所論：「《春秋》之聽獄也，必本其事而原其誌；誌邪者不待成，首惡者罪特重，本直者其論輕。」[90] 此法雖未載於《春秋》，卻循《春秋》義例演繹出來，而可實踐於日用人倫的場域中。

由此觀之，董仲舒以《春秋》為核心的認知途徑可歸納為三步驟，一為貫串史事首尾，二為類推史事而歸納為義例，三為引申經義，提出能具體實踐於生活場域的原則。人透過這三歷程，建立符合典籍內涵之「真知」[91]，且創造性詮釋與引申經義，提出具體的生活

89　（漢）董仲舒著、（清）蘇輿義證：《春秋繁露義證・卷一・玉杯》，頁33。

90　（漢）董仲舒著、（清）蘇輿義證：《春秋繁露義證・卷三・精華》，頁92。

91　陳明恩嘗循同一則引文，分析董仲舒解經三層次，一為「合而通之，緣而求之」，即「綜觀全書，並進而推求其所以貫通的原則」，其二為「五其比，偶其類，覽其緒，屠其贅」，即「排列《春秋》在各種不同情境下所使用的語言文字，而後按照類別加以聚合，進而發現其統緒，以進一步辨析經文所未明言之旨意」，其三則為「《春秋》餘義之推衍」，其論曰：「如董生所述，藉由上述程序，論者即可獲得『王道浹而王法立』之結論。而此結論，『皆不在經也』。」此為透過「屠其贅」所演繹出的觀點，陳明恩謂此即董仲舒的「創造性詮釋」，參見氏作：陳明恩：《詮釋與建構：董仲舒春秋學之形成與開展・第二章：文字深層意義的探索》（臺北：秀威資訊科技股份有限公司，2011年），頁66。

原則，亦為「典籍認知途徑」推展出一項有趣的觀察視角：「知識的實踐性」，人若不能實踐被歸納或推衍出的原則，即可視為未完成關於此項知識的認知行為。

2. 透過道德修為完成認知

「知識的實踐性」是個有趣的論題，正如美國教育心理學家布魯姆（Benjamin Samuel Bloom）1956年於芝加哥大學提出「認知領域」（Cognitive Domain）、「情意領域」（Affective Domain）與「技能領域」（Psychomotor Domain）之三項教育目標，其中「認知領域」之教育目標，由初階至高階，包含「知識」（Knowledge）、「了解」（Comprehension）、「應用」（Application）、「分析」（Analysis）、「綜合」（Synthesis）、「評鑑」（Evaluation）、「創作」（Create）七者。其中「應用」即是運用學習到的理論與觀念，實際的執行作業或解決問題。李坤崇從教師針對每堂課所設定的認知目標解釋「應用」：

> 應用乃善用程序（步驟）來執行作業或解決問題，學生總是先知道使用適當的程序（程序知識），方能發展出程序化解決問題的策略。應用的認知歷程包括兩類：一類為「執行」（executing），其任務為作業、實現；二為「實行」（implenting），其任務為問題、運用。執行係教師給予的作業，且學生已經知道採用那些程序的任務，係一種偏例行作業取向的任務，因此，執行乃應用一個程序於已熟悉的工作，而實行係教師所給予的問題是學生事先不知道採用那些程序的任務，係一種偏解決問題取向的任務，是故，實行乃應用一個程序於陌生的工作。[92]

---

92 李坤崇：《認知情意技能教育目標分類及其在評量上的應用・第一章：認知教育目標分類》（臺北：高等教育出版社，2009年），頁58。

正如前論，董仲舒提出貫串首尾與類推事件並歸納義例等二層次的經義理解，類同於「了解」、「分析」與「綜合」等認知目標所構成的知識理解。若將第一則引文所論「實作」的作法抽離課堂，挪換為生活真實的處境，即可呈現人透過對典籍文本之理解，歸納出可以實踐於生活處境中的原則，用以解決實際的生存問題，以此視角觀察《春秋繁露》，可發現透過「應用」而「完成認知程序」的兩種方式，其一為道德修為實踐，其二則為以典籍印證經驗知識。

在道德修為與實踐完成認知的面向上，《春秋繁露》常從《春秋》經義中歸納道德觀念作為人居處的規準，〈仁義法〉即認為其中可歸納出仁義二概念：

> 《春秋》之所治，人與我也。所以治人與我者，仁與義也。以仁安人，以義正我，故仁之為言人也，義之為言我也，言名以別矣。仁之於人，義之與我者，何不察也。眾人不察，乃反以仁自裕，而以義設人。[93]

〈必仁且智〉論「仁」曰：「仁者憎愛人，謹翕不爭，好惡敦倫，無傷惡之心，無隱忌之志，無嫉妒之氣，無感愁之欲，無險之事，無關違之行。故其心舒，其誌平，其氣和，其欲節，其事易，其行道，故能平易和理而無爭也。如此者謂之仁。」[94] 董氏論「仁」含括無忌妒愁怨，而體內陰陽之氣豐潤溫厚地周流，使身心處於中正平和的狀態、真誠愛人的行為，與節制生理本然之欲的修為，並能合於天道秩序地應變萬事，可見「仁」並非單一的德行，而是透過前文所論「神明」之修為所臻至，而能泛愛眾人的身心狀態。

同樣地，〈仁義法〉論「義」曰：「義者，謂宜在我者。宜在我者，而後可以稱義。故言義者，合我與宜，以為一言。以此操之，義

93　（漢）董仲舒著、（清）蘇輿義證：《春秋繁露‧卷八‧仁義法》，頁253-254。
94　（漢）董仲舒著、（清）蘇輿義證：《春秋繁露‧卷八‧必仁且智》，頁258。

之為言我也。故曰有為而得義者，謂之自得；有為而失義者，謂之自失。」[95] 可見「義」亦非單一的德行，而是一種凡事反躬自省之修為，與透過六藝所歸納出的道德原則結合而判斷自身行為是否合於道德準則之道德實踐。

如此，從聖人仰觀俯察，歸納天道內涵，將之著於文字的視角觀察人對「仁」與「義」這兩種道德觀念之認知進路，「典籍」本載錄「天道內涵」，而「仁」與「義」之經義亦扣合聖人從天道規律所抽繹出來的道德內涵。如〈天地陰陽〉論曰：「天志仁，其道也義。」[96] 董仲舒所論「天」，既結合「天道規律」與「意志天」雙重概念，不論二種概念關聯為何，「天志仁」皆指涉「天道」展現出「仁」的特質，而此則具體呈現於天道透過陰陽二氣而生化萬物的過程中，〈陽尊陰卑〉論曰：

> 陽天之德，陰天之刑也。陽氣暖而陰氣寒，陽氣予而陰氣奪，陽氣仁而陰氣戾，陽氣寬而陰氣急，陽氣愛而陰氣惡，陽氣生而陰氣殺。是故陽常居實位而行於盛，陰常居空位而行於末。天之好仁而近，惡戾之變而遠，大德而小刑之意也。[97]

此呈現陰陽二氣運作為四時規律，陽氣一體同仁，生育長養，呈現敦厚汎愛之「仁」的概念；而陰氣自然淘汰不適者，使生態平衡，呈現以「義」端正群生的概念。從前文所述「了解」至「應用」的認知步驟觀之，當人透過理解典籍內涵，歸納出「仁」與「義」之天道秩序之後，應具體實踐於生活處境中，以此解決真實的生存難題，否則即未完成認知程序，正如〈如天之為〉所論：

95　（漢）董仲舒著、（清）蘇輿義證：《春秋繁露義證・卷八・仁義法》，頁254。
96　（漢）董仲舒著、（清）蘇輿義證：《春秋繁露義證・卷十七・天地陰陽》，頁467。
97　（漢）董仲舒著、（清）蘇輿義證：《春秋繁露義證・卷十一・陽尊陰卑》，頁327。

天之生有大經也，而所周行者，又有害功也，除而殺殛者，行急
皆不待時也，天之志也，而聖人承之以治。是故春修仁而求
善，秋修義而求惡，冬修刑而致清，夏修德而致寬。此所以順天
地，體陰陽。[98]

「春修仁而求善，秋修義而求惡」，即君王配合四時運轉施行治道，
此可與〈五行五事〉互觀相詮，〈五行五事〉論春與秋之政教措施
曰：「王者能敬，則肅，肅則春氣得，故肅者主春。春陽氣微，萬物
柔易，移弱可化」、「王者能治，則義立，義立則秋氣得，故者主
秋。秋氣始殺，王者行小刑罰，民不犯則禮義成」[99]，可見君王在春
日體察天道生育長養之「仁」的內涵，合於農時，撫育教化人民；而
秋日則體察天道透過陰氣發動，自然裁汰萬物，體會自省與刑殺之
義，如第一段引文所論「以義正我」，內省自身，並以適當的刑罰杜
絕人我之惡，端正自身與民風，以達教化目的。

　　深觀之，人在生活場域應用已理解的道德觀念，會更加擴大並深
化對這種觀念的理解，並能更靈活地運用，而將意義推拓開來；如同
〈仁義法〉所論：「君子求仁義之別，以紀人我之間，然後辨乎內外
之分，而著於順逆之處也。是故內治反理以正身，據禮以勸福。外治
推恩以廣施，寬制以容眾」[100] 從「認知步驟」觀之，人先辨別
「仁」、「義」兩種道德觀念之殊別，這是「了解」的過程；其次，
「辨乎內外之分，著於順逆之處」乃是實際將已理解的道德內涵，應
用於人、我、順、逆的各種處境中，並能更靈活地拓展出「推恩廣
施」與「反求諸己」二者，使「仁」與「義」的內涵，透過自身的修

98　（漢）董仲舒著、（清）蘇輿義證：《春秋繁露義證・卷十七・如天之為》，頁
　　463。
99　（漢）董仲舒著、（清）蘇輿義證：《春秋繁露義證・卷十四・五行五事》，頁
　　392。
100　（漢）董仲舒著、（清）蘇輿義證：《春秋繁露義證・卷八・仁義法》，頁
　　254。

為與實踐，充實飽滿地推拓於生活處境中；如此，人對仁與義等道德觀念的認知，即較僅僅「了解」其內涵更加穩固而充實。

除了道德修為與實踐之外，董仲舒亦提出典籍與經驗雙向印證的方式以深化認知。其理論基礎為「六藝」既是聖人對天道法則的歸納，則人亦可透過「典籍」所歸納的天道法則，印證生活場域中的經驗知識，此不僅可避免認知與判斷之謬誤，更可穩固自身對典籍內涵之認知，避免認知謬誤。

董仲舒甚是重視典籍與經驗雙向的印證，特別是「災異」相關知識上，正如《漢書·五行志》所載：「漢興，承秦滅學之後，景、武之世，董仲舒治《公羊春秋》，始推陰陽，為儒者宗。」[101] 在董仲舒的理論脈絡中，所謂「推陰陽」不僅是如前章所引徐復觀先生之論，結合陰陽與五行等概念推闡出龐大的天道體系；從〈五行志〉的載錄中，亦可見所謂「推陰陽」指從陰陽與五行之氣的運作規律，觀察違逆規律的災異現象。而在董仲舒公羊學的理論脈絡下，其天道律則亦是從《公羊傳》中推闡出來的；如此，《春秋》即成為其印證並詮解災異經驗的典籍，人認知《春秋》，並以《春秋》檢驗所獲取的災異知識，並透過檢驗，深化對《春秋》的理解，而能更靈敏而精確地解讀天地萬物與陰陽五行之氣的變異；這亦展現於董仲舒所論熟讀《春秋》者的特徵上，如〈精華〉：

> 古之人有言曰：不知來，視諸往。今《春秋》之為學也，道往而明來者也。然而其辭體天之微，故難知也。弗能察，寂若無；能察之，無物不在。是故為《春秋》者，得一端而多連之，見一空而博貫之，則天下盡矣。[102]

董仲舒所設定的理解《春秋》之目的為「知微」，透過理性認知而歸

101　（漢）班固著、（唐）顏師古注：《漢書·卷二十七上·五行志》，頁1317。
102　（漢）董仲舒著、（清）蘇輿義證：《春秋繁露·卷三·精華》，頁96-97。

納出宜於實踐的德行，並將典籍內容歸納為義例，其中災異相關的條例，可用來印證相關的經驗知識；如此，人能如引文所論，在天地萬物間體察「天之微」，而較精確地掌握萬物與人事發展隱微的開端與動向，達成「知微」之認知目的。

由是觀之，人既透過認知典籍，形成關於萬物的知識，則人於生存場域中，經由「心」統攝知覺官能與萬物相對所形成與客觀地萬物一致的「知識」，即可拿來與典籍相印證，雙向檢證自身所理解的「典籍」與「經驗」是否相符合而形成真知。

3.「氣同則會，聲比則應」之氣化感知

董仲舒之生存時代稍晚於《淮南子》。在《春秋繁露》中，雖然未提及「物類相感」一詞，然從其對「感」與「類」的描述，應可勾勒一條「物類相感」的脈絡。在詞彙運用上，董仲舒並用「感」與「動」二詞彙描述「人—物」、「物—物」間的氣化互動。在「感」的概念上，董仲舒論「感」之作用涵括二者，其一，肯認「心」受外物導引，從質樸之性中引發真誠無妄的情感，如〈保位權〉所論：

> 聖人之治國也，因天地之性情，孔窮之所利，以立尊卑之制，以等貴賤之差。設官府爵祿，利五味，盛五色，調五聲，以誘其耳目，自令清濁昭然殊體，榮辱踔然相駮，以感動其心，務致民令有所好。有所好然後可得而勸也。[103]

這類「感動」生發之因，根植於質樸之「性」所涵括與生俱來的生理需求，當外物合於「色」、「味」、「聲」的需求時，「心」能將潛藏於「性」的趨向，自然而然發用為質樸的「情感」。「務致民令有所好」呈現董仲舒的性情理論，「人性」稟賦中之「好」，說明人對生理本然需求的趨向性，當外物合於稟賦所「好」時，會自然引發

103　（漢）董仲舒著、（清）蘇輿義證：《春秋繁露‧卷六‧保位權》，頁173。

「好」的愉悅情感。[104]

　　正因為人心會感於外物,將「性」發用為「情」,故此「外物」即成為「心」修為至中正平和狀態的媒介,如〈立元神〉:「立關雍庠序,修孝悌敬讓,明以教化,感以禮樂,所以奉人本也」,當「心」被禮樂導引而至中正平和,體內之氣會自然清淨而遍體周流,如〈循天之道〉:「心,氣之君也,何為而氣不隨也。是以天下之道者,皆言內心其本也。故仁人之所以多壽者,外無貪而內清淨,心和平而不失中正」所論,當體內之氣清明而周身遍潤時,第二種「感」的作用就能自然發動,此即「人—物」感通。

　　董仲舒將「人—物」感通的理論,安置於「氣化論」的脈絡下。在詞彙運用上,「以感動其心,務致民令有所好」,可知他並用「感」與「動」的詞彙,描述「感」的作用,而「感」與「動」皆可表達「心—氣」受物導引而動的狀態;如〈同類相動〉即以「動」描述「人—物」感通的條件,其論曰:

> 今平地注水,去燥就濕,均薪施火,去濕就燥。百物去其所與異,而從春所與同,故氣同則會,聲比則應,其驗然也。試調琴瑟而錯之,鼓其宮則他宮應之,鼓其商而他商應之,五音比而自鳴,非有神,其數然也。美事召美類,惡事召惡類,類之相應而起也。如馬鳴則馬應之,牛鳴則牛應之……天有陰陽,人亦有陰陽。天地之陰氣起,而人之陰氣應之而起,人之陰氣起,而天地之陰氣亦宜應之而起,其道一也。明於此者,欲致雨則動陰以起陰,欲止雨則動陽以起陽,故致雨非神也。而疑於神者,其理微

---

104 關於合於生理本然需求時,人自然發出的情感,可參見(漢)董仲舒著、(清)蘇輿義證:《春秋繁露‧卷十‧深察名號》:「天地之所生,謂之性情。性情相與為一瞑。情亦性也」、〈卷十一‧為人者天〉:「人生有喜怒哀樂之答,春秋冬夏之類也。春之答也,怒,秋之答也;樂,夏之答也;哀,冬之答也。天之副在乎人。人之情性有由天者矣」,頁298、318-319。二者互觀,可勾勒出「性情一如」,在內為「性」,透過外物引導而如實發用為真誠無妄的各種情感。

妙也。非獨陰陽之氣可以類進退也，雖不祥禍福所從生，亦由是
也。無非己先起之，而物以類應之而動者也。故聰明聖神，內視
反聽，言為明聖，內視反聽，故獨明聖者知其本心皆在此耳。[105]

此文所論分類基礎為依性質、生理構造、形貌異同而分者，如宮與商
之同音者，或牛馬等同物種者，或「美事」或「惡事」等性質相同
者。有趣的是，「美事召美類，惡事召惡類」之「召」說明此為自然
發生，非人力能左右；如此，這種「召」即自然而然展現出事物發展
之理脈、律則與價值判斷的標準，《春秋繁露》一貫地將這種發展律
則上推於「天道」，可知「同類之物」的氣稟互動，並非雜亂無章的
妄動，而透顯出細密隱微的天道理脈。

　　然而，從「知識形成」的角度觀之，人僅能就著萬物當下開顯出
的狀態，形成關於「物」的知識，這種隱匿於事物間的發展理脈難以
透過感官知覺與理性認知能力把握其內涵；上文論「明於此者，欲致
雨則陰以起陰，欲止雨則動陽以起陽，故致雨非神也」，呈現人常將
「物類之感」歸為一種靈妙而神秘的狀態，而無可解於物態發展中隱
微的天道律則。

　　然而，從董氏春秋學脈絡觀之，孔子卻能掌握最隱微的天道律則
與萬物的動向，如此，是否處於某種身心狀態或資質特別靈明者，即
具形成「物類相感」之知識的能力？上文論曰：「無非己先起之，而
物以類應之而動者也。故聰明聖神，內視反聽，言為明聖，內視反
聽，故獨明聖者知其本心皆在此耳。」在董仲舒的知識理論中，六藝
知識、經驗知識與史事知識皆是關於「外物」的知識，人須透過
「心」向外認取，方能形成與事實一致的知識；但欲把握萬物感通的
狀態，卻須「內視反聽」，即「心」在中正平和的狀態下，體內陰陽
之氣清明周流，向內收攝感官知覺，使官能不與外物相接。此時，

105　（漢）董仲舒著、（清）蘇輿義證：《春秋繁露義證・卷十三・同類相動》，頁
　　　358-359。

「心」會透顯出一種格外靈妙的覺照能力，即董仲舒所論「聰明聖神」。在董仲舒的理論中，「明」為目視的作用，而「聖」兼涵修為之最高境界與知覺官能最靈明的狀態；然而，此時的知覺官能被心收攝而不與外物相接，因此，此處的「明聖」非指靈明的感官知覺，若將之與上文「有陰陽，人亦有陰陽。天地之陰氣起，而人之陰氣應之而起，人之陰氣起，而天地之陰氣亦宜應之而起，其道一也」互觀，即可描繪出「明聖」的覺照能力，乃是「心」摶任體內之氣與「萬物類應的狀態」相互交盪，而體驗到萬物深細的質性及發展動向，以及萬物之間「類應」之發端與律則。這種「人」與「萬物類應」之感通，能配合人從六藝與經驗攝取而來的「知識」，而成為更穩固地認知的一重保障。

如此，董仲舒所論「感通」即可與賴錫三先生所論「統合內外的冥契修為」有一致之處。賴先生辯證美國二十世紀哲學家史泰司（W. T. Stace）於其名著《冥契主義與哲學》（*Mysticism and Philosophy*）遽然劃分「向內」與「向外」二種冥契經驗的理論困境[106]，認為道家式的冥契體驗，乃是「統合內外」、「主客冥合」的道家的體道境界。[107] 其兼具「剝損抱一」的內向冥契途徑，與在破除主客對立的關照下，使萬物如實朗現的「向外途徑」，且能在「道」通為

---

106 （美）史泰司著、楊儒賓譯：《冥契主義與哲學》總括研究成果，將「冥契」途徑歸納為「向內」與「向外」二類，其論曰：「兩者間的區別主要在向外型是藉著感官，向外觀看；向內型則是往內看，直入心靈。兩者都要證得終極的聯合。柏拉提諾稱此為『太一』，在此境界中，學者知道自己已合而為一，甚至化為同一。」（臺北：正中書局，1998 年），頁 67。「向外冥契」的特徵為人透過對萬物的觀照，體證天人物我通而為一的境界；「向內冥契」則為人使內在純淨而無纖芥之思想意念，體證根源，並與之合一，然而正如賴錫三先生所論，二者俱不易渾圓透徹地說明道家哲學中之「冥契」修為與實踐。

107 賴錫三：〈道家的自然體驗與冥契主義──神秘・悖論・自然・倫理〉：「就《老子》『道法自然』的終極立場說，它依然要回歸『萬物並作』、『夫物芸芸』、『萬物自賓自化』的『觀復』美學境地，換言之，『由道反物』才促使《老子》將冥契境界落實為『小國寡民』的自然田園生活。」見氏作：《當代新道家──多音複調與視域融合》（臺北：臺灣大學出版中心，2011 年），頁277。

一的境界下，呈現萬物各是其是的覺照美感。董仲舒雖未凸顯萬物自如其如開顯其自己的美感覺照，卻已結合人「內視反聽」，收攝感官知覺之向內修為，以及以「氣」通於外物之類應，而把握萬物理序而上通於「道」的向外修為，以把握萬物類應的狀態與其細微的發展動向。

相較於陸賈與賈誼所論結合理性認知與體知之知識形成過程，董仲舒更強調「理性認知」的途徑，其縝密地探討人理解典籍名言表達的途徑，其提出貫串首尾與類推事件並歸納義例之經義理解方法，類同現代教育心理學所論「了解」、「分析」與「綜合」等認知目標；而這些理性的認知方式，能歸納出合於實踐的《春秋》義例，當人實踐經義內涵，能培養合於認知的知態，而更穩固地認知知識；除了理性認知之外，作為西漢傳世最重要的天道觀學者，董仲舒所論之「感」則有二義，其一為性受外物牽引，如實發為情感，其二則為「心」收攝感官知覺，以「氣」通於外物之類應，而把握萬物理序而上通於「道」，有趣的是，氣感之知亦需有感官知覺能力與理性認知為前提，人須先具備關於萬物的經驗知識與六藝知識，在與萬物感通時，方能精確感知其所感物類與其質性；在認知、體知、感通相連結的知微途徑下，人非但不孤絕於萬物之外，還能透過「氣」與萬物深層地互動、交絡、感通而遍知萬物。

結語：《春秋》「貴微」與學者「知微」

依《史記・儒林列傳》所載，漢武帝獨尊儒術後招方正賢良之士、立五經博士，六藝傳習尊崇師說，學脈流衍[108]；然而，人在傳習

---

108 關於漢武帝獨尊儒術後的經典傳習風氣，可參見（漢）司馬遷著：《史記・卷一百二十一・儒林列傳》：「及今上即位，趙綰、王臧之屬明儒學，而上亦鄉之，於是招方正賢良文學之士。自是之后，言詩於魯則申培公，於齊則轅固生，於燕則韓太傅。言尚書自濟南伏生。言禮自魯高堂生。言易自菑川田生。言春秋於齊魯自胡毋生，於趙自董仲舒。及竇太后崩，武安侯田蚡為丞相，絀黃老、刑

六藝知識時，應持守何種身心狀態，而「心」又如何形成關於典籍的知識？這些知識理論都隱埋在《史記》所論「天下之學士靡然鄉風」的六藝傳習風潮中。

在人的「認知能力」上，董仲舒提出「人副天數」的觀點，認為人有主動修為的動能，而在「心─氣」清明的狀態下，能發用出格外周全的理性認知能力，能推論、思考、判斷，將外物與典籍歸納統合為知識，並能主動省察自身最隱微的動機是否合於六藝所揭顯的「天道」內涵，使身心狀態合於「天道」律則，而開顯人性本有的「善善惡惡」之道德潛能。

其次，在知識形成的過程上，董仲舒特別強調「理性認知」的途徑，其縝密地探討人理解典籍名言表達的途徑，提出貫串首尾與類推事件並歸納義例之微言理解方法，透過實踐培養合於認知的知態，而更穩固地認知知識。值得注意的是，董仲舒既為西漢傳世最重要的天道官學者，其亦重視「氣化感知」途徑，人須先具備關於萬物的經驗知識與六藝知識，在與萬物感通時，方能精確感知其所感物類與其質性；在認知、體知、感通相連結的「知微」途徑下，人能透過「氣」與萬物深層地互動、交絡、感通而遍知萬物最精微的動向與發展。

董仲舒討論「知之主體」與知識形成過程時，展現有趣的類比性思維，其以類比詮解「微言」，提出一套貫比史事，抽繹經義的詮解途徑，使詮解者能竭盡開顯微言的內涵，使詮解的概念流動、擴大、豐富，而描述出人所認識秩序井然、貫通天道與人道的大天地，而與其天道理論相互拓展、詮釋，而雙向豐富其天道觀與知識理論之理論規模。

名百家之言，延文學儒者數百人，而公孫弘以春秋白衣為天子三公，封以平津侯。天下之學士靡然鄉風矣」，頁3118。

第五章 揚雄《法言》所見「潛於六藝」之
儒家知識理論

　　西漢晚期特重災異與讖緯之論，君王詔解災異較前期頻繁[1]，
《漢書·藝文志》載錄西漢晚期傳世儒者有劉向與揚雄二家，二者皆
須面對這個災異理論紛陳的時代，並回應時代問題。《漢書·楚元
王》載劉向身世，其本名更生，為高帝之弟楚元王劉交玄孫[2]，據錢
穆先生考證，其二十四歲因鑄金之事繫獄，踰冬減死贖出，二十九歲
石渠講論；元帝即位後，劉向嘗坐罪而使外親上事變疏，成帝河平三
年，校中秘書，並作《洪範五行傳》，六十四歲編纂著作《列女
傳》、《新序》與《說苑》[3]，三種論著與其災異理論，多隱含諷諭
君德，詮解時事之意，富涵教化意義，較少論及知之主體與知識形成
途徑。

　　揚雄為《漢書·藝文志》所載西漢晚期儒者中著述較豐且流傳至
今之儒者；依《漢書》本傳所載，雄出生蜀中，少好學深思，不為章
句之學，四十歲時游於京師，為大司馬車騎將軍王音門下史，後獻
〈羽獵賦〉。哀帝時期，外戚用事，親附者皆能多能食祿，揚雄方起
草《太玄》，不與黨附，爾後作《法言》以辯駁諸子，端正經義[4]；

1　從（清）嚴可均：《全上古三代秦漢三國六朝文》所載西漢君王詔解災異，分見
　　武帝元光元年、宣帝本史四年四月、元帝初元二年三月、元帝初元三年六月、元
　　帝初元五年四月則發〈災異改行新政〉之詔，而元帝建始三年十二月亦詔解災
　　異、哀帝建平二年四月則因災異策免孔光，頁129-177，可知漢元帝以降詔議災異
　　之風漸盛，而劉向上疏災異亦當孔成之時。

2　（漢）班固著、（唐）顏師古注：《漢書·卷三十六·楚元王傳》載劉向身世
　　曰：「向字子政，本名更生。年十二，以父德任為輦郎。既冠，以行修飭擢為諫
　　大夫」，而本傳載其以鑄金坐罪之事曰：「而更生父德武帝時治淮南獄得其書。
　　更生幼而讀誦，以為奇，獻之，言黃金可成。上令典尚方鑄作事，費甚多，方不
　　驗。上乃下更生吏，吏劾更生鑄偽黃金，繫當死。更生兄陽城侯安民上書，入國
　　戶半，贖更生罪。上亦奇其材，得踰冬減死論」，頁1928、1929。

3　劉向生平繫年參見錢穆：《兩漢經學今古文評議·劉向歆父子年譜》，12-40

4　（漢）班固著、（唐）顏師古注：《漢書·卷八十七上·揚雄傳上》載其少年天

王莽時，其於天祿閣校書，因劉棻造符命被誅之事牽連，後因不知內情而開釋；其淡泊於宦途，著述頗豐，班固認為他「實好古而樂道，其意欲求文章成名於後世。」[5] 由《漢書·藝文志》羅列者觀之，揚雄著述遍及「六藝·小學」、「諸子·儒家」與「詩賦」三類[6]，從學脈流衍觀之，《太玄》與《法言》亦影響東漢學術至魏晉玄學之發展與論題。[7]

　　學界對揚雄的研究，亦循《漢書·藝文志》所載三類著述，而可歸納為五大論題，一為揚雄與西漢整體學術發展之關聯，二是揚雄辭賦之主題、諷諫的作用與在辭賦學史上的地位，三為環繞於《方言》

性好學深思，不慕榮利之學行曰：「雄少而好學，不為章句，訓詁通而已，博覽無所不見。為人簡易佚蕩，口吃不能劇談，默而好深湛之思，清靜亡為，少耆欲，不汲汲於富貴，不戚戚於貧賤，不修廉隅以徼名當世。家產不過十金，乏無儋石之儲，晏如也。自有大度，非聖哲之書不好也；非其意，雖富貴不事也」，頁3514。

5　（漢）班固著、（唐）顏師古注：《漢書·卷八十七下·揚雄傳下》，頁3514。

6　（漢）班固著、（唐）顏師古注：《漢書·藝文志》「賦十二篇」、「儒家論著凡三十八篇」，顏師古注三十八篇曰：「太玄十九，法言十三，樂四，箴二」，頁1720、1727、1749，可見其著述之豐富。

7　關於揚雄對魏晉玄學的影響，學界論辯甚豐，湯用彤：《魏晉玄學流別論》認為揚雄與魏晉玄學所論「玄」的內涵有殊別：「然談玄者，東漢與魏晉，固有根本之不同。桓譚曰：『揚雄作玄書，以為玄者天也，道也。言聖賢制法作事，皆引天道以為本統，而因附屬萬類王政人事法度。』亦此所謂天道，雖頗排斥神仙圖讖之說，而仍不免本天人感應之義，由物象之盛衰，明人事之隆污。稽察自然之理，符之於政事法度。其所游心，未超於象術。其所研求，常在乎吉凶。魏晉玄學則不然。已不復拘拘於宇宙運行之外用，進而論天地萬物之本體。漢代寓天道於物理。魏晉黜天道而究本體，以寡御眾，而歸於玄極。」收入氏作《魏晉玄學論稿》（臺北：里仁書局，1995年），頁47-48。王葆玹先生《玄學通論》則認為揚雄對魏晉玄學之學脈與論題有影響，然影響程度卻不易衡定：「至於揚雄的《太玄》，無疑是玄學思想的來源之一，但在玄學諸多來源中並未佔有突出的位置。」（臺北：五南圖書出版股份有限公司，1996年），頁2。揚雄與玄學形成的學脈與論述背景雖有殊別，且影響不易衡定，然朱漢民：《玄學與理學的思想理路研究·第三章：玄學、理學「性理之學」的思想理路》論曰：「對魏晉玄學有重大影響的漢代學者揚雄著有《太玄》，他直接將老子形容道的『幽昧不可測知』特徵『玄』提升為宇宙本原的範疇，是兼天道、地道、人道而名的宇宙本原。」（臺北：臺大出版中心，2011年），頁120。可見揚雄《太玄》已涉及魏晉玄學論「道」之質性與作用等重大論題。

一書之小學研究，四則為氣論與易學脈絡下的《太玄》研究，其五乃是《法言》所論人性理論、身心修為與道德實踐，以及政治教化相關論述[8]；在諸多學術論著中，曾春海先生〈揚雄的知識說及天道說〉、劉哲浩先生〈揚雄知識學研究〉二文與本文所論者密切相關，而第五種論題則與本書對揚雄所論「適宜認知的身心修為」相互連結。

　　奠基於學界研究成果，本章首先討論揚雄「善惡混」的人性理論，觀察人可透過「學」之修為與實踐轉化的潛能；再以人性之轉化潛能為基礎，討論揚雄「心」複雜的認知、感知與氣化感通能力，此雖為前代儒者已深論的「知」之能力；然而，揚雄卻在「心一氣」各種「知」之能力上，賦予一種修為人深沉專一的「潛」之身心狀態，作為人把握六藝內涵與天道法則的基礎。在此基礎下，揚雄所論「知識形成途徑」，即非僅前代諸儒所論結合感知、理性認知與體知之知之過程；而是在知之過程中，與六藝典籍雙向對話、詮釋與開顯的歷程，並以此安頓個人身心。

一、再議「善惡混」之人性轉化潛能

　　與西漢前期至中葉的儒者相同，揚雄「人性論」亦架構於「氣化論」下，認為陰陽二氣搏聚內化形成人之本然質性。《法言・修身》論曰：「天地交，萬物生」，「天地交」出於《周易・泰・象傳》：「泰，小往大來，吉，亨。則是天地交而萬物通也，上下交而其志同也。」[9]「泰卦」隱藏一陰氣下降，陽氣上升，而氤氳交盪，生化萬

8　在西漢儒家諸子研究中，揚雄雖未如董仲舒備受關注，卻亦累積許多研究成果，以陳麗桂先生：《兩漢諸子研究論著目錄》於2002-2009年收錄三十四篇論著為例，除一篇《方言》借字音考證外，亦有其論著流傳、身心觀，以及其「道化儒學」的論著，筆者亦依循揚雄論著中「道家」的特質，深論其「神明」與「潛」之身心修為；參見中華民國漢學研究中心收錄資料庫：http://ccs.ncl.edu.tw/expertDB1.aspx。

9　（魏）王弼注、（唐）孔穎達疏：《周易注疏・卷二・泰・象傳》，頁41。

物的氣化脈絡，此可與《太玄・玄摛》互觀相詮：「玄者、幽攡萬類而不見形者也。資陶虛無而生乎規，神明而定摹，通同古今以開類，攡措陰陽而發氣。一判一合，天地備矣。」[10] 在《太玄》的天道觀中，「玄」為萬有生化與陰陽之氣的根源，二氣剖判天地，化生萬物的形上規律。如此，天地萬物即肇端於陰陽二氣，摶成萬物形體而內化為萬物質性。

同樣地，〈玄瑩〉論曰：「天之經曰陰與陽，形地之緯曰從與橫，表人之行曰晦與明。陰陽曰合其判，從橫曰緯其經，晦明曰別其材。陰陽、該極也，經緯、所遇也，晦明、質性也。」[11] 其以陰陽經緯描述陰陽二氣剖判凝聚而成為天地場域，成為萬物生存的憑藉與範圍，而以「晦明」描述陰陽質性所構成萬物形體與質性，說明萬物形體之內並涵「晦」與「明」二種性質。「晦」可與《太玄・晦》之說明並觀：「陰登于陽，陽降于陰，物咸喪明」，「喪明」的後果可與〈次八〉互觀：「視非其直，夷其右目，滅國喪家。測曰，『視非』、『夷目』、國以喪也。」[12] 可見從陰陽二氣的發展觀之，「晦」指涉陽氣低沉，陰氣蓬勃的運行情狀；然而，從人之道德實踐視角觀之，「晦」為陰氣蓬勃而人失去知之「明」的狀態，導致失去道德判斷的準則；而揚雄著名的「善惡混」理論亦須置放於陰陽二氣生化並運行於人體內的脈絡下，方能更完整地檢視其中「氣」與「情」的概念。

「善惡混」之人性理論，載於《法言・修身》：「人之性也善惡混。修其善則為善人，修其惡則為惡人。氣也者，所以適善惡之馬也與？」[13] 此處牽涉「性」、「情」與「氣」三種重要概念。首先，在

10　（漢）揚雄著、（宋）司馬光注、劉韶軍點校：《太玄集注・卷七・玄摛》，頁184-185。

11　（漢）揚雄著、（宋）司馬光注、劉韶軍點校：《太玄集注・卷七・玄瑩》，頁191。

12　（漢）揚雄著、（宋）司馬光注、劉韶軍點校：《太玄集注・卷五・晦》，頁141。

13　（漢）揚雄著、汪榮寶疏：《法言義疏・五・修身》，頁85。

「性」的概念上，歷代詮釋者多關注「混」之概念，及其與孟子「性善」的比較。漢末魏晉時期，學者已曾反思「善惡混」之人性理論的合理性，如荀悅《申鑒·雜言下》論曰：

> 或問天命人事。曰：「有三品焉，上下不移，其中則人事存焉爾。命相近也，事相遠也，則吉凶殊矣。故曰：窮理盡性以至於命，孟子稱性善；荀卿稱性惡；公孫子曰：『性無善惡』；揚雄曰：『人之性善惡渾』；劉向曰：『性情相應，性不獨善，情不獨惡。』」曰：「問其理。」曰：「性善則無四凶；性惡則無三仁人；無善惡，文王之教一也，則無周公、管、蔡；性善情惡，是桀紂無性，而堯舜無情也；性善惡皆渾，是上智懷惠，而下愚挾善也。理也未究矣，唯向言為然。」[14]

值得注意的是，荀悅並未有「性善情惡」概念，概括西漢儒家的人性理論。「性善情惡」的觀點，確立於《孝經緯·鉤命訣》：「情生於陰，欲以時念也；性生於陽，以就理也。陽氣者仁，陰氣者貪，故情有利慾，性有仁也」，其將董仲舒「仁貪之性，兩在於身」的人性理論，陰陽二氣的質性相配，提出「性仁情貪」的理論；《白虎通·情性》論曰：

> 情性者，何謂也？性者，陽之施；情者，陰之化也。人稟陰陽氣而生，故內懷五性六情。情者，靜也，性者，生也，此人所稟六氣以生者也。故《鉤命決》曰：「情生於陰，欲以時念也；性生於陽，以就理也。陽氣者仁，陰氣者貪，故情有利慾，性有仁也。」[15]

14　（漢）荀悅著、（宋）吳道傳點校：《申鑒·雜言下第五》，收入《諸子集成》，頁27。

15　《白虎通》書名歷來有諸多分歧，《後漢書·孝章帝紀》稱《白虎奏議》，〈班固傳〉稱《白虎通德論》，《新唐書·藝文志》著錄《白虎通義》六卷，本文引

《白虎通》乃是東漢章帝詔諸儒講論五經異同的會議紀錄，故其文應能代表東漢中期儒者對「性情」理論之共見[16]，然而這種「共見」在西漢晚期並未形成，且從荀悅所論可知在東漢晚期亦發生對「性善情惡」觀點之反省，故應不宜以「性善情惡」之觀點，討論西漢時期的人性理論。

荀悅認為揚雄「善惡混」並未將人性根源於陰陽二氣，且兼具善惡的質性這個觀點呈現出來。若人性根源於陰陽二氣，則氣稟最純淨清明的聖人，性分質地應為較純粹的「善」；反之，氣稟粗劣者，氣稟應偏向惡；「性善惡皆渾，是上智懷惠，而下愚挾善也」隱約勾勒出「性三品」的概念，氣稟最精純者應近於純善，反之則近於極惡。

其次，荀悅反駁「性善情惡」的概念，若此成立，則堯舜應為無情之人，而桀紂則全無人之本性。雖然在「性三品」的視角下，桀紂若為氣稟最為粗劣者，則其人性本質確實偏向極惡，然「情惡」之論甚難解釋堯舜等聖人「無情」，如《尚書・堯典》載堯曰：「曰若稽古帝堯，曰放勳，欽、明、文、思、安安，允恭克讓，光被四表，格于上下。」[17]《大傳》釋「欽」曰：「欽，敬也」，而「敬」即可釋為一種專一恭慎而溫潤的道德情感。因此，荀悅引劉向所論「性情相應，性不獨善，情不獨惡」，說明人性內藏，情為性之如實發用，此性既肇端於陰陽二氣，則二氣賦予人性混淪善惡的質性，若放任生理本然需求，則會流顯「惡」的向度，反之，若以內化六藝為道德修為之途徑，則會敞開「善」的質性。

這條路徑與當代研究者的觀點有一致之處，曾春海先生從人性實

自（漢）班固著、（清）陳立疏《白虎通疏證・卷八・情性》，收入《新編諸子集成》（北京：中華書局，1997年），頁381。筆者從書名而稱《白虎通》。

16　（劉宋）范曄著、（唐）李賢注、（晉）司馬彪補志：《後漢書・卷三・章帝紀》載白虎觀講議五經事曰：「於是下太常，將、大夫、博士、議郎、郎官及諸生、諸儒會白虎觀，講議五經同異，使五官中郎將魏應承制問，侍中淳于恭奏，帝親稱制臨決，如孝宣甘露石渠故事，作白虎議奏」，頁138。

17　（漢）孔安國傳、（唐）孔穎達疏：《尚書・卷二・虞書：堯典》，頁19。

然展現有善有惡的徵狀，說明人可以透過「學」抑惡發善[18]；然所謂「實然」是描述揚雄觀察人性發用而為「行為」時普遍的狀態，而非從「氣化論」的脈絡解釋「人性」之氣化根源；然而，揚雄卻說「氣也者，所以適善惡之馬也與？」即可說明從「氣化根源」的脈絡疏通其人性理論，亦為一適切的進路。

　　筆者認為，若將「人之性也善惡混。修其善則為善人，修其惡則為惡人」與《法言・學行》：「學者，所以修性也。視、聽、言、貌、思，性所有也。學則正，否則邪」[19] 互觀，可知「善惡」對舉，不足以涵蓋完整的揚雄「人性」理論，〈學行〉所論涵括三種內容，其一為「貌」所指涉的身形體貌，其二為「視聽言」所指涉的知覺能力，其三為「思」所包含的認知、思考等形成知識的能力。可見所謂「性」，應指人由陰陽二氣搏聚而成的形體，與內化而成的素樸本質，涵括生理需求與能夠透過學習而為善的「道德傾向」，以及各種與外物接觸的知覺能力。此「道德傾向」有別於孟子的仁義禮智純善之性，此可與《太玄・玄數》將「木金火水土」五行、「仁義禮智信」五性相配之論互觀[20]，說明「性」亦潛藏諸種道德善性，然此性需要透過「學」的過程方能彰顯出來。[21]

　　由揚雄含括身形體貌、知覺能力、道德傾向、生理需求之「性」

---

18 曾春海：《兩漢魏晉哲學史・第四章：西漢晚期的嚴遵與揚雄》：「揚雄所謂善惡混係以善惡為某種實然的經驗事實，因此，後天的修養是主導善惡混的人性傾向於善或惡的關鍵」，頁76。

19 （漢）揚雄著、汪榮寶疏：《法言義疏・一・學行》，頁16-17。

20 （漢）揚雄著、（宋）司馬光注、劉韶軍點校：《太玄集注・卷八・玄數》將五行配合五德，如其論「木一仁」曰：「三八為木，為東方，為春，日甲乙，辰寅卯，聲角，色青，味酸，臭羶，形詘信，生火，勝土，時生，藏脾，佸志，性仁，情喜，事貌，用恭，為肅，徵旱，帝太昊，神勾芒，星從其位」，頁194-195。從揚雄「貴學」脈絡觀之，性中潛藏之仁亦須透過道德修為與實踐的「學」之過程發用出來。

21 曾春海《兩漢魏晉哲學史・第四章：西漢晚期的嚴遵和揚雄》認為：「後天的修養是主導善惡混的人性傾向於善或惡的關鍵」，頁76。曾氏所論「後天的修養」與上引《法言・學行》：「學以修性」的概念互觀，即可知道德知識之認知、內化、提取與實踐之「學」具有「修性」的作用。

的概念，可以重新探討其「情」的概念。關於揚雄「情」的概念，歷來學界多以「情感」與「情緒」解釋，如韓愈以性三品的視角論「情」之發用，王安石則以體用關係論「性情」概念，雖然皆不離於揚雄「善惡混」，而「性」涵括生理本然需求與善之道德傾向的理論脈絡[22]；然而，以喜、怒、哀、樂、愛、惡、欲等諸種「情感」，論揚雄「情」之概念，卻不見得與揚雄性情理論相合。

〈修身〉論「情」曰：「天下有三門：由於情慾，入自禽門；由於禮義，入自人門；由於獨智，入自聖門。」「情」與「欲」聯用，即指涉生理本然需求，與《太玄·太玄摛》：「仰以觀乎象，俯以視乎情」[23] 合觀，則可知「情」應指涉「情實」，而質樸之「性」的「情實」，即涵括「生理本然需求」。除了與生俱來的生理需求外，「情」亦指涉「情感」，前文所論《太玄·玄數》除了將五行與五種道德善性相配之外，亦與「喜怒樂悲恐懼」等五情相配；如此，「情」即指「情感」。此知揚雄所論之「情」，乃是內藏之「性」透過知覺官能與物相對時的如實發用，故包含諸種「生理本然需求」與「情感」，此「情」若不加節制，就會朝向道德上「惡」的趨向發展，徐復觀先生即論「性情為一，而情趨向惡」的概念曰：

> 揚雄〈學行篇〉：「鳥獸，觸其情者也……人而不學，雖無憂，如情何？」又〈修身篇〉：「……天下有三門，由於情

---

22 歷代學者之詮如（唐）韓愈著、馬通伯注：《韓昌黎文集校注·卷一·原性》：「其所以為情者七，曰喜、曰怒、曰哀、曰懼、曰愛、曰惡、曰欲，上焉者之於七也，動而處其中；中焉者之於七也，有所甚，有所亡，然而求合其中者也；下焉者，之於七也，亡與甚，直情而行者也。」（北京：古典文學出版社，1957年），頁12。（宋）王安石，唐武標校：《王文公集·上·卷二十七·性情》：「性情一也，世有論者曰：性善情惡，是徒識性情之名，而不知性情之實也。喜、怒、哀、樂、好、惡、欲，未發於外而存於心，性也；喜、怒、哀、樂、好、惡、欲，發於外而見於行，情也。性者，情之本；情者，性之用，故吾曰：性情一也。」（上海：上海人民出版社，1974年），頁315。

23 （漢）揚雄著、（宋）司馬光注、劉韶軍點校：《太玄集注·卷七·玄摛》，頁185。

欲，入自禽門……」是以揚氏亦以情為惡。揚氏若順著董氏的理路，則既以情為惡，即應以性為善，而不應言「善惡混」。或者揚氏也如董氏那樣，就生而即有的本能言情，情亦可謂之性，故「人之性也善惡混」的「人之性」，實已把情包括在裡面。而單就惡的一面言，又不得不將情別出於性之外。[24]

如此，即可勾勒揚雄較完整的「性情理論」，即陰陽二氣施化並內化為人的素樸質性，涵括善之趨向、認知學習的能力與生理本然需求。「情」為內藏本性之如實發用，涵括人生理需求，以及透過知覺官能與物相接所發出的「真實情感」。

由「性情」的概念，亦可重新觀察「氣」的運作。《法言》一書中，「氣」之概念僅見於〈修身〉：「人之性也善惡混。修其善則為善人，修其惡則為惡人。氣也者，所以適善惡之馬也與？」在「氣化論」的脈絡下，陰陽二氣構成人的身形體貌與臟腑筋絡，並隨順血脈，在體內吞吐流轉，汪榮寶即注曰：「御氣為人，若御馬涉道，由通衢則迅利，適惡路則駑遷」[25]；如此，「氣」即不僅如徐復觀先生所論為一種「生命力量」[26]，而是一種「御氣修為」。將「御氣」與〈修身〉所論：「公儀子、董仲舒之才之邵也，使見善不明，用心不剛，儔克爾？」[27] 互觀，可描繪出當人體內之氣自由流轉，蓬勃發用，應能帶動身心「見善而明」、「用心剛直」；如此，道德修為與實踐即非僅一種外在的訓育，而是依順體內剛直之氣的「自然發用」。

從「剛直之氣」重觀揚雄「人性」的概念，可發現他相當重視

---

24 徐復觀：《兩漢思想史・卷二・揚雄究論》，頁514。
25 （漢）揚雄著、汪榮寶疏：《法言義疏・五・修身》，頁85。
26 徐復觀：《兩漢思想史・卷二・揚雄究論》論作為一種「生命力量之氣」曰：「揚雄認為性中的善與惡，都是潛存狀態。由潛存狀態轉而為一念的動機，再將一念的動機加以實現，便須靠人由生命所發出的力量——氣。氣的本身是無所謂善惡的，只是像一匹馬那樣，載著善念或惡念向前走」，頁514。
27 （漢）揚雄著、汪榮寶疏：《法言義疏・五・修身》，頁91。

「質樸之性」的發展潛能，不論道德善性、生理需求或體內之氣的流轉運作，皆呈現「性」具有伸展、發用而如其所是地彰顯潛能的能力。此雖與西漢前期與中葉的儒家諸子人性理論之脈絡相承，但相較於陸賈、賈誼與董仲舒，揚雄似更重視性中殊別之「才」的開顯。

此處所論「才」，參照牟宗三先生對「才」的定義，其以陰陽二氣凝聚而內化之質樸之質，受到後天引導所發展出來的智愚善惡，論「才」之概念：

> 「才」是能，是「會恁地去做」。（朱子語）。才能是個材質的觀念（Material）。它可以通於氣性之善惡，亦可通於靈氣之智愚。通於氣性之善惡，而會恁地去表現氣性之善的傾向，即成為清的操行，即成為賢。故賢雖以性為根，而極其成為賢也，亦可說才。如不會恁地去表現氣性之善的傾向，而只表現惡的傾向，則成為濁的操行，即為不肖，或不賢。故不賢雖亦以性為根，而即其成為不肖也，亦可說才。[28]

其以潛藏的「道德善性」與「學習理解能力」規範「才」的概念，近於揚雄所論「才」的內涵。但值得注意的是，揚雄賦予「心」主動開顯本性的修養動能，使其所論之「才」較王充所論「性成命定」而決定於氣稟的「性命」概念，多了自由而主動的開展性，如前引《法言·修身》所論：「公儀子、董仲舒之才之邵也，使見善不明，用心不剛，儔克爾？」「才之邵」乃是「質樸之性」潛藏的「善」與「智」，但「心」具有「主動」修養，以開顯潛質的能力，可以使人見善而明，持心剛正。雖然這種修養能力亦受限於氣稟，卻亦說明在氣稟限制下，人仍能自主地開顯質樸之性所具有的殊別之「才」；而此具開顯性的人性理論，即可做為「知之主體」發用各種認知能力與外物相接形成知識，而開顯涵藏於素樸人性之各種質性與才分，成為

---

28 牟宗三：《才性與玄理·第一章：王充之性命論》，頁5。

「如其所是的自己」。

　　歷來學界對揚雄「人性理論」的論辯，多糾結於「善惡混」的一條資料中，然而，若將《法言‧學行》：「學者，所以修性也。視、聽、言、貌、思，性所有也」的脈絡加入，即可發現，揚雄所論「性」，並非僅指涉「道德上善惡的傾向」，而是含括知覺能力、理性認知能力、生理本然需求與道德上「惡」之傾向，以及「道德上善之傾向」；如此，揚雄的知識理論即特別重視「學」的概念，透過「心—氣」修為，抑制生理本然需求所可能傾向的「惡」與偏斜的情感，而臻於中和清明、正大剛直，透顯出「神明」，而可與萬物最精深的本質與發展動向相互感通；如此，人方能全然地開顯內藏的善的質性，而成為「如其所是的自己」。

二、「神心恍惚」狀態下「知之主體」「知」之能力

　　學界對揚雄《法言》之「知之主體」討論甚少，然其概念又特出於西漢諸儒之外，如其特別重視「情性」、「神」與「才分」等概念，而此諸概念與荀學觀點多有一致之處，正如徐復觀先生論其學脈曰：「揚荀推尊孟子，但在心性的根源之上，卻全未受孟子由心善以言性善的影響，而另為新說。因此，其論學多本於荀子而遠孟子。」[29] 徐復觀先生深論揚雄以「心」之作用，如「神明」等概念論「心」之概念，筆者將循此探究揚雄之「性情」概念、統攝知覺官能之感覺作用、思考與判斷的理性認知作用，以及與氣感通的感知作用；除了討論揚雄之外，筆者亦擬將潛藏於《列女傳》、《新序》與《說苑》等劉向之論著所呈現的知之主體勾勒出來，與揚雄相較，較全面地觀察西漢儒者較對「知之主體」之理解脈絡。

　　揚雄所論「心」之作用，在西漢儒家諸子中甚為獨特，雖然陸賈、賈誼與董仲舒皆論及「神明」，然而《法言》中，卻有〈問

29　徐復觀：《兩漢思想史‧卷二‧揚雄論究》，頁513。

神〉、〈問明〉二篇，其中所論「神」與「明」之概念，皆明確關乎「心」之修為與認知能力。首先，正如〈問神〉開篇所論：

> 或問「神」。曰：「心。」「請問之。」曰：「潛天而天，潛地而地。天地，神明而不測者也。心之潛也，猶將測之，況於人乎？況於事倫乎？」「敢問潛心於聖。」曰：「昔乎，仲尼潛心於文王矣，達之；顏淵亦潛心於仲尼矣，未達一間耳。神在所潛而已矣。」[30]

「神」指涉一種通透事理動向與規律的靈妙理解能力與感通能力，心處於「潛」的狀態下，能自然透顯這種能力，正如汪榮寶所論此篇大要曰：「測于天地之情者，潛知乎心也。心能測乎天地之情，則入乎神。」[31] 此篇又多援引經義，更可透過其對經義的理解途徑，勾勒心的理解、思考與判斷能力。

其次，「明」是心處於專一清明的狀態下，統涉知覺官能，所觀察到經驗世界或典籍中，萬物精微細緻的動向，以及典籍的微言；並且在揚雄的預設中，此二者皆為天道秩序之展現，〈問明〉開篇論曰：

> 聰明其至矣乎？不聰，實無耳也；不明，實無目也。「敢問大聰明。」曰：「眩眩乎，惟天為聰，惟天為明。夫能高其目而下其耳者，匪天也夫。」[32]

汪榮寶釋「高其目而下其耳」曰：「目高則無所不照，目下則無所不聞」[33]，可知「明」乃是一種特別細微的觀察能力，值得注意的是，

30　（漢）揚雄著、汪榮寶疏：《法言義疏・七・問神》，頁137-138。
31　同前注，頁137。
32　（漢）揚雄著、汪榮寶疏：《法言義疏・九・問明》，頁179。
33　同前注，頁179。

揚雄將此能力與「智」的概念相連結，〈修身〉論曰：

> 或問「仁、義、禮、智、信之用」。曰，「仁，宅也；義，路也；禮，服也；智，燭也：信，符也。處宅，由路、正服，明燭，執符，君子不動，動斯得矣。」[34]

由引文的譬喻觀之，「智」乃是燭照萬物的能力，而這種能力要在心清明的狀態下，統攝知覺官能，方能展現出來。

學界對揚雄「認知心」的討論，已關注其承繼荀子的脈絡，展現「心」修為至「神明」狀態下的認知能力。[35] 這種論述脈絡實涵括三層次，其一為主動修為至「神」與「明」的能力，其二為涵括理解、思考與判斷的多重認知能力，其三則為在「神明」的發動下，人所具特殊的「知微能力」，透過這三種能力之運作，方能把握典籍內容與經驗世界中萬物的幽微動向，而上通於天道規律。

（一）「神心恍惚」之身心狀態

「神明」在揚雄所論「知之主體」中的地位與意義，學界所論不多，然而，這卻是人把握天道規律的基礎。在「神」的概念上，《法言·序》自言〈問神〉之動機與主旨曰：「神心忽恍，經緯萬方，事系諸道、德、仁、義、禮，譔〈問神〉。」[36] 汪榮寶援引《老子·十四章》：「謂無狀之狀，無物之象，是謂惚恍」[37] 論「惚恍」的概念，呈現「心」透過修為所展現出之「神」的狀態，與《老子》所論

---

34 （漢）揚雄著、汪榮寶疏：《法言義疏·五·修身》，頁92。

35 學界論揚雄「認知心」的概念環繞認知、理解與思考等先秦至西漢諸儒所共有的特質，如曾春海：《兩漢魏晉哲學史·第四章：西漢晚期的嚴遵和揚雄》：「揚雄承荀子心之靈明能知及為人身的主宰義，他以新為神明，且以心所發的神作用言心。若僅以氣性言善惡，不但未能考察善惡的意義為何，而且也不足以說明道德本性的存在和其形上依據」，頁76。

36 （漢）揚雄著、汪榮寶疏：《法言義疏·二十·序》，頁569。

37 同前注，頁569。

體道者夷、希、微的身心狀態可互觀相詮，勾勒出一條臻至於「神」的身心修為途徑。心臻至「神」的狀態，則能「經緯萬方」，此可與〈問神〉：「天神天明，照知四方。天精天粹，萬物作類」[38] 互觀，呈現心處於「神」之狀態下，具有把握萬物精微動向的能力，而這種動向即天道秩序地自然呈現，然「心」如何臻至「神」？

首先，揚雄肯認「神」的狀態是人普遍可臻至的，〈問神〉論曰：「人心其神矣夫？操則存，舍則亡。能常操而存者，其惟聖人乎？」這呈現以陰陽二氣為根源之人性稟賦中，普遍地涵括自主修為的潛能，而稟賦最純粹的「聖人」，則有在生活處境中，恆常操持的能力，然此普遍的修為能力，如何發用而臻至「神」的狀態？

〈問神〉開篇即論曰：

> 或問「神」。曰：「心。」「請問之。」曰：「潛天而天，潛地而地。天地，神明而不測者也。心之潛也，猶將測之，況於人乎？況於事倫乎？」「敢問潛心於聖。」曰：「昔乎，仲尼潛心於文王矣，達之；顏淵亦潛心於仲尼矣，未達一間耳。神在所潛而已矣。」[39]

此勾勒透過「潛」的身心修為臻至「神」的狀態，揚雄雖未直言「潛」之修為方式，然從孔子與顏回的記載，亦可呈現「潛」之修為途徑；「潛心於文王」指「孔子學《易》」之事[40]，如《史記·孔子世家》所載：「孔子晚而喜《易》，序彖、繫、象、說卦、文言。讀《易》，韋編三絕。曰：『假我數年，若是，我於《易》則彬彬

38　（漢）揚雄著、汪榮寶疏：《法言義疏·七·問神》，頁140。

39　（漢）揚雄著、汪榮寶疏：《法言義疏·七·問神》，頁137。

40　汪榮寶釋孔子「潛於文王」之事曰：「仲尼祖述堯舜，憲章文武，獨云潛心文王者，以此章乃論《易》道。《易》是文王所作，孔子述之故也」，所引同前注，頁137。

矣。』」[41]「韋編三絕」勾勒出「心」專一的狀態，可與《太玄‧養‧初一》：「藏心于淵，美厥靈根。測曰，『藏心于淵』，神不外也」、〈修身〉：「其為中也弘深」互觀，呈現「潛」深沉專一的狀態。

正如《太玄‧玄摛》所論：「夫天宙然示人神矣，夫地他然示人明也。天地奠位，神明通氣，有一有二有三。位各殊輩，回行九區，終始連屬，上下無隅。」[42]「神明通氣」除宇宙論式地以「方州部家」的結構，展現天道生化過程，亦可勾勒出人心之「神明」修為與「氣」相關，與前文所引「氣也者，所以適善惡之馬也與」互觀，呈現心在寂靜專一的狀態下，人體內陰陽二氣，自然飽滿周流於肢體骸骨之間。

由此推論可知，「神」之修為次第應為「心」先臻至「潛」的狀態，而體內之氣即自然混樸、飽滿而周流體內，在氣化論的架構下，當人體處於心寂靜專注，而體氣充盈周流的狀態下，則「心」就能透顯出與萬物相感通而知微的能力。在揚雄的知之主體理論體系下，這種能力即是「神」。

在「明」的概念上，〈問明〉論曰：

聰明其至矣乎？不聰，實無耳也；不明，實無目也。「敢問大聰明。」曰：「眩眩乎，惟天為聰，惟天為明。夫能高其目而下其耳者，匪天也夫？」[43]

揚雄聯結「聰明」所指「耳聽」與「目視」之知覺官能與外物相接的能力，並透過「天」做為生化萬物與運作理序之根源，而能賦與萬物纖維之理的特質，說明「大聰明」乃是能廣泛而精微地仰觀俯察萬物

---

41 （漢）司馬遷著：《史記‧卷四十七‧孔子世家》，頁1937。
42 （漢）揚雄著、（宋）司馬光注、劉韶軍點校：《太玄集注‧卷七‧玄摛》，頁187。
43 （漢）揚雄著、汪榮寶疏：《法言義疏‧九‧問明》，頁179。

之理脈與動向者；此概念扣合〈問明〉篇首所論：「或問「明」。
曰：「微。」或曰：「微何如其明也？」曰：「微而見之，明其悖
乎！」可知「明」乃是「心」統攝知覺官能而能精微覺察萬物的能
力。

其次，「明」除了對經驗世界的仰觀俯察而上通「天道」之外，
亦涵括對人具體生存處境的體會。在〈問明〉中，提及對「命」與
「活身」之洞察能力曰：

> 或問「命」。曰：「命者，天之命也，非人為也。人為不為
> 命。」「請問人為。」曰：「可以存亡，可以死生，非命也。命
> 不可避也。」或曰：「顏氏之子，冉氏之孫。」曰：「以其無避
> 也。若立嚴墻之下，動而征病，行而招死，命乎！命乎！」
> 或問「活身」。曰：「明哲。」或曰：「童蒙則活，何乃明哲
> 乎？」曰：「君子所貴，亦越用明保慎其身也。如庸行翳路，沖
> 沖而活，君子不貴也。」[44]

「命」乃是天道對個人生存處境與發展動向之限定[45]，「明哲」則是
善保其身的途徑；「明」於「命」呈現對自身之本然狀態與發展動向
之體察，而「明」於「哲」則是洞察世局以訂立自身生存方法之能
力。

這種自主修為至「神明」的能力，與揚雄所論之「節欲」修為息

---

44 同前注，頁198-199。
45 學界對漢代「命」概念之討論，多集中於王充，而較少關注西漢諸儒對「命」之
論點；事實上，揚雄亦甚少討論「命」之概念，相較於「性」潛藏的善質與心之
「知」的能力與「神明」的修為，其對「命」的討論亦甚少，僅（漢）揚雄著、
汪榮寶疏《法言義疏‧九‧問明》一則：「或問『命』。曰：『命者，天之命
也，非人為也。人為不為命。』『請問人為。』曰：『可以存亡，可以死生，非
命也。命不可避也。』或曰：『顏氏之子，冉氏之孫。』曰：『以其無避也。若
立嚴墻之下，動而征病，行而招死，命乎！命乎！』」，頁189-190。以「不可
避」論「命」，說明「命」乃是陰陽氣化而賦予人與生俱來的限制。

息相關，正如前論，揚雄所論之「欲」為人本然質性稟賦所涵括之生理本然需求，然〈修身〉論曰：「學者，所以修性也。視、聽、言、貌、思，性所有也。學則正，否則邪。」「學」之知之主體為「心」，而學之目的為「修性」，即節制生理本然需求，使之不過度，如此，「心」即具有節制生理本然需求的能力。

有趣的是，揚雄將體契「道」的能力與節欲的修為相連結，如〈修身〉：「天下有三門：由於情慾，入自禽門：由於禮義，入自人門；由於獨智，入自聖門」，若將之與〈問道〉：「或曰：『莊周有取乎？』曰：『少欲。』」[46] 互觀，即可發現一條如《莊子·大宗師》所論：「其耆欲深者，其天機淺」[47] 的「體道」脈絡，其將「人禽之辨」的古老問題，懸繫於「情欲」與「獨智」兩種身心狀態上，「情欲」描繪出「心」受身體本然需求的牽引，而無法凸顯節制的能力，而「獨智」除了節制本然需求之外，更能凸顯前文所論心寂靜專一，體氣自然周流，與萬物渾然同體的狀態。

此知，明於「命」與明於「哲」皆是「心」統攝知覺官能，在具體的生存處境中，對自身狀態之觀察與反省。將「神明」二觀念合觀，則可勾勒出揚雄所論之「心」具有三種能力，其一為主動修為而臻至神明的能力。其二為統攝知覺官能，對生命處境與外在客體仰觀俯察，構成經驗知識的能力。其三為持守專一，使體內陰陽二氣自然周流的修養能力。在修為次第上，若心能先臻於「神」，則人即能靈妙地把握萬物與自身狀態，與細微的動向，並透過這個體察途徑，向上體契天道秩序。

而在感官知覺能力的面向上，揚雄肯認「心」有統攝知覺官能，構成經驗知識的能力。然而，相較於陸賈與賈誼強調「心」臻至「虛靈」狀態方能察物入微，董仲舒所論涵括思考與判斷，而對六藝的

46　（漢）揚雄著、汪榮寶疏：《法言義疏·五·修身》、〈六·問道〉，頁105、134。

47　（清）王先謙注：《莊子集解·卷二·大宗師》，頁56。

「徐察」，揚雄更重視人透過「觀」、「聞」、「味」等感官知覺，使身心自然融入身處的情境與場域中，與身處的事物自然交會流動，形成「經驗知識」。這使揚雄的經驗知識帶著「審美」的欣趣，如〈吾子〉所論：

> 觀書者譬諸觀山及水，升東嶽而知眾山之邐迤也，況介丘乎？浮滄海而知江河之惡沱也，況枯澤乎？舍舟航而濟乎瀆者，末矣；舍五經而濟乎道者，末矣。棄常珍而嗜乎異饌者，惡睹其識味也？委大聖而好乎諸子者，惡睹其識道也？[48]

引文則將「觀書」與「觀山水」對舉互喻，又舉「東嶽」與「滄海」二例，呈現人對巨麗景貌的「驚嘆」[49]，而此「驚嘆」，非僅「眼目」與山水相接，而是將「心」所統攝的整全知之主體，「投入」對山水的鑑賞中，而形成關於「東嶽」與「滄海」的「經驗知識」，以

---

[48] （漢）揚雄著、汪榮寶疏：《法言義疏·四·吾子》，頁67。

[49] 西方生態書寫常透過「驚嘆」的情緒，表達人對自然的敬畏，作為人對自然之倫理基礎，如美國森林與動物生態保育運動先驅李奧帕德（Aldo Leopold）《沙郡年記》提出「大地倫理」（The Land Ethics）的概念，認為當人自覺退居「土地支配者」之外的意識與對土地的尊敬，賦予人一雙謙遜的眼眸，在觀照萬物中生發讚嘆與尊敬的情感，而成為人實踐大地倫理的重要內在因素。（臺北：天下文化出版社，1997年8月），頁323。美國國家公園之父約翰·穆爾（John Muir）於《夏日走過山間》自述觀巨岩之驚嘆：「這片呈現設計藝術的大地，像是人類最巧奪天工的雕刻品；其震撼之美，令人讚嘆！我敬畏地看著眼前的勝景，覺得自己可以為它拋棄一切，也願意以滿心的愉悅，窮畢生之力，探究到底是什麼力量形成這些特色、岩石、動植物和神奇的天氣。」（臺北：天下文化出版公司，1998年），頁14。為土地「拋棄一切」的道德實踐及「窮畢生之力」的研究，皆來自觀物時生發敬畏與愉悅的情感。中國古典自然寫作中，本有「美感自覺」的傳統，柯慶明：《中國文學的美感》從「身體之行遊」與「心靈之優遊」二者論曰：「對於『山海』的『賞心晤』，除了以悠哉游哉的心情去登臨行止之外，正有賴於一種『登山則情滿於山，觀海則意溢於海』，暫時的『遣情捨塵物，貞觀丘壑美』，對於山水本身作凝神的美感觀照。」（臺北：麥田圖書公司，2006年），頁280。此知上引文所論人對山水的凝神觀照、目睹滄海的「讚嘆」，以及透過「目睹」對萬物運行之「道」的聯想與體悟，與透過六藝內涵所把握的天道內涵能互相轉釋、豐富而相與為一。

及對壯美所產生的敬畏驚嘆的真誠情感，如此，此「觀」即非僅「眼目」的視覺能力，而是多重知覺官能在「心」的統攝下，對萬物由巨至細的深入的感知。

這種「體知」式的觀察，亦透過揚雄自己的賦呈顯出來，如〈甘泉賦〉述曰：

> 於是事變物化，目駭耳回，蓋天子穆然，珍臺閒館，琁題玉英，蜵蜎蠼濩之中。惟夫所以澄心清魂，儲精垂思，感動天地，逆釐三神者，迺搜逑索偶，皋伊之徒冠倫魁能，函甘棠之惠，挾東征之意，相與齊乎陽靈之宮。[50]

賦文所論「事物變化，目駭耳回」的感官體驗，可呈現人身處於甘泉宮的場域中，心統攝知覺官能，所感知到萬物紛繁華靡的聲響情狀，使人自然生發驚駭的真實情感。此所述「耳目」，亦非僅兩種知覺官能，而是在「心」的統攝下，耳目口鼻自然以觸覺、味覺、視覺、聽覺等各種感官知覺與萬物相接，以細察物類的各種狀態，若將此「細察」與下文所論「澄心清魂，儲精垂思，感動天地」互觀，可呈現前文所論「心」若處於「神明」的狀態下，則能感知天地萬物最精微的狀態與動向，並生發自然相應的情感，而「感天動地」亦勾勒出這種具有審美欣趣的感知能力，乃是透過細察萬物，而上契於天道的重要途徑。

（二）「存神索至」之「認知」能力

在揚雄「心」之認知能力的設定下，具有最完善的認知能力者乃是「聖人」，〈君子〉與〈問神〉論曰：

---

50 〈甘泉賦〉可參照（漢）班固著、（唐）顏師古注：《漢書·卷八十七上·揚雄傳》，頁3522。

或曰：「聖人不師仙，厥術異也。聖人之於天下，恥一物之不
知；仙人之於天下，恥一日之不生。」曰：「生乎！生乎！名生
而實死也。」

聖人存神索至，成天下之大順，致天下之大利，和同天人之
際，使之無間也。龍蟠於泥，蚖其肆矣。蚖哉，蚖哉！惡睹龍之
誌也與！或問：聖人之經不可使易知與？曰：不可。天俄而可
度，則其覆物也淺矣。地俄而可測，則其載物也薄矣。大哉，天
地之為萬物郭，五經之為眾說郭。[51]

二文皆勾勒出聖人具有「善知」的天賦與能力。從知之對象觀之，第
二條引文所論「五經之為眾說郭」則透過譬喻呈現「五經」乃是將天
地萬物所呈顯之「天道法則」付諸文字，而人可透過理解典籍內容，
把握天道法則，如此，從「聖人」所具的認知能力，即可觀察揚雄對
「心」之認知能力最完整的說明。

　　《法言》中，「認知」可歸納為二層面，其一為心統攝知覺官
能，與天地萬物及生活各種處境相交接，而構成經驗知識；其二為
「心」經過理性思辨的過程，構成典籍知識，故「認知」涵括對經驗
知識與典籍知識之構成與把握能力。在《法言》中，這種認知能力，
乃是透過「觀」、「聞」、「學」、「智」、「思」等概念呈現出
來，以下，筆者即析論心所具「理解」與「思考」兩三種最重要的認
知能力，而此諸種能力，皆是道德修為與實踐而上契天道的途徑。

　　首先，在「心」之「理解」能力上，揚雄認為「心」具有統攝知
覺官能與文字相接，而理解文字符號的能力；如〈問神〉所論：「言
不能達其心，書不能達其言，難矣哉。惟聖人得言之解，得書之
體」，即呈現聖人之「心」具有「達言」、「解言」的能力。正如前
論，聖人乃是氣稟特別靈明者，具有透過理解文字而把握典籍全幅義

51　（漢）揚雄著、汪榮寶疏：《法言義疏・十八・君子》、〈七・問神〉，頁517-
　　518、141。

理內涵的能力，而氣稟中等者則可透過師長引導，習得六藝典籍與天道內涵[52]，如〈問道〉：「吾焉開明哉？惟聖人為可以開明，它則苓。大哉聖人，言之至也。開之廓然見四海，閉之閛然不睹墻之裡。」[53] 即呈現「心」雖受天生氣稟的限制，人卻普遍具有認知能力，透過聖人之解釋與引導，亦即可逐步把握並內化較多典籍內涵。

此理解能力亦透過「觀」的概念呈現出來，如〈寡見〉：「齊桓、晉文以下，至於秦兼，其無觀已。或曰：『秦無觀，奚其兼？』」曰：「所謂觀，觀德也。如觀兵，開闢以來，未有秦也。」[54] 揚雄所見春秋與秦朝史事，多出於《左傳》、《史記》等以文字符號的載錄史書，「觀」乃是「心」統攝知覺官能，使眼目與文字符號相接，而理解文字符號之所指；而「觀德」與「觀兵」，則勾勒出這種「理解」，帶著道德修為與政教修為的視角，而「道德修為」的前提，乃是自省並自覺自身之道德修為，從而對文本進行多重向度的詮釋，這種對史書體證式的理解，即如牟宗三先生所論「具體解悟」，「心」透過統攝知覺官能，而浸潤於「史事」中的讀史方法，可以使文本（text）與讀者「視域」交相容通，拓展出史事多重的義理內涵。

這種「具體解悟」式的理解能力，亦使解悟過程自然激盪出一種真誠的情感，如〈孝至〉論曰：「或問『泰和』。曰：『其在唐、虞、成周乎？觀《書》及《詩》溫溫乎，其和可知也。』」「溫溫

---

52 揚雄甚重視從師問學之知，如（漢）氏著、汪榮寶疏：《法言義疏・一・學行》：「師哉！師哉！桐子之命也。務學不如務求師。師者，人之模範也。模不模，範不範，為不少矣」，頁18。其亦認為理想問學狀態為潛於師說，如顏淵師孔子，而西漢流行的章句之學則遠其理想，此可參見徐復觀先生《兩漢思想史・卷二：揚雄究論》之洞見：「當時的博士系統，正是他所批評的對象之一。孔子、顏淵、孟子及五經，這是揚雄在寫《法言》時思想的骨幹。這似乎與博士系統的學風無異。但在兩點上他與博士系統劃清了界線。一是他主張先博而後約，並主張有所創造。博士系統的人對五經尚不能賅通，更墨守師說，所以是故步自封。另一點是他要在孔子、五經中求得人生立足之地」，頁506。

53 （漢）揚雄著、汪榮寶疏：《法言義疏・六・問道》，頁115-116。

54 （漢）揚雄著、汪榮寶疏：《法言義疏・十・寡見》，頁233。

乎」呈現人在「具體解悟」式的理解過程中，將自身置入文本情境中，體驗之、吟詠之，自然生發出一種真誠和諧而溫潤的道德情感，使「理解」被賦予一種審美的欣趣。

除了理解能力之外，「思考」亦為內化知識的重要能力。揚雄強調「心」具有思考能力，如〈學行〉論曰：「學者，所以修性也。視、聽、言、貌、思，性所有也。學則正，否則邪」，說明思考為人之本能，此可與〈修身〉：「修身以為弓，矯思以為矢，立義以為的，奠而後發，發必中矣」互觀，而呈現揚雄繼承先秦儒學以「思」為道德修為與實踐之途徑的傳統，而這種道德修為與實踐的過程，亦呈現於運思過程上，《太玄・玄圖》論曰：「故思心乎一，反復乎二，成意乎三，條暢乎四，著明乎五，極大乎六，敗損乎七，剝落乎八，殄絕乎九。生神莫先乎一，中和莫盛乎五，倨勮莫困乎九。」[55]「思心乎一」可與前文所論「神明」合觀，呈現心在運思過程中，須持守於虛靜專一的狀態，而「反復乎二，成意乎三，條暢乎四，著明乎五，極大乎六」則說明「心」針對一論題，反覆推求思索，化解各種矛盾，使之架構為一可具體實踐的措施；而「敗損乎七，剝落乎八，殄絕乎九」則呈現人在實踐過程中生發的疑難與困結，需重返「思心乎一」的狀態，開啟另一嶄新之「思」的歷程。

值得注意的是，引文所論「中和莫盛乎五」展現心透過反覆推求，混合矛盾的思維過程，臻至中正平和的狀態，而「倨勮莫困乎九」則是由「思」至「行」發展至極致所產生的困結，皆能勾勒出人道德修為與實踐的過程，故揚雄所論之「思」，除了歸納與類推之外，亦涵括前文所論「內省」的能力。

其一，在「歸納」能力上，〈先知〉論曰：

> 或問：「為政有幾？」曰：「思斁。」或問「思斁」？曰：「昔在周公，征於東方，四國是王。召伯述職，蔽芾甘棠，其思

55　（漢）揚雄著、（宋）司馬光注、劉韶軍點校：《太玄・卷十・玄圖》，頁213。

矣。夫齊桓欲徑陳，陳不果內，執袁濤塗，其戇矣夫。於戲，從政者審其思戇而已矣。」

「召伯述職」典出《詩經・召南・甘棠》，《史記・燕召公世家》載其事曰：「召公之治西方，甚得兆民和。召公巡行鄉邑，有棠樹，決獄政事其下，自侯伯至庶人各得其所，無失職者。召公卒，而民人思召公之政，懷棠樹不敢伐，歌詠之，作甘棠之詩。」[56] 由《史記》所載，可知人民之「思」肇因於見棠樹而「聯想」到召公「棠樹決獄」所展現出民胞物與的政教關懷。從知之過程觀之，「聯想」之思，乃是「心」統攝知覺官能，使眼目與「棠樹」相接，自然提取在同樣場景下「召公決獄」的記憶，進而引發涵著溫潤情感的「感念」之思。此亦說明「心」有提取「記憶」的能力，而讀者即透過「認知」這段史事，「歸納」出民胞物與的政教原則。

此外，揚雄亦強調心有「類推」能力。前揭「類推」為一種「由已知推度未知」的推論能力，如〈五百〉所論：「或問：『五百歲而聖人出，有諸？』曰：『堯、舜、禹，君臣也而並；文、武、周公，父子也而處。湯、孔子數百歲而生。因往以推來，雖千一不可知也。』」[57]「因往以推來」呈現前文所論「心」運用歸納能力，得出「五百歲有聖人出」的歷史發展律則，進而推闡出「未來亦有後聖」的結論。值得注意的是，此「類推」與大前提為真，推論過程有效，而結論必定為真的論證方式並不一致。此所論之「類推」，乃建立於

56　（漢）司馬遷著：《史記・卷三十四・燕召公世家》，頁1550。同樣史事亦載於許維遹注：《韓詩外傳集釋・卷一・第二十八章》：「昔者、周道之盛，邵伯在朝，有司請營邵以居。邵伯曰：『嗟！以吾一身，而勞百姓，此非吾先君文王之志也。』於是，出而就蒸庶於阡陌隴畝之間，而聽斷焉。邵伯暴處遠野，廬於樹下，百姓大悅，耕桑者倍力以勸，於是歲大稔，民給家足。其後在位者驕奢，不恤元元，稅賦繁數，百姓匱乏，耕桑失時。於是詩人見召伯之所休息樹下，美而歌之。《詩》曰：『蔽芾甘棠，勿剪勿伐，召伯所茇。』此之謂也」，頁30。所引〈甘棠〉一詩亦詮解出召公仁愛物而人民感念的溫柔敦厚之情。
57　（漢）揚雄著、汪榮寶疏：《法言義疏・十一・五百》，頁247。

對「同類事物」之特質、徵狀與發展脈絡有一致性的把握，如〈學行〉：「或曰：『焉知是而習之？』曰：『視日月而知眾星之蔑也，仰聖人而知眾說之小也。』」[58] 此為揚雄典型的類推法，「日月」與「聖人」被類比為光輝而崇高的存在；引文中，被視為同類事物具有一致的特質；在知覺經驗中，日月之光較眾星明亮，而聖人之言亦較眾言更具啟迪作用，這種跨越「物類」分際的類推，呈現「概念性類比」的精髓。[59]

有趣的是，這種理性之歸納與類推的作用，亦展現於與揚雄同時而稍早的劉向對「心」的描述上。劉向《說苑》、《新序》與《列女傳》雖然以君德教化，裨益治道為目的，而多採用先秦典籍所載史料；其所採史料雖非劉向所著，然卻可見其認同的論點，而能作為其對知識理論側面的觀察。首先，劉向所採用的史事，論及「心」時，常認為「心」具有統攝官能向外感知與理性認知的作用。《說苑·君道》論曰：

> 是以明王之言，必自他聽之，必自他聞之，必自他擇之，必自他取之，必自他聚之，必自他藏之，必自他行之；故道以數取之為明，以數行之為章，以數施之萬物為藏。是故求道者不以目而以心，取道者不以手而以耳。

從知之主體之視角觀之，「道」為究極知之對象，而人透過向外認知獲取知識，引文敘述獲取知識的途徑為「聽」、「聞」、「擇」、「取」、「藏」、「行」，將這些途徑與「求道者不以目而以心，取

58　（漢）揚雄著、汪榮寶疏：《法言義疏·一·學行》，頁21。

59　「概念性類比」即是能從不同的事例中抽繹出相近的概念，而將事例相互類比，如黃俊傑先生：《儒家思想與中國歷史思維·第三章：中國古代儒家歷史思維的方法及其運用》舉《孟子》所論湯、文王與孔子三則史例為例而論曰：「第一例是以歷史上湯與文王之以德服人，類比七十子之服孔子，這是相同種屬性質上的類比」，頁109。

道者不以手而以耳」相連，可描繪「心」統攝知覺官能而向外聽、聞知識材料，再透過「擇」、「取」所指涉的歸納與選擇、判斷這些理性認知能力，形成關於「道」的知識，並透過「行／藏」這種落於生活居處的實踐穩固知識。

值得注意的是，董仲舒以降，「知之主體」的論述中常包絡「神明」的概念，劉向既受董仲舒影響，其亦常用「神明」說明「心一氣」之靈明狀態。如《說苑·建本》：

> 人之幼稚童蒙之時，非求師正本，無以立身全性。夫幼者必愚，愚者妄行；愚者妄行，不能保身，孟子曰：人皆知以食愈饑，莫知以學愈愚，故善材之幼者必勤於學問以修其性。今人誠能砥礪其材，自誠其神明，睹物之應，通道之要，觀始卒之端，覽無外之境，逍遙乎無方之內，彷徉乎塵埃之外，卓然獨立，超然絕世，此上聖之所遊神也。[60]

其提出一種於「自誠其神明」的知之模式，在「神明」的狀態下，人能與萬物相感通，而敏覺其最細微的端緒與發展理脈；如此，所謂「神明」即非「心」統攝官能之感知作用，或理性思考、判斷的作用，而是涵括體內之氣豐潤周流，而能與外物相感通；然而，如何能使體內之氣周流遍潤？

此即引申出一套劉向認同的「心一氣」修為方式，《說苑·政理》以宓子賤為立論約：「人曰宓子賤，則君子矣，佚四肢，全耳目，平心氣而百官治，任其數而已矣。」所謂「佚四肢，全耳目」即泯除四肢官能的妄動，而歸於寧靜，人在此狀態中，能如「平心氣」所論，將欲念抽離，而溯返其清明的狀態，如此，「心」即能摶氣而臻至豐潤靈妙與外物相感通的狀態；有趣的是，在劉向對史事的解釋中，可發現當人處於心靜定而氣血豐潤周流的狀態時，能透顯出清明

60　（漢）劉向編、向宗魯校：《說苑·卷三·建本》，頁63-64。

的思考、歸納與判斷的作用，而能展現於《說苑》、《新序》抽繹經義、類比史事的思考與歸納上。

揚雄所論「性情」開顯一條深具審美欣趣的人物品鑒脈絡；在這條脈絡下，揚雄所論「知之主體」較西漢諸儒更加重視每個各人殊別的身心修為狀態，這種獨特性透過「神」與「明」的概念呈顯出來。其所論「知之主體」主要含括二種作用，其一為主動修為至「神」與「明」的能力、涵括理解思考的認知能力，其二則為在「神明」的發動下，人所具特殊的「知微能力」，透過這三種能力之運作，方能把握典籍內容與經驗世界中萬物的幽微動向，而契於天道規律。

三、《法言》所論「潛」之知識形成途徑

前揭陸賈、賈誼透過典籍歸納出宜於修為的德行，並透過躬行實踐穩固知識；董仲舒提出一套「貫比」的認知方式，歸納出修身治國的德行，並以典籍知識檢驗經驗知識而穩固知識，而呈現結合道德修為與實踐之「體知」與理性「認知」之途徑。揚雄身處於災異之說盛行的西漢晚期，其以結合理性認知與體知的「知」之能力，回歸六藝典籍，深化「心」之修為，透顯出「神明」的狀態，而能潛於六藝內涵，透過「自設對話」歸納並層層剝顯出宜於實踐而契於「天道」的德行，以下先論「心」修為至神明的狀態，再深論透過神明所透顯出結合「理性認知」與「體知」而形成六藝典籍知識的過程。

（一）「神明」：適宜認知之「心」的狀態

揚雄身處西漢晚期，氣化論規模已發展完全，其延續西漢前期與中期諸家所論「神」與「明」的概念，將「心」拓展為結合體知、理性認知與感通的「知之主體」，而這種主體需臻至「神」與「明」的狀態，方能有效地認知知識。相較於其他西漢諸子在各篇散論「神」與「明」或「精神」等概念，《法言》載有〈問神〉與〈問明〉二章，推展「神明」的概念，使「心」不僅統攝感官知覺與理性認知能

力，更能深切體悟典籍內涵。《法言・序》論〈問神〉之篇旨曰：
「神心忽恍，經緯萬方，事系諸道、德、仁、義、禮，譔〈問
神〉」，「神」與「恍忽」被描述為「心」之狀態。〈問神〉開篇即
曰：

> 或問「神」。曰：「心。」「請問之。」曰：「潛天而天，潛地
> 而地。天地，神明而不測者也。心之潛也，猶將測之，況於人
> 乎？況於事倫乎？」「敢問潛心於聖。」曰：「昔乎，仲尼潛心
> 於文王矣，達之；顏淵亦潛心於仲尼矣，未達一間耳。神在所潛
> 而已矣。」[61]

他認為「心」面對所「潛」的事物時，會自然透顯出一種「神」的特
殊知覺能力，能周遍地把握天地萬物之質性、隱微的發展端緒，以及
當下所開顯出的狀態。此外，「仲尼潛心於文王」與「顏淵潛心於仲
尼」說明「神」的知覺能力並不僅限於透過仰觀俯察所獲取的經驗知
識，亦包含典籍知識與道德修為與實踐等德行知識。正如其下文所
論：「人心其神矣夫？操則存，舍則亡。能常操而存者，其惟聖人
乎？」他肯認人普遍能透過修為使「心」透顯出「神」的狀態，而認
知能力特別靈明的聖人，則能恆常地使「心」持守於「神」的狀態
下，然而，如何將「神」透顯出來？

引文已論「神」為「心」「潛」於所面對的事物時所呈現的知覺
能力，而「潛」則勾勒出一種深沉專一的知覺狀態，將「潛」與〈問
明〉所論人的感官知覺能力合觀，可呈現「心」統攝官能而「潛」於
知之對象所透顯出「神」的能力，如其曰：「聰明其至矣乎？不聰，
實無耳也；不明，實無目也。敢問大聰明。曰：眩眩乎，惟天為聰，
惟天為明。夫能高其目而下其耳者，匪天也夫？」[62]「聰」與「明」

61　（漢）揚雄著、汪榮寶疏：《法言義疏・七・問神》，頁137。
62　同樣地概念亦見（漢）揚雄著、汪榮寶疏：《法言義疏・九・問明》：「或問

為人普遍的感官知覺能力,「高其目而下其耳」的「大聰明」則是格外靈明而能周遍萬物之感知能力,同樣地〈問道〉:「天神天明,知照四方,天精天粹,萬物作類」[63] 從「天道觀」觀之,「知照四方」為天道如萬物之實地觀照萬物;「天精天粹」則為陰陽二氣以其精粹的質性生化萬物;然而若從「聖人」之身心狀態觀之,「天神天明」可指其靈明而能觀照萬物的感官知覺能力,「天精天粹」則可指聖人能以搏任體內陰陽二氣感通天地萬物,故南宋理學家真德秀以「天道─聖人」類比的脈絡釋此言曰:「天惟神明,故知四方,惟精粹,故萬物作覯。人心知神明精粹,亦本如此。」[64] 將這種觀照萬物的感官知覺能力,與〈修身〉所論「聖人」身心狀態互觀,可發現知覺能力最精粹的聖人在「潛」的狀態下,遂能透顯其「大聰明」之知覺能力,其論曰:

> 聖人耳不順乎非,口不肆乎善。賢者耳擇口擇,眾人無擇焉。或問「眾人」。曰:「富貴生。」「賢者」?曰:「義。」「聖人」?曰:「神。」觀乎賢人,則見眾人;觀乎聖人,則見賢人;觀乎天地,則見聖人。[65]

若從「心」統攝知覺官能的視角出發,觀察「潛」於知之對象時所透顯出之大清明,正可描繪出「潛」的身心狀態。首先,「心」需處於前引《法言・序》所論「神心恍惚」的狀態。在先秦傳世典籍中「恍惚」除見於前揭先《老子》之外,《禮記・祭義》亦論曰:「於是諭其志意,以其恍惚以與神明交,庶或饗之」,即以「恍惚」描述一種

『明』。曰:『微。』或曰:『微何如其明也?』曰:『微而見之,明其悖乎』」,頁137。

63　(漢)揚雄著、汪榮寶疏:《法言義疏・七・問道》,頁140。

64　(宋)真德秀釋文引自汪榮寶疏:《法言義疏・七・問道》,頁140。

65　(漢)揚雄著、汪榮寶疏:《法言義疏・五・修身》,頁104。

極盡專一而至虛靈靜妙且上契神靈的心之狀態。[66]

在「身心一體」的脈絡下，「心」固然如〈至孝〉所論：「天地之得，斯民也；斯民之得，一人也；一人之得，心矣」，具有統攝身體氣血與知覺官能的作用，然而「心」亦易受知覺官能與生理需求牽引而渙散，如〈修身〉所論：「天下有三門：由於情欲，入自禽門；由於禮義，入自人門；由於獨智，入自聖門」[67]；「獨智」所呈現之深沉孤絕與「神心恍惚」所描繪的清明靈妙皆說明適宜認知之「心」的狀態，而此狀態需節制生理本然之情欲，使之合於天道節度，方能達成。

此外，正如前引〈修身〉：「人之性也善惡混。修其善則為善人，修其惡則為惡人。氣也者，所以適善惡之馬也與？」揚雄所論人性「善惡混」乃肇端於氣化論的脈絡，指出性潛藏的道德趨向以及生理本然需求；既然「氣」乃是將「潛藏善性」發用出來的關鍵，而「心」又有統攝身體而至身心一如的作用，則「神心恍惚」亦應在統攝體內官能時，使體內之氣自然充盈周流，方能自然而然地將人性中藏著之善質，透過體知的過程發用出來。

結合「心」所具有「統攝官能」、「節欲」與「養氣」三種作用，即可呈現「心」與典籍或外在認知物相對時，應先節制生理本然情欲，使知覺官能受心之統攝，而凝聚與當下之認知物上，並讓體內陰陽之氣自然周流豐盈，而自然地透顯出一種深沉孤絕、極盡專一而虛靈靜妙的特殊知覺能力，能如〈問神〉所論：「經緯萬方，事系諸道、德、仁、義、禮」[68]，而能全幅把握典籍之精微內涵，此即揚雄所論適宜認知的身心狀態。

66　（漢）鄭玄注、（唐）孔穎達疏：《禮記注疏・卷四十七・祭義》載鄭注「恍惚」曰：「言想見其仿佛來」，孔疏曰：「孝子以其思念情深慌惚，似神明交接，庶望神明或來歆饗」，頁810。可見「恍惚」為一種切近孝子思親那種深沉思敬、窈冥專一的身心狀態。

67　（漢）揚雄著、汪榮寶疏：《法言義疏・五・修身》，頁104。

68　（漢）揚雄著、汪榮寶疏：《法言義疏・二十・序》，頁569。

(二)「潛」之認知途徑

揚雄運用「學」、「思」、「知」、「精」、「神」、「明」、「玄」等概念，細膩地鋪陳出人認知而形成知識的過程；《法言·學行》論曰：「學者，所以修性也。視、聽、言、貌、思，性所有也。學則正，否則邪。」[69] 說明他認為透過「學」的過程而形成知識的目的乃是「修性」，引文所論「性」的內涵包括「視、聽、言、貌、思」，可見其為與生俱來的感性知覺能力與理性之思考、歸納等能力，將此與「性」中潛藏的善質合觀，則呈現出揚雄認為「學」乃是結合感官知覺與理性思考判斷的能力而形成知識，開顯潛藏的善性，成為道德上「正」的人。

這看似為陸賈、賈誼與董仲舒之共見，但通觀《法言》，卻可發現他更重視心在深沉靜潛的狀態下，乃能契悟典籍深邃的內涵，而這些內涵常展現於揚雄對典籍精簡的描述中，如〈五百〉所論：「或問：『天地簡易，而聖人法之，何五經之支離？』曰：『支離蓋其所以簡易也。已簡已易，焉支焉離？』」[70]「天地簡易」可見於《周易·繫辭傳》：「乾以易知，坤以簡能。易則易知，簡則易從……易簡而天下之理得矣。」[71] 在西漢儒者解經的脈絡中，「簡」與「易」乃是聖人仰觀俯察所歸納與抽繹出的天道理則之性質，而載錄於《易傳》中；然而，問者提出，這種天道「簡易」的性質，並不符合「五經」經文敷衍眾多的狀態；面對這個天道與典籍皆為「真理」卻互相齟齬的困境，揚雄提出「支離蓋其所簡易也」的觀點，勾勒出人潛於典籍中，可通貫敷衍紛繁的經句與章句訓解，契悟其「易簡」之理，而呈現認為典籍支離者的身心狀態未臻於前文所論之「潛」或「神明」。如此，對揚雄所鋪陳的「知識之形成過程」即是深層體悟浸潤而契入典籍精微的義理內涵，而歸納典籍之律則付諸實踐。

69　（漢）揚雄著、汪榮寶疏：《法言義疏·一·學行》，頁16-17。
70　（漢）揚雄著、汪榮寶疏：《法言義疏·十一·五百》，頁262。
71　（魏）王弼注、（唐）孔穎達疏：《周易·卷七·繫辭上》，頁144。

揚雄相當重視對六藝典籍的理性認知，「心」發用歸納與思考等多重理性認知能力，從典籍中歸納出宜於修為實踐的德行，相較於陸賈、董仲舒常從典籍中歸納出國家興衰之因與君王治道的知識，以及賈誼所歸納出的倫理理序，揚雄所歸納出的知識多與「個人」德行修為，甚至常展現出一種對古人人格的品鑒欣趣，此特色常透過「自設對話」呈現出來。

　　首先，在「對話」的作用上，《漢書‧揚雄傳》載《法言》本有效法《論語》之意，而《論語》即多載孔門師生「對話」。正如二十世紀猶太哲學家馬丁‧布柏所述「我與你」的關係曰：

> 如果我作為我的你面對人，並向他吐訴原初詞「我—你」，此時他不再是物中之一物，不再是由物構成的物。他不是「他」或「她」，不是其他的他或她相待的有限物，不是世界網絡中的一點一瞬，不是可經驗、被描述的本質，不是一束有定名的屬性，而是無待無垠，純全無方之你，充溢穹蒼之你。[72]

可知「對話」乃是互為主體式地開顯與豐潤，透過話語彼此融會，推拓彼此的視域。而二十世紀中葉發展出的「人本心理學」（humanistic psychology），亦常在諮商中，透顯出這種「我—你」對話而互為主體的精神。宋文里先生亦說明羅哲斯論「個人中心」諮商理念下的「對話」，是雙方雖各自處於自身的時空背景中，對同一件事情有不同的視域與前理解，卻能透過話語，開拓彼此的視域，使彼此在相互融會中消解自身視域的限制，如其所是地展現自身。[73]

72　（以）馬丁‧布柏（Martin Buber）、陳維剛譯：《我與你》（臺北：桂冠圖書股份有限公司，1991年），頁7。

73　（美）卡爾‧羅哲斯（Carl.R.Rogers）著、宋文里譯，《成為一個人：一個治療者對心理治療的觀點‧譯序》：「到以個人為中心的階段，事實上，羅哲斯已經很明顯地放棄了偏袒一方而讓另一方隱在背後的做法……兩極互動，或是互為主體，其實才是羅哲斯所謂的關係本色。」（臺北：桂冠圖書股份有限公司，1990年），頁2。

由此檢視孔門師弟的對話，可發現常展現出孔子與弟子皆依憑各自的時空背景，對一個論題展現殊別的意見，透顯出孔門師生之間並非上對下訓誨式的師生關係，而是雙向豐盈、雙向開顯、雙向融會的，以《論語・學而》載孔子與子貢論《詩》為例：

> 子貢曰：「貧而無諂，富而無驕，何如？」子曰：「可也。未若貧而樂，富而好禮者也。」子貢曰：「《詩》云：『如切如磋，如琢如磨。』其斯之謂與？」子曰：「賜也，始可與言《詩》已矣！告諸往而知來者。」[74]

「處窮」為孔門常討論的論題，「貧而無諂，富而無驕」呈現子貢異於時俗風氣的修為。孔子並非專斷而單向地否定子貢的觀點，而是傾聽接納，並透過「貧而樂，富而好禮」的訴說，將自身無入而不自得的修為開顯出來，讓子貢優游其間，融會之、體驗之；正如子貢引《詩・衛風・淇奧》：「如切如磋，如琢如磨」，「切磋琢磨」呈現其並非理性地認知、判斷而形成與孔子的言語意義一致的「知識」，而是如讀《詩》那樣吟詠之、體驗之、浸淫之，而逐步擴充自身德行修為。有趣的是，孔子所述「告諸往而知來者」固然是稱許子貢理解與修為的進益，但從「對話」的角度觀之，此亦展現出子貢吟詠浸淫的情感興發，開顯出其結合「由已知推向未知」之認知與判斷的知識形成歷程，與「推己及人」的恕道修為與實踐，而深刻地連結於其讀《詩》的生命體驗上；如此，這段對話即非單純的「師—學關係」，而是前文所論對話的彼此開顯，視域融合而展現自身。

　　揚雄《法言》常透過自設對話一層層地消解視域，開顯出自身對六藝典籍的認知理解，以及歸納出的旨要、宜於修為的德行，而上契於「道」，如〈學行〉：

74　（魏）何晏注、（宋）邢昺疏：《論語・卷一・學而》，頁8。

曰：「昔顏嘗睎夫子矣，正考甫嘗睎尹吉甫矣，公子奚斯嘗睎尹吉甫矣。不欲睎則已矣，如欲睎、孰禦焉？」

或曰：「書與經同，而世不尚，治之可乎？」曰：「可。」或人啞爾笑曰：「須以發策決科。」曰：「大人之學也為道，小人之學也為利。子為道乎？為利乎？」或曰：「耕不獲，獵不饗，耕獵乎？」曰：「耕道而得道，獵德而得德，是獲、饗已。吾不睹參辰之相比也，是以君子貴遷善。遷善者，聖人之徒與？」百川學海而至於海，丘陵學山不至於山，是故惡夫畫也。[75]

此文主旨乃是西漢諸儒之共見，即「道」為究極知識，而人在無認知謬誤的前提下所形成之典籍、史事與經驗的知識，皆歸本於「道」；在引文中，揚雄並未直指「為學」的究極目的為「知道」，而是透過三層對話的剝顯，消解視域限制，透顯出自身學道之「志」。

首先，他類比「顏回─孔子」、「正考甫─尹吉甫」、「公子奚斯─尹吉甫」三史例，從顏回師從孔子、正考甫與公子奚斯效法尹吉甫而作〈商頌〉與〈魯頌〉，抽繹出後學「慕道之志」；所謂「慕道之志」，司馬光《法言集注》收錄吳祕所釋：「正考甫，宋宣公之上卿；尹吉甫周宣王之卿士，尹吉甫深得於詩教，作〈大雅・崧高〉、〈蒸民〉之詩，以美宣王。正考甫慕之，亦能得〈商頌〉十二篇，以頌湯之盛德。」[76] 可知「慕」不僅涵括透過認知與判斷典籍之文字與語意脈絡，形成符合文意的「知識」，更在形成知識的過程中，自然引發源於氣稟而與寫詩之人同情共感之「情」。

其次，引文類比「經」與「書」，在西漢博士官與弟子員傳習的制度下，「五經」為王官之學，相對於「經」，「書」常被歷代注家釋為未立為博士的儒家典籍，如司馬光《法言集注》載宋咸注曰：

75　（漢）揚雄著、汪榮寶疏：《法言義疏・二・學行》，頁29-31。

76　（漢）揚雄著、（宋）司馬光注：《法言集注（纂圖分門類題五臣註）・卷一・學行》，收入（清）紀昀等編：《景印文淵閣四庫全書》，頁6。

「書謂諸傳記之書，猶《論語》、《孝經》、《爾雅》、《荀》、《孟》之類，經謂五經也。言此等書宗道與經所同也」，而吳祕曰：「凡諸書與五經同而時世不尚，未列於學官者，治之可乎？謂若《左氏傳》、古文《尚書》、《毛詩》、〈樂記〉之類。」[77] 延續第二章所論揚雄對「典籍知識」的觀點，凡出於聖人者皆通契於「天道」，立學官與否並非修習的考量。在此脈絡下，問者連問「治書與治經」、「發策決科」與「耕獵收穫」三問題。在此文中，揚雄並未斷然否定「以治經發策決科」的利祿之途，而是透過「君子求道」與「小人求利」的辯證，開顯出隱藏於「發策決科」之下，而又超越「發策決科」的「求道」意向。

這種「求道」意向可推拓並歸結到「對話」的第三層，即「畫」與「不畫」的論題上。「百川學海而至於海，丘陵學山不至於山，是故惡夫畫也。」此言看似揚雄對本段自設問答的結論，然而在「百川學海」與「丘陵學山」的類比與隱喻中，深刻地展現出其與典籍、聖人「對話」的態度，此「學」與「不畫」呈現前文吟詠、浸淫，而與典籍視域融合，開顯「質樸之性」中潛藏的善之趨向，推拓而深化自身道德修為與實踐的狀態而體契於「道」。

揚雄嘗深論「體契於道」之身心狀態，〈問道〉論曰：「道、德、仁、義、禮，譬諸身乎？夫道以導之，德以得之，仁以人之，義以宜之，禮以體之，天也。合則渾，離則散，一人而兼統四體者，其身全乎！」在《法言》中，「道」之層次相當豐富，有如前論作為萬物根源之「天道」，亦有個人、各學派在各種處境中所產生的應物處世之「道」，後者如〈問道〉上文所論：「或問『道』。曰：『道也者，通也，無不通也。』或曰：『可以適它與？』曰：『適堯、舜、文王者為正道，非堯、舜、文王者為它道。君子正而不它。』」[78] 有正它之分的「道」並非「天道」，甚至是不依循「天道」的處世之

---

77 同前注，頁7。
78 （漢）揚雄著、汪榮寶疏：《法言義疏・六・問道》，頁111、109。

道;由此觀之,上文所引「道德仁義禮」之「道」,即非「天道」,而是依循天道的處世之「道」。人透過「心」在大清明的狀態下,統攝知覺官能與理性認知與思考能力,潛於六藝內涵中,形成合於六藝的「知識」,再由其中抽繹出合宜實踐的道德規範;上文論曰:「夫道以導之,德以得之,仁以人之,義以宜之,禮以體之,天也。」「天也」呈現當自身能完善地實踐諸德的狀態,即體契於「天道」而完善的狀態;因此,在《法言》中,人體契於「天道」最理想的修為途徑乃是「認知六藝」,而非如西漢時期儒者常論氣化感通於天地萬物而上契於「天道」的修為方式。

(三)「類比」之「智」

揚雄本善於運用類比思維鋪陳物象於賦中,而在《法言》中,亦時見運用類比思維推闡出天道與六藝典籍「微」的特質。正如〈甘泉賦〉所述,揚雄認為「心」具有感通萬物的能力:「於是事變物化,目駭耳回,蓋天子穆然,珍臺閒館,琁題玉英,蝹蜦蠖濩之中,惟夫所以澄心清魂,儲精垂思,感動天地,逆釐三神者。」[79] 從「比興」所連結的「心—物」關係觀之,人處於天地萬物之間,當陰陽二器所生化的萬物發生變化,人體內的「氣」也會感應其變化而與之相動,如實引發真誠無妄的情感;若「心」處於清明的狀態,則體內之氣則清朗豐潤周流於體內,而能格外靈明地感通天地萬物的情實、發展與變化。

從知識形成的過程觀之,揚雄所論「類比」思維常與靈明的氣感能力相聯結,以體契於最幽微的典籍與天道內涵,如〈問神〉:「君子之言,幽必有驗乎明;遠必有驗乎近,大必有驗乎小,微必有驗乎著,無驗而言之謂妄。君子妄乎?不妄。」[80] 〈問神〉主旨本為心與

---

79 本文所引〈甘泉賦〉載於(漢)班固著、(唐)顏師古注:《漢書·卷八十七上·揚雄傳》,頁3530。

80 (漢)揚雄著、汪榮寶疏:《法言義疏·八·問神》,頁159。

天地萬物感應而抽繹出天道律則，《法言‧序》論此章主旨曰：「神心忽恍，經緯萬方，事系諸道、德、仁、義、禮，譔《問神》」[81]，此已明白說明心在清明的狀態下，統攝體內氣血周流，而與萬方之變化相感通，並將之類比懸繫於道德概念上，而此諸德之概念置放於揚雄理論脈絡下，又與《六藝》典籍與「天道」之內涵相連結；如此，其透過「類比」思維表達的，乃是心與萬物相感應而上契天道的作用。

由此脈絡觀察上引文，可勾勒出「幽—明」、「遠—近」、「大—小」、「微—驗」這些對舉的概念背後，皆有一系「感通」的作用，人的感官知覺所能獲得的經驗知識為相對的「明」、「小」與「驗」，而透過居處之間的「明」、「小」與「驗」，能通感萬物最幽深細微的本質與動向，即難以透過人的知覺官能獲取的「幽」、「遠」與「微」；揚雄將這種幽明、遠近、大小、微驗的感通相互類比，連結出一個生生化育、氣韻生動且井然有序的大天地。

有趣的是，揚雄將這條透過「類」比形成知識的思維方式，與「智」的概念相互連結；《法言‧問明》論曰：「或問：『人何尚？』曰：『尚智。』曰：『多以智殺身者，何其尚？』曰：『昔乎皋陶以其智為帝謨，殺身者遠矣！箕子以其智為武王陳《洪範》，殺身者遠矣！』」[82] 西漢諸子本有「重智」的傳統，陸賈《新語‧卷上‧道基》：「天人合策，原道悉備，智者達其心，百工窮其巧」[83]，可見「智」為全幅把握六藝典籍與天道內涵的認知、修為與實踐能力；而賈誼則常將「智」描述為言語當準得宜，富道德判斷與教化作用，如《新書‧大政上》：「智者慎言慎行」、〈脩政語〉：「故夫言者善，則謂之智矣」[84]，精確的名言表達之「智」亦見於董

81　（漢）揚雄著、汪榮寶疏：《法言義疏‧二十‧序》，頁569。

82　（漢）揚雄著、汪榮寶疏：《法言義疏‧九‧問明》，頁186。

83　（漢）陸賈著、王利器注：《新語校注‧卷上‧道基》，頁18。

84　（漢）賈誼著，閻振益、鍾夏注：《新書校注‧卷九‧大政上》、〈卷九‧脩政語下〉，頁340、372。

仲舒之論：「何謂之智？先言而後當。凡人欲舍行為，皆以其智先規而後為之。」[85] 蘇輿釋「先言後當」為「先知後行」[86]，說明「智」乃是人在「言說」一事時，即已洞澈一事之本質、發展與應對之道，此「智」之解釋並非獨見於〈必仁且智〉一篇，〈五行相生〉論曰：「司馬尚智，進賢聖之士，上知天文，其形兆未見，其萌芽未生，昭然獨見存亡之機，得失之要，治亂之源，豫禁未然之前」[87]，「智」被釋為能知事物之本質、發展之端緒與動向，而萬物之端緒與動向則被董仲舒從「春秋學」中提煉為「微」的概念，可見所謂「智者」即為「知微者」。此知，西漢前期至中期，儒者對「智」之說解，環繞人清明敏銳的認知與感知能力、廣博的知識內涵，以及精確的名言表達能力。

揚雄對「智」的概念則涵蓋此三者，上引文所論「昔乎皋陶以其智為帝謨，殺身者遠矣！箕子以其智為武王陳《洪範》，殺身者遠矣」，其將「智」的概念類比於皋陶與箕子之古史事，皋陶事見於《尚書・大禹謨》：「皋陶矢厥謨，禹成厥功，帝舜申之。作《大禹》、《皋陶謨》、《益稷》」，而箕子事則見《尚書・洪範》：「武王勝殷，殺受，立武庚，以箕子歸。作《洪範》。」[88] 二者皆以其智洞察可諫之君，在諫言中展現自身對貫通於「天道」之「治道」內涵的全幅把握，以精確的名言陳說為君之道，並能在政局變動中保全自身，其二者皆隨時隨事地指引揚雄當下的生命處境[89]；如此揚雄

85　（漢）董仲舒著、（清）蘇輿義證：《春秋繁露・卷八・必仁且智》，頁258-259。

86　同前注，頁258。

87　（漢）董仲舒著、（清）蘇輿義證：《春秋繁露・卷十三・五行相生》，頁363-364。

88　（漢）孔安國傳、（唐）孔穎達疏：《尚書注疏・卷四・大禹謨》、〈卷十二・洪範〉，頁52、167。

89　（漢）董仲舒著、（清）蘇輿義證：《春秋繁露・卷八・必仁且智》，頁258-259。

　　汪榮寶疏釋此論曰：「今論智而獨舉皋陶、箕子以為例者，皋陶倆更禪讓，歷仕三朝，箕子先蒙內難，季丁革命，竝以上哲，客全令名，各著彝訓，傳於後世。

從史事中類推而抽繹出的六藝典籍內涵，非僅能推拓於家國天下的普遍治道，而是具有個人性的契悟體會[90]，裨益於自我身心修為與生命處境之安頓。

值得注意的是，這種透過「類比」以形成知識的途徑，亦呈現於稍早於揚雄的劉向論著中。劉氏釋災異的著作〈洪範五行傳論〉，經班固整理而收錄於《漢書‧五行志》中[91]；此文除論述〈洪範五行傳論〉的內容外，在思維方式上，亦有一條重要的說明，即「比類相從」，傳文可看出所謂「比類」，涵括《尚書‧洪範》所載陰陽休咎之事、先秦至漢代史料與著述所載災異之記，各依其內涵之近似而歸為同類，明其義例，別為條目；有趣的是，《說苑》、《新序》亦皆用切近的類比思維編纂而成，《說苑‧奏序》載此書編輯方法曰：「其事類眾多，章句相溷，或上下謬亂，難分別次序。除去與《新序》復重者，其餘者淺薄，不中義理，別集以為《百家》，後另以類

子雲自審遭際，有類於斯，而哇紫之廷，不可論治，括囊无咎，終守於玄，雖語默不同，所以全生遠害，其道一也。」見（漢）揚雄著、汪榮寶疏：《法言義疏‧九‧問明》，頁187。

90 「知識」所具個人性的契悟體會的觀點援引自當代匈牙利化學家與哲學家麥可‧博蘭尼（Micahel Polanyi）著、許澤民譯：《個人知識：邁向後批判哲學‧第四章：技能》所論「個人知識」概念，其強調認知的動態歷程與默會的成分，其以「行家絕藝」為例，解釋人習得一項技藝乃源於對教導者的無可言傳的技藝之模仿與身體熟習，其論曰：「一個人要想吸收這些隱含的規則，就只能毫無批判地委身於另一個人來進行模仿。一個社會想把個人知識的資產保留下來，就得服從傳統。」（臺北：商周出版股份有限公司，2004年），頁69。人求知的渴望與在傳統中默會熟習就成為「形成知識」的重要途徑，苑舉正先生釋曰：「由個人主動參與這個過程，然後才逐步達成這個掌握與理解」，頁8。由此觀察揚雄知識形成的方式，可知其奠基於孔門師學的傳統，並歡然契會於與六藝的對話中，形成具有創造力的知識內涵；反觀揚雄所批判的博士局限於章句且並無「潛」的專一熱切，即難以形成關於典籍且能實踐的「知識」。

91 （漢）班固著、（唐）顏師古注：《漢書‧卷三十六‧楚元王傳》載劉向著〈洪範五行傳論〉之事曰：「向見《尚書‧洪範》，箕子為武王陳五行陰陽休咎之應。向乃集合上古以來歷春秋六國至秦漢符瑞災異之記，推跡行事，連傳禍福，著其占驗，比類相從，各有條目，凡十一篇，號曰〈洪範五行傳論〉」，頁1950。

相從，一一條別篇目，更以造新事十萬言以上。」[92] 審傳世《說苑》內容，「以類相從」即指以相同主題之事屬比連貫，可見「比類」為常用的思考與論著方式。

《漢書・五行志》載劉向著〈洪範五行傳論〉有別於董仲舒之論，曰：「景、武之世，董仲舒治《公羊春秋》，始推陰陽，為儒者宗。宣、元之後，劉向治《穀梁春秋》，數其禍福，傳以〈洪範〉，與仲舒錯」[93]，正如黃啟書先生所察，劉向之災異思維有前後期的轉變[94]；其認為劉向早期的災異學說多取法董仲舒，後期多採《洪範五行傳》五行五事之災異項目，旁枝推衍，且屢展現於奏對中。然而二者皆展現災異—經義—實事的類比思維，呈現其真切的時局關懷。

如〈使外親上變事〉論曰：「前弘恭奏望之等獄決，三月，地大震。恭移病出，後復視事，天陰雨雪。由是言之，地動殆為恭等。臣愚以為宜退恭、顯以章蔽善之罰，進望之等以通賢者之路。如此，太平之門開，災異之原塞矣。」[95] 在氣化論的脈絡下，人才運用關乎君道，若君王絀賢任佞，會引動充塞於天地之間的陰陽之氣悖謬紊亂，而產生地震暴雨等災異現象；劉向在此前理解下，將「地震」類比於弘恭、石顯對蕭望之等人之讒譖，而提出信賢遠佞的對治之道；而

92　（漢）劉向著、向宗魯注：《說苑・奏序》，頁1。

93　（漢）班固著、（唐）顏師古注：《漢書・卷二十七上・五行志上》，頁1317。

94　黃啟書：〈試論劉向災異學說之轉變〉：「設使無論《洪範五行傳論》撰成前後，劉向奏疏中所推衍之災異法則，皆屬於《洪範五行傳》中之五行五事系統，則劉向災異理論前後並無重大演變；反之，如在《洪範五行傳論》撰成之前，其奏疏中並不見五行五事之色彩，則吾人可推論劉向災異裡極可能存在前後期的發展。」《臺大中文學報》第 26 期（2007 年 6 月），頁 126。同樣地，張書豪：〈試探劉向災異論著的轉變〉亦從劉向對「火災」等災異史例的理論困境，究其前後期災異理論的轉變曰：「劉向災異說前後期的轉向，既非長期發展，亦非一時突變，而是斟酌個別史例中公羊災異說的合理程度，以及洪範五行說缺項與歷代史例之間相應性。於是乎其史例的推說原則，或沿襲董仲舒，或全據洪範五行說，混用兩說者亦在所多有，展現出光譜般新舊學說漸層。」《國文學報》57 期（2015 年 6 月），頁23。二論皆可見劉向災異理論可能的轉變。

95　〈使外親上變事〉可參見（漢）班固著、（唐）顏師古注：《漢書・卷三十六・楚元王傳》，頁1931。

〈條災異封事〉則將信賢遠佞的治道，再類比於經義，其論曰：「故治亂榮辱之端，在所信任；信任既賢，在於堅固而不移。《詩》云：『我心匪石，不可轉也。』言守善篤也。」[96] 如此，「災異」與「治道」即被類比為一組以氣化為根源的有機結構，而可抽繹出與人道相貫通之天道規律。

而在人事類比上，劉向《說苑》、《新序》對史事與經義、天道之類比，並不似董仲舒具有鋪陳公羊學之典籍理解與詮釋方式的意向，而只是透過史事推闡君道，而其類比的方式，即多從史事中抽繹出政教法則，再將之類比經義，而層層推闡出君德與政教觀，如《新序・節士》即為一典型例證：「紂作炮烙之刑，王子比干曰：『主暴不諫，非忠臣也；畏死不言，非勇士也。見過則諫，不用則死，忠之至也。』遂進諫，三日不去朝，紂因而殺之。《詩》曰：『昊天太憮，予慎無辜。』無辜而死，不亦哀哉！」[97] 劉向甚常諫君失道，甚至因此得罪弘恭、石顯而繫獄，故此非僅自史事中歸納出「忠臣善諫」的政教觀點，亦為其自身「體知」式地理解典籍。

同為西漢晚期儒者，劉向透過類比形成知識的方式，與西漢前期至中期的儒者區別不大，雖然陸賈、賈誼與董仲舒諸儒亦未如劉向有系統地透過類比編排大量且有系統的裨益治道的史事，然其結合體知與理性歸納推闡的知之途徑，甚似於前代諸儒；然而揚雄透過類比，理性歸納推衍出的知識內涵則展現個人對六藝的熱情與創造性，能具體引導生命各種處境，而展現出前論當代匈牙利哲學家博蘭尼（Michael Polanyi）所論「個人知識」的特質。

正如徐復觀先生的洞見，揚雄對六藝典籍的認知有別於當時博士的章句說解，而是為了安頓在東漢政局亂象中的個人身心狀態。故相較於陸賈、董仲舒重視六藝典籍歸納出來的治道知識，與賈誼所歸納

---

96 〈條災異封事〉可參見（漢）班固著、（唐）顏師古注：《漢書・卷三十六・楚元王傳》，頁1943。

97 （漢）劉向編著、石光瑛校、陳新整理：《新序校釋・卷第七・節士：紂作炮烙之刑章》，頁843-846。

出的倫理理序，揚雄所歸納出的知識多與「個人」德行修為，而常透過「潛」於六藝而與六藝的對話呈顯出來；其所論「知識形成」的途徑有二；一者，揚雄認為「心」在大清明的狀態下，透顯出知覺最靈明的「神」與「明」，以此專一「潛」於典籍內涵，先理解並歸納典籍之律則而實踐之，再與六藝內涵對話，而辯證、剝顯典籍精微的義理內涵。這說明其認為最適宜理解天道內涵的方法，乃是結合「理性認知」與「體知」的途徑，形成合於六藝內涵的知識。其次為氣化感通而能類比萬物的進路，「心」處於清明的狀態，體內之氣清朗豐潤而周流，能感通萬物最幽深細微的本質與動向，且能將萬物相互類比、連結而形成關於天道秩序的知識。從揚雄所獻〈甘泉〉、〈羽獵〉二賦觀之，這類經由感通而相互類比所構成的知識，亦呈顯為一個物類豐盈、相互連結、生生不息的「物世界」。[98]

結語：以神明「潛」於六藝

揚雄對「性」的概念與西漢其他儒者有所殊別，其認為「人性」並非僅僅指涉「道德上善惡的傾向」，而是含括知覺能力、理性認知能力、生理本然需求與道德上之善惡傾向等內涵。由此，揚雄所論「知之主體」較西漢諸儒更加重視每個各人殊別的身心修為狀態，這種獨特性透過「神」與「明」的概念呈顯出來。他認為「心」具有主動修為至「神」與「明」的能力，當人透顯神明時，涵藏於「性」的知覺、認知能力亦能清明敏銳地發用，而展開雙重「知」之能力，一為涵括思考、類推、歸納等清明而有效的理性認知能力，二為感通萬

---

98 文學作品中物類感通的觀念援引自鄭毓瑜先生：〈類與物——古典詩文的「物」背景〉所論：「從『類物』與『類應』的角度看來，世界的組成並非以『物』或標誌『物』的『字（詞）』為先，而是有一個根本的關連性或相似性平臺（或體系），讓人們早就『預（先認）知』了『物』（「字」）的存在。」《清華學報》41卷1期（2011年3月），頁18。所謂「相似性」的平臺，可呈現漢儒氣化感通而能與萬物深層連結的脈絡，循此觀察文學作品中相互鋪排賦疊的物類，可勾勒作者與萬物氣化感通的知之過程與創作歷程。

物的能力，方能形成與六藝典籍與萬物內涵相一致的知識。

　　在知識形成的過程上，揚雄所歸納出的知識多與「個人」德行修為有關，而常透過「潛」於六藝而與六藝的對話呈顯出來；其所論「知識形成」的途徑有二：一為「心」在大清明的狀態下，透顯出知覺最靈明的「神」與「明」，以此專一「潛」於六藝典籍，與其內涵相互對話，透過理性思考、歸納的能力，層層泯合對立的觀點，將隱匿於典籍的精義剝顯出來，而抽繹出宜乎實踐的「天道」內涵。其次為氣化感通而能類比萬物的進路，「心」處於清明的狀態，體內之氣清朗豐潤而周流，能感通萬物最幽深細微的本質與動向，且能將萬物相互類比、連結而形成關於天道秩序的知識。

　　揚雄認為人能透過發用「神明」之「學」的認知歷程，抑制生理本然需求所可能傾向的「惡」與偏斜的情感，以啟導「善惡混」所描述人性具有的「潛藏善質」，揚雄注意到每個殊別的各人性分有異，啟導與開展出的狀態各有姿度，故其所述揭顯出一種人物美學式的品鑒欣趣。

第六章 西漢儒家諸子之思維方式與名言表達

　　學界對中國古代思維方式相關論題討論甚繁，且成果豐碩。英國科學史學家李約瑟（Noel Joseph）奠基於弗蘭克《中國人的世界觀》、顧立雅《中國論》、葛蘭言《中國人的思想》諸論，深論中國先秦至兩漢時期發展出一種重視萬物關聯性（correlative）的思維方式，其於名著《中國科學技術史・第二卷・科學思想史》論曰：

> 中國人的科學或原始科學思想包含著宇宙間兩種基本原理或力量，即陰和陽（這是人類自身兩性經驗中陰性和陽性的反應），以及構成一切過程和一切物質的五行。宇宙間凡是可以用五加以安排的其他一切事物，都以象徵的相互關聯而與五行並列和結合起來。[1]

這是將萬物視為一個有機連結的整體，盡可能羅列出的事物，並探討物與物間的連結性，以此鋪陳其中的秩序性，這種觀點已隱隱約約勾勒出所謂「比興思維」的特質，黃俊傑先生曾定義中國古代「比」與「興」之思維方式，如其論「比」曰：

> 所謂「比式思維方式」中的比，就是朱子（晦庵，1130-1200）解釋六義所說「比者，以彼物比此物也」之意。比，即今與比附之意，切類以指事，這是古代中國人最常運用的一種思維方式。所謂「比式思維方式」也就是一種類推思考方法（analogical mode of thinking），也就是《墨子・小取》所謂「辟」或「援」

1　（英）李約瑟（Noel Joseph）著、何兆武等譯：《中國科學技術史・第二卷・科學思想史》（上海：上海古籍出版社，1990年），頁303。

的思考方式。[2]

李約瑟已注意到董仲舒將陰陽與五行相互比附連結，勾勒出一套縝密的天道秩序，這種陰陽、五行、節氣、方位相互比附的龐大體系。[3]然而，正如前引黃先生之論，這種將具有相似概念或狀態的事物相互類比的思維方式，先秦時期即甚常見，至於西漢，儒家諸子亦常用於天道秩序與經典義理內涵之推闡；然而除董仲舒之外，學界對於西漢諸儒運用「比式思維」的方式並未深究。

　　同樣地，黃俊傑先生也解釋「興式思維」，乃是論說者以某種言說興起聽者的價值意識，並能意會所蘊含之哲理[4]；在此意義下，「過去」與「現在」即成為無法割裂之有機的整體，可互觀相詮[5]，從史事興發哲理的思維方式，在西漢儒家諸子論著中甚為明顯，而此種少用純粹理性，如數學運算或邏輯推演的理性思維的「類比思維」，展現出「具體思維」的重要特質。[6]

2　黃俊傑：《儒家思想與中國歷史思維‧第三章：中國古代儒家歷史思維的方法及其運用》：「在歷史思維中所見的『起興』，則常常是言遠而指近，借古人古事暗指今人今事，所謂『以古諷今』者是也。」收入《東亞儒學研究叢書》（臺北：臺大出版中心，2014年），頁106-107。

3　此可參見（英）李約瑟（Noel Joseph）著：《中國科學技術史‧第二卷‧科學思想史》，頁320-326。

4　黃俊傑：《儒家思想與中國歷史思維‧第三章：儒家歷史思維的方法：比與興》：「從這一點，我們可以說，古代中國人從來不認為歷史上的過去與當下的現在是斷為兩橛的，他們都認為從古至今是一種連續性的關係。在過去的史實中所蘊含的原理，都可以對現代人具有歷久彌新的啟發」，頁113。

5　吳光明：〈古代儒家思維模式試論——中國古代文化詮釋學的觀點〉，收入黃俊傑編：《中國古代思維方式探索》（臺北：正中書局，1996年），頁22。

6　學界已有關於中西類比思維比較之專論，黃朝陽：《中國古代的類比‧第十章：總論》將先秦諸子之類比與亞里斯多德三段論證相比較，發現先秦諸子之「關一類」思想有四項基本特質：同類性（即相似原則）、自排性（不以自身設關、不可自我證明）、可替換性（同類互換）、多邊性（一物不同的特質可多邊設關應用）；與亞里斯多德三段論證互有異同，同者為皆為一推理過程，異者為亞氏三段論證常涉及三類對象所對應之三個概念之間的外延關係，且反映不同對象屬性的各個命題是「平等的」，沒有意義遞進的問題。（北京：社會科學文獻出版社，2006年），頁250-254，可知中西類比思維有其殊別，應考量個別情況加以解

美國漢學學者吳光明歸納出先秦以降「具體性思維」的特質，包括「指示性」、「肯定性」與「否定性」三者；其中的「指示性」表現於「你」、「我」、「這裡」、「現在」等詞彙，吳光明釋曰：「它們之所以奇特，是因為它們的指涉物（也就是在現實中具體的意義歸趨所在）只有在面對說話者和他的情境脈絡時才能獲得理解。」[7] 在此脈絡下，「我」為一個「情境動詞」，是一種實踐性的詞彙；「任何的陳述都是由『我』來斷定並賦予意義。永遠有一個『我』來進行斷定的行動，並且賦予這個斷定一種意義」，吳先生由此視角詮解《論語・雍也》：「夫仁者，己欲立而立人，己欲達而達人。能近取譬，可謂仁之方也已」，而論曰：「這裡把自我、道德原則、知識和為人處世都連在一起討論。他們都合而為一於這個『行動我』（active I）的指示性觀念之內。」[8]「行動我」可與前文所論「比興式思維」相連，將人類透過感官知覺所獲取的生活經驗與所興發出的哲理相互類比，將人置放於各種具體情境中，正面回應各種生存處境，創構龐大的知識內涵。

　　學界雖甚少探究西漢儒家諸子運用具體性思維的方式，前論「陰陽」與「五行」之類比已展現極成熟的類比性思維與龐大的天道體系，誠如徐復觀先生所論，這套涵括陰陽、五行、節氣、方位與國家制度的「天道—人道」體系，成就於董仲舒之思想[9]，可見西漢諸儒已展現成熟的具體性思維面貌。

　　因此，本章即要討論西漢儒家諸子運用具體性思維的方式；以及

釋。

7　吳光明：〈古代儒家思維模式試論——中國古代文化詮釋學的觀點〉，收入黃俊傑編：《中國古代思維方式探索》（臺北：正中書局，1996年），頁36。

8　同前注，頁38、39。

9　此論可參見徐復觀先生：《兩漢思想史・卷二・先秦儒家思想的轉折及天的哲學的完成》：「他（董仲舒）由此而把陰陽四時五行的氣，認識天的具體內容，伸向學術、政治、人生的每一個角落，完成的天的哲學的大系統，已形成漢代思想的特性。可以說在董仲舒以前，漢初的思想，大概是傳承先秦思想的格局，不易舉出他作為漢代思想的特性。漢代思想的特性，是由董仲舒所塑造的」，頁269。

運用此思維時，以「名言」表達知識的特色，而學界對後者之論題甚少關注。筆者擬從西漢儒家諸子對「文字」的觀點出發，觀察象形文字對經驗世界的描繪與比附，論述西漢儒者認為「文字」可能架構出何種意義世界。其次，再依據「文字」之音義所延展出的「聲訓」，討論西漢前期至董仲舒逐漸完成的「深察名號」之名言表達與思維方式，並延伸至比興思維下的知識表達方式，呈現西漢儒家諸子名言表達特色。

一、文字所構成的天道與人世

關於人類運用語言的能力，學界已有深入的探究。以色列歷史學家哈拉瑞（Yuval Noah Harari）從考古證據推論現代智人已具有運用語言的能力，能更複雜周延地溝通，以此分享更深刻的經驗知識，並建立更完整的人際關係。[10] 哈拉瑞認為所謂「溝通」，涵括彼此討論「虛構事物」的能力。[11]

美國語言與腦科學專家麥可・亞畢（Michael Arbib）則認為，智人之所以能發展出「語言」，乃肇因於大腦基因之演化與文化演化之結果[12]，他認為智人之大腦基因發展出七種動能：「辨識複雜動作與複雜模仿」、「蓄意的溝通」（指說話者蓄意對聽者造成某種影響的

10　（以）哈拉瑞（Yuval Noah Harari）著、林俊宏譯：《人類大歷史：從野獸到扮演上帝・第二章：知善惡樹》：「就在大約距今七萬年到三萬年前，智人出現了新思維和溝通方式，這也正是所謂的認知革命。會發生認知革命的原因為何？我們無從得知。最普遍相信的理論認為，因為某一些偶然的基因突變，改變了智人的大腦內部連結方式，讓他們以前所未有的方式來思考、用完全新式的語言來溝通。」（臺北：遠見天下文化出版股份有限公司，2014年），頁31。

11　（以）哈拉瑞（Yuval Noah Harari）著、林俊宏譯：《人類大歷史：從野獸到扮演上帝・第二章：知善惡樹》：「據我們所知，只有智人能表達從來沒有看過、碰過、聽過的事物，而且講的煞有介事。在認知革命之後，傳說、神話、神以及宗教也應運而生」，頁34。

12　（美）麥可・亞畢（Michael Arbib）著、鍾沛君譯：《人如何學會語言：從大腦鏡像神經機制看人類語言的演化》（臺北：商周出版股份有限公司，2014年），頁2。

行動）、「符號表現」（將符號與一個開放階級的事件、物體或是實踐行動連結的能力）、「生產符號與接收符號之能力」、「覺察場景、物體、行動主要與次要部分的時間順序」、回想事件或想像未來的能力，以及「照顧幼者的群居性等能力」[13]；作者認為這些被演化出的大腦能力讓智人逐漸發展出語言，其論曰：「早期的智人已擁有現代人學習語言所需的腦部機制，就這方面來說，腦早就是語言先備的了，但是在那之後還需要數萬年的時間，人類才能發明出語言。」[14] 從智人分布的區域觀之，學界根據湖南省道縣的中國智人化石，推測不晚於八萬年前，中國華南局部地區已出現具有完全現代型態的人類。[15] 哈拉瑞已論這種人類已具運用語言思考、溝通、創造而建立知識的能力；陳夢家先生亦認為，初民透過運用語言的能力，在文化演化的過程中，逐漸創造出一套觀察與解釋萬物的文字符號[16]，這套文字符號則在孳乳的過程中，建構出縝密的知識體系。以下，筆者先討論商周時期甲骨文與金文的符號指涉的知識脈絡，至先秦時期傳世典籍所論「文字」之起源與作用，探討「文字」可表達何種知識，此與西漢儒者所論「文字」之作用有何殊別，又展現何種思維方式的面貌？

（一）先秦傳世典籍論文字之起源與作用

　　學界常透過殷商時期甲骨文，觀察華土初民使用語言的思維方式，以及從具體至抽象的發展脈絡。甲骨文已初具後來所歸納出的象形、指示、會意、形聲等諸種造字方式，許進雄先生論曰：「此系的

13　同前注，頁 201-204。

14　同前注，頁 205。

15　此論參見 Lu Wu（劉武）等："The earliest unequivocally modern humans in southern China", *Nature* 526 (29 October 2015), pp. 696–699.

16　關於語言與文字之關連與作用，陳夢家：《殷商卜辭綜述・第二章・第四節》論曰：「語言只是我們對感官所及的客觀世界中的反應或稱謂，如我們眼中看見太陽月亮而稱之為日月。一直到人類把見到的日月描繪下來，並把它作為一種交際工具，才成為文字。」（北京：中華書局，1988 年），頁 73。

文字大部分是象形與象意，但已有不少的形聲字，即所有的造字法都已齊備。它是探索漢字字源不可缺的材料。」[17] 甲骨文中的象形字與會意字，一描述具體物象，一結合多文以表達抽象思想，這些文字展現初民對萬物形象化的觀察，亦呈現殷商巫文化，陳夢家先生認為：

> 殷人對於自然力量的崇拜，對於通過巫術行為與自然發生虛幻的交通，反映了當時農業生產的重要和當時部族之間鬥爭的激烈。殷人的上帝權威以及卜辭中所記錄的祈告的內容，都說明了這些。殷代的宗教，還是相當原始的，但是社會向前發展，改進了生產方式和工具，社會制度也因之而變，經驗產生了自然規律的認識。於是原始的宗教模式雖依然存在，逐漸的僵化形式化了。[18]

引文所論「巫術行為」，學界已有深論，如趙容俊先生將甲骨文呈現的巫術，歸納為祭祀、占卜、驅鬼、醫療與救災等諸種[19]，而「巫術行為」背後，亦蘊含特殊的「巫術思維」。所謂「巫術思維」，英國文化人類學家泰勒（Edward Burnett Tylor, A. D. 1832-1917）已論，「巫術」呈現「聯想思維」的特質[20]；他雖說明巫文化的「聯想思

---

17 許進雄：《中國古代社會：文字與人類學的透視·第一章》（臺北：臺灣商務印書館，1988年），頁9。
18 陳夢家：《殷商卜辭綜述·第十七章》，頁561。
19 趙容俊：《殷商甲骨卜辭所見巫術·第三章》（北京：中華書局，2011年），頁90-112。
20 泰勒的解釋，可參見陳來：《古代的思想與倫理：儒家思想的根源·第三章：巫覡》：「巫術建立在聯想之上而以人類的智慧為基礎的一種能力，但在相當大的程度上，同樣也是以人類的愚蠢為基礎的一種能力。這是我們理解魔法的關鍵。人類早在低級智力狀態中就學會了在思想中把那些他發現了彼此之間的實際聯繫的事物結合起來。但是，以後他就曲解了這種聯繫，得出了錯誤的結論。」（北京：三聯書店，1996年），頁37。此外，關於巫術思維，（英）弗澤雷（James George Frazer）著、汪培基譯：《金枝·交感巫術》則進深歸納兩項「巫術」的原理：「順勢巫術」與「接觸巫術」，一者乃依照「同類相生」或「果必同因」的思維，二者則是「物體一經互相接觸後，在中斷實體接觸後還會繼續遠距離的相

維」展現出過多幻想、揣測而不符合奠基於精確的科學觀察、檢驗而歸納或演繹出的知識，但卻一語中的地呈現巫術中「類比萬物」之聯想思維的特質。

由「類比」思維的特質，觀察學界深論甲骨文所呈現的巫術思維，可發現殷人已透過甲骨文，描繪出一個涵括天神、地祇、人鬼等信仰世界，以及天文曆法、自然現象、方國地理等結合想像、推測與生活經驗的知識內涵。張光直先生於其名著〈商代的巫與巫術〉論「降」與「陟」二字構形與意義，皆展現出複雜的類比性思維。首先，以「降」之構形為例，其論曰：「卜辭裡面的降字，左面從阜，示山陵，右面是足跡，自上向下走來」，而「降」有作及物動詞，表明「降災禍」，亦有作「不及物動詞」，表「帝降」、「其降」之意；其論曰：「這種情形當指降神之降，即在人神溝通的意義上，神在巫師的邀請或召喚之下自上界以山為梯而走降下來。」[21] 這個解釋具有綿密的類比思維，將「神」─「巫」─「人」相類比，對舉而構造出「神界」與「人世」，這種對舉可透過「巫」溝通連結、交絡往來。有趣的是，人在人世居處間，容易將雄偉的「山」與崇高的「天界」相連結，而認為神以山為梯下行至人世；如此，「降」這個字即細膩地勾勒神─巫─人─山等諸種結合生活經驗與想像、推測的知識。

「陟」亦展現類似的思維方式，張先生論曰：「與降相對的是『陟』。卜辭金文左面人是山丘，右面的足跡則是自下向上走的」，他以《楚辭》所載巫行遊「天界」為例，說明「陟」之儀式曰：「卜辭有陟字，並與降字相關聯：『貞：降陟？十二月。』單出時，陟字顯作動詞用，當是祭名。有時與帝同出：『茲陟帝』、『陟帝用』；

互作用」，其認為這二種巫術原理皆奠基於「聯想」思維上：「順勢巫術是根據對相似的聯想而建立的，而接觸巫術則是根據對接觸的聯想而建立的。」（北京：大眾人民出版社，1998年），頁77、81。

21 張光直：《中國的青銅時代・商代的巫與巫術》（臺北：聯經出版事業公司，1990年），頁49。

陟帝亦概指上去見帝」。[22] 此外，其更論殷商時期之器物與傳世典籍展現巫可透過山、樹、鳥等物上升於天界見「帝」，山有崇高的意象，為神靈居所；樹向上延伸，可想像為通天的渠道，而飛鳥則可視作「登天的階梯」。[23] 此更擴大「天界」與「人間」的物象想像與比附，描繪出萬物生動靈活，充滿原始敬畏的巫世界。因此，殷商時期的象形與象意文字不僅呈現「巫術思維」下連結神靈與人世的聯想，更涵括人具體的生活經驗與對周遭萬物的觀察，並且實際用於載錄人起居生活的各種面向。

　　從殷商晚期至西周早期，華土之民即從「巫文化」逐漸轉折為人文化成的「禮樂文化」。從宗教觀之，陳來先生已論殷商時期仍信奉以「帝」或「帝廷」為代表的多神宗教，而周代則逐漸轉折為以「天」及「天命」為代表的「倫理宗教」，後者開啟一種透過道德修為與實踐而上契於「天命」的德禮文化[24]，這種文化深刻地透顯於西周以降的傳世典籍與先秦諸子對「文字」之起源與運用的觀點上。

　　先秦傳世典籍中，關於「文字起源」的說明雖不多，然《周易‧繫辭下》的一段論述頗具典型性：「古者包犧氏之王天下也，仰則觀象於天，俯則觀法於地，觀鳥獸之文，與地之宜，近取諸身，遠取諸物，於是始作八卦，以通神明之德，以類萬物之情……上古結繩而治，後世聖人易之以書契，百官以治，萬民以察，蓋取諸夬。」[25] 事

---

22 同前注，頁50。

23 同前注，頁52。

24 陳來：《中國古代的宗教與倫理：儒家思想的根源‧第四章：祭祀》：「在殷商對鬼神的恐懼崇拜，與周人對天的尊崇敬畏之間，有著很大的道德差別。前者仍是自然宗教的體現，後者包含著社會進步與道德秩序的原則。需要指出的是，周人文化的這種特質和發展，雖然與倫理宗教的階段相當，但周代的禮樂文化並非走的一神教的路子，他的獨特的禮樂文化與德性追求，開啟著通往聖哲宗教的東亞道路──德禮文化。」（北京：三聯書局，1996年），頁149。

25 除《周易‧繫辭傳》所載之外，關於文字起源，（漢）高誘注、（清）畢沅注：《呂氏春秋‧卷十七‧審分覽‧君守》釋曰：「奚仲作車，蒼頡作書，后稷作稼，皋陶作刑，昆吾作陶，夏鯀作城，此六者所作當矣」，頁203。可知「倉頡作文字」之論點不晚於戰國晚期。

實上，兩漢諸儒對「文字起源」的討論，亦多轉引詮解此段文字，足見此文對「文字起源」一論題的重要性。此文載於《周易・繫辭傳》，從近年出土《周易》經傳簡帛與〈二三子〉、〈衷〉（〈易之義〉）、〈要〉等論《易》文章的時代推斷觀之，學界多認為〈易傳〉寫作時代約當戰國中期，如廖名春先生所論：「帛書〈衷〉、〈要〉對〈繫辭〉既有暗引，更有明引。如此說來，〈繫辭〉的寫成當比它們更早，將其時間推至戰國中期，完全是有可能的。」[26] 他並從西漢前期儒家諸子引用〈繫辭〉的現象推論其成文時代曰：「特別是抄寫時間與帛書〈繫辭〉相同的帛書〈衷〉，它不但大量引用了〈繫辭〉之文，而且三次稱之為『易曰』。這與陸賈《新語》稱引〈繫辭〉所反映出來的事實是一致的：〈繫辭〉應該是戰國時期的作品。」[27] 可知不晚於戰國晚期，即出現「伏羲仰觀俯察萬物而畫八卦」與「從結繩至書契」的「表意符號」與「文字起源」傳說。

在「伏羲作八卦」的傳說中，「伏羲」仰觀俯察地理環境與自然現象而作八種符號，八種符號不僅具體指涉天、地、雷、風、水、火、山、澤等八種物象，又與當時已逐漸成熟的陰陽氣化理論相互比附，呈現出陰陽對立而圓融的消長變化，除用於詮解氣化秩序，又連結於人世秩序，鋪陳出一套詮解萬物發展理序的理論；劉長林先生即論八卦與六十四重卦呈現當時解釋萬物生成與發展理序之系統性思維。[28] 在此思維下，「文字」之起源與作用亦比附於卦象中，所謂「上古結繩而治，後世聖人易之以書契，百官以治，萬民以察，蓋取諸夬」，王弼釋〈夬・彖〉：「孚號有厲，其危乃光也」曰：「剛正明信以宣其令，則柔邪者自危」，並釋〈象〉：「君子以施祿及下，

---

26 廖名春：《周易經傳與易學史新論・第九章》（山東：齊魯書社，2001年），頁189。

27 廖名春：《周易經傳與易學史新論・第十一章》，頁281。

28 此論如劉長林先生：《中國系統思維・一・周易系統觀》：「《易》作者對六十四卦（包括象和辭）的精心排表明，他將六十四卦的序列看作是對整個宇宙過程的反應和說明。因此可以推認，《易》作者實際上已將八種自然物質視作世界的基本構成物。」（北京：中國社會科學出版社，1990年），頁79。

居德則忌」曰:「施而能嚴,嚴而能施,健而能說,決而能和,美之道也」[29],可知〈傳〉中隱含君子以戒慎剛毅而柔和得宜的態度「決除」小人的政教觀,當代學界亦有依循此義以論。[30]

　　從此卦義回觀「上古結繩而治,後世聖人易之以書契,百官以治,萬民以察,蓋取諸夬」一句,即可發現「書契」之所以具「百官以治,萬民以察」的作用,涵括二重義涵,其一為如《尚書》所載典謨訓誥,以記錄占卜結果、上位者之決斷、君臣民之過失,並戒示官民,這從《尚書》以「書」一詞指涉「書寫」或「文書告示」之義即可窺一二,如《尚書‧召誥》:「越七日甲子,周公乃朝用書命庶殷侯甸男邦伯。厥既命殷庶,庶殷丕作」[31],屈萬里先生釋「書」曰:「書,文書,即今之公文」[32],此即以「書」告示方國之君與殷民築城之事;而〈顧命〉則載:「太保、太史、太宗皆麻冕彤裳。太保承介圭,上宗奉同瑁,由阼階隮。太史秉書,由賓階隮,御王冊命」,「書」即指冊命康王繼位的公文。其次,所謂「百官以治,萬民以察」之治道,端賴君王之道德修為與實踐,而《尚書》即多載為君之德與其處事準則,如《尚書‧堯典》開篇即載堯之諸德:「欽、明、文、思、安安,允恭克讓」,而載錄舜之德行曰:「瞽子,父頑,母嚚,象傲;克諧以孝,烝烝乂,不格姦。」[33] 如此,相較甲骨文描繪

29　(魏)王弼注、(唐)孔穎達疏:《周易注疏‧卷五‧夬‧象》、〈卷五‧夬‧象〉,頁103、104。

30　此論如金景芳、呂紹綱:《周易全解‧周易下經:夬》:「君子得時,小人失勢,小人被消盡的形勢已定,不過時間早晚的問題。然而卦辭爻辭卻不因此而稍微懈怠,相反倒是以警戒危懼為戒,深切叮嚀,無所不至,以為越是容易成功的事情,做起來越要謹慎小心……所以作《易》的人於夬之諸爻諄諄告誡陽決陰,君子決小人要自制期剛壯之性,做到『決而和』,既要決之又要和之,既要和之又要決之,九二與九五兩爻更要決之以中道、中行。」(吉林:吉林大學出版社,1991年),頁311-312。

31　(漢)孔安國傳、(唐)孔穎達疏:《尚書注疏‧卷十五‧詔告》,收入(清)阮元審定、盧宣旬校:《重刊宋本十三經注疏》,影印嘉慶二十年江西南昌府學開雕本(臺北:藝文印書館,1989年),頁219。

32　屈萬里:《尚書集釋‧召誥》(臺北:聯經出版事業公司,1983年),頁117。

33　(漢)孔安國傳、(唐)孔穎達疏:《尚書注疏‧卷十八‧顧命》、〈卷二‧堯

人透過祭典與生活居處而與神靈溝通的「巫文化」，〈繫辭傳‧下〉所論「後世聖人易之以書契，百官以治，萬民以察」即呈現「文字」具有載錄天命、政事與人德的作用，而這三重知識以類比、歸納、興發、演繹等諸思維方式，交絡融通而鋪陳為人文化成的禮樂知識體系，呈現於六藝典籍中。

除了載錄天命、政事與人德之外，孔子所論「必也正名乎」又開啟文字的第二重作用，即「定義」。當然，華土初民所逐漸發展出的象形與象意文字本有表意的作用，但這種「表意」的作用，經過文字孳乳與文化發展的過程而愈加繁複，孔子所論「正名」，即描繪在宗法制度下，「君─臣」與「父─子」被賦予的「倫理位分」與「宜於相對待」的忠、恕、敬、信等各種德行；在此脈絡下，「正名」即意味正「名」所指涉的嫡庶尊卑之倫理位分與職責。[34] 孔子從倫理位分提出「正名」的觀點，為諸子各家討論「名」之指涉的開端，如墨辯、名家、莊子「齊物」與荀子「正名」理論，而學界論荀子「正名」理論則多回應墨家與名家諸論[35]，故筆者先論墨辯與名家諸論，

典〉，頁281、19。

34 徐復觀：《兩漢思想史‧卷一：周秦漢政治社會之研究》論西周宗法制度下「名」的意義曰：「為了便於統治的從屬關係能夠鞏固，以血統的嫡庶及親疏長幼等訂下貴賤尊卑的身分，使每人的爵位及權利義務，各與其身分相稱；這在當時稱之為『分』；『定分』即所以建立當時的政治秩序。分是以身分做根據所劃分的；通過各種不同的禮數，把分彰顯出來，且使之神聖化。」（臺北：臺灣學生書局，1974年），頁19-20。同樣地，楊寬：《西周史‧第六章：西周春秋的宗法制度》亦從西周時期貴族的「命名」制度論一個成年人的家族位分與繼承權的傳統：「西周、春秋時代的貴族，每個人都有兩個名字，即幼年取的名和成年取的字」，前者為父題取，後者在冠禮或笄禮時由來賓題取。楊先生論當時貴族男子之「字」常連輩分、官位、氏三者而稱呼，如「兮（氏）伯吉父（字）」之風氣曰：「這樣的稱呼包含有姓氏、長幼行輩、本人的字、男女性別等組成部分，無非為了明確表示其身分與地位……因為當時實行嫡長子繼承制。」（上海：上海人民出版社，1999年），頁437。可見「名」與「字」皆展現一個「成人」的位分與職責。

35 唐君毅：《中國哲學原論‧導論篇‧第五章：原名》認為《荀子‧正名》涉及當時名墨諸家之論，其引「三惑」一段論曰：「荀子此段文論邪說辟言之三惑，皆關涉於當時名墨諸家所論之標題」，頁155。此非本書主旨，故僅援引唐先生之概

與荀子互觀，再論莊子之名言理論，觀察先秦「文字」之定義作用。

（二）自「窮事微」至「深察名號」

　　《周易·繫辭傳下》：「上古結繩而治，後世聖人易之以書契，百官以治，萬民以察，蓋取諸夬」的傳說，成為西漢儒家諸子理解「文字」之起源的「前理解」，終被擴大編寫為完整的「文字起源」之事；而透過史事所展現出「文字」的表意作用與其能載述的知識內容與思維方式，即與先秦傳世典籍與諸子所論各有殊別。以下分論西漢時期之諸儒所論文字起源與作用。

1.西漢前期諸儒論「窮事微」之文字作用

　　將陸賈《新語·道基》開篇：「於是先聖乃仰觀天文，俯察地理，圖畫乾坤，以定人道」與《周易·繫辭下》「包犧氏作八卦」一段相比對，可發現八卦等占筮符號之作用已被轉移深化。首先，〈繫辭下〉所論八卦作用為「通神明之德，類萬物之情」，即比附天地萬物並占斷決疑；然而陸賈所論八卦作用乃是「定人道」、「民始開悟」，「人道」一詞可與《新語·術事》互見：「天道調四時，人道治五常，周公與堯、舜合符瑞，二世與桀、紂同禍殃」[36]，而可指涉下文所論父子、君臣、夫婦、長幼等倫理秩序與道德修為。其次，陸賈將〈繫辭下〉「包犧」與「後聖」分別勾勒出的占筮符號的體系，與由「結繩」至「書契」的文字發展脈絡，以「於是」一詞相互接合；如此，八卦所架構出詮釋事物生成變化的知識體系，即與「百官立」所描繪的國家體制相連結，而統攝於君王治道之下。

　　有趣的是，若與前引〈道基〉論《五經》、《六藝》具有「承天統地，窮事微，原情立本，以緒人倫，宗諸天地，脩篇章，垂諸來世」的作用互觀，即見秦漢之交至西漢初期，儒者認為文字所載錄的

　　念，詳參此文。
36　（漢）陸賈著、王利器注：《新語校注·卷上·術事》，頁41。

知識，不僅包括天文地理等經驗知識、人道知識與占筮的決疑，更能窮盡萬物最細微的動向與發展；這就說明人透過觀察萬物與史事所歸納、衍伸、聯想興發出的「天道規律」亦可透過文字窮盡地傳達，這可與第二章所論「天道」載諸六藝典籍，而認知六藝典籍，亦為向上把握天道內涵的途徑之一。

　　除了改造「伏羲作八卦」之傳說外，西漢前期亦流行「倉頡作書」之論，如《荀子・解蔽》論曰：「故好書者眾矣，而倉頡獨傳者，壹也」，可知戰國晚期已流行「倉頡作書」的傳說，這項傳說被西漢諸子轉化，用以描述文字之起源與作用；《淮南子》即多次論及「倉頡作書」之事，如〈本經〉論曰：「昔者蒼頡作書，而天雨粟，鬼夜哭；伯益作井，而龍登玄雲，神棲昆侖；能愈多而德愈薄矣」、〈說山〉：「見竅木浮而知為舟，見飛蓬轉而知為車，見鳥跡而知著書，以類取之」、〈脩務〉：「昔者，蒼頡作書，容成造曆，胡曹為衣，後稷耕稼，儀狄作酒，奚仲為車，此六人者，皆有神明之道，聖智之跡，故人作一事而遺後世，非能一人而獨兼有之。各悉其知，貴其所欲達，遂為天下備。」[37] 將這三則引文通貫觀之，可知「倉頡」以靈妙的覺知能力，透過如鳥跡之類的交錯痕跡與天地物象，比附而作為「文字」。值得關注的是〈本經〉所述「昔者蒼頡作書，而天雨粟，鬼夜哭」，這種異象肇端於文字可能形成的人為詐偽，使天道渾樸的狀態在形諸文字的過程中，被扭曲而失其大義；這種黃老思想下的觀點就與陸賈所論「天道規律」可極盡地形諸文字甚有殊別。

　　同為儒者，相較於陸賈改編《周易・繫辭下》所述文字之「起源」與其所載錄的知識，賈誼更重視文字可能承載的知識範圍與內涵，《新書・道德說》論曰：

　　　故曰：道此之謂道，德此之謂德，行此之謂行，所謂行此者德

37　（漢）劉安著、何寧注：《淮南子集解・卷八・本經》、〈卷十六・說山〉、〈卷十九・脩務〉，頁571、1133、1342。

也。是故著此竹帛謂之書，《書》者此之著者也，《詩》者此之
志者也，《易》者此之占者也，《春秋》者此之紀者也，
《禮》者此之體者也，樂者此之樂者也，祭祀鬼神為此福者
也，博學辯議為此辭者也。[38]

前已引陳麗桂先生之論，賈誼認為陰陽二氣生化萬物之過程，可分為
「道德性神明命」六階段，在生化過程中，萬物之形貌與稟賦自然內
具此六理；道德修為與實踐在此脈絡下，即是透過六藝之認知活動，
將內在稟賦如實而窮盡地發顯出來；如此，「六藝」乃是「六理」形
諸文字之載錄，而陶冶並回應人生存的各種情狀與疑難。此即勾勒出
「文字」之作用為「載述天道內涵」；這種觀點有助於面面俱到地描
述「天道」，《新書‧道術》論曰：

數聞道之名矣，而未知其實也。請問道者何謂也？對曰：道
者，所從接物也。其本者謂之虛，其末者謂之術。虛者，言其精
微也，平素而無設施也。術也者，所從制物也，動靜之數也。凡
此皆道也。[39]

引文將「名—實」、「本—末」、「虛—術」等相對舉的概念與天道
相比附。「天道」具有虛靈靜妙而無為的質性，卻透過陰陽二氣化生
並統攝萬物，此即「精微」而能「制物」，這種觀點不僅展現西漢儒
者認為文字所具竭盡天道內涵而載述的功用，更展現當時透過類比性
思維所建構，結合道、陰陽、萬物、倫理、道德修為與實踐的龐大知
識體系。
　　西漢前期黃老思想下的儒家諸子對文字之起源與作用討論雖有殊
別，然展現較先秦更加肯定文字對言詮功用的態度，如前論陸賈所論

38　（漢）賈誼著、閻振益、鍾夏注：《新書校注‧卷八‧道德說》，頁325。
39　（漢）賈誼著、閻振益、鍾夏注：《新書校注‧卷八‧道術》，頁302。

「承天統地,窮事微」與賈誼所論「文字」具有載錄天道內涵的作用,在此觀念下,文字能「窮盡」人類描述仰觀俯察的一切經驗知識,亦能描繪經驗知識所透顯的理序,以及萬物最隱微的發展端緒與脈絡。此觀點將透徹地呈現於董仲舒對「文字」之功用的論點上。

2. 董仲舒論聖化的「名號」

董仲舒《春秋繁露》雖未論「造字者」的問題,卻從「天道生化萬物」與「萬物發聲」的觀點討論「名號起源」的問題,〈深察名號〉論曰:

> 是非之正,取之逆順,逆順之正,取之名號,名號之正,取之天地,天地為名號之大義也。古之聖人,謞而效天地謂之號,鳴而施命謂之名。名之為言,鳴與命也,號之為言而效也。謞而效天地者為號,鳴而命者為名。名號異聲而同本,皆鳴號而達天意者也。天不言,使人發其意;弗為,使人行其中。名則聖人所發天意,不可不深觀也。[40]

「名號」可指「語言」所述名號,亦可指語言載諸竹帛之書面文字。前文已論《春秋繁露》已鋪陳天地萬物之化生歷程[41],陰陽剖判而成為天地場域,在天地間,透過四時運轉,讓萬物依時生生化育,而天地孔竅與萬物所發之「聲音」,成為「命名」的來源;當然,此並非先秦至兩漢諸子首次關注萬物發聲,《莊子·齊物論》已以靈妙生動的描述,呈現萬物孔竅氣流發聲之美:

---

40 (漢)董仲舒著、(清)蘇輿義證:《春秋繁露·卷十·深察名號》,頁285-286。

41 董仲舒所論氣化生成論可參見(漢)董仲舒著、(清)蘇輿義證:《春秋繁露·卷十三·五行相生》:「天地之氣,合而為一,分為陰陽,判為四時,列為五行」,頁362。

子綦曰：「夫大塊噫氣，其名為風。是唯无作，作則萬竅怒
吗。而獨不聞之翏翏乎……」子游曰：「地籟則眾竅是已，人籟
則比竹是已。敢問天籟。」
子綦曰：「夫吹萬不同，而使其自已也，咸其自取，怒者其誰
邪！」[42]

其意旨雖為呈現萬物各有其自己之本然稟賦，然卻已從萬物發聲各有
殊別，呈現萬物與生俱來的「獨特性」；這種獨特性也顯現於上引
文：「古之聖人，誦而效天地謂之號，鳴而施命謂之名。名之為言，
鳴與命也，號之為言，而效也」，這裡雖未論「聖人」為誰，然《春
秋繁露》所論「聖人」不外堯、舜、周公、孔子等逐漸在儒學詮釋與
傳播的過程中被聖化的人物，這類人物在董仲舒的理論中，具有格外
靈明的知覺觀察能力與思辨推論能力[43]，能依循萬物所發聲響命名。

　　值得注意的是，董氏所論「命名傳說」有別於「形聲字」之孳
乳，從東漢晚期許慎《說文解字·序》所論：「形聲者，以事為名，
取譬相成，江、河是也」[44] 即可知其殊異。關於「事」之指涉，段玉
裁援引《說文解字·序》所「事」一詞之其他用法而論曰：「事兼指
之事，象形之物，言物亦事也。名即段約名，今曰字之名，譬者諭
也，諭者告也，以事為名，謂半義也。取譬相成謂半聲也，江河隻
字，以水為名，譬其聲如工可。」[45] 故「形聲」結合形符與聲符，形
符表語意，聲符表語音，不同於董仲舒所論「依據萬物鳴聲」所定之

42　（清）王先謙：《莊子集解·卷一·齊物論》，頁9-10。

43　董仲舒認為「聖人」具有無微不知的知覺能力，如（漢）董仲舒著、（清）蘇輿
　　注：《春秋繁露·卷十七·天道施》：「天道施，地道化，人道義。聖人見端而
　　知本，精之至也；得一而應萬，類之治也」，頁469。「見端」為敏銳的感官知覺
　　能力，「知本」為靈明的理性推闡與歸納能力，「應萬」則為落實於行為的應變
　　能力，展現出董氏所論較完整的「知」之能力。

44　（漢）許慎著、（清）段玉裁注：《圈點說文解字·序》（臺北：萬卷樓圖書公
　　司，2002年），頁763。

45　同前注，頁763。

「名號」；而董氏此論亦非解決文字之「表音」問題，而是要透過萬物各自殊別的發聲，表明從言詮形諸文字的「名號」，並非《荀子‧正名》所論在人文化成中約定俗成的「名」[46]，而是結合「絕對道德意志」與「自然秩序」之「天」透過受命的「聖人」仰觀俯察所傳達無可改易之「名」；如此，「名號」即成為能窮盡地傳達「天意」的神聖符號。

「名號」既為天意賦予而不可改易，則其所指意義亦有確鑿性，如〈郊語〉：「聖人正名，名不虛生。天子者，則天之子也。以身度天，獨何為不欲其子之有子禮也」[47]，「天子」具其「名」，故需透過郊祀向「天」盡「子」之道，故名號與其所指涉之意涵皆稟受於「天意」；如此，解經者亟需透過各種解經方式，如《春秋繁露》前十六篇「春秋學」所論「貫比而論是非」、「別經權」、「貴志」、「慎辭」等方式，竭盡開顯以「名號」載諸《春秋》之天道內涵。

董仲舒的觀點既出，西漢中晚期以降，儒者雖少言「萬物鳴聲所定名號」的觀點，然「名號稟受於天意」之論，卻仍有所見，如劉向《說苑‧脩文》所載：

> 《春秋》曰：「正月，公狩于郎。」《傳》曰：「春曰蒐，夏曰苗，秋曰獮，冬曰狩。」苗者奈何？曰苗者毛也，取之不圍澤，不揜群，取禽不麛卵，不殺孕重者。春蒐者不殺小麛及孕重者；冬狩皆取之，百姓皆出，不失其馳，不抵禽，不詭遇，逐不出防，此苗獮蒐狩之義也。故苗獮蒐狩之禮，簡其戎事也；故苗者毛取之，蒐者搜索之，狩者守留之。夏不田，何也？曰，天地陰陽盛長之時，猛獸不攫，鷙鳥不搏，蝮蠆不螫，鳥獸蟲蛇且知應天，而況人乎哉？是以古者必有豢牢。其謂之畋何？聖人舉事

46　（清）王先謙：《荀子集解‧卷十六‧正名》論名出於約定俗成曰：「名無固宜，約之以命，約定俗成謂之宜，異於約則謂之不宜」，收入《諸子集成》（北京：中華書局，2006年），頁279。

47　（漢）董仲舒著、（清）蘇輿義證：《春秋繁露‧卷十四‧郊語》，頁399。

必返本，五穀者，以奉宗廟，養萬民也，去禽獸害稼穡者，故以
田言之，聖人作名號而事義可知也。[48]

此所引《春秋》為《公羊傳‧桓公四年》：「狩者何？田狩也，春曰
苗，秋曰蒐，冬曰狩。常事不書，此何以書？譏。何譏爾？遠
也。」[49] 可知《公羊傳》本意為譏桓公遠地田狩之事，而今本《公羊
傳》未載劉向所述「夏曰苗」一句，而劉向即轉折《公羊傳》文意，
先論四時田獵的規則，再釋《公羊傳》不載「夏苗」之因，因夏為萬
物生長繁茂之時，萬物皆不侵擾農作物，故人不可以自身私欲擾動農
時，可知「夏不苗」亦為順承天道規律的行為，而由董仲舒「名號」
理論脈絡觀察《春秋》「不書」之義，可知名號稟受於天，承載天道
規律，「不書」說明此事違逆天道，人不宜為；如此，語言文字所構
成的「名號」即成為開顯天道規律的載體。

　　西漢前期儒家諸子認為文字乃是上古聖人仰觀俯察而著於竹帛的
表意符號，這套表意系統可窮盡地載錄天道內涵，面面俱到地展現天
道內涵，實際指引人的生命處境。至於董仲舒，為了讓「口說指涉」
與「形諸文字」的「名號」，與結合絕對道德意志及「陰陽二氣」的
「天意」相連結，遂設立一套「以萬物鳴聲制定名號」的觀點，在此
觀點下，「名號」即成為能窮盡地傳達「天意」的神聖符號；如此，
董仲舒與西漢後期的儒者如劉向，即透過各種解經方式，竭盡所能地
開顯以「名號」載諸「六藝」之天道內涵。

二、「聲訓」之名言表達與思維方式

　　漢儒者慣用「聲訓」詮解六藝典籍與義理內涵，如王力先生所

48　（漢）劉向纂、向宗魯校：《說苑校正‧卷十九‧修文》，頁489。
49　（漢）何休注、（唐）徐彥疏：《春秋公羊傳注疏‧卷四‧桓公四年》，頁51。

論：「聲訓在漢代成為一種風尚」。[50] 歸納學界對「聲訓」之定義，可概分為二，其一乃是「以語音相近或相同之字為釋」，如王力先生所論：

> 中國上古時代用語音相同或相近的詞來說明詞的真正意義。「聲訓」之名由此而起。《易·說卦》說：「乾，健也；坤，順也；坎，陷也；離，麗也；兌，說也。」已經廣泛地使用了聲訓。《淮南子》、《史記》、《漢書》在個別的篇章裡也運用了聲訓。《春秋繁露》、《白虎通》、《風俗通》以及一些緯書（如《春秋元命苞》）裡面的聲訓更多了，特別是《白虎通》，差不多每章都有聲訓。到了劉熙的《釋名》，則成為聲訓的專著，作者純然從語言學觀點去探求詞的真正意義。[51]

其二則為龍宇純先生所論，「聲訓」以語言孳生現象為背景，乃是「以語音關係推求詞源」的詞義詮解方式，而「聲訓」有三條件：

（一）二者語音原則上應相同。
（二）二者之發生必須一先一後不可顛倒。
（三）二者語義尚需具有必然之關係，而又不得為相等。
　　　古人所為聲訓，其可信者如蒙蒙、徼徼、政正、仁人、疏梳、蝕食、銘名、麋眉之類，莫不合於此三者。而通常現象：語義有無必然關係，甚不措意；語言之發生先後，亦

50　徐芳敏先生：《釋名研究·第一章：引言》亦論：「漢代流行聲訓，《釋名》尤其以聲訓運用著稱」，收入《臺大文史叢刊》（臺北：國立臺灣大學，1989年），頁1。黃宇鴻：〈《說文》與《釋名》聲訓比較研究〉亦論曰：「到了漢代，訓詁家繼承了先秦的聲訓傳統，在註解中大量使用『以聲說義的方法』，聲訓材料在當時字書和傳注中屢見不鮮。」《武漢教育學報》2期（1996年2月），頁30。
51　王力：《中國語言學史·第一章：聲訓》（上海：復旦大學出版社，2006年），頁37。

無所顧慮；但求一語音有關之字以釋之，而僅為雙聲或疊韻，又復在所不計，故皆不足為信而已。[52]

由龍宇純先生所論「推求詞源」的概念觀察第一義所論「聲訓」之運用，即可發現王氏所引《周易·說卦》與《淮南子》、《史記》、《漢書》、《春秋繁露》、《白虎通》、《風俗通》等漢代典籍常用以音近或同音字釋其義的訓解方式，多不可歸為「聲訓」一類。

然而，正如張以仁先生〈聲訓的發展與儒家關係〉所論，若僅依「求源」的概念判斷是否為「聲訓」，或許會出現某種程度的侷限性：

如果固執於求源的觀點來探討這方面的材料，無疑的，一個詞語，如果有所謂語源，它的來源應該只有一個。不管後人對他有多少種說法，也許全沒說對，絕不可能全對。然而，我們是否能執著於求源的觀點來探討所有聲訓現象呢？尤其是我們所謂的求源的觀點不過是我們後人從那些材料中抽象出來的。我們分析的功夫做的夠不夠？歸納出來的尺度標不標準？都值得我們去三思。我想，如果我們將若干聲訓的實例，擺回他原來的歷史的位置上去，然後理出他們發展的線索，或者能對這種特殊的現象提出另外的解釋也不一定。[53]

此論即調和王、龍二先生論點的緊張關係，從儒學發展的視角，觀察「聲訓」可能發展的脈絡。此文從《論語》、《孟子》諸書的聲訓現象，至荀子「正名」論、乃至董仲舒「深察名號」觀點，描繪出「聲訓」的發展而論曰：「這種思想，正是一脈相傳。名與實之間的關係

---

52 龍宇純：〈論聲訓〉，《清華學報》9：1、2（1971年9月），頁87-88。
53 張以仁：〈聲訓的發展與儒家關係〉，收入氏作：《中國語文學論集》（臺北：東昇事業公司，1981年），頁60。

是絕對的、天然的，要確定它，變得在『名』上下功夫。而聲訓無疑是最適當最方便的方法」、「嚴格來說，這種聲訓，目的原不在真心探求語源，只是以之為手段，用來宣傳儒家的思想。」[54]

「聲訓」既為兩漢儒者常用的詮釋方式，歷來學界多關注董仲舒在「深察名號」的脈絡下運用「聲訓」的方式，較少探討其餘諸子，然陸賈與賈誼之聲訓運用，展現出其比興思維，可與知識形成過程互觀相詮。

（一）陸賈與賈誼之「聲訓」運用

陸賈在《新語》多用「韻語」，如《新語・道基》開篇：「春生夏長，秋收冬藏，陽生雷電，陰成雪霜，養育群生，一茂一亡，潤之以風雨，曝之以日光，溫之以節氣，降之以殞霜」[55]，而少用「聲訓」詮解之法。然賈誼《新書》卻不乏「聲訓」之例，如《新書・道德說》：「是故著此竹帛謂之書，《書》者此之著者也，《詩》者此之志者也，《易》者此之占者也，《春秋》者此之紀者也，禮者此之體者也，樂者此之樂者也，祭祀鬼神為此福者也，博學辯議為此辭者也。」[56] 據前論賈誼「知識內涵」之論點，「六藝」具體載錄聖人透過仰觀俯察的經驗知識與史事理解所歸納出的天道理序，而此處則用「聲訓」的方式詮解諸經內涵；依古音分部，「書」與「著」同為「魚部」，「詩」與「志」同為「之」部，「禮」與「體」同為「脂」部而語音原則相同；其次，如張以仁先生所論，「書—著」、「詩—志」、「禮—體」雖難以指為三詞之語源，然義理脈絡卻能合宜闡釋賈誼對六藝的觀點。

〈道德說〉下文論《尚書》內涵曰：「書者，著德之理於竹帛而陳之，令人觀焉，以著所從事」，可知此典籍載上古君王之道德修為

---

54 同前注，頁61、77。
55 （漢）陸賈著、王利器注：《新語校注・卷上・道基》，頁18。
56 （漢）賈誼著、閻振益、鍾夏注：《新書校注・卷八・道德說》，頁325。

與政教實踐，人可透過認知理解具體實踐於自身生活處境中；論《詩》曰：「詩者，志德之理，而明其指，令人緣之以自成也」，鍾夏雖將「志德之禮」之「志」釋為動詞之「記」，此雖不同於《說文解字》將「詩」與「志」互訓，或如《詩·大序》所論：「詩者，志之所之也，在心為志，發言為詩，情動於中而形於言」[57]，但從賈誼所論含括「道、德、性、神、明、命」六者之「德之理」，可知人透過認知六藝與道德修為，將內涵於人初樸稟賦中的「德之理」發用出來，即成為「仁義禮智信」等諸種德行，其中「仁」即指涉溫潤惻隱而飽含憐恤的道德情感。

同樣地，「禮一體」同從「豊」得聲，在《說文解字》中，「禮」被釋為「履也，所以事神致福也。从示从豊，豊亦聲」，「禮」、「履」同為「之部」，段玉裁釋「履」為「足所依」[58]，可知「禮」指涉人敬履祭典之所，敬行祭儀以事天地鬼神；此義與賈誼下文所論：「禮者，體德理而為之節文，成人事」，依《新書》之理論脈絡觀之，此「體德理」可與〈六術〉：「是故內本六法，外體六行，以與《詩》、《書》、《易》、《春秋》、《禮》、《樂》六者之術，以為大義，謂之六藝」互觀，可指人對六藝內涵之修為與實踐。如此，此三處「聲訓」之例，皆如張以仁先生所論：「早期的聲訓，其作用不在探求語源，乃是以聲訓為手段，宣傳儒家的思想，和形訓的情形正復相同。」[59] 此知賈誼所用「聲訓」不僅為宣揚儒家思想，更扣合其知識理論，即人透過認知六藝典籍，而可將內攝具於質樸之性的「六理」，如實發用為「仁義禮智信」等德行，而成為一「道德人」。

除了扣合並推展六藝之認知修為與實踐的理論之外，賈誼在《新書·先醒》亦論「先生」一詞指涉之意義曰：

57　（漢）鄭玄箋、（唐）孔穎達疏：《毛詩注疏·國風·周南關雎》，頁13。
58　（漢）許慎著、（清）段玉裁注：《圈點說文解字·示部》，頁2。
59　張以仁：〈聲訓的發展與儒家關係〉，頁75。

懷王問於賈君曰：「人之謂知道者先生，何也？」賈君對曰：「此博號也。大者在人主，中者在卿大夫，下者在布衣之士。乃其正名，非為先生也，為先醒也。」彼世主不學道理，則嘿然惛於得失，不知治亂存亡之所由，忳忳然猶醉也。而賢主者，學問不倦，好道不厭，銳然獨先達乎道理矣。故未治也，知所以治；未亂也，知所以亂；未安也，知所以安；未危也，知所以危。故昭然先窹乎所以存亡矣，故曰先醒。[60]

依王力先生分判，「生」與「醒」皆為「耕部」，語音原則相同；此處「名實關係」論「先生」指涉為「知道者」，從文脈觀之，「道」乃指人事發展所歸納出的理序與原則，從天道生化運作的角度觀之，人事理序亦被賈誼涵括於「天道」的脈絡下，而賢主「知道」，乃肇因於「先醒」，即能明覺萬事萬物隱微的動向與發展。從認知途徑觀之，前章已論賈誼認為「心」有主動修為的能力，以此觀察「先醒」的明覺能力，可呈現「心」在虛靈靜妙的狀態下，能盡量避免認知與思維的遮蔽與誤判，洞察人世發展的各種狀態；如此，以「醒」釋「生」之「聲訓」，亦為賈誼勾勒其認知六藝之理論脈絡的方式。

（二）「某者，某也」展現出的思維方式

美國認知語言學家喬治‧米勒（George Miller）於其名著《詞的學問：發現語言的科學》（*The Science of Words*）從心智認知的角度探討「詞義」產生的過程，他引述德國心理學家卡爾‧畢勒（Karl Bühler）所論「結構理論」，認為某些指稱人、地方或實態的「詞彙」常只有在語句結構中才能完整地表述其義，其論曰：「對畢勒來說，語言的基本架構是句子，個別的字只有放進句子的架構中後，才

60　（漢）賈誼著、閻振益、鍾夏注《新書校注‧先醒》，收入《新編諸子集成》，頁361。

達到他的全部意義。」[61] 此詮解「詞義」產生之法,亦展現於單音節、孤立語的漢語中。如前引吳光明先生所注意到的:「它們之所以奇特,是因為它們的指涉物(也就是在現實中具體的意義歸趨所在)只有在面對說話者和他的情境脈絡時才能獲得理解。」[62]

由此視角觀察賈誼所用「聲訓」,可發現在「某者,某也」的形式中,用於訓釋前者的詞彙,乃是個人道德修為與實踐的具體體悟,如賈誼所論「書者此之著者也」一段,與揚雄所論「說天者莫辯乎易,說事者辯乎書,說體者莫辯乎禮,說志者莫辯乎詩,說理者莫辯乎春秋」,其中運用聲訓者為「書—著」、「詩—志」、「體—禮」,賈誼文中所論「此」為「道德性神明命」等德之「六理」,揚雄所論「天、事、體、志、理」皆為天地之至而上於「道」,人欲透過認知六藝而把握六理,這種「認知」的第一步仍為前論知之主體認知六藝典籍,並透過理性推論與判斷,歸納文本之義理內涵;然而,若僅停留在這一步,即難以契會引文所論「禮,體也」的層次,可見對六藝內涵的把握,還涵括人在生活經驗中具體設想與實踐的過程;因此,在「某者,某也」中,被釋訓的「前者」即非僅是一個詞彙或概念,而是透過詞彙與概念所描繪出的一個情境,這個情境,需要透過「後者」的修為與實踐方能達成。

這與吳光明先生所論「A is A」漢語形式的思維有異曲同工之妙,他認為「A is A」在對概念的訓釋中,透顯出「自覺」的實踐性格,其論曰:「以這種方式,每一個自我覺知擴張到每一事物的知覺,換言之,自覺伴隨著每一個『此』」,因此,所謂「A is A」展現出後者對前者的驗證,乃是人在實踐中,使前者塑造為其應然展現的狀態:

---

61 (美)喬治・米勒(George Miller)著、洪蘭譯:《詞的學問:發現語言的科學》(臺北:遠流出版事業股份有限公司,2002年),頁212。

62 吳光明著:〈古代儒家思維方式試論——中國文化詮釋學的觀點〉,收入黃俊傑編:《中國古代思維方式探索》,頁36。

「驗證」應有的意思應該是「自我」原出的塑造「此」事物成為它應有的狀態，並確立（建立、確認）它，使它成為（我們認為）它應然的狀態。這就是為什麼中國式的認識論總是將道德和社會／政治混在一起。[63]

事實上，這種「情境式」的思維並不僅僅呈現於「聲訓」，在賈誼《新書·道術》中，有一段通篇以「某謂之某也，反某為某」的形式所構成的德行描述，茲引一段如下：

曰：「請問品善之體何如？」對曰：「親愛利子謂之慈，反慈為嚚；子愛利親謂之孝，反孝為孽。愛利出中謂之忠，反忠為倍。心省恤人謂之惠；反惠為困。兄敬愛弟謂之友，反友為虐。弟敬愛兄謂之悌，反悌為敖。接遇慎容謂之恭，反恭為媟。接遇肅正謂之敬，反敬為嫚……凡此品也，善之體也，所謂道也。」[64]

在「某謂之某」的表達形式中，「後者」為對「前者」的描述，無不出於人在家國天下的倫理架構中所經歷、體悟的身心修為與道德實踐，賈誼用「品」與「體」呈現出「前者」的修為與實踐規定了「後者」的意涵。有趣的是，這種意涵並未被固著，隨著人深化自身的道德修為，後者的狀態就會越來越精邃，而更深刻地把握「道」的內涵。

「情境思維」可較妥貼地解釋為何同一個詞彙，卻可能出現不同的訓釋；對於同一語詞，訓釋不一的詮解現象，學界早有解釋，如王力先生以劉熙《釋名》之「聲訓」運用為例而論曰：「劉熙的聲訓，跟前人一樣，是唯心主義式的。他隨心所欲地隨便抓一個同音字（或

63　同前注，頁41。
64　（漢）賈誼著、閻振益、鍾夏注：《新書校注·卷八·道術》，頁302。

音近的字）來解釋，彷彿詞的真詮是以人的意志為轉移似的。」[65] 不論是「個人意志」之展現或「臆說猜測」，皆側面呈現筆者所論「義理性聲訓」被賦予能訓釋出個人道德修為與實踐的內涵，然而若正面迎向這種開放性的「聲訓」詮釋方式，即可勾勒西漢儒者敞開人對六藝之具體解悟、參與與實踐的「彈性」，使六藝內涵成為能化用於生活情境中的活生生的知識。

（三）《淮南子》「聲訓」運用參照

西漢前期黃老思想治術下的諸子論著，非僅《新書》運用「聲訓」以勾勒自身理論，《淮南子》亦曾用此法，如〈天文〉所論：

> 正月指寅，十二月指丑，一歲而匝，終而複始。指寅，則萬物螾
> 螾也，律受太蔟。太蔟者，蔟而未出也。指卯，卯則茂茂然，律
> 受夾鍾。夾鍾者，種始莢也。指辰，辰則振之也，律受姑洗。姑
> 洗者，陳去而新來也。指巳，巳則生已定也，律受仲呂。仲呂
> 者，中充大也。指午，午者，忤也，律受蕤賓。蕤賓者，安而服
> 也。指未，未，昧也，律受林鍾。林鍾者，引而止也。指申，申
> 者，呻之也，律受夷則。
>
> 夷則者，易其則也，德以去矣。指酉，酉者，飽也，律受南
> 呂。南呂者，任包大也。指戌，戌者，滅也，律受無射。無
> 射，入無厭也。指亥，亥者，閡也，律受應鍾。應鍾者，應其鍾
> 也。指子，子者，茲也，律受黃鍾。黃鍾者，鍾已黃也。
>
> 指丑，丑者，紐也，律受大呂。大呂者，旅旅而去也。[66]

---

65 王力：《中國語言學史·第一章·訓詁為主的時期》，頁42-43。龍宇純先生〈論聲訓〉亦論曰：「各家所言，彼此歧異。各見諸說非其來有自，不過臆說猜測。」《清華學報》第9卷1、2期合刊（1971年9月），頁94。

66 （漢）劉安著、（漢）高誘注、何寧注：《淮南子集釋（上）·卷三·天文訓》，頁184-185。

學界已論「聲訓」常以「想像」的意義詮解字詞，王力從劉熙《釋名》「聲訓」詮解字詞意義的方式，論「聲訓」的特色曰：「劉熙的聲訓，跟前人一樣，是唯心主義的。他隨心所欲地隨便抓一個同音（或音近的字）來解釋，彷彿詞的真詮是以人的意志為轉移似的」[67]；張以仁先生則認為這並非憑空想像，而是有其詮釋或傳播儒家思想的目的，《淮南子》雖近黃老，然上引文所用「聲訓」亦如張先生所論，並非任意想像，而是鋪陳其天道運行之理序。

　　上引文旨在將十二月份、十二地支與十二律相互比附，以勾勒音律在周歲中的運行變化，並可與其養生論相連結。首先，在語音原則相同的條件上，「寅—螾」同屬「真部」、「卯—茂」同屬「幽部」、「辰—振」同屬「文部」、「巳—定」同屬「之部」、「午—忤」同屬「魚部」、「未—昧」同屬「隊部」、「申—呻」同屬「真部」、「子—茲」同屬「之部」、「丑—紐」同屬「幽部」，故皆符合「聲訓」之基本條件。

　　其次，在其義理內涵上，正月與地支中之「寅」相副，一歲之首萬物萌發，故以「螾」描繪其「動生貌」[68]；此並非《淮南子》獨見，《史記・律書》亦載曰：「正月也，律中泰簇。泰簇者，言萬物簇生也，故曰泰簇。其於十二子為寅。寅言萬物始生螾然也，故曰寅」[69]，可知此應為西漢黃老時期對曆法之共見；二月與「卯」相比附，以「茂」釋「卯」描繪萬物萌發後茂然生長的狀態，此同於《史記・律書》：「卯之為言茂也，言萬物茂也」[70]；三月於地支為「辰」，以「振」釋「辰」，描述萬物在陽氣漸盛的狀態下勃發振起的狀態，《史記・律書》雖用字有別，然其義相近：「三月也，律中姑洗。姑洗者，言萬物洗生。其於十二子為辰。辰者，言萬物之蜄

---

67 王力：《中國語言學史・第一章・聲訓》，頁42。
68 （漢）劉安著、（漢）高誘注、何寧注：《淮南子集釋（上）・卷三・天文訓》，頁238。
69 （漢）司馬遷著：《史記・卷二十五・律書》，頁1245。
70 同前注，1245。

也」[71]，四月比附地支之「巳」，《史記·律書》論其「言陽氣之已盡也」，以此與引文「生已定也」對觀，即可知具有生化動能的陽氣盛而至竭，萬物之生成狀態已盛極而穩定安頓；《史記·律書》釋五月為「陰陽交」，而所謂「忤」，何寧引《說文解字》與《楚辭集解》辨之為「啎」，曰：「《說文》又云：『午，啎也。』〈屈原傳〉『重華不可啎兮』，《集解》王逸云：『啎，逢也。』……此『忤』字亦當為『啎』，作『忤』者，流俗傳寫使然。」[72] 而「啎」同為「魚部」，不僅音素相合，且可呈現陰陽二氣交絡的狀態，而可與六月陰氣漸盛相接。六月與「未」相配，而以「昧」釋之，劉熙《釋名·釋天》論「昧」曰：「未，昧也，日中則昃，象幽昧也」，此即呈現萬物在陰氣勃發中幽暗昏昧的狀態，然劉熙之論畢竟為後出，《史記·律書》則論曰：「六月也，律中林鐘。林鐘者，言萬物就死氣林林然。其於十二子為未。未者，言萬物皆成，有滋味也。」[73]「萬物皆成」為陰陽二氣在一歲之間的生化階段已告完成，萬物將入衰頹時期，而「林鐘」之律，調性深沉，與「死氣林林然」之描述互觀，可勾勒引文所論萬物幽昧的狀態。

在陰氣勃發中，七月與「申」相配而以「呻」釋之，呈現萬物在秋日陰氣交盪中幽嘆悲鳴的狀態，此亦合於《史記·律書》所論：「七月也，律中夷則。夷則，言陰氣之賊萬物也。」[74] 引文除描述萬物在陰陽二氣的消長中生育長養而消頹外，亦呈現「人」在萬物間的居處情狀，如八月於地支為「酉」，以「飽」釋之，雖非「聲訓」，然如何寧所注，說明人於秋收時釀酒的活動，與《史記·律書》：「其於十二子為酉。酉者，萬物之老也，故曰酉」[75] 對觀，可知

---

71 同前注，1246。

72 （漢）劉安著、（漢）高誘注、何寧注：《淮南子集釋（上）·卷三·天文訓》，頁240。

73 （漢）司馬遷著：《史記·卷二十五·律書》，頁1247。

74 同前注，頁1247。

75 同前注，頁1247。

「老一酉」同為「幽部」，合於「聲訓」的語音原則，且著重呈現萬物於陰氣深重時衰頹；而九月與十月，分別對應「戌」與「亥」，呈現萬物消亡而陽氣藏於下的狀態；在天道循環中，藏於下的陽氣於十一月滋生，故「茲」聲訓「子」，描繪陽氣端緒已起，萬物即將滋生的狀態；而十二月為「丑」，以「紐」聲訓之，「紐」可與《史記・律書》所論：「言陽氣牽引萬物出之也」[76] 對觀，可知陽氣蓄積待發，欲引萬物萌出，而且鬆解萬物在風凍中被困繫住的狀態，此義即如《說文解字》所釋：「紐，系也。一曰結而可解。」[77]

故《淮南子・天文》乃以「聲訓」勾勒出萬物在一歲間生化的過程與秩序，與其天道觀之內涵相扣合[78]；同樣以「聲訓」解釋陰陽二氣運行的過程，約與《淮南子》同時的《史記・律書》，卻運用不同的詞彙，正如張以仁先生所注意到的，上引文所論「卯則茂茂然」與《說文》所論：「卯，冒也。二月萬物冒地而出」有別；可見西漢時期對「聲訓」之運用，乃如鍾明彥先生所論「義理性聲訓」，是極具開放性地作為諸子詮解義理內涵之重要方法，而「聲訓」之法將在《春秋繁露》中，蔚為龐大的六藝詮釋體系。

（四）《春秋繁露》之「聲訓」運用

《春秋繁露》以「深察名號」為「聲訓」運用的基礎，前論「名號」源於聖人所記萬物發聲，而將萬物發聲置放於結合陰陽二氣與道德意志之「天」透過陰陽二氣生生化育的脈絡中，即可將「名號」推源於「天意」。然則「名號」不僅含括天地間可發聲之物，亦含括「名倫」等人事，如《春秋繁露・精華》：「《春秋》慎辭，謹於名

76　（漢）司馬遷著：《史記・卷二十五・律書》，頁1244。

77　王力認為「聲訓」所釋常為帶有「天道觀」意蘊的詞彙，如干支、方位、四時、五行，見氏作：《中國語言學史・第一章：訓詁為主的時期》：「聲訓的對象，首先是那些帶有神祕色彩的名詞。干支本來可能源於實物的名稱，但是漢代人已經不能考證干支的原始意義，於是運用聲訓來解釋」，頁37。

78　王力先生之論，參見氏作：《中國語言學史・第一章：聲訓》，頁37、39。

倫等物者也。是故小夷言伐而不得言戰，大夷言戰而不得言獲，中國言獲而不得言執，各有辭也」、〈盟會要〉：「別賢不肖以明其尊，親近以來遠，因其國而容天下，名倫等物不失其理」。[79] 可知「名倫」者涵括人世倫常、國家體制、居處器物等各類名物與概念。這類事物之名號來源為何？

〈深察名號〉論曰：「名則聖人所發天意，不可不深觀也」、「是故事各順於名，名各順於天」[80]，人事之名物與概念源於「聖人」觀察人事之狀態與發展所制定；這種制定從語源學上可窺其一二，如王力先生從語源學的觀點論曰：「事物得名之始，固然是任意的，但到了一個詞演變為幾個詞的時候，就不再是任意的，而是在語音上發生關係的了」[81]，可見辭彙在孳乳過程中，會自然產生語音的連結，而此語音連結，展現董氏常將詞彙概念之各種指涉透過語音關係周遍地展現出來。

值得注意的是，董仲舒承繼西漢前期儒者所論，「名號」具有周遍地指稱萬事萬物的作用，〈深察名號〉論曰：「號凡而略，名詳而目。目者，遍辨其事也；凡者，獨舉其大也」[82]，「遍見其事」與「獨舉其大」勾勒「名號」指稱的周遍性。董氏曾論六藝諸經窮指天道與人事最幽微的變化，如〈竹林〉：「《春秋》記天下之得失，而見所以然之故。甚幽而明，無傳而著，不可不察也。」[83]，「名號」載諸「六藝」，「六藝」載諸「天道」，而「天道」所賦予萬物之自然發聲，又為「名號」之根源，可見不論描述人事或自然萬物之名

79　（漢）董仲舒著、（清）蘇輿義證：《春秋繁露·卷三·精華》、〈卷五·盟會要〉，頁85、142。

80　（漢）董仲舒著、（清）蘇輿義證：《春秋繁露·卷十·深察名號》，頁285、287。

81　王力：《中國語言學史·聲訓》，頁44。同樣的概念亦可見於林尹：《文字學概說·中國文字》：「除了自然的人聲外，字義另一重要來源，是模仿物聲音。」（臺北：正中書局，2007年），頁22、23。

82　（漢）董仲舒著、（清）蘇輿義證：《春秋繁露·卷十·精華》，頁287。

83　（漢）董仲舒著、（清）蘇輿義證：《春秋繁露·卷二·竹林》，頁56。

號，皆上統契於渾成的天道體系脈絡中。

由此觀察董仲舒「聲訓」運用，可描繪出一個體制細密而井然有序的大天地。首先，在「天道生化萬物」的面向上，〈重政〉從《春秋・隱公元年》：「春王正月，公即位」論曰：「是以《春秋》變一謂之元，元猶原也，其義以隨天地終始也。故人惟有終始也而生，不必應四時之變，故元者為萬物之本，而人之元在焉。」[84] 以「源」聲訓「元」，呈現「萬物源於陰陽二氣」之生化根源；而「公即位」描述天地萬物生化後，受命的君王統理萬方[85]，〈深察名號〉運用綿密的聲訓詞彙詮解「王」的道德修為與政教實踐：

> 深察王號之大意，其中有五科：皇科、方科、匡科、黃科、往科。合此五科，以一言謂之王……是故王意不普大而皇，則道不能正直而方；道不能正直而方，則德不能匡運周遍；德不能匡運周遍，則美不能黃；美不能黃，則四方不能往；四方不能往，則不全於王。[86]

受命的君王依循道德意志之「天」所具「憯怛愛人」之「仁心」遍潤家國天下，如〈俞序〉所論：「仁，天心，故次以天心」，〈必仁且智〉並論曰：「何謂仁？仁者，憯怛愛人，謹翕不爭，好惡敦倫」，君王體現「仁」之道德意志，能光大輝煌，直道以行，統攝四方萬民。除了「仁」之外，「君」之義亦可與「王」義互觀，呈現「君王」的政教實踐，〈深察名號〉論「君」曰：「深察君號之大意，春中亦有五科：元科、原科、權科、溫科、群科。合此五科，以一言謂

84　（漢）董仲舒著、（清）蘇輿義證：《春秋繁露・卷五・重政》，頁147。
85　「受命」為董仲舒君王觀之基礎，賦予政權合法性，如（漢）班固著、（唐）顏師古注：《漢書・卷五十六・董仲舒傳》載〈賢良對策〉曰：「臣聞天之所大奉使之王者，必有非人力所能致而自至者，此受命之符也。天下之人同心歸之，若歸父母，故天瑞應誠而至」，頁2500。
86　（漢）董仲舒著、（清）蘇輿義證：《春秋繁露・卷十・深察名號》，頁289。

之君。君者元也，君者原也。君者權也，君者溫也，君者群也。」「君－權」的概念，可從《春秋》微言所論「經權」概念互詮解，「權」為依順情勢巧妙地變通節制，如〈保位權〉所論：「民無所好，君無以權也。民無所惡，君無以畏也。無以權，無以畏，則君無以禁制也」[87]，故「權」具有節制人原初生理需求流溢的作用，並為巧妙地運用這種生理需求節制萬民的手段權術。「王」與「君」的兩段「聲訓」，可完整描繪董仲舒所論君王的德行與政教實踐。

　　與君王相對的臣民亦有相對應的「聲訓」詮解，〈深察名號〉論曰：「士者，事也；民者，瞑也」，下文論曰：「民之號，取之瞑也，使性而已善」，「士者，事也」勾勒君王擇賢任事的政教實踐，而「民」與「瞑」相應，則呈現君王應以其德行與六藝教化人民的責任，如此，「天－君－士－民」呈現出井然有序的人世秩序。而當國家理序清明，上契天道秩序，即能如〈賢良對策〉所論「王道」周備的狀態：「陰陽調而風雨時，群生和而萬民殖，五穀孰而草木茂，天地之間被潤澤而大豐美，四海之內聞盛德而皆徠臣，諸福之物，可致之祥，莫不畢至，而王道終矣。」[88]

　　此知，董仲舒「聲訓」運用若能放置回「深察名號」之理論脈絡中，則其詮釋範圍不僅超越王力先生所論如四時、方位、五行、干支等與天文曆律相關的「神秘概念」[89]，而是拓展到君、臣、民等人事的諸多面向，且以此類比出與人事相貫通的縝密天道秩序。

87　（漢）董仲舒著、（清）蘇輿義證：《春秋繁露・卷六・俞序》、〈卷八・必仁且智〉、〈卷十・深察名號〉、〈卷六・保位權〉，頁161、258、290、289。

88　（漢）班固著、（唐）顏師古注：《漢書・卷五十六・董仲舒傳》，頁2503。同樣地，（漢）董仲舒著、（清）蘇輿義證：《春秋繁露・卷四・王道》論受命君王政教合於天道所展現出的「王道」時，國家會出現祥瑞徵象：「王正則元氣和順、風雨時、景星見、黃龍下」，頁101。

89　王力認為董仲舒之聲訓運用多是「神秘概念」，見氏作《中國語言學史・聲訓》，頁45。

（五）「深察名號」下「聲訓」展現之「譬喻思維」

前章已論賈誼之「聲訓」展現出「情境式思維」，其所運用的「A者A也」，說明人透過實踐「後者」，使身心狀態與道德臻於「前者」；董仲舒則進深一層，以某一經驗域建構另一經驗域，將「氣化論」中天人物我之連結，透過這種經驗域的拓展，連結起來。

這種「運用某一經驗域去建構另一經驗域」，賦予賈誼慣用「某者，某也」的「聲訓」更深的連結性。「前者」可視為一個經驗域，後者則為另一個被推拓出去的經驗域，二者相互比附，兩種經驗域相互比附與推拓，擴大賈誼著重於人之道德修為與實踐上的情境式思維，而呈現出「比物聯類」的深層認知結構，美國認知語言學家雷可夫（George Lakoff）將「譬喻」描述為人類認知結構在與萬物相處的生活經驗中，自然而然展現出對萬物理解方式，其論曰：

> 我們的身體本質以及自然與文化環境使我們的經驗具有結構。周而復始的經驗導致範疇的形成，這些範疇就是擁有自然範圍的經驗格式塔。這樣的格式塔界定我們經驗中的整體相合性，人直接理解經驗，視其為自身與周遭環境相互作用中直接湧現的格式塔之整體相合的建構。在運用某一經驗域去建構另一經驗域時，我們是在譬喻式地理解經驗。[90]

此知「譬喻」不僅包含「以彼物說明此物」的「類比」與經驗推拓的情境式思維，更是一種深層於人認知結構的思維與解釋世界的方式，董仲舒即透過聲訓的運用，扣緊公羊學「春王正月」的詮釋脈絡，完整比附政治秩序、君王之道德修為與實踐，以及官僚體系、人民的倫理秩序，而向上緊扣於天道秩序。在「春王正月」所透顯出天道秩序

90　（美）雷可夫（George Lakoff）、詹森（Mark Johnson）著、周世箴譯：《我們賴以生存的譬喻‧三十三章：理解》（臺北：聯經出版事業公司，2006年），頁334。

的面向上，《春秋繁露‧重政》論曰：「是以《春秋》變一謂之元，元猶原也，其義以隨天地終始也。故人惟有終始也而生，不必應四時之變，故元者為萬物之本，而人之元在焉」[91]，「元」為說明時間的紀年，而「原」則指涉「原始」、「原初」的抽象概念，將這種概念，與人在天地間觀察萬物「終始」的狀態相互比附，連結兩種經驗域；如此，抽象的「原」，就與人的時間性與萬物生成化育、衰老死亡的過程相互勾連，描繪出一個人理解、嚮往而秩序井然的大天地。[92]

　　這種認知結構並非心物二元或物我分離式的認知，雷可夫將這種譬喻思維的主體，放置於人的「肉身經驗」上，其論曰：

> 所謂的直接肉身經驗不僅僅是與身體有關而已；更重要的是，每項經驗都在一個具文化前提下的廣闊背景之下發生……更正確點說，所有的經驗都由文化貫穿，我們藉著文化由經驗呈現這樣的方式來體驗我們的世界。[93]

「在文化脈絡下的肉身經驗」，甚至是「被文化塑成的肉身經驗」，是一個極佳的詮解視角，對西漢儒家諸子而言，先秦文化、社會，乃至學脈之分流與匯集，皆成為其理解並實踐六藝內涵的前理解。

　　由「前理解」觀察董仲舒透過聲訓描述的君王治道，前引《春秋繁露‧深察名號》論曰：「深察王號之大意，其中有五科：皇科、方科、匡科、黃科、往科。合此五科，以一言謂之王」，六藝典籍與先

91　（漢）董仲舒著、（清）蘇輿義證：《春秋繁露‧卷六‧重政》，頁147。

92　這種比興思維亦展現於與董仲舒時代相近的《淮南子》中，如第二章以〈天文〉所論「指寅，則萬物螾螾也」為例，以「後者」比附「前者」，能讓人認知結構中的時間性具體化，更可將人與萬物連結為一有機的整體，呈現出天道生生化育的秩序性；然相較於《淮南子》，董仲舒類比的規模更加縝密而龐大，含括人世中一切自然物類與人文制度。

93　（美）雷可夫（George Lakoff）、詹森（Mark Johnson）著、周世箴譯：《我們賴以生存的譬喻‧十二章：我們的概念系統是如何建立的》，頁115。

秦諸子所描述的「王」的諸多特質,皆被開顯於「皇」、「匡」、「黃」、「往」等道德修為與政教實踐中;引文中所描述的「君王」被這些既有的文化規範限定,卻也能在自身修為與實踐的德行中敞開其他的修為,使「君德」逐漸豐富、擴大,充滿被詮釋的可能性;既有的文化與實踐而來的新意,相互交融,不斷地透過肉身體驗,將未知的領域納入已知,這與吳光明先生所論「隱喻」的概念甚為一致:

> 隱喻就是帶著我們從已知的彼岸過渡到未知彼岸的渡船,將奇異的未知轉變為新的已知。同時,相反的過程也在運作。已知豐富且改變了舊有的已知,舊有的已知因此在新的深度和意涵下閃現了新的火花。隱喻就是這種往復來回的雙向交流。[94]

作者認為「隱喻思維」所展現「以彼物說明此物」特性,並非一種固著於已知的狀態,而是具有推拓性的,如前引《春秋繁露・深察名號》所論:「深察君號之大意,其中亦有五科:元科、原科、權科、溫科、群科。合此五科,以一言謂之君」,在先秦文化中,「君」的概念與「為君知道」已非常豐富,而此文亦立足於六藝與先秦諸子對「君」的描述,然而,這些描述不僅可與「元、原、權、溫、群」等概念相譬喻,亦可透過君王的修為,使這些概念不斷擴大、延展、豐富,能納入人對天地萬物與各種居處經驗的各種解釋。

此觀點亦可檢視董仲舒所論官僚體系與人民的倫理關係上,《春秋繁露・深察名號》:

> 故號為天子者,宜視天如父,事天以孝道也。號為諸侯者,宜謹視所候奉之天子也。號為大夫者,宜厚其忠信,敦其禮義,使善大於匹夫之義,足以化也。士者,事也;民者,瞑也。士不及

---

94 吳光明:〈古代儒家思維模式試論——中國古代文化詮釋學的觀點〉,收入黃俊傑編:《中國古代思維方式探索》,頁57。

化，可使守事從上而已。[95]

其兼用義訓與聲訓，鋪陳出「天子—諸侯—大夫—士—民」之國家體系，描繪每個階層理想的肉身體驗與德行實踐；「天子事天」含納入一套依循天道的治道法則，而「諸侯事天子」則對應於西漢景武之際削減諸侯，權歸天子的國家體制現狀；大夫與士則須善盡啟迪民智，使人民依循倫理規範生活，則自身官名方能符實。故這套詮釋脈絡即開顯出西周以降逐步建立人文化成的政治與倫理秩序，且納入當時的政體狀態，透過人的肉身體驗與修為，逐步推拓人的經驗域，並開顯出合於天道規範之理想國家體系的樣貌。

三、「比興思維」論經典詮釋之思維方式

學界對「比」與「興」之研究多偏重詩學，然如李約瑟、雷可夫、黃俊傑諸先生之論，「比」與「興」乃是中國典籍詮釋中常見的「具體性思維」，且為人深層的認知結構。此章開篇雖已涉及其義，然僅用於討論「具體性思維」與「隱喻思維」的特質。而未深究「比」與「興」之義。故以下先分論其義，再探究陸賈與賈誼理解與詮釋六藝與史事等典籍之比興思維方式。

（一）展現具體思維之「比」與「興」

關於「比」的概念，先秦典籍中對「比」的運用，本指涉「親附」之義，如《周易·比·象傳》：「比，吉也，比，輔也，下順從也」，「下順從」為諸陰爻輔順於九五陽爻的卦象，而〈序卦傳〉亦釋先師後比的卦序曰：「師者，眾也。眾必有所比，故受之以《比》」[96]，「眾有所比」與《論語·為政》所論：「君子周而不

---

95 （漢）董仲舒著、（清）蘇輿義證：《春秋繁露·卷十·深察名號》，頁286。
96 （魏）王弼注、（唐）孔穎達疏：《周易注疏·卷九·序卦》，頁187。

比，小人比而不周」[97]，皆指涉人際之間的親密比附，此同於《說文解字・比部・比》以字形釋本義曰：「比，密也。二人為从，反从為比。」[98]

先秦諸子對「比」義的運用，除依字形所生「人際間之親密比附」之義外，亦引申出「事物間的親附」之義，如墨子著名的「辟侔援推」理論，《墨子・小取》釋四者曰：

> 辟也者，舉他物而以明之也。侔也者，比辭而俱行也。援也者，曰「子然，我奚獨不可以然也？」推也者，以其所不取之同於其所取者，予之也。是猶謂也者，同也。[99]

四者之中，近於「類比」者為「辟」與「侔」。首先，關於「舉他物以明之」之「辟」，陳榮灼先生認為，「辟」是「舉出相類的例子作為支持」，而「例證」則是「構成全部理由之所在」[100]；李賢中先生亦將「辟」釋為「事物間的類比關係」，說明「辟」乃是在「個別的例證」中找到「屬性相似的概念」之推論方式。 其次，所謂「侔」，李先生釋之為「言辭間中的類比推論」[101]，陳榮灼先生則深論曰：「『侔』式中最為前提與結論的兩個語句之能夠相提並論的關鍵是在於出現在這兩語句中的關係能夠等量齊觀地成立，即這兩種關係能有一相似性甚至同一性存在」[102]，「侔」重視「關係」間的相似性，而孫長祥先生即從「知之過程」的視角解釋「類」一概念的形成

97　（魏）何晏注、（宋）邢昺疏：《論語・卷二・為政》，頁18。

98　（漢）許慎著、（清）段玉裁注：《說文解字注・八篇（上）・比部・比》，頁390。

99　（清）孫詒讓著、孫啟治點校：《墨子閒詁・卷十一・小取》，收入《新編諸子集成》（北京：中華書局，2001年），頁416。

100　陳榮灼：〈作為類比推理的墨辯〉，收入楊儒賓：《中國古代思維方式探索》，頁204。

101　李賢中：《墨學：理論與方法・《墨辯》的方法研究》，頁99。

102　陳榮灼：〈作為類比推理的墨辯〉，收入楊儒賓：《中國古代思維方式探索》，頁206。

過程[103]，可知「辟」與「侔」乃是透過知之過程而構成對事物的「分類」，並在各從其類之「類」的概念中，推求相似之屬性與關係的思維方式。

這種求取「類」之相似性的思維方式，亦遍見於《荀子》中；張曉光先生引《荀子・正名》「緣天官。凡同類同情者，其天官之意物也同」一段，論人「歸類」的能力曰：「人的思維器官心有驗證認識事物的能力，這樣人類的感官對客觀事物的反應是相同的，所以，人們能把質性相同的或相似的東西歸為一類。」[104] 而荀子所論「類比」思維即源於人認知結構中的歸類能力，故常將天地萬物相互比附，而推求抽繹出隱藏於物類中的理序，如〈王制〉所論：

> 以類行雜，以一行萬。始則終，終則始，若環之無端也，舍是而天下以衰矣。天地者，生之始也；禮義者，治之始也；君子者，禮義之始也；為之，貫之，積重之，致好之者，君子之始也。[105]

「類」與「一」被類比並抽繹出萬物被歸類的「理序」，呈現萬物各從其類，而對紛繁之物而言，其各分屬之類乃為「一」；圓形之「環」被比附為「終」與「始」渾淪而內具律則的「天地」，而此「律則」與萬物生生化育之「律則」、君子道德修為與實踐之「律則」，與君王政教「律則」相比附，而可扣合至「天道」的概念上；如此，「天道─人道─治道」透過「類比」而被抽繹出其中井然的

---

103 孫長祥：〈墨辯中的認識與語言〉：「從心之認知認識的能知與所知相關性立論名實關係，強調認識的事物能被心知範疇模式化，即以為『類』在概念中，是指具有相同性質或功能的一組事物，能按有意義的、被思考的概念與述及的語言方面進行分類，而成為一種具有概括性指稱物的普遍概念。」《華岡文科學報》第26期（1999年12月），頁33。
104 張曉光：〈荀子類推思想探析〉，《邏輯學研究》第3期（2009年3月），頁77。
105 （清）王先謙注：《荀子集解・卷五・王制》，頁103-104。

「秩序性」。

　　值得注意的是，墨子與荀子從「歸納為類」至「同類相推」的思維方式，皆須「人」主動的自省、修為與實踐，林從一先生從人的「主動性」論墨子「不含取之知」至「含取之知」的過程曰：

> 這種行動脈絡最典型的就是他的生活世界。這個觀點轉換後，所傳之道中的「道」是否為天或聖王所欲傳之道已不再是重點，「如何可以將載於文字口語的道實現於實際行為」，或者如何從「不含取之知」過渡到「含取之知」將會成為更適當的問題表述方式。[106]

將此觀點置入雷可夫所論「隱喻思維」，可發現先秦諸子所論「歸納」與「類推」等心智活動實皆為一種源於生活經驗的「肉身體驗」，若無對天地萬物與道德修為的體驗，即難以如上引《荀子・王制》所論，將人所觀察到的萬物生生化育的秩序與仁義等道德觀念，以及君王治道等各種具「律則性」意義的概念相互比附。因此，筆者討論西漢儒家諸子運用「比」之思維方式，將著重於「類」的觀念、以具體修為與實踐道德之「類比」詮解六藝典籍及史事的思維方式。

　　而「興」一詞，在先秦傳世典籍中常指涉「振起」之義，《論語》所用「興」多指涉人之情感、行為與國勢之振起；在人情感之振起的面向上，如〈泰伯〉載子曰：「君子篤於親，則民興於仁；故舊不遺，則民不偷」[107]，「則」隱含一因果關係，而此「因果關係」建立於上位者敬篤親厚的道德情感，浸潤於人民，自然而然地興發溫潤親愛之「仁」的情感，如此君民之間即流動、感通一種溫厚的道德情感。

---

106 林從一：〈法、類與墨辯——含取之知與道之行〉，《東吳哲學學報》25 期（2012 年 2 月），頁 26。

107 （魏）何晏注、（宋）邢昺疏：《論語注疏・卷八・泰伯》，頁 70。

正如學界所關注的，此由「興發情感」而「相互感通」的作用，透徹地流顯於孔子論詩的篇章中。孔子認為「誦詩」具有「興」的作用，如〈泰伯〉所載「興於詩」、〈陽貨〉載：「詩，可以興」，而〈八佾〉載子夏與孔子以詩論禮，子曰：「起予者商也！始可與言詩已矣」[108]，將「興」與「起」互觀，可知詩所具「興」的作用，乃是在「賦詩」的對話或群體場域中，相互感發而對詩句與其演繹出的意涵，生發同情共感的體悟，而共同浸潤於詩句所開顯出的意義。黃俊傑先生即深論「興」所指涉興發情感的意義曰：「古代儒家詩教的傳統就是通過美感經驗的感發興起，而喚醒人的道德價值意識。」[109]

值得注意的是，「同情共感」成立的前提有二，其一為人具有發動情感與被感發的能力，其二為有「物」可作為感發情意的憑藉。從西漢儒家諸子對「心」的界定，「心」本有發用並節制源於質樸之性的「情感」作用；而在第二項前提上，前文所引孔子論《詩》與黃俊傑先生所提示的「史事」皆可做為感發情意的「物」。在先秦典籍中，常論「詩」所具感發情意的作用，如《禮記・樂記》：「詩言其志也，歌詠其聲也，舞動其容也。三者本於心，然後樂氣從之」、〈經解〉：「溫柔敦厚，《詩》教也」，又曰：「溫柔敦厚而不愚，則深於《詩》者也」，〈樂記〉述「人性」曰：「人生而靜，天之性也；感於物而動，性之欲也」[110]，將「詩言志」置入「人生而靜」的脈絡中，可知「詩」具有感發人性，而起動抒發為「情」的作用，依《詩》內涵，所感發出的情即具「溫柔敦厚」的質性。

有趣的是，西漢儒者對「六藝」的描述，亦展現與《禮記》相近的觀點，即將「六藝」描述為具有洩導、引發情感作用的典籍，如

---

108 （魏）何晏注、（宋）邢昺疏：《論語注疏・卷八・泰伯》、〈卷十七・陽貨〉、〈卷三・八佾〉，頁71、156、27。

109 黃俊傑：〈中國古代儒家歷史思維方法及其運用〉，收入氏編：《中國古代思維方式探索》，頁19。

110 （漢）鄭玄注、（唐）孔穎達疏：《禮記注疏・卷三十八・樂記》、〈卷五十・經解〉、〈卷三十七・樂記〉，頁682、854、662。

《新書‧六術》：「是以先王為天下設教，因人所有以之為訓，道人之情，以之為真，是故內本六法，外體六行，以與《詩》、《書》、《易》、《春秋》、《禮》、《樂》六者之術，以為大義，謂之六藝」[111]，又《春秋繁露‧玉杯》：「《詩》《書》具其志，《禮》《樂》純其養，《易》《春秋》明其知。六學皆大，而各有所長」，將之以〈立元神〉相配：「立辟雍庠序，修孝悌敬讓，明以教化，感以禮樂，所以奉人本也」[112]，可知「禮樂」被賦予興起委婉溫厚之道德情感的作用，而學界常論的漢代「詩教」，即奠基於先秦以降《詩》深受重視之「興發道德情感」的作用。[113]

　　除了興發道德情感的作用之外，《文心雕龍‧比興》將這種「同情共感」的憑藉，放諸於天地萬物，而描述出由「物」即「心」的感發歷程，其論曰：「觀夫興之託諭，婉而成章，稱名也小，取類也大」[114]，此讓天地萬物都成為情感興發的物象，而人與天人物我間即展現豐富深厚的情思感通，如葉嘉瑩先生所論：「所謂『興』者，有感發興起之意，是因某一事物之觸發而引出所欲敘寫之事物的一種方法」[115]，蔡英俊先生則更深地從心物關係，論述「興」所具美感體驗的意義曰：「尤其是『興』的感發，多源於情感的『直接的觸引』，由外在景物喚起一種微妙超絕的精神情意上的感動，其中自然有含蘊無窮的情趣在。」[116]

　　從西漢儒者所處「氣化論」的學術背景觀看「興」所具以天地萬

111　（漢）賈誼著、閻振益、鍾夏注《新書校注‧卷八‧六術》，頁316。
112　（漢）董仲舒著、（清）蘇輿義證：《春秋繁露‧卷一‧玉杯》、〈卷六‧立元神〉，頁35-36、169。
113　梅家玲：〈毛詩序風教說探析——兼論其與六朝文學批評之關係〉：「〈毛詩序〉所經營的理論架構是：首先指出詩的本質與樂相同，都是個人心中的情志，由此導出『風』詩具有動人之效，因此建立風詩確可以用為教的前提。」《臺大中文學報》3期（1989年12月），頁501。
114　（南齊）劉勰著、周振甫注：《文心雕龍注釋‧比興三十六》（臺北：里仁書局，1994年），頁677。
115　葉嘉瑩：《迦陵談詩二集》（臺北：東大圖書公司，1985年），頁119。
116　蔡英俊：《比興、物色與情景交融》（臺北：大安出版社，1986年），頁138。

物感通人之情志的脈絡，即可知「感通」可視為一種深層的氣化流動，而使人能與天地萬物最隱微的質性與發展動向相互感通，這條脈絡賦予前文所論《詩》所具「同情共感」的作用，以及蔡英俊先生所論美學意義上的「心物感通」以一種根植於陰陽氣化的認知結構，而可與董仲舒「知微」的理論互觀。[117]

　　綜言之，在兩漢儒者的思維中，「比」乃是「歸類」與「依類比附」的思維，「興」則為根植於「氣化」背景下「同情共感」之道德情感的興發；從西漢儒家諸子解經的方法觀之，「比」與「興」是密不可分的，儒者常以「類比」詮解六藝典籍與史事，並與「時事」連結，而這種連結常能感發人的道德情感，故筆者合用「比興」二概念，探討西漢儒家諸子以「比興」詮解典籍的思維方式。

（二）陸賈與賈誼之「比興」思維與經義詮釋

　　陸賈與賈誼常運用比興思維理解與詮釋史事，如《新語・術事》所論：「善言古者合之於今，能術遠者考之於近。故說事者上陳五帝之功，而思之于身，下列桀、紂之敗，而戒之于己，則德可以配日月，行可以合神靈。」即抽繹出典籍所載上古君王之德行與政教措施，不僅貼合《新語》之寫作目的，而欲論古今存亡之徵，即須比附古今，此切近「類比」，「思之於身」即描繪出人受史事內涵激發，而自覺地內省，而展現出「興」之作用。由於「類比」牽涉「分類的依據」問題，筆者即分論陸賈與賈誼於氣化論下的分類依據，再深論二者「實事─史事─經義─德行」四者之類比思維與其運用方式。

　　陸賈甚重視「類」之概念，《新語》描繪出氣化論下「類」的觀點，〈道基〉論曰：

---

117 施淑：〈漢代社會與漢代詩學〉論董仲舒奠基於天道觀的詩學概念曰：「在以詩為天下法的同時，董仲舒又由詩的『志』、『質』性格出發，加以玄學的改造，史詩通之以陰陽五行化的春秋大義而帶上了天人之學的色彩。」《中外文學》10卷10期（1982年3月），頁88。由施先生的觀點推闡出去，不僅可如施淑先生重探「詩無達詁」的論點，更可開啟一條比興思維下對天地萬物的理解與認識。

知天者仰觀天文，知地者俯察地理，跂行喘息，蜎飛蠕動之類，水生陸行，根著葉長之屬，為寧其心而安其性，蓋天地相承，氣感相應而成者也。[118]

上文可勾勒氣化論下「類」之雙重特質，一為「萬物各從其類」，萬物肇生於陰陽二氣之氤氳交盪，陰陽二氣賦予「同類」之物相同屬性，「屬性」包含「跂行喘息，蜎飛蠕動」或「水生陸行，根著葉長」等形貌、生長質性、物理結構等生物上的特質；而「知天知地」的「聖人」則透過仰觀俯察，如實地分辨外物類別，並著於竹帛。故「類」之分判標準，乃是源於聖人觀察自然的經驗。其次為「物類相感」，由於萬物皆稟氣而生，故同類之中，雖或為不同類別，卻透過「觀察經驗」，而能得出物理上的連動關係。當然，在「氣化論」的學術底蘊下，這種「物理上的連動關係」被賦予一種深層的互感作用，如〈無為〉：「故近河之地濕，近山之土燥，以類相及也。」[119]

除天地萬物各從其類的生理屬性之「類」外，人事亦有「類」之分，如〈術事〉：

故性藏於人，則氣達於天，纖微浩大，下學上達，事以類相從，聲以音相應，道唱而德和，仁立而義興，王者行之於朝，足夫行之於田，治末者調其本，端影者正其形，養其根者則枝葉茂，志氣調者即道沖。[120]

引文以「聲—音」、「道—德」「仁—義」、「王者—匹夫」、「本—末」、「影—形」、「根—枝」、「氣—道」相比附，解釋「事以類相從」的概念；這種比附適足以觀察陸賈對「類」與「分

118　（漢）陸賈著、王利器注：《新語校注·卷上·道基》，頁7。
119　（漢）陸賈著、王利器注：《新語校注·卷上·無為》，頁65。
120　（漢）陸賈著、王利器注：《新語校注·卷上·術事》，頁47。

類」的觀點。首先，「道德─仁義」為道德概念，「聲音」與「影形」、「根枝」為動物或植物自然展現的身形體貌與樣態，「王者─匹夫」則為倫理架構的職分，而「本末」則為一組描述事物發展與其端緒的抽象觀念，「氣道」則為一組天道生化概念。這些類別殊異的概念，被分別地「對舉」起來，表明其均各從其類，而異類相殊的「殊異」性；又被貫通地「比附」起來，表明其統攝於天道氣化的運作下，勾勒出有機的連結性，與森然謹嚴的秩序性。

　　相較於陸賈從「天道觀」的視野把握「類」之殊別性與有機的連結，並以氣化根源作為類與類間相互比附的深層結構，賈誼則更重視從萬物具體表現出來的形貌與質性而分類，如《新書·等齊》：「人之情不異，面目狀貌同類，貴賤之別，非天根著於形容也。所持以別貴賤明尊卑者，等級、勢力、衣服、號令也。」[121] 此所謂「同類」，即現代生物意義上相同基因序列所呈現相同的生理特徵、稟賦與外在形貌者歸為「一類」；賈誼將這種分類方式，歸為「天根著於形容」，即與生俱來且各從其類的生物本然之「類」。

　　這種分類法固然清楚易解，然而正如賈誼所論，天地之間，除萬物各從其生理本然狀態之類別外，尚有「人事」之類別，其對人事的歸類標準如〈傅職〉與〈連語〉所論：「教之訓典，使知族類疏戚，而隱比馴焉。此所謂學太子以聖人之德者也」、「紂損天下，自象著始。故小惡大惡，一類也。過敗雖小，皆己之罪也」[122]，前者為血緣所定倫理架構下的親疏關係之分類，後者則為善惡之道德分判之類。他雖未如陸賈直接將「分類」觀點上歸於天道，但從前論「道─德─性─神─明─命」等六階段的氣化生成過程觀之，「生物之分類」與「血緣親疏之分類」皆透顯萬物與生俱來的本然質性與血緣關係，而善惡道德分判的歸類，則合於六藝典籍所透顯天道規律在「道德意義

121　（漢）賈誼著、閻振益、鍾夏注：《新書校注·卷一·等齊》，頁47。
122　（漢）賈誼著、閻振益、鍾夏注：《新書校注·卷五·傅職》、〈卷五·連語〉，頁172、198。

上之善」的內涵。在此脈絡下，「各從其類」的「生物類別」與「親親疏疏」之「血緣類別」，與善善惡惡的「道德類別」，皆被氣化論統攝起來，在相互比附時，透顯出秩序井然的有機連結。

從前所論「肉身實踐」的隱喻思維觀察在氣化論下「各從其類」且「有機連結」的分類觀念，即可知下文所探討的比興思維在經義詮解上的應用，並非生硬地比附，而是一個人在居處的場域中，運用人類所具根植於氣化的認知模式，將各種類別的知識相互交絡、彼此解釋，此不僅構造出一個龐大的「比物聯類」的知識體系，更描繪出一個具有完整認知與感受能力的「整全的人」。

而在詮經的面向上，陸賈《新語》與賈誼《新書》皆展現西漢前期的過秦傳統，故此二者常以「史事—經義」與「過秦」的寫作目的相比附，而可興發人的道德情感。陸賈與賈誼常運用兩種比附方式，其一為直接比附，抽繹事例的精義；其二則為先論事例，再比附六藝經文，說明自身對時事的考察，皆以六藝內涵為根據。

首先，關於陸賈與賈誼「直接比附」的運用，如《新語·輔政》所論：

> 堯以仁義為巢，舜以禹、稷、契為杖，故高而益安，動而益固。然處高之安，乘克讓之敬，德配天地，光被四表，功垂於無窮，名傳於不朽，蓋自處得其巢，任杖得其材也。秦以刑罰為巢，故有覆巢破卵之患，以趙高、李斯為杖，故有傾仆跌傷之禍，何哉？所任非也。[123]

此處將「堯」與「秦」相比附，對舉「仁義」與「刑罰」兩種政教觀，堯之事初載於《尚書》，引文「克讓」與「光被四表」等描述，亦見於〈堯典〉：「曰若稽古帝堯，曰放勳，欽、明、文、思、安

123　（漢）陸賈著、王利器注：《新語校注·卷上·輔政》，頁51。

安，允恭克讓，光被四表，格于上下」[124]，此乃「經義」與「時事」之比附。「仁義」與「刑罰」兩種政教觀被懸繫「巢」的比附上，以「巢」指涉安立國家的基本精神。此文比附「君王」、「朝代」、「政教觀」與「巢」之名物等殊類的概念，呈現「比」的思維，且運用比附，抽繹出國君「所任非也」的弊端；其中「乘克讓之敬，德配天地」流露出一種恭謹敬慎的道德情感，在「萬物相感」的氣化基礎上，這種「克讓之敬」亦能感發讀者的敬慎之情。「比興」即連結為一組透過比附殊類事物而興發人之道德情感的思維方式。

這種「比興」合用的思維方式，屢見於《新語》中，如〈思務〉所論：

> 故仁者在位而仁人來，義士在朝而義士至。是以墨子之門多道德，文、武之朝多賢良，秦王之庭多不祥。故善者必有所，惡者必有所因而來。善惡不空出，禍福不妄作，唯心之所向、志之所行而已。[125]

「文武之朝」的史事，多載於六藝典籍，這裡將「六藝典籍」、「墨子」與「秦王」相比附，抽繹出「同類相感」的觀點；前論「同類相感」的概念源於萬物稟氣而生的生理深層結構，這樣萬物能感知彼此的情感與狀態，在此脈絡下，同樣進行道德修為與實踐者即能相互感知彼此流露的道德情感而群聚結合；陸賈將這條思維脈絡，與國家體系下的君臣關係相互比附，抽繹出君王「心之所向，志知所之」的道德修為與實踐的必要性；在此文的語境中，「仁」蘊含的惻隱、「義」所連結的剛正之情，皆能興發激盪出君王「心之所向」之「志」，而興發出溫潤而正大的道德情感。

賈誼的類比與經義抽繹更加繁複，他習於長篇鋪陳時局處境，涵

124　（漢）孔安國傳、（唐）孔穎達疏：《尚書注疏·卷二·堯典》，頁34。
125　（漢）陸賈著、王利器注：《新語校注·卷下·思務》，頁173。

蓋各種向度，再將之比附從經義抽繹出來的大義，而作為時局之借鑒，如〈過秦下〉：

> 嚮使二世有庸主之行，而任忠賢，臣主一心，而憂海內之患，縞素而正先帝之過；裂地分民，以封功臣之後；建國立君，以禮天下。虛囹圄而免刑戮，去收孥污穢之罪，使各反其鄉里。發倉廩，散財幣，以振孤獨窮困之士。輕賦少事，以佐百姓之急，約法省刑，以持其後。使天下之人，皆得自新，更節循行，各慎其身。塞萬民之望，而以盛德與天下息矣。即四海之內，皆歡然各自安樂其處，惟恐有變。雖有狡害之民，無離上之心，則不軌之臣，無以飾其智，而暴亂之姦弭矣。二世不行此術，而重以無道，壞宗廟，與民更始作阿房之宮，繁刑嚴誅，吏治刻深，賞罰不當，賦斂無度。天下多事，吏不能紀，百姓困窮，而主不收卹。然後姦偽並起，而上下相遁，蒙罪者眾，刑僇相望於道，而天下苦之。[126]

引文的類比甚為複雜：他先面面俱到地歸納並類比先秦傳世典籍所論理想君王應有的政教措施，涵蓋分封、減刑、賑濟、輕繇薄賦等各項度，並將「理想政教措施」與「人民自新慎處」間，建立因果關係，這種因果推論奠基於賈誼所論「內具教化潛能」之人性理論。其次，對舉並比附這套富含教化作用的政教措施與秦代壞宗廟、嚴刑峻法、繇役繁重、吏治苛刻等政教作為，而將秦代覆滅歸因於此。兩種政教措施導致國家興盛與覆滅的殊別結果。透過類比，讓前項政教措施，成為後項國家興衰出現之條件的「假言判斷」具有豐富的實踐性，讓讀者為了避免後項出現，願意實踐前項所述的行為。中村元先生嘗引《孟子·離婁上》：「居下位而不獲於上」與〈大學〉：「明明德」二段論：

126　（漢）賈誼著、閻振益、鍾夏注《新書校注·卷一·過秦下》，頁14-15。

因此，假言判斷的前見與後見的中間，常放「則」或「斯」自以連結之。這些議論是就人一旦具備某種德（例如誠）時，實際會出現某種理想的狀態，或者未達到理想的狀態，應經歷某種手段乃至過程……所以在此狀態下，論究的動機，完全是實踐的目的，這才是連續作假言判斷的原因。[127]

這種論述假言判斷之動機，甚為符合賈誼《新書》之論述動機，正如《史記·屈原賈生列傳》所論賈生以奏議論國是的精神：「是時賈生年二十餘，最為少。每詔令議下，諸老先生不能言，賈生盡為之對，人人各如其意所欲出。」[128] 因此，呈現事物間「條件聯繫」的假言判斷，恰好能作為文帝執政趨善避惡之道德修為與實踐的準則。

　　而第二種先論事例再比附經義的運用，則如《新語·術事》所論：「夫進取者不可不顧難，謀事者不可不盡忠；故形立則德散，佞用則忠亡。《詩》云：『式訛爾心，以蓄萬邦。』言一心化天下，而□□國治，此之謂也」[129]，這種詮經方式常見於西漢前期，如傳世《韓詩外傳》常以事例比附詩句，將事例之義歸於詩例上，「家父作誦，以究王訩。式訛爾心，以畜萬邦」出於〈小雅·節南山〉[130]，明言以詩刺幽王，期能使之感化而修為君德蓄養萬邦，此詩義與前文所論追求口體之養，與遠賢用佞之弊相比附，抽繹出理想君德的內涵；

127　（日）中村元著、徐復觀譯：《中國人之思維方法》（臺北：臺灣學生書局，1991年），頁52。
128　（漢）司馬遷著：《史記·卷八十四·屈原賈生列傳》，頁2492。
129　（漢）陸賈著、王利器注：《新語校注·卷上·術事》，頁47。在《新語》中，引詩凡三則，另兩則分別為〈輔政〉：「夫據千乘之國，而信讒佞之計，未有不亡者也。故《詩》云：『讒人罔極，交亂四國。』眾邪合黨，以回人君，邦危民亡，不亦宜乎？」、〈辨惑〉：「定公拘於三家，陷於眾口，不能卒用孔子者，內無獨見之明，外惑邪臣之黨，以弱其國而亡其身，權歸於三家，邑土單於彊，無以制其剛。《詩》云：『有斧有柯。』言何以治之也」，二者皆先言事例而後援引經義，可見此為陸賈常用的思維方式。
130　（漢）鄭玄箋、（唐）孔穎達疏：《毛詩注疏·卷十二·小雅·節南山》，頁393。

同樣地，賈誼《新書·君道》亦屢將事例比附經義曰：

> 紂作梏數千，睨諸侯之不諂己者，杖而梏之。文王桎梏囚于羑里，七年而後得免。及武王克殷，既定，令殷之民投撤桎梏，而流之於河。民輸梏者，以手撤之，弗敢墜也，跪而入水，弗敢投也。曰：「昔者文王獄常擁此。」故愛思文王，猶敬其梏，況于其法教乎！《詩》曰：「濟濟多士，文王以寧。」言輔翼賢正，則身必安也。又曰：「弗識弗知，順帝之則。」言士民說其德義，則效而象之也。[131]

文王幽囚羑里一事，載於先秦史料，如《左傳·襄公三十一年》：「紂囚文王七年，諸侯皆從之囚，紂於是乎懼而歸之。」[132] 然此文所述殷民懷念文王而不敢投其桎梏之事，卻未詳載於傳世典籍；此事描繪文王深受人民感念的理想君王形象，這種形象呈現一套「假言判斷」式的因果關係，其一為「若P則Q」，設前項為「文王溫厚正直的君德」，後項則為「人民的懷念情感」，然此文並未說明「P項」是如何修養而來，這個論述罅隙將文王之德，與人民對此德的反饋之情，與《詩·大雅·文王》：「濟濟多士，文王以寧」、〈皇矣〉：「弗識弗知，順帝之則」相比附，具體呈現「君德」的內涵，乃是有容乃大地感召、任用並教化臣民；這種作法不僅開顯典籍的詮釋向度，將不同的文本，依其同類的描述，相互比附，而開顯、擴大典籍的詮釋向度，更如前引中村元先生所論，能興發讀者道德修為與實踐的動力，讓讀者能具體地理解「具體思維」脈絡下的典籍詮釋內涵。

131　（漢）賈誼著、閻振益、鍾夏注：《新書校注·卷七·君道》，頁278。
132　（晉）杜預著、（唐）孔穎達疏：《春秋左傳注疏·卷四十·襄公三十一年》，頁690。

（三）從「比興」思維論董仲舒「微言」詮釋

董仲舒的比興思維在西漢儒者間可謂獨樹一幟。在董仲舒之前，儒者如陸賈、賈誼多將史事、經義與德行相比附，抽繹出君道與治道思維；但董仲舒將「比興」思維運用於天地萬物的比附連類，建構出龐大的天道體系，這個天道體系又與《春秋》經義相比附，成為「微言」之詮解方式。[133]

董仲舒甚善於運用類比思維，從《春秋繁露》義理脈絡觀之，可勾勒出兩條運用「比興」而呈現出的理論脈絡，其一為「類比」而構成「天道」理論，其二為「類比」以詮解微言，二者又相互類比，架構貫通天地萬物與人事的天道理序。

在「類比」而構成「天道」理論的面向上，《春秋繁露‧官制象天》即有一則典型的文例：「曰：天有十端，十端而止已。天為一端，地為一端，陰為一端，陽為一端，火為一端，金為一端，木為一端，水為一端，土為一端，人為一端，凡十端而畢，天之數也。」[134]首先，他將「天、地、陰、陽、木、火、土、金、水、人」十者相比附，此十者材質與作用皆有殊別，然董仲舒卻歸納出其同樣指涉天道生生化育作用的屬性，而將之懸繫於「天道」的生化作用上。董仲舒〈五行相生〉論天道生化的「過程」曰：「天地之氣，合而為一，分為陰陽，判為四時，列為五行。行者行也，其行不同，故謂之五行。」[135]如此，「陰陽」與「五行」皆為「天地之氣」所指涉的「元氣」，在生化過程中剖判而成、作用殊別的生生化育之氣；而

---

133 周桂鈿《董學探微》論董仲舒以「名」開顯「微言」的概念曰：「從形式上看，董仲舒似乎是從《春秋經》的微言中體會出大義來，是從稱呼用詞的差異，領會出一些道理來。但是我們認為，董仲舒是從研究社會現象中獲得一些見解，然後把這些見解跟經傳相附會，借經發揮，來闡述自己的見解。」（北京：師範大學出版社，1989年），而後者將時事比附經義的做法，已涉及董仲舒之類比思維，頁239-240。

134 （漢）董仲舒著、（清）蘇輿義證：《春秋繁露‧卷七‧官制象天》，頁217。

135 （漢）董仲舒著、（清）蘇輿義證：《春秋繁露‧卷十三‧五行相生》，頁362。

「天地」則為陰陽剖判凝聚，而萬物藉此生生化育的「場域」，「人」則為稟氣而生的萬物中最靈妙的生物。此十者相互聯繫，架構出靈活生動而井然有序的「天道」生化過程。

董仲舒除類比「十端」，架構天道生化的脈絡外，亦將「人」在天地萬物間的特殊性凸顯出來，使人的身型體貌、生理結構、心智能力、情緒與道德修為與「天道」相比附，此即其著名的「人副天數」概念。這條比附的脈絡，則描繪出人所修為與實踐的「德行」與「天道」之道德內涵的連結。如前所論，董仲舒所論「天道」本結合「道德意志之天」與「陰陽五行之生化作用」這兩項內涵，故其討論「天道」之道德內涵時，常用「天志」這樣的概念，如〈王道通三〉與〈天辨在人〉所論：

> 春氣愛，秋氣嚴，夏氣樂，冬氣哀。愛氣以生物，嚴氣以成功，樂氣以養生，哀氣以喪終，天之志也。是故春氣暖者，天之所以愛而生之；秋氣清者，天之所以嚴而成之；夏氣溫者，天之所以樂而養之；冬氣寒者，天之所以哀而藏之。春主生，夏主養，秋主收，冬主藏。生溉其樂以養，死溉其哀以藏，為人子者也。故四時之行，父子之道也；天地之志，君臣之義也；陰陽之理，聖人之法也。
> 陰終歲四移，而陽常居實，非親陽而疏陰，任德而遠刑與？天之志，常置陰空處，稍取之以為助。故刑者德之輔，陰者陽之助也，陽者歲之主也。[136]

「陰陽」二氣在一歲運行中互有消長，形成「四時」，且呈現出「天道」之道德內涵。春夏時節，「陽」勝於「陰」，秋冬反之，上引文所述「愛」、「樂」之氣，可與下文「德」比附，而可描繪出生育長

---

136 （漢）董仲舒著、（清）蘇輿義證：《春秋繁露‧卷十一‧王道通三》、〈卷十一‧天辨在人〉，頁331、336。

養萬物的惻隱之仁；同樣地，秋冬與「刑」比附，指涉萬物自然死亡的過程。董仲舒將四時之氣與人的情緒相比附，而歸本於「中和」，如〈循天之道〉所論：「故君子怒則反中而自說以和，喜則反中而收之以正，憂則反中而舒之以意，懼則反中而實之以精」[137]，不僅呈現陰陽之氣自然調和至符合「天道」之理序的自然現象，亦呈現「心」節制情緒而至中正平和的狀態，如此「天道」理序就與「人」的身形體貌與道德修為相連結。

　　第一則引文中，董仲舒以「父—子關係」論「天—人關係」，不僅說明天道具有之「道德意志」，更說明「人」源於「氣化生成」而能感通「天志」，就在此感通作用上，《春秋繁露》架構出「災異」理論，《春秋繁露·郊語》論曰：

> 人之言：醞去煙，鴟羽去眯，慈石取鐵，頸金取火，蠶珥絲於室，而絕於堂，蕪萁生於燕，橘枳死於荆，此十物者，皆奇而可怪，非人所意也。夫非人所意而然，既已有之矣，或者吉凶禍福、利不利之所從生，無有奇怪，非人所意，如是者乎？此等可畏也。……不謹事主，其禍來至顯，不畏敬天，其殃來至暗。暗者不見其端，若自然也。故曰：堂堂如天，殃言不必立校，默而無聲，潛而無形也。由是觀之，天殃與主罰所以別者，暗與顯耳。[138]

引文論述諸種當時非人力能為，而超越當時人對自然現象之理解的物象，如「慈石取鐵」涉及磁學的物理問題，即非當時所能理解，董仲

---

137 學界已從清代輯佚學的成果，考證董仲舒此論援引自公孫尼子，如楊儒賓：《儒家身體觀·論公孫尼子的氣氣說》所論：「在洪、馬兩氏（筆者按：洪頤煊、馬國翰）採錄的佚文裡，字數最多、文意最完整，也最足以見出公孫尼子思想骨幹的，莫過於《春秋繁露·循天之道》引用的公孫尼子之養氣理論」，頁89。可見不晚於戰國晚期，即有關於形體、情感失衡而導致體內之氣失衡的養生論點。

138 （漢）董仲舒著、（清）蘇輿義證：《春秋繁露·卷十四·郊語》，頁394-395。

舒將這些自然現象相類比，歸納出共同而超越人之理解的「怪異性」，並比附「天志」或「天意」，將之詮解為天殃與主罰；「主罰」指人臣不謹事主，而「天殃」則指君王未敬天，此言出自〈郊語〉，說明對君王而言，「郊祭」所展現的內心誠敬與嚴謹的祭儀，即「人」對「天」之敬畏；此外，〈郊語〉下文論曰：「今為其天子，而闕然無祭於天，天何必善之？所聞曰：天下和平，則災害不生。今災害生，見天下未和平也。天下所未和平者，天子之教化不行也。」可見君王德行教化亦為「敬天」的行為，「誠敬的郊祀」與「德行教化」即勾勒出董仲舒所論「理想的君王」圖像；而當君王的德行修為與政教實踐合於「天道秩序」時，天地場域即會出現合於「天意」之瑞徵。

在氣化論下，類比思維本身就涵著情意的感發。前論賈誼的物類相感已論及此義，而董仲舒更透徹地發揮此義，使萬物在居處間能相互感通，〈同類相動〉論曰：

> 今平地注水，去燥就濕，均薪施火，去濕就燥。百物去其所與異，而從其所與同，故氣同則會，聲比則應，其驗然也。試調琴瑟而錯之，鼓其宮則他宮應之，鼓其商而他商應之，五音比而自鳴，非有神，其數然也。美事召美類，惡事召惡類，類之相應而起也。如馬鳴則馬應之，牛鳴則牛應之帝王之將同也，其美祥亦先見；其將亡也，妖孽亦先見。[139]

如前所論，「類」乃是人依仰觀俯察所得萬物之「相同」或「相似」的特質所區分得來的，如將《荀子・勸學》「水就濕，火就燥」與「同音共感」相比附，勾勒出同類相感的意義，此義亦近於《荀子・勸學》「物各從其類也」一段之旨，這種源於生活經驗的類比，又與

139　（漢）董仲舒著、（清）蘇輿義證：《春秋繁露義證・卷十三・同類相動》，頁358。

「人」之道德修為與實踐所作的「美事」與「惡事」相比附，並將之統攝於「天意」所發之禎祥與禍亡相比附，讓讀者自然興發趨善避惡的道德情感，如此，天地萬物即被描述為同情共感而環環相扣的氣化圈。

此知，董仲舒將「天地」場域、「人」、「自然萬物」，與「陰陽」、「五行」等生化之氣相互比附，勾勒出完整的「天道」內涵，並透過「氣」之運行、萬物生存的狀態、以及人的倫理秩序中，抽繹出嚴謹的「天道」理序，規範人的生活型態。

《春秋繁露》屢次透過《春秋‧隱公元年》：「元年，春王正月」[140]，將「天道」理序與《春秋》經義相比附，呈現「微言」的詮釋方式；《春秋繁露》多次詮解「春王正月」之義理內涵，如〈玉杯〉：「《春秋》之法，以人隨君，以君隨天」、〈竹林〉：「《春秋》之序辭也，置王於春正之間，非曰上奉天施而下正人，然後可以為王也云爾」、〈王道〉：「《春秋》何貴乎元而言之？元者，始也，言本正也。道，王道也。王者，人之始也」、〈重政〉：「惟聖人能屬萬物於一而繫之元也，終不及本所從來而承之，不能遂其功。是以《春秋》變一謂之元，元猶原也，其義以隨天地終始也。」[141] 在前兩則引文中，「春」展現陰陽之氣生育長養萬物的作用與理序，「王」則象徵人倫秩序，而「正月」則隱喻天子受命後「改正朔，易服色」以符應天道的政教措施；第三則引文則融入孔子受命作《春秋》的史事，將《春秋》視為載錄天道而為漢立法的典籍。

除了類比《春秋》與「天道」的生化秩序之外，董仲舒亦提出以「類比」理解《春秋》經文的方法，這與《春秋》「好微」的特質有關。首先，關於《春秋》「好微」的觀點，《春秋繁露‧玉杯》、〈竹林〉、〈精華〉論曰：

140　（漢）何休注、（唐）徐彥疏：《春秋公羊傳注疏‧卷一‧隱公元年》，頁6。
141　（漢）董仲舒著、（清）蘇輿義證：《春秋繁露義證‧卷一‧玉杯》、〈卷二‧竹林〉、〈卷四‧王道〉、〈卷五‧重政〉，頁31、63、101、147。

《春秋》之好微與？其貴誌也。《春秋》修本末之義，達變故之應，通生死之志，遂人道之極者也。

《春秋》記天下之得失，而見所以然之故。甚幽而明，無傳而著，不可不察也。夫泰山之為大，弗察弗見，而況微渺者乎？

今《春秋》之為學也，道往而明來者也。然而其辭體天之微，故難知也。弗能察，寂若無；能察之，無物不在。是故為《春秋》者，得一端而多連之，見一空而博貫之，則天下盡矣。[142]

引文呈現「春秋大義」具有「微」之特質的三層原因，其一為「貴誌」，人的思想意念隱微難知，而《春秋》以精簡書法載述人之心志意念，如〈玉杯〉下文即釋《春秋‧宣公二年》：「秋，九月乙丑，晉趙盾弒其君夷皋」，所謂「弒君」乃直指趙盾「不討賊之志」。[143]其次為「史事」發展隱微難知，《春秋》編年載錄，述史事之隱微的端緒與發展脈絡。其三則為「天道」隱微難知，孔子仰觀俯察，洞悉其發展，而通貫載之。在董仲舒的公羊學理論脈絡中，《春秋》史事隱微難知，而聖人亦常運用隱晦多變的詞彙描述史事，寄寓褒貶深意，如〈楚莊王〉：「《春秋》之辭，多所況，是文約而法明也」、〈竹林〉：「《春秋》無通辭，從變而移」、〈精華〉：「《春秋》無達辭」[144]，這種隱晦的筆法，亦成為另一重「微」的特質。正如前章所論，董仲舒提出一套「貫比」的理解方法，開顯隱微的《春秋》「大義」，而〈精華〉所論：「得一端多連之，建一空而博貫之」[145]，即近於前文所論同類相推而歸納要義的思維方式，透過「類

142　（漢）董仲舒著、（清）蘇輿義證：《春秋繁露義證‧卷一‧玉杯〉、〈卷二‧竹林〉、〈卷三‧精華〉，頁28-29、56、93。

143　（漢）何休注、（唐）徐彥疏：《春秋公羊傳注疏‧宣公二年》，頁189。（漢）董仲舒著、（清）蘇輿義證：《春秋繁露義證‧卷一‧玉杯〉釋趙盾弒君曰：「臣不討賊，故加之弒君」，頁41。

144　（漢）董仲舒著、（清）蘇輿義證：《春秋繁露義證‧卷一‧楚莊王〉、〈卷二‧竹林〉、〈卷三‧精華〉，頁3-4、46、95。

145　（漢）董仲舒著、（清）蘇輿義證：《春秋繁露義證‧卷三‧精華〉，頁96-

推」的解讀，能貫通史事之始末發展與褒貶大義，而可統貫地把握並開顯出隱微的《春秋》大義之完整內涵。

徐復觀先生嘗論董仲舒在公羊學上的「類比」運用：

> 這不僅是把《公羊傳》當作構成自己哲學的一種材料，而是把《公羊傳》當作是進入自己哲學體系中的一塊踏腳石。由文字以求事故之端；由端而進入文字所不及的微眇；由微眇而上接了天志，再由天志以貫通所有的人倫道德，由使構成自己的哲學體系。[146]

其呈現「《公羊傳》—史事—微—天志—人倫」之類比性，固甚精確，然正如筆者前文所論，在董仲舒的公羊學脈絡中，《春秋》固然「好微」，董仲舒卻肯認人可透過「貫比」的理解方式開顯並把握「微」之內涵，而架構出自身的哲學體系。

這套貫通史事首尾，類推於其他史事，抽繹其中褒貶大義的解讀方法，可歸納出「十指」，作為人道德修為與實踐的律則。〈十指〉先論《春秋》大義之內涵[147]，再從此十項意旨中，歸納出人道德修為與實踐之律則，如下文所論「審得失」、「正本事」、「分明君臣」、「著是非」、「序百官」、「達恩仁」、「受次陰陽四時之理」，以及「行天道」諸種道德行為。這諸種道德行為涵蓋三種向度，其一為明辨是非，推恩汎愛的個人修為與實踐；其二則為「序百官，明君臣」所呈現的倫理架構，最後這種個人的道德修為，與人事

97。

146 徐復觀：《兩漢思想史・卷二：第三章：先秦儒家思想的轉折及天的哲學的完成——董仲舒春秋繁露的研究》，頁333。

147 （漢）董仲舒著、（清）蘇輿義證：《春秋繁露義證・卷五・十指》論曰：「舉事變見有重焉」、「見事變之所至者」、「因其所以至者而治之」、「強干弱枝，大本小末」、「別嫌疑，異同類」、「論賢才之義，別所長之能」、「親近來遠，同民所欲」、「承周文而反之質」、「木生火，火為夏，天之端」、「切刺譏之所罰，考變異之所加」等十指，頁144。

的倫理架構，皆應上契於「天道」，具體彰顯「天道」法則透顯於天地場域所展現井然有序的狀態。

前章已論，此以類比開顯微言並非僅為一種學說或理論，而是可具體解決國家重要問題的政教實踐：如其常以類比詮解「災異」，董仲舒從《春秋》中歸納出災異義例，再與國家當下發生的災異相比附，提煉出君王當下應施予的政策改革；如此，這套貫通史事、同類相比的詮經思維即富含實踐性，而透顯出類比性思維重視實踐與體驗的特質。

結語：展現「具體性思維」之名言表達與詮經方式

本章探究西漢儒家諸子透過「文字」、「聲訓」等名言表達方式，與六藝經義詮釋展現出「具體性思維」的特質；其首先肯認文字具有窮盡地表達天地萬物之意義內涵的作用，如此，理解者可透過認知、理解付諸文字的典籍，開顯並把握萬物的內涵。而在「聲訓」運用的面向上，西漢諸儒透過「聲訓」呈現出「情境思維」與「隱喻思維」，前者呈現人對六藝之具體解悟、參與與實踐的「彈性」，使六藝內涵成為能化用於生活情境中的活生生的知識，後者則說明「類比─隱喻思維」的延展性，使詮解的概念流動、擴大、豐富，而描述出人所認識秩序井然、貫通天道與人道的大天地。

其次，在經義詮釋的面向上，諸儒常透過理性認知能力，類比經義，並抽繹出宜於實踐的律則，使「微言大義」被透顯出來，而形成「合於六藝內涵」的知識，然而，有趣的是，在西漢儒家諸子的理論脈絡中，形成「與客觀事實一致」的知識，不盡然能把握「真理」，此即牽涉到「真理檢證」的問題，西漢儒者所論之「真理」含括二向度，一為「詮釋性」，二為「實踐性」。在「詮釋性」的面向上，人處於自身獨特的時空環境下，憑藉存有的獨特性，依循經典形成之時空背景與文本脈絡理解文本，與文本相互開顯，如此，西漢儒者所詮解出的「經義」即能不斷地透過對話而開展；而在「實踐性」的面向

上，西漢諸子肯認人性本具潛藏的善性，若能依循經典的「啟發」與「引導」，而依其氣性、稟賦，將「善」的質性發用而呈顯出來，即可相當程度地證明人透過其道德修為與實踐證成並向上契於天道。

第七章　結論：成爲通經致用的「知天者」

　　西漢爲一經學昌明的時代，儒者在詮經、傳經的歷程中，發展出一套完整的「天人之學」。面對司馬談所述「累世不能通其學」[1]的六藝典籍，與其中涵括的史事、災異，及上通於「道／天道」之龐大知識內涵，西漢諸儒如何設置一套完整的認知方法，而能有效地形成觀於天道的知識，成爲通精致用的「知天者」？

　　唐宋以降，學者常論「漢儒駁雜」[2]；所謂「駁雜」常涵括兩重指涉，一爲經義解詮解枝繁蔓衍，體制龐大；二則爲朱熹所論「惑於讖緯」而過度比附。民國以來，學界對西漢思想的研究論題，亦多集中於天道觀、人性論、政教觀、今古學與讖緯等論題，這些論題雖積累可觀的研究成果，卻亦形成某些既定的研究視角甚至成見。[3]然

1　（漢）司馬遷著：《史記・卷一百三十・太史公自序》，頁3290。
2　歷來學者多有「漢儒駁雜」之論，如（宋）方大琮：《鐵庵集・卷二十八・疑經》所論：「《禮記》非夫子之言乎？而〈儒行〉一篇有豪士節，此特漢儒駁雜之耳，未足執之以爲全非聖人之書也」（明正德八年方良節刻本），頁295。事實上，正如侯美珍：〈明代鄉會試《禮記》義的出題及影響〉：「《禮記》雜出於漢儒，多有駁雜不純的訾議」，《臺大中文學報》47期（2014年12月），頁103；可見對宋代以降的學者而言，非出於先秦孔門者，常有駁雜之議。同樣地，（宋）胡寅：《致堂讀史管見・卷十》：「至《周禮》及〈郊特牲〉乃有所謂天神者，此固漢儒駁雜之言」（宋嘉定十一年刻本），頁227，此即對天道神祇的過度比附。而（宋）魏了翁：《鶴山全集》則論曰「吾嘗欲著《禮記》一部，專破漢儒穿鑿以誤後人之病」，其亦論《禮記・曲禮》：「敖不可長，欲不可縱，志不可滿，樂不可極」曰：「此四句絕非孔氏語，乃漢儒駁雜之言亂之」（四部叢刊景印本），頁944、960。方氏所謂「駁雜」即就漢儒解經穿鑿而論。（明）鄭曉：《古言・卷上》則歸納宋明儒者論漢儒之過曰：「宋儒有功於吾道甚多，但開口便說漢儒駁雜，又譏其訓詁，恐未足以服漢儒之心」（明嘉靖四十四年項篤壽刻本），頁1。至於清儒，孫希旦《禮記集解・卷四十五・祭法》，其論此篇曰：「考之其他經傳，往往不合《禮記》，固多出於漢儒，而此篇由駁雜不可信」（清同治七年孫鏘鳴刻本），頁843。可見漢儒常因經義說解穿鑿比附被後代學者認爲「駁雜」。
3　筆者對當代漢儒研究之觀察可參見勞思光先生的評價：《新編中國哲學史

而，從本文所論一個涵括理性、感性與氣化感通能力的活生生的「知之主體」，即知西漢儒者對心性理論與人的認知能力有精深特出的論述，難以被「孔孟心性論湮沒不彰」這類論斷概括。因此，正如曾春海先生所提醒的，如何在前輩學人的研究基礎上，盡可能地貼近西漢儒家諸子的生命背景與歷程，開展西漢思想各種論題[4]；且與中國哲學其他時代與論題相互對話、視域融合、彼此拓展，探究其現代意義，即為當代研究者的重要挑戰。

為了回應這項挑戰，筆者循著前輩學者對中國哲學之「知識理論」之研究成果，將此論題建立於「通經致用」之學術背景，以及自戰國以降結合黃老思想與公羊學，逐步發展而成的「氣化論」思想背景之下。並從學界研究成果與文本脈絡，歸納出四種西漢儒家知識理論之主要論題：整全的知之主體、通極於「道」的知識內涵、聲訓展現的「具體性思維」，以及知識的形成過程；並將諸論題與中國哲學其他相關重要論題相對化，相互盈充豐實，應能較細膩地鋪陳出「西漢儒家知識理論」的面貌與價值。

一、知之主體涵括感性、理性與氣化感通能力

西漢儒者所論「知之主體」，乃是涵括感性知覺能力、理性的多重思辨能力，以及氣化感通能力的活潑潑的「人」。在「感性知覺能

（二）·第一章：漢代哲學》：「漢儒昧於心靈之自覺義，只在一粗陋宇宙論架構中，處理哲學問題；故心性論題在漢儒手中遂裂為兩個問題，而各有一極為可笑之處理」，頁21。

4　曾春海：《兩漢魏晉哲學史·增訂版·自序》論曰：「哲學史的撰寫者，應有開放的心胸，對於中國哲學史脈所出現過的重要哲學家、所提的有意義之哲學問題，所樹立之哲學理論，應當廣泛的多讀原典及相關文獻。同時，撰寫者必須學習去適應哲學家各種不同的心態，消化材料，入乎其內已獲得相應的、同情同理的了解」，頁6。曾先生為漢代哲學之發展，建立漢代哲學外緣觀察、漢代哲學思想之內在解析、漢儒之沒落、道家思想之支解、董仲舒與天人相應之觀念、《禮記》與易傳思想、淮南子、揚雄與王充等諸子思想等論題。扣合諸論題，開展出知識理論之論述，為本書奠定一紮實的基礎。

力」上，西漢諸儒多循著荀子對「心」之描述，肯認「心」具有統攝知覺官能的論點，從當代精神醫學觀之，「心」即呈現「中樞神經」的作用，使人將眼耳鼻舌等知覺官能所攝取的素材，統合為完整的經驗知識。

其次，在理性認知能力的面向上，陸賈與賈誼認為人具有思考、類推、歸納與分析等諸種能力，這種能力與當代認知心理學所論大腦的認知能力多有相通之處，這似已甚為完整地鋪陳心之理性認知能力。然而，董仲舒較西漢初年之陸賈與賈誼更重視六藝之理解與詮釋，提出極細膩的理性認知能力，涵括辨識文字與理脈、思考並貫串史事、辨別微言的特殊用語、歸納經義等能力；即將西漢前期諸儒所論類推、歸納與分析等能力深細地鋪陳推拓開來。對應觀之，董仲舒既架構出一個體系龐大、文理密察的公羊學內涵，則此知識內涵亦需藉由一認知者接收；董氏所論「認知者」的理性認知能力，能有效地支應這套公羊微言的內涵。學者能透過辨識、貫串、歸納等理性認知能力，內化六藝典籍的知識。至於西漢晚期，揚雄有別於前期諸儒所具明顯的社會實踐與政教作用性格，而常用於安頓自身，故他認為「心」在深沉專一之「潛」的狀態下，方能發用本有的理性思考、類推與歸納的能力；如此，透過理性認知能力所形成的知識，乃透顯出濃厚的個人性。

其三，在感通能力上，源於戰國已降至西漢時期逐漸發展而成的「氣化論」，天地萬物既同為氣化所生，則萬物形體之內氣化運作時，同樣稟氣而生的人亦會感受其氣化運作；如此，人雖受於所處位置與身體感官知覺的限制，而難以遍考萬物的本質與發展動向，但卻能透過氣稟互感，而感知萬物的變動。這套氣化感通之說在董仲舒的理論中達到高峰，他架構出綿密的「人副天數」理論，使「人體」成為與天地萬物同質共構的「小宇宙」；則氣稟最為靈敏的「聖人」即能感知天地萬物最細微的本質與變化，並將之載錄於《春秋》中，成為具有「大義」的「微言」。另一方面，氣稟遜於聖人的學者，乃可透過「理性認知能力」竭盡地敞開微言大義而把握天道內涵。

除了三種感知與認知能力外，陸賈、賈誼、董仲舒與揚雄皆肯認「心」之主動修為能力，即「心」能節制身體官能、氣血與生理本然需求，而臻於中和；這個論點對知識理論有一「以心啟性」的重要意義。過去學界常從「氣化論」的視角，著眼於西漢諸儒常論的「人性不必然為善」，而與孟子「性善」相對舉，乃有「以心制性」之說。然而，本書認為，「性不必然為善」乃從反面肯認人受氣性分配，而有「隱藏的善質」，「心」能將善質透顯出來。事實上，西漢儒者常論「人性不必為善」的真諦，正是要強調人理性認知六藝典籍之教化[5]，將「性」中潛藏的善質透顯出來，成為合於天道法則的「道德人」；由此觀之，比起純粹的「性善論」，「待教而為善」所肯認性中潛藏的善質，更符合當代人本心理學透過長期臨床觀察所發現的「人性」傾向。

　　由此觀之，「西漢儒家知識理論」所論的知之主體，不僅能深入地討論作為活潑潑的「人」的認知能力，更能拓展「心性論」、「氣化論」與「人體醫學」的論述界域；且董仲舒所論「知微」、揚雄所論「神明」與「潛」等概念，亦深刻地觸及魏晉玄學與宋明儒學常討論的功夫修為，可拓展出學界對西漢學術「通經致用」之論題下，另一重結合「性—心—神／明—知覺官能—臟腑—氣」之整全身體向度的討論。[6]

5　（漢）董仲舒著、（清）蘇輿注：《春秋繁露·卷十·深察名號》論人性透過聖人以六藝典籍啟導而顯發隱微的善質曰：「天生民性有善質，而未能善，於是為之立王以善之，此天意也」、而下文論「王善之」的方法為「循三綱五紀，通八端之理，忠信而博愛，敦厚而好禮，乃可謂善。此聖人之善也」，頁303；前論董氏認為天道綱紀則載錄於六藝中，可推導出人民以理性認知典籍以啟導「性」中潛藏的善質的概念。

6　楊儒賓先生：《儒家的身體觀·導論》已說明先秦儒學所展現的三種身體觀：「孟子踐形觀」、「自然氣化觀」、「禮義觀」而開展出儒家理想身體涵括「意識」、「形軀」、「自然氣化」與「社會」四重向度，頁8、9。這四重向度完整展現於西漢儒家諸子對知之主體的論述中，在「氣化論」脈絡下，「人體」肇生於氣，而氣化形體中，涵括「性」之本質、「心—神明」之修為與認知能力、「知覺官能」之感知能力，以及周身流動的「氣」；這個觀念在《儒門中的莊子》透過對「莊子」整全身體的描述，更透徹地開顯為「形氣主體」，其論曰：

二、以「天道」為根源之六藝、史事與經驗知識

「知識內涵」歷來為西漢儒者最受爭議之處。唐宋以降至於當代，學者常論西漢儒者經義龐雜、迷於讖緯；然而，從陸賈、賈誼、董仲舒與揚雄所論適宜認知的知識內涵，可歸納出以「天道」為究極知識之文字名言表達、經驗知識、六藝內涵與歷史知識，並不限於學界所論囿於六藝或讖緯的知識內涵。

在名言表達上，陸賈、賈誼與董仲舒皆認為文字乃是上古聖人仰觀俯察而著於竹帛的表意符號，這套表意系統可「窮盡」地載錄天道內涵，實際指引人的生命處境；尤其是董仲舒將「名號」上推源於「天道」，設立一套受命的「聖人」以萬物鳴聲制定名號的觀點，如此，「名號」即成為能窮盡地傳達「天意」的神聖符號。

名言表達觀點的改變，亦展現於西漢諸儒對「六藝」的觀點上；陸賈與賈誼認為六藝為先王故典，裨益治道。董仲舒卻認為，「六藝」是聖人透過名號載錄「天道」的著述，是上契天道而確鑿不移的「真理」；如此，則奠基於六藝典籍的「災異」解釋，亦成為「天道」法則的具體彰顯。從「理解者」的脈絡觀之，人首先應當抽繹出《春秋》災異原則，而將之類推於當下的災異事件，並廣博地類推於史事或時事的解釋中，再推拓災異詮解的範圍與其理論架構。如此，「災異」雖源於經驗，然其理解與詮釋方式卻歸納自以《春秋》為核心的六藝典籍，而成為結合經驗知識、六藝典籍而且上通於天道的特殊知之對象。除六藝知識之外，西漢儒者亦承繼先秦時期史事與天道律則相貫通的詮解傳統，描繪出「理解者」透過「心」運用推理、歸納等思辨能力，從史事之端緒、徵兆、歷程，抽繹出發展律則，並視

「氣化主體落實到人身上，『身體』體現『氣化』，遂有了『形氣主體』一詞，亦即『形氣』主體是氣化主體加上形體的作用。人的形體在中國的修練傳統中被視為宇宙的縮影，精神沿著經脈，繞行於頭足之間，小循環是小周天，大循環是大周天」，頁49。楊先生雖以此論莊子體道的「主體」，然此概念亦甚合於西漢諸儒之論，尤其是董仲舒人副天數、揚雄潛於六藝的身體觀與形氣修為。

之為「天道」在人事發展上的具體彰顯。

而在人憑藉自身的感知能力形成「經驗知識」上，西漢儒家諸子將此奠基於《易傳》仰觀俯察的傳統下；因此，諸儒最常探究的是在氣化論下彼此感通的萬物之質性與狀態及其類別。對西漢諸儒而言，人居處於天地之間，能隨時發用自身知覺官能與氣化感通能力，把握萬物質性與隱微的發展動向；亦能透過理解文字載錄之六藝典籍與史事，把握天道與人事發展的律則。如此，諸儒所重視的「知識內涵」即非限於六藝典籍或讖緯知識，而是推拓於天地萬物一切博物知識，而這些知識皆有相應的「名號」以謂。

有趣的是，董仲舒的「名號」概念影響東漢學術與魏晉玄學甚為深遠；東漢時期不論今學或古學[7]，皆延續發展董仲舒「深察名號」的學術傳統，將「名號」視為具神聖性且指物之實的符號[8]；王弼也

---

[7] 「今學」與「古學」概念援引自錢穆先生：《兩漢經學今古文平義》，其認為今古學分野非為文字，而是治章句與否，其論曰：「治章句者為今學，此即博士官各立家法而有師說之學也。其時光武方好圖讖，故官學博士亦不得不言圖讖，圖讖與章句本非一業，而在東漢初葉則同為隨時干祿所需，故合稱之曰章句內學，其不治章句者為古義，古意即古學也」，頁211。「今古學」之論可不受文字與師法家法之侷限，而涵括政治、經學發展與文化現象等諸種向度，應為較好的理解方式。

[8] 東漢時期名號觀點可參見集國家經學大成之《白虎通》，使用大量「名」與「號」定義名物制度與國家秩序的概念，且在這諸多名物上，加入道德的概念；如〈卷二‧號〉以「號」一詞定義歷代首位受命帝王所定國號，其於文首論曰：「帝王何？號也。號者，功之表也。所以表功明德，號令臣下者也。」帝王所立國號應能實指帝王功德，而帝王亦如董仲舒所論「受命於天」者，故〈號‧右論三皇五帝三王五伯〉曰：「必改號者，所以明天命己著，欲顯揚己于天下也。」此「號」扣準董仲舒所論以天道為根源的義理內涵，只是董仲舒之「號」是泛指萬物無鳴叫者，而此處之「號」則指君王受命所立之「國號」。同樣地，「名」亦有相同意義，如〈爵‧右論制爵五等三等之異〉釋「公侯」一詞曰：「所以名之為公侯者何？公者通公正無私之意。侯者，候也。候逆順也。」其賦予公與侯確鑿的道德意義，說明有公與侯之名者，應能實踐其所定義的道德行為，方為名實相符的公與侯。古學亦循此脈絡解釋，許慎：《說文解字‧口部》釋「名」曰：「名，自命也，從口夕。夕者，冥也。冥不相見，故以口自名。」而釋「號」為「嘑也」雖然已脫離天道陰陽造化的籠罩，然而卻透過以口自名與自我發出的呼叫，實指物之生理稟賦質性。而東漢桓靈之際，劉熙《釋名‧釋言語》則定義名與號曰：「名，明也，名實事使分明也。號，呼也，以其善惡呼名

多次將「名號」與「形狀」相連，認為名號用以實指萬物之徵貌與質性，並肯認人具有「辨名」這種認識與判斷名號所建構之知識的能力；然而「道」既無法被任何名號定義，且超越一切名號。王弼面對《老子》「道」的概念，又承受兩漢經學意義確鑿的名號理論，即被逼顯出「稱謂」的概念，以消解名號對「道」所造成的言說困境；這種困境亦傳達一項警訊：人無法透過「心」全面地認識各種對「道」的稱謂，而產生對道的「全幅知識」。面對這類名言表述的困境，王弼開展出「抱一清神」、「觀復」、「知常」等向內剝損除蔽等「體證」途徑，而別於兩漢經學脈絡下學習各種名物與經典知識的認識途徑，這也說明西漢諸儒對名號的說解，亦輾轉拓展魏晉玄學的思維向度。[9]

三、展現「具體性思維」的「類比」與「聲訓」

學界多論中國思維特質為「具體性思維」，甚少純粹邏輯推衍的命題，而多用具體的史證、經驗事例詮解抽象之理。西漢諸儒的「類比」運用涵括三種向度，一為類比典籍或史事，抽繹經義，陸賈、賈誼、董仲舒與劉向皆甚擅長這類詮經方式。其次為經驗知識之比物連類，在《易傳》仰觀俯察的傳統下，人形成的經驗知識，被連類於氣化論下，呈現有機的連結性，透顯出森然謹嚴的天道秩序。

第三種類比乃是西漢特有的「聲訓」詮解。在陸賈、賈誼、董仲舒與揚雄四位儒者的論述中，陸賈常用韻語而少用聲訓，揚雄《法言》語句短小，聲訓運用雖有不關於賈誼的聲訓運用，在《新書·道

之也。」雖亦未彰顯天道根源，然卻以聲訓直指「名」能分明萬物之實，「號」則顯判萬物善惡價值，如此，名與號不僅能「定名」，亦能彰顯「價值判斷」的作用，扣準自董仲舒以降兩漢經學奠於建立的倫理綱常與社會秩序，而「名號」在兩漢經學思想的發展中，成為意義確鑿、無可挪換取代，且實指萬物的符號。

9 王弼對董仲舒名號概念之承繼與轉變，可參拙作之試論：《從「冥契」途徑論王弼《老子注》之知識論向度 》，《清華學報》42卷2期（2012年6月），頁191-232，而此論尚待來日拓展。

德說》中，通篇以「某者，某也」的聲訓運用詮解道德概念，「後者」為對「前者」的描述，人可透過修為後者臻於前者所描述的德行，推闡出人在家國天下的倫理架構中所經歷、體悟的身心修為與道德實踐。董仲舒則將「聲訓」的運用置於「深察名號」的概念下，聖人依萬物所發出的聲音定其「號」，而能將聲音相似的詞彙轉相解釋，豐富被詮釋的詞彙的各種向度，如《春秋繁露・深察名號》：「深察王號之大意，其中有五科：皇科、方科、匡科、黃科、往科。合此五科，以一言謂之王。」六藝典籍與先秦諸子所描述的「王」的諸多特質，在此皆被開顯於「皇」、「匡」、「黃」、「往」、「方」等道德修為與政教實踐中。「君王」被這些既有的文化規範限定，卻也能在自身修為與實踐的德行中敞開其他的修為，使「君德」逐漸豐富、擴大，充滿被詮釋的可能性；既有的文化與實踐而來的新意，相互交融，不斷地透過肉身體驗，將未知的領域，納入已知。

這種聲訓運用所展現的具體性思維，誠然可與美國當代語言學家雷可夫所論「譬喻」的概念相容，說明人類認知結構在與萬物相處的生活經驗中，自然而然展現出對萬物理解方式，而可與當代認知語言學互觀相詮。且對中國哲學研究而言，「聲訓」所展現出的肉身體驗，更可與杜維明先生的「體知」概念互觀相詮。杜先生以「體知」概念詮釋宋明儒學重視的道德修為與實踐；然而，不論賈誼慣用的「某者，某也」，或董仲舒所用的「某，某科、某科、某科、某科」，人皆可透過修為與實踐後者，達成或開顯前者的意義。如此，對「前者」的認知內化，就不僅是透過理性的認知能力可臻至，而是活生生的生命體驗與生活場域的具體實踐；如此，「聲訓」即非僅如王力所論乃以神秘概念詮解並鋪陳天道觀，而是可與宋明理學所論道德修為與實踐相互對話、彼此豐潤的「體知」過程。

四、涵括感知、認知與體知的「知識形成」過程

學界較少關注西漢儒學所論「知識的形成過程」，這個論題牽涉

到作為知之主體之人，用何種方式習得經驗、六藝典籍與史事內涵並上通於天道。從西漢初期，陸賈與賈誼即深論出一種結合感知、認知、體知的知識形成途徑。「心」透過知覺官能與萬物、典籍相對，而攝取素材；心有理性的認知能力，能分析、歸納、統合素材，而形成知識；這些知識必須透過身心修為與實踐，落實於生活場域中，才能更穩固地形成熟習且能時時提取的「知識」。

董仲舒身為公羊大家，更加重視理性認知能力，細膩推闡「心」所具備理解、分析、歸納、統整、類比等認知能力，使人能有效地形成以《春秋》為主軸的六藝典籍知識，並能盡可能地開顯微言大義；人透過理性認知能力形成典籍知識後，即可透過實踐其中的道德內涵，而更穩固、周全地理解、印證並活用典籍知識。

揚雄所論「知識形成過程」則有別於前代諸儒，他認為「心」在大清明的狀態下能透顯出知覺最靈明的「神」與「明」，以此專一地「潛」於典籍內涵，可形成合於六藝內涵的知識。再從六藝中歸納出合於實踐的德行，並透過與典籍的「對話」，層層泯合對立的觀點，辯證剝顯出宜於實踐的「天道」內涵。

西漢諸儒認為，人透過結合感知、認知與體知的知識形成過程，就能形成符合事實的「真理」；然而，正如唐君毅先生所提示的，中國哲學所論「真理」的概念，涵括三種特質：「知識中所謂真或真理之意」、「純粹之形上學所謂真理」與「客觀事物或理之本身，而稱之為真或真理」。[10] 這種「真理」概念跨越學界普遍肯認的「符合事實的知識」為「真理」，由此觀察西漢儒家思想，則呈現一個有趣的狀況：

> 即使人形成「符合客觀事實的知識」，也不能保證其能把握唐君毅先生所論通貫三者之「真理／天道」。

---

10 唐君毅：《哲學概論（上）‧第二部‧知識論》，頁606。

這類論點在西漢儒家諸子的論著中比比皆是，如前引賈誼《新書・傅職》：「或稱《春秋》，而為之聳善而抑惡，以革勸其心。教之《禮》，使知上下之則；或為之稱《詩》而廣道顯德，以馴明其志⋯⋯。」說明即便人透過師法與章句詮釋認知《春秋》、《禮》、《詩》等六藝典籍，形成符合經文文字所指涉之義理內涵的「知識」，但若其未能實踐出「聳善抑惡」、「尊卑理序」與「溫柔敦厚之志」，仍無法向上把握「真理／天道」內涵。

同樣地，揚雄《法言・吾子》：「孔子之道，其較且易也。或曰：『童而習之，白紛如也，何其較且易？』曰：『謂其不奸奸，不詐詐也。如奸奸而詐詐，雖有耳目，焉得而正諸？』」[11] 西漢晚期，《論語》常為「童而習之」的典籍，在師法家法嚴格且章句枝蔓的解經風氣中，要透過師說與章句詮釋，形成與《論語》經文一致的「知識」並不容易；然而，揚雄說只要善於體會孔子「不奸奸，不詐詐」之道德修為，即便不能形成符合《論語》經文的知識，亦能把握孔子之「道」的內涵而上契於天道。

這就說明對西漢儒家諸子而言，「真理」並不全等於「符合事實的知識」，要把握「真理」之內涵，需要透過人的道德修為與實踐。然而，這是否西漢儒家諸子否定「符合事實的知識」為真理？若如此，這就違反諸儒所肯認透過認知文字載錄之「六藝」經義與「史事」內涵而能向上契會於「天道」。故西漢儒家諸子所論「真理」，應涵括在典籍理解與詮釋脈絡下之「詮釋性的真理觀」，以及透過道德修為與實踐之「實踐性的真理觀」，二者相連而相與為一，皆能向上契會「天道」內涵。

五、知識的開放詮釋性

西漢中晚期，章句說解蔓衍繁複，導致經義僵固；然而，從本文

---

11 （漢）揚雄著、汪榮寶疏：《法言義疏・四・吾子》，頁76。

所探討陸賈、賈誼、董仲舒與揚雄之知識形成過程觀知，諸儒們皆肯認典籍有其開放的詮釋性。在本書中，「開放的詮釋性」之觀點援引自德國詮釋學家高達美（H. Gadamer, 1900-2002）在一九五七年發表的〈什麼是真理〉援引海德格「去蔽」的理論，認為所謂「真理」即是讓被遮蔽的開顯出來。其論曰：「真理就是去蔽（Unvergorge-heit），讓去蔽呈現出來，也就是顯現（Offenbarmachen），這就是講話的意義。」[12] 高達美認為，這種「真理」的意義是透過參與彼此生命史的對話訴說的，其論曰：

> 我們所謂真理的意思，諸如公開性、事物去蔽等等都有其本身的時間性和歷史性。我們在追求真理的努力中驚異地提供的只是以下事實：不通過談話、回答和由此獲得一致意見，我們就不能說出真理。語言和談話的本質中最令人驚異之處在於：當我和他人談論某事的時候，即使我本人也並不局限於我所意指的事物之上，談話雙方都不可能用他的意見包括所有真理，然而整個真理卻能把談話雙方包括在個人的意見中。[13]

如此，所謂「真理」，乃是透過對話而將被遮蔽的實情開顯出來；若以此概念檢視前論「判斷」所指「確認所知與客觀事物相符合的心智作用」，應可描繪出一條「典籍詮釋」脈絡下的真理觀，典籍的詮釋者帶著自身時空背景與生命史的視角，認知理解典籍文本之內涵，使判斷與典籍之文字指涉所構成的義理內涵達成一致，而形成一套自身的典籍知識。這使「典籍知識」開啟無窮詮釋的可能。從西漢儒學脈絡觀之，這無窮的詮釋可能，及其所開展的義理脈絡，即可綿密地將隱匿於天地萬物與人事發展間的「天道」秩序開顯出來。

---

12 （德）高達美（H.Gadamer）著、洪漢鼎先生譯：《詮釋學II：真理與方法：補充和索引‧什麼是真理》（北京：商務印書館，2007年），頁55。
13 同前注，頁65-66。

然而，這條論述脈絡會出現一個重大問題亟須回應，即何謂理解者之判斷與典籍內涵「達成一致」？這個問題涵括二層面，其一為「作為典籍之六藝內涵」，其二則為「達成一致的途徑」。

　　西漢儒者對「六藝」的觀點迭經轉變；西漢前期黃老治術下的儒者認為「六藝」出於先王或後聖；董仲舒則將「六藝」與孔子連結，認為孔子透過「六藝」為漢立法；前者將「六藝」視為上古三代至春秋時期之先王與後聖仰觀俯察天地萬物與人事發展所抽繹出來的天道法則，後者則認為「六藝」展現孔子素王之志。因此，若理解者將「六藝」抽離其形成的時空背景或孔子的生命背景，而孤立地理解文本內涵，即無法與「六藝」之文字及其指涉的經義達成一致。

　　此外，「六藝」既為「文字」之載錄，則文字與其所指涉的意義亦構成六藝內涵的內在結構，正如高達美所論「理解的循環」，他引述德國哲學家狄爾泰（Wilhelm Dilthey, 1833-1911）之論曰：「首先我們必須構造這個句子。但這種造句過程本身又受到一種意義期待的支配，這種意義期待則來自以前發生的事情的關聯」、「我們必須從文本出發理解文本。」[14] 由此視角觀察西漢諸儒所論六藝理解與詮釋的脈絡，可知若將六藝文字割裂於文本脈絡外而孤立地理解個別文字，即無法與「六藝」之文字與其指涉的內涵達成一致。此即可合理地解釋何以西漢儒家諸子習慣貼合經文之章句訓釋，抽繹典籍文本的義例，再藉義例觀察例外，推求完整的經義脈絡，而形成六藝知識。

　　由「前理解」觀察所謂「與典籍內涵達成一致」之知之過程，即可呈現這種所謂「達成一致」乃是一種使「典籍」內涵與「理解者自身」皆如其所是地開顯其自己的「對話」，在「對話」中彼此參與，彼此擴大，彼此豐富，正如高達美所釋：

> 當我們的歷史意識置身於各種歷史視域中，並不意味著走進一個
> 與我們自身世界毫無關係的異己世界，而是說這些視域共同形成

14　同前注，頁57、58。

了一個自內而運動的大視域，這個大視域超出現在的界限而包容
著我們自我意識的歷史深度。[15]

這個視角即可更深刻地說明前論的一個問題：為何西漢諸儒對同一則
史事有不同的詮釋，卻能形成與典籍知識達成一致的「知識」；因為
「一致」所指涉的乃是理解者從文本出發，在與典籍對話中，以不孤
立理解文本之文字與其指涉的方式，與文本相互開顯；如此，西漢儒
者所詮解出透過經義而推衍的「天道」內涵，即成為一個不斷透過對
話而開展、豐富的知識體系。

六、扣合西漢諸儒之關懷與論述風格之「知識理論史」

　　西漢諸儒在「通經致用」的學脈背景下，其主要論著多展現明顯
的關懷與目的，且備受學界矚目。「西漢儒家知識理論」雖為一新論
題，卻環環相扣於諸儒各自秉持的關懷，並呈現出相互殊別、各有特
色的論述風格與理論樣貌。

　　陸賈作《新語》的背景為受高帝劉邦所託，為其言興衰得失之
道，而當時學脈毀損，典籍不傳，故其特重於確立六藝知識的內涵與
作用。時至賈誼，文帝以黃老治世而好刑名，賈誼透過六藝典籍建立
一套兼合禮樂與刑名法術的社會制度，其知識理論則特重人對六藝典
籍之「認知」與「體知」，從六藝典籍中歸納出一套宜於實踐的德
行，並躬行實踐於生活場域中，其更認為這種躬行實踐能形成一種合
於理解的知態，而能更精當地把握六藝典籍內涵。

　　董仲舒作為天道思想與公羊學大家，〈賢良對策〉中所論改制的
治道，在《春秋繁露》中多所闡發並相互印證，為漢武帝大一統的治
道與獨尊儒術的措施提供理論依據，而特別強調「理性認知」與「氣

15　（德）高達美（H. Gadamer）著、洪漢鼎先生譯：《真理與方法・上卷：第二部
　　分：真理問題擴大到精神科學裡的理解問題》，頁394。

化感通」的途徑，縝密地探討人理解典籍名言表達的途徑，提出貫串首尾與類推事件並歸納義例之微言理解方法，歸納出合於實踐的《春秋》義例，當人實踐經義內涵，能培養合於認知的知態而更穩固地認知知識。進深言之，當人先具備關於萬物的經驗知識與六藝知識之後，與萬物氣化感通時，方能精確感知其所感物類、質性而遍知萬物最精微的動向與發展。

　　揚雄作為一好學深思、不為章句之學的儒者，其重視與六藝典籍深入且相互揭顯的「對話」。身心處於大清明的狀態下，透顯出知覺最靈明的「神」與「明」，而能專一地「潛」於典籍內涵，形成合於六藝內涵的知識。再從六藝中歸納出合於實踐的德行，並透過與自身或他者的「對話」，層層泯合對立的觀點，辯證剝顯並實踐出「天道」之內涵，並以此安頓處於西漢末葉政治動盪下的身心狀態。

　　由此觀之，本書所勾勒出的「西漢知識理論史」不僅環環相扣於西漢經學與思想之發展脈絡，更扣合諸儒生命歷程與論述關懷，而展現諸儒各自殊別的理論架構與論述風格，更呈現西漢知識理論豐富的光譜。

尾聲：朝向對話的研究展望

綜論之，本書研究成果有三，其一：考察並深論西漢儒家知識理論之內涵與理脈。民國以來，學界較少關注西漢儒家諸子的知識理論，本書則全力考察《漢書‧藝文志》所載錄西漢傳世儒家諸子之知識理論，結合既有研究成果，將傳統天道觀、人性論、災異讖緯、政教觀等研究論題涵容於「知識理論」脈絡下，拓展漢代學術研究向度。

西漢諸儒對「心」的認知能力甚有信心，並深入剖析「心」豐富多層的知之能力，肯認人能以心之認知能力把握上通於天道且內容極其繁複的六藝、史事等知識內涵，且透過名言說解知識時，展現出極富特色的具體性思維與多層輾轉的詮釋進路；最重要的是，對西漢儒者而言，知識並非囿限於章句說解，而特重於「知識的實踐性」，人不僅透過理性認知能力從六藝中提煉出合宜實踐的德行，更需隨時隨地實踐出來，方能「形成知識」；故對西漢諸儒而言，知識乃完成於「實踐」。這些發現均能拓展學界對西漢諸儒較為簡化而片面的認識。

其次，本書所提出的知識理論論題，常能與中國哲學重要論題相互對話，彼此豐潤、開顯，如董仲舒的名號概念對王弼的影響、揚雄的「潛」與「神明」對魏晉玄學的影響，以及從「體知」的概念開啟宋明儒學與漢代儒學對話的可能；「聲訓」所展現的具體性思維，亦可與學界常從史事詮釋論「具體性思維」相互對話，凡此均能拓展西漢學術對中國哲學研究的意義。

其三，本書常運用西方當代德性知識論、認知心理學、人本心理學、教育心理學、詮釋學等理論脈絡，與西漢儒家知識理論互觀相詮，此或能開啟西漢儒學的現代意義，使西漢儒家諸子結合認知、感知與體知的知識形成過程，亦能在更新、更高的理論層次上獲得印

證。

在研究展望上，筆者期能發顯西漢學術兼容並蓄的精神，將來再從儒家知識理論，拓展至黃老學與春秋學之知識理論，對漢代知識理論作一細膩縝密的考察，以拓展現有的漢代學術研究領域，更能開展各種論題與歷代重要哲學論題的對話，進一步討論其現代性的意義。學術之途多艱，願真積力久，勉力成之。

附表：主要論著版本考辨與所據本說明

　　本書主要研究對象為陸賈《新語》、賈誼《新書》、董仲舒《春秋繁露》、揚雄《法言》，四家論著刊刻皆甚複雜，筆者擬以本國國家圖書館〈中國古籍書目資料庫〉為主要考察對象，該資料庫涵蓋兩岸國家圖書館與大學圖書館所藏古籍，並收錄東亞、歐陸、美國等重要漢學圖書館古籍書目，汰除版本著錄未清者，先序列歷代重要版本，再與今人新注相比對，擇定一適宜的所據本，作為觀察知識理論與發展脈絡之基礎。

（一）陸賈《新語》版本考辨

　　由下表觀之，歷代《新語》槧本題名與版本皆有分殊。此書歷來有《新語》、《陸子》、《陸子新語》三種題名。「新語」名出於《史記‧酈生陸賈列傳》，應為最早紀載，明成化年間李廷梧刻本，及范欽天一閣刊本等二種現存較早的槧本皆以此為名，且明以降之槧本，除萬曆年間《子匯》槧本與明末葉氏刊本外，亦均題「新語」，可知其為主要刊本名稱。

　　在版本上，現存較早的李廷梧刊本為家傳藏書，其前有錢福序曰：「適過桐鄉，訪宗合族，而得其令莆陽李君梓是書見際。」[1] 據余嘉錫所述，明槧本多據此本刊刻：「至明弘治間，莆陽李廷梧字仲陽，得十二篇足本，刻版於同鄉縣治，此後有姜思復本、胡維新本、子匯本、子匯本、程榮、何鐘《叢書本》、皆祖李廷梧」[2]，可見明槧本雖題名有異，卻多據此本。

1　（明）錢福序：《新語‧序》，收入王利器注：《新語校注‧附錄三‧書錄》，頁194。
2　（清）余嘉錫：《四庫提要辯證（二）‧子部一‧儒家類一‧新書》，頁531-532。

清代學者宋翔鳳與唐晏皆遍考明諸槧本以精校之。宋氏以為新安程氏《漢魏叢書》校本最為精詳，其〈題記〉論曰：「余此所校，係《漢魏叢書》本，首載弘治間錢福序，稱蒲陽李廷梧始梓是本，當就李本重刻，故中間闕字多於他本，而文少訛錯，尚無改也」[3]，故據李廷梧本多方考證，作《新語校本》。唐氏則以為新安程氏《漢魏叢書本》謬誤甚多，而以天一閣刻本、《子匯》等二本互參以辨其文，其《新語校注·序》述曰：

　　　　今代所傳《漢魏叢書》本，偽託之處，均經妄人改失。余得明范氏天一閣刻本，雖偽誤不免，而第六篇中有第五篇錯簡一段，《漢魏叢書》本妄改，不復可尋，范本則起止宛然。後復見《子匯》本，則第五篇完然不誤，又勝范本。又《漢魏》本十二篇之末，脫字累累，不可以句，范本存字固多，而《子匯》本尤多，遂合三本，證其偽誤，補其脫字，間引他書，以為注釋，雖未必有當大雅，而亦可云首闢蠶叢矣。[4]

　　依下表所示，此二者遍考明諸本，應為清代整理《新語》較為精詳之校槧本，應可作為本論文主要所據本。王利器《新語校注》則以宋翔鳳本為底本，遍考明諸本，並彙集唐晏及清代其他注本而精校之，其〈前言〉述曰：

　　　　本書以浮溪精舍刻宋翔鳳校本為底本，校以明李廷梧刻本、《子匯》本、程榮刻《漢魏叢書》本、《兩京遺編》本、天一閣刻本、清王謨刻《漢魏叢書》本及唐晏注本、傅增湘校本，又明人選刻之《諸子折中》、《諸子彙函》、《諸子拔萃》、《漢魏

3　（清）宋翔鳳：《新語·題記》，（清）道光咸豐間（1821-1861）浮溪精舍刊宋翔鳳校本。
4　（清）唐晏：《陸子新語校注·序》，民國6年（1917）潮陽鄭氏龍溪精舍叢書刊唐晏本，頁2。

別解》、《百子金丹》等，亦頗採獲及之。[5]

由此可見，王氏《新語校注》應較適於作為本論文所據本。而筆者即以此為底本，與宋翔鳳、唐晏與俞樾《新語評議》等注本互參，作為考察《新語》知識理論之基礎。

表1：陸賈《新語》歷代槧本

編號	題名	版本	卷數	館藏地
1	新語	（明）成化李廷梧刻本。	二卷	中國國家圖書館
2	新語	（明）范欽天一閣刻本。	二卷	東京大學東洋文化研究所
3	陸子	（明）萬曆4至5年（1568-1569）刊子彙之一。	二卷	故宮博物院圖書館
4	陸子	（明）萬曆4至5年（1568-1569）刊本。	一卷	中華民國國家圖書館
5	陸子	（明）萬曆4至5年（1576-1577）無錫周氏刊子彙本。	不分卷	中華民國國家圖書館
6	新語	（明）萬曆10年（1581）餘姚胡維新、原一魁刊兩京遺編本。	二卷	故宮博物院圖書館 中華民國國家圖書館
7	新語	（明）萬曆20年（1592）新安程榮刊漢魏叢書本。	二卷	故宮博物院圖書館 普林斯頓大學東亞圖書館
8	新語	（明）萬曆19年（1591）危大沖校刊本。	二卷	故宮博物院圖書館
9	新語	（明）萬曆間金閶擁萬堂刊秘書九種之一。	二卷	故宮博物院圖書館
10	陸子新語	明末葉刊本。	一卷	中華民國國家圖書館
11	新語	明末武林何氏刊本配補清刊本。	二卷	中華民國國家圖書館
12	陸子新語	（明）徐渭評，（明）天啟5年（1626）西湖沈氏花齋刊本。	一卷	中國國家圖書館
13	新語	（清）乾隆56年（1791）金谿王氏刊本。	二卷	中華民國國家圖書館 中國國家圖書館

5　王利器注：《新語校注・前言》，頁16。

14	新語	（清）咸豐3年（1853）序刊本。	二卷	東京大學東洋文化研究所
15	新語	（清）乾隆間寫文淵閣《四庫全書》本。	二卷	故宮博物院圖書館
16	新語	（清）道光咸豐間（1821-1861）浮溪精舍刊宋翔鳳校本。	二卷	中研院傅斯年圖書館 東京大學東洋文化研究所
17	新語	（清）光緒元年（1875）湖北崇文書局刊本。	二卷	中華民國國家圖書館 國立臺灣大學圖書館 內蒙古圖書館
18	新語	（清）光緒20年（1885）湖南藝文書局校勘本。	二卷	國立臺灣大學圖書館
19	新語	（清）光緒21年（1895）石印本。	二卷	中華民國國家圖書館
20	新語	民國元年（1912）鄂官書處刻本。	二卷	中國國家圖書館
21	新語	民國6年（1917）潮陽鄭氏龍溪精舍叢書刊唐晏本。	二卷	中華民國國家圖書館
22	新語	民國9年（1921）上海五鳳樓石印本。	二卷	國立臺灣大學圖書館 中國國家圖書館
23	新語	民國14年上海涵芬樓印明萬曆20年刊本。	二卷	中華民國國家圖書館
24	新語	民國18年（1929）上海商務印書館四部叢刊影印明弘治刊本。	二卷	中華民國國家圖書館
25	新語	民國25年（1936）上海中華書局排印本。	二卷	中華民國國家圖書館
26	新語	民國26年（1937）上海涵芬樓印明萬曆刊本。	二卷	中華民國國家圖書館

（二）賈誼《新書》版本考辨

　　歷來《新書》即有《新書》與《賈子》二種題名。依史籍所載，《漢書》本傳與〈藝文志〉僅載「五十八篇」，《隋書·經籍志》與《舊唐書·經籍志》則題為《賈子》，《新唐書·藝文志》與《宋史·藝文志》皆題為《新書》；可知五代以前，其多應名為《賈子》。至北宋早期，始有《新書》之名。雖明前槧本多亡佚，然明清

槧本皆據宋本，故仍可窺其樣貌。如陸相重刻「南宋淳佑八年潭州本」，並收錄「潭本」原胡玠作〈賈子跋〉，跋文曰：「然討其源流，率多《新書》所草定，是《新書》之作，乃傅長沙時所為也」[6]，此本題名雖為《賈子》，然《新書》之名卻同見於一書中。以「潭本」為底本者，如明李空同「正德八年刊本」與《兩京遺編》錄李夢陽所序本，亦題名《賈子》；但以「宋建寧府陳八郎書鋪本」為底本者，如明朱隆圖本與清莫棠本，則題為《新書》；可見二種題名皆出現於宋本中，合於《新唐書》以降史傳之載錄。

宋明以來，《新書》刊刻量少而訛誤甚多，如前引胡玠〈賈子跋〉述「潭本」曰：「顧遐方無他善本可參校，字多訛舛，姑存之，以俟是正」，可知宋本內容已多訛誤。至於明代，闕誤猶多，李夢陽《賈子‧序》曰：「此書宋淳熙間嘗刻潭州，淳祐間又刊修焉，時已稱舛缺。及刻本失，士大夫轉鈔，一切出吏手，吏苦其煩也，輒任意減落其字句；久之眩惑，逾行竄其字句，重復訛之；士夫又靡之校也，故其書愈舛闕不可讀。」[7]可見明本除文字散亂謬誤外，亦多缺漏，且校對不精。

至於清代，盧文弨與王耕心皆見《新書》刊刻之失，而遍搜宋明槧本而精校之。盧氏《重刻賈誼新書》蒐羅「建本」、「潭本」二宋本，與據「潭本」刊刻之李空同、陸相二刻本，以及本於「建本」之新安程氏《漢魏叢書》和何允中二刊本對校，雖存宋本異文，且有校語，然正如余嘉錫所論缺失：「校此書於非《漢書》所有者，率不能定其謬誤，通其訓詁。凡遇其所不解，輒詆為不成文理，任意刪削」[8]，而王耕心《賈子次詁》則以盧本為底本而承其刪削[9]，雖能闡

6　（宋）胡玠跋：《賈太傅新書‧賈子跋》，（明）黃寶序、（宋）胡价跋，明正德9年長沙郡守陸相修補舊刊本。

7　（明）李夢陽序：《賈子》，（明）萬曆10年（1582）餘姚胡維新刊《兩京遺編》本，頁2。

8　（清）余嘉錫：《四庫提要辯證（二）‧子部一‧儒家類一‧新書》，頁532。

9　鍾夏：《新書校注‧前言》論王耕心本之優劣曰：「精校本，有盧文弨本、王耕心本」、「據我們統計，此類任意刪削多達三十六處六百二十三字。此外尚有若

發義理，亦難辨析文字訛誤舛闕。經鍾夏先生考察，盧本刪削凡三十六處六百二十三字，而王本繼之，又刪六處一百九十一字，故此二本雖能做為參考文本，卻不適宜作為本論文所據本。

而閻振益與鍾夏二先生《新語校注》，以陸相刊刻《賈太傅新書》為底本，此本據「程漕本」與「潭本」刊刻，保留二種宋本之樣貌，並採納諸明本，而恢復盧王二種精校本所刪文字，存其義理，通以故訓，故筆者以為此本文所據本，並與盧、王、俞樾等校本合觀，作為賈誼知識理論之研究基礎。

表 2：賈誼《新書》歷代槧本

編號	題名	版本	卷數	館藏地
1	賈子	（明）李空同序，（明）正德8（癸酉）年（1513）刊本。	十卷	中研院傅斯年圖書館
2	賈太傅新書	（明）黃寶序、（宋）胡价跋，明正德9年（1514）長沙郡守陸相修補舊刊本。	十卷	中華民國家圖書館
3	賈太傅新書	（明）何孟春注、（明）張志淳序、（明）周廷用跋，（明）正德己卯（14年，1519）滇刊本。	十卷	中華民國家圖書館
4	賈太傅新書	（明）何孟春注，明刊本。	十卷	中華民國家圖書館
5	賈子	（明）李夢陽序，（明）萬曆10年（1582）餘姚胡維新刊《兩京遺編》本。	十卷	中華民國家圖書館故宮博物院圖書館天津圖書館
6	新書	（明）萬曆間（1573-1620）新安程榮《漢魏叢書》刊本。	十卷	中華民國家圖書館中國國家圖書館哈佛燕京圖書館
7	新書	（明）焦竑輯、（明）陶望齡評、（明）朱之蕃註新鐫焦太史彙選《中原文獻》，（明）萬曆丙申年（24，1596）刊本。	十卷	中研院傅斯年圖書館

干臆刪臆改而不出校語或校語模糊其辭的現象。而王耕心校本除沿襲盧氏所刪之外，復刪六處一百九十字，皆不足為法」，頁5、6。

8	賈子新書	（明）萬曆4至5年（1606-1607）刊《子彙》本。	二卷	中華民國國家圖書館 故宮博物院圖書館
9	新書	（明）崇禎間（1628-1644）太倉張溥原刊本《漢魏六朝百三家集》。	十卷	中華民國國家圖書館
10	新書	明末武林何氏刊本配補清刊本。	十卷	中華民國國家圖書館
11	新書	（明）黃甫龍、（明）唐琳訂，（清）黃廷鑑手校，明末仁和朱圖隆刊本。	十卷	中華民國國家圖書館 中國國家圖書館 天津圖書館
12	新書	日本寬延2年（1749）青木敦點校，皇都書林植村藤右衛門等刊本。	十卷	中華民國國家圖書館
13	新書	（清）乾隆中餘姚盧文弨校《抱經堂叢書》刊本。	十卷	中華民國國家圖書館
14	新書	（清）乾隆間寫文淵閣四庫全書本。	十卷	故宮博物院圖書館
15	賈子新書	（清）乾隆53年（1788）映雪草堂刻本。	一卷	柏克萊東亞圖書館
16	新書	（清）乾隆56年（1791）金谿王氏刊本。	十卷	中華民國國家圖書館
17	賈子新書	日本天保4年（1833）刊本。	十卷	臺灣大學圖書館
18	新書	（清）光緒元年（1875）浙江書局據盧氏《抱經堂》本重刊。	十卷	東京大學 東洋文化研究所
19	新書	（清）同治18年（1873）、光緒3年（1877）蜀南盧秉鈞紅杏山房重刊王謨輯《漢魏叢書》本。	十卷	中國國家圖書館
20	新書	（清）光緒元年（1875）浙江書局刊盧文弨校《抱經堂叢書》本。	十卷	普林斯頓東亞圖書館
21	新書	（清）光緒元年（1875）湖北崇文書局刻金谿王氏刊本。	十卷	中華民國國家圖書館 臺灣大學圖書館 內蒙古圖書館
22	新書	（清）光緒元年（1875）盧文弨校澌江書局重校刻本。	十卷	中華民國國家圖書館
23	賈子新書	（清）光緒丁丑（三年，1877）9月長沙刊本。	十卷	臺灣大學圖書館

24	賈子次詁	（清）王耕心（注），（清）陳兆琛（跋），（清）光緒間（1875-1908）著者手定底稿本。	十六卷	中華民國國家圖書館 中國國家圖書館
25	賈子	（清）王耕心詁，（清）光緒29年（1903）正定王氏刻本。	十六卷	內蒙古線裝古籍
26	新書	民國6年（1917）潮陽鄭國勳《龍溪精舍叢書》刊本。	十卷	中國國家圖書館
27	新書	民國8年（1919）上海掃葉山房石印本。	十卷	臺灣大學圖書館
28	新書	民國9年（1910）上海五鳳樓石印本。	十卷	臺灣大學圖書館
29	新書	民國12年（1923）北京直隸書局影印（清）盧文弨校《抱經堂叢書》。	十卷	中華民國國家圖書館
30	新書	民國18年（1929）上海商務印書館四部叢刊影印（明）正德長沙刊本。	十卷	中華民國國家圖書館
31	新書	民國二十五年（1936）上海中華書局排印（清）盧文弨校《抱經堂叢書》本。	十卷	中華民國國家圖書館
32	新書	民國14年上海涵芬樓影印明萬曆20年刊本。	一卷	中華民國國家圖書館
33	賈子	民國26年（1937）上海涵芬樓印明萬曆刊本。	十卷	中華民國國家圖書館

（三）董仲舒《春秋繁露》版本考辨

今傳《春秋繁露》較早善本為南宋嘉定四年江右計臺本。[10] 此為樓鑰以潘景憲家藏此本為底本，由胡榘刊刻，樓氏《春秋繁露・跋》述其校刻過程曰：

---

10 鍾肇鵬：《春秋繁露校釋・「春秋繁露」版本簡稱表》論「宋江右計臺本」曰：「宋嘉定四年刊，藏北京圖書館。原書缺第一、二卷，後從天津購得第一、二卷鈔本，今案所補二卷，其款式字體均與計臺本不同，而與明鈔宋本相合。」（河北：河北人民社，2005年）

開禧三年，今編修胡君仲方榦宰萍鄉，得羅氏蘭臺本，刊之縣庠，考證頗備。先程公所引三書之言，皆在書中，則知程公所見者未廣，遂為小說者，非也。然止於三十七篇，終不合《崇文總目》及歐陽文忠公所藏八十二篇之數。余老矣，猶欲得一善本。聞婺女同年叔度景憲多收異書，屬其子弟訪之，始得此本果有八十二篇。是萍鄉本猶未及其半也。喜不可言。以校印本，各取所長，悉加改定，義通者兩存之。[11]

從篇卷數觀之，歷代史書除《漢書・藝文志》載董仲舒「百二十三篇」[12] 外，餘多載卷數而略篇數，如《隋書・經籍志》、《舊唐書・經籍志》、《新唐書・藝文志》皆僅錄《春秋繁露》十七卷；然前引《崇文總目》之案語及歐陽修〈書「春秋繁露」後〉皆述其內容舛訛，故《崇文總目》所錄「十七卷」雖合於史載，然八十二篇內容已有舛誤，且當時已無善本可比對校正，館臣乃姑存其疑而留之。

雖然樓鑰江右計臺本八十二篇內容不盡然與《崇文總目》相同，然相較於羅氏蘭臺本三十七篇，其內容仍為宋本中較詳備者，且樓氏兼採蘭臺本刊定之，而成為南宋晚期之定本，如黃震《黃氏日鈔》即曰：

隋、唐、國初《繁露》已未必皆董仲舒之舊，中興後《繁露》又非隋、唐、國初之《繁露》矣。近世胡尚書榦為萍鄉宰日，刊之為縣齋，僅三十七篇而已。其後得攻媿樓參政校定本，十七卷八十二篇之舊復全矣。其兄胡槻既刊之江東漕司，其後岳尚書珂復刊之嘉禾郡齋，世遂以為定本。[13]

---

11 （宋）樓鑰著：《春秋繁露・跋》，收入（清）蘇輿義證：《春秋繁露義證・附錄二・春秋繁露考證》，頁503。
12 （漢）班固著、（唐）顏師古注：《漢書・卷三十・藝文志》，頁1727。
13 （宋）黃震著：《黃氏日鈔・讀諸子二》，收入（清）紀昀編：《文淵閣四庫全書・子部》，頁52。

至於明代，重要刊本如《永樂大典》本亦據此刊印，而清乾隆三十八年武英殿聚珍本與其後之《四庫全書》本又即據《永樂大典》參校之，《四庫提要》述曰：

> 是書宋代已有四本，多寡不同樓鑰所定，乃為定本。鑰本原闕三篇，明人重刻，又闕第五十五篇，及第五十六篇首三百九十六字，第七十五篇中一百七十九字，第四十八篇中二十四字，又第三十五篇顛倒一頁，遂不可讀。其餘偽脫，不可勝舉。蓋海內藏書之家，不見完本，三四百年餘茲矣。今以《永樂大典》所存樓鑰本，詳為戡訂，凡補一千一百二十一字，刪一百二十一字，改定一千八百二十九字。神明煥然，頓還舊籍。[14]

「殿本」精校《永樂大典》本而成為較完備之槧本，故清代重要注本如凌曙《春秋繁露注》、蘇輿《春秋繁露義證》皆據此詳注。凌氏所作據明天啟年間王道焜與清乾隆年間盧文弨二注本，參照清諸注本，其〈凡例〉述曰：「是書以聚珍本為主」，又曰：「是書明王道焜本向有注者，加『原注』二字，引盧學士《抱經》本，加『盧注』二字」。[15] 蘇輿校注更為精詳，除參照王、盧二注本外，更蒐羅明天啟年間孫鑛評沈氏花齋刊本，其〈例言〉曰：「凌注本亦以聚珍為主，參以明王道焜及武進張惠言讀本。予復得明天啟時朱養和所刊孫鑛評本，合互校訂，擇善而從」[16]，此二本似應為本論文較合適的所據本；然而，晚清至於民國，校《春秋繁露》者甚多，如劉師培《春秋繁露斠補》、楊樹達《春秋繁露札記》、冒廣生《校春秋繁露》，皆可與凌、蘇二校本合觀，而鍾肇鵬先生《春秋繁露校釋》以「殿本」為底本，匯集凌、蘇等精校本，並加入民國以來之校注，其〈例

14　（清）永瑢：《四庫全書總目提要・經部・春秋類四・春秋繁露》，頁244。

15　（清）凌曙注：《春秋繁露注・凡例》，收入（清）蘇輿義證：《春秋繁露義證・附錄二・春秋繁露考證》，頁508-509。

16　（清）蘇輿義證：《春秋繁露義證・例言》，頁3-4。

言〉述曰：「《春秋繁露》流傳日久，其中錯簡甚多。惠棟、錢塘、盧文弨等均有訂正，凌曙、蘇輿頗採其說。今以凌本、蘇本為據，凡屬錯簡，有所移證，均在校釋中一一注明」[17]，先為最善之本，故本論文以此為主要所據本，並參照凌、蘇二本，以考察《春秋繁露》知識理論之義理內涵。

表3：董仲舒《春秋繁露》歷代槧本

編號	題名	版本	卷數	館藏地
1	春秋繁露	（宋）嘉定四年江右計臺刊本。	十七卷	北京圖書館 東京大學東洋文化研究所
2	春秋繁露	（明）正統間（1436-1439）刊本。	十七卷	中華民國國家圖書館
3	春秋繁露	（明）正德11年（1516）錫山華堅蘭雪堂活字印本。	十七卷	中國國家圖書館
4	春秋繁露	（明）嘉靖三十三（甲寅）年（1554）刊本。	十七卷	中研院傅斯年圖書館
5	春秋繁露	（宋）樓郁序、（明）趙維垣序、（宋）胡榘跋、（清）黃丕烈校語、跋、過錄；（明）嘉靖甲寅（23年，1554）永寧趙維垣潙陽刊本。	十八卷	故宮博物院圖書館
6	春秋繁露	（明）沈津纂，（明）隆慶元年（1567）含山縣儒學刊百家類纂。	一卷	中華民國國家圖書館
7	春秋繁露	（明）趙維垣序；（明）萬曆10年餘姚胡維新、原一魁刊《兩京遺編》配補舊鈔本。	八卷	中華民國國家圖書館 故宮博物院圖書館 中國國家圖書館

---

17 鍾肇鵬：《春秋繁露校釋·例言》，頁1。

8	春秋繁露	（明）萬曆年間（1573-1620）新安程氏刊《漢魏叢書》本。	十七卷	中華民國國家圖書館 故宮博物院圖書館
9	春秋繁露直解	（明）宋應昌撰、（明）陳文燭、朱睦㮮、李天麟序，（明）周嘉賓（跋），（明）萬曆丁亥（十五年，1587）刊本。	一卷	中華民國國家圖書館
10	春秋繁露	（明）萬曆間金閶擁萬堂刊秘書九種之一。	十七卷	故宮博物院圖書館
11	春秋繁露	（宋）樓鑰序、王道焜閱，（明）天啓5年（1625）刊本。	十八卷	美國國會圖書館 哈佛大學東亞圖書館
12	春秋繁露	（明）孫鑛評，（宋）樓郁、（明）汪明際序、（明）沈鼎新小引、（宋）胡榘跋、韓元龍手書題記；（明）天啟5年（1626）西湖沈氏花齋刊本。	十七卷	東京大學東洋文化研究所
13	春秋繁露	（明）孫鑛等評，（明）朱養純等參評；（明）天啟5年（1626）西湖沈氏花齋刊本。	十八卷	中華民國國家圖書館 內蒙古線裝古籍 東京大學東洋文化研究所
14	春秋繁露	（宋）樓郁序，明末武林何允中刊《漢魏叢書》配補清刊本。	十八卷	中華民國國家圖書館
15	春秋繁露	（明）趙維垣序、（宋）樓鑰跋；影鈔（明）嘉靖甲寅（三十三年，1554）刊本。	十七卷	中華民國國家圖書館
16	春秋繁露	（清）順治丁亥（4年）兩浙督學李際期宛委山堂刊本。	一卷	中華民國國家圖書館
17	春秋繁露	（清）乾隆38年（1753）武英殿聚珍版重刊本。	十七卷	中華民國國家圖書館 中國國家圖書館

18	春秋繁露	（清）乾隆53年（1788）映雪草堂刻本。	十八卷	東海大學圖書館
19	春秋繁露	（清）乾隆間寫文淵閣《四庫全書》本。	十七卷	中華民國國家圖書館
20	春秋繁露	（清）盧文弨編；（清）乾隆間（1736-1795）餘姚盧氏抱經堂刊本。	十七卷附錄一卷	故宮博物院圖書館
21	春秋繁露	（清）乾隆56年（1791）金谿王氏刊本。	十八卷	中國國家圖書館
22	春秋繁露	（清）道光戊子（8年，1828）福建重刊同治間至光緒甲午續修增刊本。	十七卷附錄一卷	中華民國國家圖書館
23	春秋繁露	（清）同治12年（1873）粵東書局刊本。	十七卷附錄一卷	中華民國國家圖書館
24	春秋繁露	（清）王謨輯，清同治12年-光緒3年（1873-1877）蜀南盧秉鈞紅杏山房勘漢魏叢書八十六種。	十七卷	中華民國國家圖書館 普林斯頓大學東亞圖書館
25	董子春秋繁露	（清）盧文弨校，（清）光緒2年（1876）浙江書局據錢塘盧氏抱經堂本重刊本。	十八卷'附錄一卷	中國國家圖書館
26	春秋繁露	（清）凌曙注，（清）光緒5年（1879）定州王氏謙德堂刊本。	十七卷	東京大學東亞圖書館 普林斯頓東亞圖書館
27	春秋繁露	（清）凌曙注，（清）張駒賢校，（清）光緒5年（1879）新城王氏刊本。	十七卷注校正十七卷	中華民國國家圖書館
28	春秋繁露	（清）光緒8年（1882）淮南書局重刻本。	十七卷附錄一卷	中國國家圖書館
29	春秋繁露	（清）凌曙注；清光緒14年（1888）江陰南菁書院刊本。	十七卷	內蒙古線裝古籍

30	春秋繁露	（清）光緒甲午（20年，1894）湖南藝文書局校刊本。	十七卷	普林斯頓大學東亞圖書館
31	春秋繁露	（清）光緒21年（1895）石印本。	十八卷	臺灣大學圖書館
32	春秋繁露義證	（清）蘇輿撰，（清）宣統庚戌年（2，1910）刊本。	十七卷卷首一卷考證一卷	中華民國國家圖書館
33	春秋繁露義證	（清）蘇輿撰，（清）宣統2年長沙刊本。	十七卷卷首一卷	中華民國國家圖書館臺灣大學圖書館東海大學圖書館內蒙古線裝古籍
34	春秋繁露	民國9年（1920）上海五鳳樓石印本。	十七卷	東京大學東洋文化研究所
35	春秋繁露	（清）盧文弨校；民國12年（1923）北京直隸書局影印本。	十七卷附錄一卷	臺灣大學圖書館
36	春秋繁露	民國14年上海涵芬樓印明萬曆20年刊本。	十八卷	中華民國國家圖書館
37	春秋繁露	民國18年（1929）上海商務印書館四部叢刊影印武英殿聚珍本。	十八卷	中華民國國家圖書館
38	春秋繁露	（清）盧文弨校；民國25年（1936）上海中華書局排印本。	一七卷附錄一卷	中華民國國家圖書館
39	春秋繁露	民國26年上海涵芬樓印明萬曆刊本。	八卷	中華民國國家圖書館

（四）揚雄《法言》版本考

　　相較前列論著，歷代《法言》刊刻脈絡較為清楚且注本甚豐。依史料所載，唐前已有侯芭、李軌、宋衷、辛德源等四種注本；前三者均見於《隋書・經籍志》，〈隋志〉注錄《法言》二注本，一為「揚

子《法言》十五卷，解一卷」，下述：「揚雄撰，李軌注。梁有揚子《法言》六卷，侯苞注，亡」[18]，侯氏為揚雄門生，《漢書·揚雄傳》載：「而鉅鹿侯苞常從雄居，受其《太玄》、《法言》焉」[19]。二者則為宋衷注「揚子《法言》十三卷」[20]。另《隋書·辛德源傳》則載其注曰：「德源每於務隙撰集注《春秋三傳》三十卷，注揚子《法言》二十三卷。」[21] 此四者皆未載於《舊唐書·經籍志》中，而《新唐書·藝文志》僅載宋衷與李軌所注。故不晚於北宋中葉，唐前四種注本僅存其半。

至於唐代，《新唐書·藝文志》又著錄柳宗元注《法言》十三卷[22]，而北宋仁宗以降，對《法言》之注解更為精詳且種類甚多，如宋咸於景祐三年匯集並校正李軌《法言解》與柳宗元《法言注》而作《廣注揚子法言》，其〈原序〉論李柳二注疏漏曰：「凡有十三篇，東晉李軌雖為之註，然愈略於毛公之為。唐柳宗元刪定，雖釋二三，而不能盡補其亡」[23]，其〈重廣注揚子法言原表〉亦曰：「雖李郁亭解之於前，柳宗元裁之於後，然多疏略，猶或誤遺。凡坦然易別之條，則五行俱下而詮釋。洎卓爾難明之意，則一辭不措而闕亡，遂使十三篇之旨趣未融，述百年之駕說猶昧」[24]，故宋注甚重義理闡發，其下文述曰：「臣爰自効官，未嘗廢學，因念子雲之業，蓋紹仲尼之

18　（唐）魏徵等：《隋書·卷三十三·經籍志》，收入楊家駱編《新校本二十五史》，頁998。

19　（漢）班固著、（唐）顏師古注：《漢書·卷八十七下·揚雄傳》，頁3585。學界已論侯苞即侯芭，如（清）姚振宗《隋書經籍志考證·卷二十四·子部》論曰：「梁有揚子《法言》六卷侯苞注，亡，一本作侯芭」，民國鉛印師石山房叢書本，頁809。

20　（唐）魏徵等：《隋書·卷三十三·經籍志》，頁998。

21　（唐）魏徵等著：《隋書·卷五十八·辛德源傳》，頁1422。

22　（宋）歐陽修、宋祈著：《新唐書·卷五十九·藝文志》著錄「柳宗元注揚子《法言》十三卷」，收入楊家駱編《新校本二十五史》），頁1515。

23　（宋）宋咸：《揚子法言·重廣注揚子法言原表》，收入（清）紀昀編：《文淵閣四庫全書·子部》（臺北：臺灣商務印書館，1983年），頁1。

24　同前注，頁2。

綱比緣從政之餘，恣討論之究，增加剖理，庶所詳明」[25]；而司馬光則匯集李軌、柳宗元、宋咸、吳祕諸注而為《法言集注》，並加音注。而司馬光《法言集注》本，為今存諸槧本中數量較多者，除有南宋刊印之《纂圖互註揚子法言》外，尚有明萬曆年間《新纂門目五臣音註》，而《四庫全書》亦據此刊印。

　　清末，汪榮寶據宋英宗治平年間秦復恩刊李軌注本之復刊本，與司馬光《法言集注》合校，而作《法言義疏》，其以乾嘉考據學方法對比諸經，精校詳注，歷經四十餘年，多次重校，胡玉縉〈序〉曰：「凡斯之屬，參考互證，然見師承之所在，是乾嘉諸老遺法也」[26]，由此觀之，汪注不僅匯合清前諸注，更承乾嘉之學，以文字聲韻鉤玄義理，且通訓詁，故應為一較適宜之所據本，筆者即以中華書局點校之《法言義疏》，作為考察揚雄知識理論之文本根據。

表 4：揚雄《法言》歷代槧本

編號	題名	版本	卷數	館藏地
1	纂圖互註揚子法言	（晉）李軌、（唐）柳宗元注，（宋）宋咸、吳祕、司馬光添注，（南宋）龔士卨重刊景定元年本。	十卷	中華民國國家圖書館 中研院傅斯年圖書館
2	纂圖互註揚子法言	（晉）李軌、（唐）柳宗元注，（宋）宋咸、吳祕、司馬光添注，明初覆刊南宋建陽坊肆刊十一行六子本。	十卷	中華民國國家圖書館 故宮博物院圖書館 東京大學東洋文化研究所

---

25 同前注，頁1。
26 （清）胡玉縉〈序〉，收入（漢）揚雄著、（清）汪榮寶疏：《法言義疏・上》，收入《新編諸子集成》（北京：中華書局，1996年），頁2。

3	纂圖互註揚子法言	（晉）李軌、（唐）柳宗元注，（宋）宋咸、吳秘、司馬光添注，明初建安書坊覆元刊本。	十卷	故宮博物院圖書館 香港大學馮平山圖書館
4	揚子法言	明嘉靖6年（1527）關中許氏樊川別業刊本。	十卷	中華民國國家圖書館
5	揚子法言	（明）謝汝昭注，（明）萬曆6年（1578）吉藩崇德書院刊《二十家子書》本。	一卷	中華民國國家圖書館 中國國家圖書館
6	法言	（明）鍾惺評，（明）萬曆間金閶擁萬堂刊《秘書》九種之一。	十卷	故宮博物院圖書館
7	法言	（明）萬曆間（1573-1620）新安程榮刊《漢魏叢書》本。	十卷	中華民國國家圖書館 中國國家圖書館 哈佛大學燕京圖書館 故宮博物院圖書館
8	五臣音注揚子法言	（明）監本。	十卷	美國國會圖書館
9	新纂門目五臣音註揚子法言	（晉）李軌、（唐）柳宗元注，（宋）宋咸、吳祕、司馬光添注，（明）嘉靖9-12年（1530-1533）吳郡顧氏世德堂刊本。	十卷	中華民國國家圖書館 東京大學東洋文化研究所 哈佛大學燕京圖書館
10	法言	明末武林何氏刊本配補清刊本。	十卷	中華民國國家圖書館 東京大學東洋文化研究所
11	揚子法言訓點	（晉）李軌、（唐）柳宗元注，（宋）宋咸等添注，立野春野訓點，日本萬治二年（1659）京都中野小左衛門刊本景印。	十卷	東京大學東洋文化研究所

12	新纂門目五臣音註揚子法言	（宋）司馬光集註、（宋）宋咸序、（清）姚世鈺手校并跋，（明）桐蔭書屋覆翻刻吳郡顧氏世德堂六子本。	十卷	中華民國國家圖書館
13	法言	（清）乾隆53年（1788）映雪草堂刻本。	一卷	柏克萊加州大學東亞圖書館
14	法言	（明）何鏜原輯，清乾隆56年（1791）金谿王氏《漢魏叢書》刊本。	十卷	中華民國國家圖書館
15	揚子法言	（晉）李軌、（唐）柳宗元注，（宋）宋咸、吳祕、司馬光添注，（清）乾隆間寫文淵閣《四庫全書》本。	十卷	故宮博物院圖書館
16	揚子法言	（晉）李軌、（唐）柳宗元注，（宋）宋咸、吳祕、司馬光添注，（清）乾隆間寫《四庫全書薈要》本。	十卷	故宮博物院圖書館
17	新纂訂目五臣音註揚子法言	（晉）李軌、（唐）柳宗元注，（宋）宋咸、（宋）吳祕、（宋）司馬光添注，（清）嘉慶甲子（9年，1804）姑蘇聚文堂重刊本。	十卷	臺灣大學圖書館
18	揚子法言	清嘉慶23年（1818）江都石研齋秦氏重刊宋治平監本。	十三卷	中華民國國家圖書館中研院傅斯年圖書館內蒙古線裝目錄澳門大學國際圖書館
19	揚子法言	（晉）李軌注，（清）嘉慶24年（1819）江都秦恩復據宋治平監本重刊本。	十三卷	中華民國國家圖書館故宮博物院圖書館

20	揚子法言	同治11年（1872）維揚倪氏據嘉慶23年江都秦氏石研齋刊本重刊。	十三卷	東京大學東洋文化研究所
21	法言	（清）同治12年-光緒3年（1873-1877）蜀南盧秉鈞紅杏山房重刊金谿王氏《漢魏叢書》刊本。	十卷	中國國家圖書館
22	揚子法言增注	（宋）司馬光、（日）桃源藏增注，日本寬政八年（1796）東京松山堂刊本。	十卷	中華民國國家圖書館故宮博物院圖書館臺灣大學圖書館
23	法言	（清）光緒元年（1875）湖北崇文書局刊本。	一卷	中華民國國家圖書館臺灣大學圖書館
24	揚子法言	（晉）李軌注，光緒2年（1876）浙江書局校刊江都秦氏本。	十三卷	內蒙古線裝目錄普林斯頓大學東亞圖書館
25	揚子法言	（清）光緒2年（1876）據江都秦恩復本刊本。	十三卷	東京大學東洋文化研究所
26	法言	（清）光緒11年（1875）湖北崇文書局刊本	一卷	中華民國國家圖書館內蒙古古籍目錄
27	法言	（宋）宋咸注，（清）光緒21年（1895）金谿王氏刊本。	十卷	中國國家圖書館
28	揚子法言	清光緒甲午（20年，1894）湖南藝文書局校刊本。	十卷	臺灣大學圖書館
29	法言疏證	汪榮寶疏證，清宣統3年（1911）金薤琳琅齋鉛印本。	十三卷校補一卷	內蒙古線裝聯合目錄

30	揚子法言	（晉）李軌注，民國2年（1913）育文書局石印本。	十三卷	內蒙古線裝聯合目錄
31	監本五臣音註揚子法言	（晉）李軌、（唐）柳宗元注，（宋）宋咸、吳祕、司馬光添注，民國3年（1914）上海右文社石印本。	存三卷	中華民國國家圖書館
32	新纂門目五臣音註揚子法言	（晉）李軌、（唐）柳宗元注，（宋）宋咸、司馬光添注，民國3年（1914）右文社據明嘉靖9年世德堂刊本石印本。	十卷	臺灣大學圖書館
33	揚子法言	（晉）李軌注，民國12年（1923）沔陽盧氏慎始基齋本。	十三卷	中國國家圖書館內蒙古線裝聯合目錄
34	法言	民國14年（1925）上海涵芬樓影印明萬曆20年本。	一卷	中華民國國家圖書館
35	揚子法言	民國18年（1929）上海商務印書館四部叢刊影印石硯齋翻宋治平監本。	十卷	中華民國國家圖書館
36	法言義疏	（晉）李軌注、汪榮寶義疏，民國22年（1933）吳縣汪氏排印本。	十卷	中華民國國家圖書館中研院傅斯年圖書館
37	法言疏證	民國22年（1933）上海商務印書館鉛印本。	十卷	中華民國國家圖書館故宮博物院圖書館東京大學東洋文化研究所

徵引書目

一、傳統文獻

（一）經部

（漢）孔安國傳、（唐）孔穎達疏：《尚書注疏》，臺北：藝文印書館，1989年。

（漢）班固著、（清）陳立疏：《白虎通疏證》，北京：中華書局，1997年。

（漢）鄭玄箋、（唐）孔穎達疏：《毛詩注疏》，臺北：藝文印書館，1989年。

（漢）鄭玄注、（唐）孔穎達注疏：《禮記注疏》，臺北：藝文印書館，1989年。

（漢）何休注、（唐）徐彥疏：《春秋公羊傳注疏》，臺北：藝文印書館，1989年。

（漢）趙岐注、（宋）孫奭疏：《孟子注疏》，臺北：藝文印書館，1989年。

（漢）許慎著、（清）段玉裁注、蔡信發點校：《圈點說文解字》，臺北：萬卷樓圖書公司，2002年。

（魏）何晏注、（宋）邢昺疏：《論語注疏》，臺北：藝文印書館，1989年。

（魏）王弼注、（唐）孔穎達疏：《周易注疏》，臺北，藝文印書館，1993年。

（晉）杜預注、（唐）孔穎達疏：《春秋左傳注疏》，臺北，藝文印書館，1993年。

（清）孫希旦：《禮記集解》，清同治七年孫鏘鳴刻本。

（清）王先謙著、吳格點校：《詩三家義集疏》，北京：中華書局，2011年。

（清）皮錫瑞著、周予同注：《經學歷史》，北京：中華書局，2009年。

（清）陳立疏、吳則虞點校：《白虎通疏證》，北京：中華書局，1994年。

（二）史部

（漢）司馬遷著、（劉宋）裴駰集解、（唐）司馬貞索隱、（唐）張守節正
　　義：《史記》，臺北：鼎文出版社，1993年。

（漢）班固著、（唐）顏師古注：《漢書》，臺北：鼎文出版社，1993年。

（劉宋）范曄著、（唐）李賢等注、（晉）司馬彪補志：《後漢書》，臺
　　北：鼎文出版社，1993年。

（唐）魏徵等：《隋書》，臺北：鼎文出版社，1993年。

（後晉）劉昫著：《舊唐書》，臺北：鼎文出版社，1993年。

（宋）歐陽修、宋祈著：《新唐書》，臺北：鼎文出版社，1993年。

（宋）王堯臣等編、（清）錢侗校：《崇文總目輯釋》，臺北：廣文書局，
　　1978年。

（清）紀昀編：《文淵閣四庫全書》，臺北：臺灣商務印書館，1983年。

（清）永瑢：《四庫全書總目提要》，北京：中華書局，1995年。

（清）余嘉錫：《四庫提要辯證》，北京：中華書局，2008年。

（清）姚振宗：《隋書經籍志考證》，民國鉛印師石山房叢書本。

（三）子部

（漢）陸賈著、王利器注：《新語校注》，北京：中華書局，2007年。

（漢）賈誼著，閻振益、鍾夏注：《新書校注》，北京：中華書局，2000
　　年。

（漢）劉安著、何寧注：《淮南子集解》，北京：中華書局，1998年。

（漢）董仲舒著、（清）蘇輿義證：《春秋繁露義證》，北京：中華書局，
　　1996年。

（漢）劉向編、向宗魯校：《說苑校證》，北京：中華書局，1987年。

（漢）劉向編著、石光瑛校、陳新整理：《新序校釋》，北京：中華書局，
　　2001年。

（漢）揚雄著、（宋）司馬光注、劉韶軍點校：《太玄集注》，北京：中華
　　書局，2013年。

（漢）揚雄著、（清）汪榮寶疏：《法言義疏》，北京：中華書局，1996
　　年。

（漢）高誘注、（清）畢沅校：《呂氏春秋》，北京：中華書局，2006年。

（漢）荀悅著、（宋）吳道傳點校：《申鑒》，上海：世界書局，1935年。

（魏）王弼注：《老子注》，北京：中華書局，2006年。

（宋）司馬光注：《法言集注》（纂圖分門類題五臣註），清文淵閣四庫全書本。

（明）李夢陽序：《賈子》，（明）萬曆10年（1582）餘姚胡維新刊《兩京遺編》。

（明）黃寶序、（宋）胡价跋：《賈太傅新書》，明正德9年（1514）長沙郡守陸相修補舊刊本。

（清）紀昀編：《文淵閣四庫全書》，臺北：臺灣商務印書館，1983年。

（清）宋翔鳳校：《新語》，（清）道光咸豐間（1821-1861）浮溪精舍刊宋翔鳳校本。

（清）黎翔鳳注：《管子校注》，北京：中華書局，2004年。

（清）王先謙注：《莊子集解》，北京：中華書局，1999年。

（清）王先謙注：《荀子集解》，北京：中華書局，2006年。

（清）王先慎注：《韓非子集解》，北京：中華書局，2006年。

（清）孫詒讓著、孫啟治點校：《墨子閒詁》，北京：中華書局，2001年。

（清）唐晏：《陸子新語校注》，民國6年（1917）潮陽鄭氏龍溪精舍叢書刊唐晏本。

（四）集部

（南齊）劉勰著、周振甫注：《文心雕龍注釋》，臺北：里仁書局，1994年。

（唐）韓愈著、馬通伯注：《韓昌黎文集校注》，北京：古典文學出版社，1957年。

（宋）歐陽修：《歐陽修全集》，臺北：華正出版社，1975年。

（宋）王安石，劉武標校：《王文公集》，上海：上海人民出版社，1974年。

（宋）胡玠跋：《賈太傅新書跋》，（明）黃寶序、（宋）胡价跋，明正德9年（1514）長沙郡守陸相修補舊刊本。

（宋）方大琮：《鐵菴集》，臺北：臺灣商務印書館，1983年。

（清）嚴可均編：《全上古三代秦漢三國六朝文》，北京：中華書局，2009

年。

（清）盧文弨：《抱經堂文集》，北京：中華書局，1990年。

二、今人專著

王夢鷗：《鄒衍遺說考》，臺北：臺灣商務印書館，1966年。

王葆玹：《玄學通論》，臺北：五南圖書出版股份有限公司，1996年。

王力：《中國語言學史》，上海：復旦大學出版社，2006年。

白奚：《稷下學研究》，北京：三聯書局，1998年。

牟宗三：《歷史哲學》，臺北：臺灣學生書局，1976年

牟宗三：《名家與荀子》，臺北：臺灣學生書局，1979年。

牟宗三：《認識心之批判（上）》，臺北：臺灣學生書局，1990年。

牟宗三：《認識心之批判（下）》，臺北：臺灣學生書局，1990年。

牟宗三：《中國哲學十九講》，臺北：聯經出版事業公司，2003年。

牟宗三：《智的直覺與中國哲學》，臺北：臺灣商務印書館，2006年。

屈萬里：《尚書集釋》，臺北：聯經出版事業公司，1983年。

宋艷萍：《公羊學與漢代社會》北京：學苑出版社，2010年。

朱漢民：《玄學與理學的思想理路研究》，臺北：臺大出版中心，2011年。

余英時：《中國知識階層史論》，臺北：聯經出版事業公司，1993年。

杜維明：《燕園論學集》，北京：北京大學出版社，1984年。

杜維明：《杜維明文集》，武漢：武漢出版社，2002年。

杜保瑞：《中國哲學方法論》，臺北：臺灣商務印書館，2013年。

佐藤將之：《荀子禮制思想的淵源與戰國諸子之研究》，臺北：臺大出版中心，2013年。

李坤崇：《認知情意技能教育目標分類及其在評量上的應用》，臺北：高等教育出版社，2009年。

林聰舜：《西漢前期思想與法家的關係》，臺北：大安出版社，1991年。

林尹：《文字學概說》，臺北：正中書局，2007年。

李賢中：《墨學：理論與方法》，臺北：揚智文化事業股份有限公司，2003年。

李賢中：《墨子》，香港：中華書局，2014年。

周桂鈿：《董學探微》，北京：北京師範大學出版社，1989年。

吳汝鈞：《西方哲學的知識論》，臺北：臺灣商務印書館，2009年。

吳汝鈞：《當代中國哲學的知識論》，臺北：臺大出版中心，2013年。

金春峰：《兩漢思想史（增補第三版）》，北京：中國社會科學院出版社，
　2006年。

許維遹注：《韓詩外傳集釋》，北京：中華書局，2009年。

柯慶明：《中國文學的美感》，臺北：麥田圖書公司，2006年。

胡軍：《認識論》，北京：北京大學出版社，2006年。

徐芳敏：《釋名研究》，臺北：臺灣大學中文系，1989年。

孫振青：《知識論》，臺北：五南圖書出版股份有限公司，1982年。

徐復觀：《兩漢思想史》，臺北：臺灣學生書局，1993年。

徐復觀：《中國人性論史（先秦篇）》，臺北：臺灣商務印書館，1999年。

徐復觀：《中國經學史的基礎》，臺北：臺灣學生書局，2009年。

姜國柱：《中國認識論史》，武漢：武漢大學出版社，2008年。

唐君毅：《哲學概論》，臺北：臺灣學生書局，1985年。

唐君毅：《中國哲學原論・導論篇》，北京：中國社會科學出版社，2005
　年。

馬育良：《中國性情論史》，北京：人民出版社，2010年。

夏甄陶：《中國認識論思想史稿》，北京：中國人民大學出版社，1992年。

項退結：《中國哲學之路》，臺北：東大圖書公司，1991年。

馮友蘭：《中國哲學史》，臺北：臺灣商務印書館，1993年出版。

馮耀明：《中國哲學的方法論問題》，臺北：允晨文化實業股份有限公司，
　1989年。

陳遵媯：《中國天文學史》，臺北：明文出版社，1984年。

陳夢家：《殷墟卜辭綜述》，北京：中華書局，1988年。

陳鼓應：《黃帝四經今注今譯——馬王堆漢墓出土帛書》，臺北：臺灣商務
　印書館，1995年。

陳麗桂：《秦漢時期的黃老思想》，臺北：文津出版社，1997年。

陳明恩：《詮釋與建構：董仲舒春秋學之形成與開展》，臺北：秀威資訊科
　技股份有限公司，2011年。

傅偉勳：《從創造的詮釋學到大乘佛學》，臺北：東大圖書公司，1990年。

黃朝陽：《中國古代的類比》，北京：社會科學文獻出版社，2006年。

黃俊傑、楊儒賓編：《中國古代思維方式探索》，臺北：正中書局，1996年。

黃俊傑：《儒家思想與中國歷史思維》，臺北：臺大出版中心，2014年。

葛兆光：《中國思想史》，上海：復旦大學出版社，2000年。

張東蓀：《認識論》，上海：世界書局，1934年。

張以仁：《中國語文學論集》，臺北：東昇出版事業公司，1981年。

張立文：《中國哲學邏輯結構論》，北京：中國社會科學出版社，2002年。

曾春海：《兩漢魏晉哲學史》，臺北，五南圖書出版股份有限公司，2008年。

勞思光：《新編中國哲學史》，臺北：三民書局股份有限公司，1995年。

葉嘉瑩：《迦陵談詩二集》，臺北：東大圖書公司，1985年。

楊樹藩：《兩漢中央政治制度與法儒思想》，臺北：臺灣商務印書館，1986年。

楊伯峻：《春秋左傳注》，臺北：洪葉出版社，1993年。

楊寬：《西周史》，上海：上海人民出版社，1999年。

楊樹達：《春秋大義述》，上海：上海古籍出版社，2007年。

楊儒賓：《儒家身體觀》，臺北：中研院文哲所，1996年。

楊儒賓：《儒門內的莊子》，臺北：聯經出版事業公司，2016年。

鄭昭明：《認知心理學理論與實踐》，臺北：學富文化，2010年

劉國民：《董仲舒的經學詮釋及天的哲學》，北京：中國社會科學出版社，2007年。

劉笑敢：《詮釋與定向——中國哲學研究方法之探究》，北京：商務印書館，2009年。

蔡英俊：《比興、物色與情景交融》，臺北：大安出版社，1986年。

鍾肇鵬：《春秋繁露校釋》，河北：河北人民出版社，2005年。

錢穆：《兩漢經學今古文平議》，臺北：東大圖書公司，1989年。

錢穆：《中國學術思想論叢（三）》，臺北：東大圖書公司，1993年。

賴錫三：《當代新道家——多音複調與視域融合》，臺北：臺大出版中心，2011年。

戴君仁：《梅園論學集》，臺北：臺灣開明書店，1970年。

顧頡剛：《漢代學術史略》，北京：人民出版社，2008年。

關永中：《知識論》，臺北：五南圖書出版股份有限公司，2000年。

龐樸：《竹帛《五行》篇校注及研究》，臺北：萬卷樓圖書公司，2000年。

三、期刊與會議論文（依出版時間次序）

張亨：〈荀子對人的認知及其問題〉，《臺大文史哲學報》18 期，1971 年 3 月，頁 157-217。

龍宇純：〈論聲訓〉，《清華學報》9 卷 1、2 期，1971 年 9 月，頁 87-88。

韓復智：〈東漢的選舉〉，《臺大歷史學報》4 期，1977 年 5 月，頁 13-33。

施淑：〈漢代社會與漢代詩學〉，《中外文學》10 卷 10 期，1982 年 3 月，頁 70-107。

梅家玲：〈毛詩序風教說探析——兼論其與六朝文學批評之關係〉，《臺大中文學報》3 期，1989 年 12 月，頁 489-526。

劉哲浩：〈揚雄知識學研究〉，《哲學論集》25 期，1991 年 7 月，頁 75-97。

吳汝鈞：〈荀子的知性旨趣與經驗主義的人性論〉，《能仁學報》3 期，1994 年 8 月，頁 467-481。

黃宇鴻：〈《說文》與《釋名》聲訓比較研究〉，《武漢教育學報》2 期，1996 年 2 月，頁 30-35。

陳麗桂：〈融合道、法兼採陰陽的漢儒：陸賈〉，《中國學術年刊》17 期，1996 年 3 月，頁 131-155。

孫長祥：〈墨辯中的認識與語言〉，《華岡文科學報》第 26 期，1999 年 12 月，頁 1-43。

關永中：〈獨與天地精神往來——與莊子對談神秘經驗知識論〉，〈第三個千禧年哲學的展望：基督宗教哲學與中華文化的對談〉，臺北：輔仁大學哲學系，2000 年 11 月，頁 105-156。

潘小慧：〈上博簡與郭店簡「性自命出」篇中「情」的意義與價值〉，《輔仁學誌：人文藝術之部》29 期，2002 年 7 月，頁 129-145。

張曉光：〈荀子的推類思想〉，《世界中國哲學學報》6 期，2002 年，頁 139-160。

潘小慧：〈《荀子》中的「德智」思想〉，《哲學與文化》30 卷 8 期，2003 年 8 月，頁 95-114。

邵台新：〈西漢的儒法治道——兼論《荀子》與《鹽鐵論》、《漢書·刑法志》之傳承〉，《先秦兩漢學術》1期，2004年3月，頁123-153。

馬曉東、莊大鈞：〈賈誼、荀學與黃老——簡論賈誼的學術淵源〉，《山東大學學報》（哲社版），2003年1月，頁147-150。

周天令：〈荀子由智成德理論的重建與檢討〉，《孔孟學報》84期，2006年9月，頁133。

蔡忠道：〈陸賈的儒道思想析論〉，《鵝湖月刊》32卷4期，2006年10月，頁44-54。

陳平坤：〈呂氏春秋與淮南子的感應思維〉，《國立臺灣大學哲學評論》32期，2006年10月，頁167-222。

劉又銘：〈荀子哲學的典範及在其後代的變遷轉移〉，《漢學研究期刊》3期，2006年12月，頁33-54。

李增：〈董仲舒知識論之研究〉，《明道通識論叢》2期，2007年3月，頁27-55。

王初慶：〈陸賈新語與《春秋穀梁傳》〉，《先秦兩漢學術》7期，2007年3月，頁39-62。

黃啟書：〈試論劉向災異學說之轉變〉，《臺大中文學報》26期，2007年6月，頁119-151。

黃啟書：〈試論劉向、劉歆《洪範五行傳論》之異同〉，《臺大中文學報》27期，2007年12月，頁123-165。

潘小慧：〈從「解蔽心」到「是是非非」：荀子道德知識論的建構及其當代意義〉，《哲學與文化》34卷12期，2007年12月。

張曉光：〈荀子類推思想探析〉，《邏輯學研究》2009年第3期，2009年3月，頁139-160。

蔡錦昌：〈知擇與致知——兩種中國古代的知識論〉，《哲學論集》44期，2010年7月，頁95-116。

何儒育：〈西漢初期黃老思想下的儒家知識理論〉，《新竹教育大學人文社會學報》3卷2期，2010年10月，頁1-31。

鄭毓瑜：〈類與物——古典詩文的「物」背景〉，《清華學報》41卷1期，2011年3月，頁3-38。

鐘明彥：〈義理性形訓、聲訓、義訓芻議（1）：形訓〉，《應華學報》9

期，2011年8月，頁77-116。

洪巳軒：〈荀子知識理論的倫理規範與檢證方式〉，《華梵人文學報》16期，2011年7月，頁171-201。

東方朔：〈心知與心慮——兼論荀子的道德主體與人的概念〉，《國立政治大學哲學學報》27期，2012年1月，頁35-74。

林從一：〈法、類與墨辯——含取之知與道之行〉，《東吳哲學學報》25期，2012年2月，頁1-41。

何儒育：〈從「冥契」途徑論王弼《老子注》之知識論向度〉，《清華學報》42卷2期，2012年6月，頁191-232。

葉國良：〈從傳統圖書與出土文獻看孔子至西漢初期經學的傳播〉，《哲學與文化》39卷4期，2012年4月，頁77-90。

黃啟書：〈《漢書‧五行志》之創制及其相關問題〉，《臺大中文學報》40期，2013年3月，頁145-195。

侯美珍：〈明代鄉會試《禮記》義的出題及影響〉，《臺大中文學報》47期，2014年12月，頁89-138。

張書豪：〈試探劉向災異論著的轉變〉，《國文學報》57期，2015年6月，頁1-28。

四、學位論文

盧瑞容：《西漢儒家政治思想與現實政治的互動》，臺北：國立臺灣大學中文所碩士論文，1985年，指導教授：梁榮茂先生。

洪巳軒：《荀子知識理論之建構與分析‧緒論》，臺北：國立臺灣大學哲學所博士論文，2011年，指導教授：王曉波先生、杜保瑞先生。

五、外文譯著（依中譯姓名筆劃次序）

（日）中村元著、徐復觀譯：《中國人之思維方法》，臺北：臺灣學生書局，1991年。

（美）卡爾‧羅哲斯（Carl Ransom Rogers）著、宋文里譯：《成為一個人‧一個治療者對心理治療的觀點》，臺北：桂冠圖書公司，1992年。

（美）丹尼爾‧高曼（Daniel Goleman）編、李孟浩譯：《情緒療癒》，臺北：立緒出版社，2010年。

（美）史泰司（Walter T. Stace）、楊儒賓譯：《冥契主義與哲學》，臺北：正中書局，2007年。

（羅馬尼亞）伊利亞德（Mircea Eliade）著、楊素娥譯：《聖與俗——宗教的本質》，臺北：桂冠圖書公司，2000年。

（德）伊曼紐‧康德（Immanuel Kant）、苗力田譯：《道德形而上學原理》，上海：上海人民出版社，2001年。

（美）艾可‧溫德邁爾（Eeic P. Windmaire）等著、蔡元奮譯、賴義隆校閱：《人體生理學：身體功能之機轉》，臺北：軒藝圖書出版社，2006年。

（英）李約瑟（Noel Joseph Terence Montgomery Needham）著：《中國科學技術史‧第二卷‧科學思想史》，上海：科學出版社、上海古籍出版社，1990年。

（美）李奧帕德（Aldo Leopold）著：李靜瑩譯：《沙郡年記》，臺北：天下文化出版公司，1997年。

（美）約翰‧穆爾（John Muir）：《夏日走過山間》，臺北：天下文化出版公司，1998年。

（德）高達美（H. Gadamer）著、洪漢鼎譯：《真理與方法》，上海：上海譯文出版社，2005年。

（以色列）馬丁‧布伯（Martin Buber）、陳維剛譯：《我與你》，臺北：桂冠圖書公司，1991年。

（美）班傑明‧史華茲（Benjamin I. Schartz）著、成綱譯：《古代中國的思想世界》，南京：江蘇人民出版社，2003年。

（美）馬斯洛（Abraham Harold Maslow）著、許金聲等譯《動機與人格》，北京：中國人民大學出版社，2007年。

（美）喬治‧米勒（George Miller）著、洪蘭譯：《詞的學問：發現語言的科學》，臺北：遠流出版事業股份有限公司，2002年。

（匈牙利）麥可‧博蘭尼（Micahel Polanyi）著、許澤民譯：《個人知識：邁向後批判哲學》，臺北：商周出版股份有限公司，2004年。

（美）雷可夫‧詹森著、周世箴譯：《我們賴以生存的譬喻》，臺北：聯經出版事業公司，2006年。

Lu Wu（劉武）等："The earliest unequivocally modern humans in southern China", *Nature* 526 (29 October 2015), pp. 696-699.

（美）黛安·艾克曼（Diane Ackerman）、莊安祺譯：《感官之旅：感知的詩學》，臺北：時報文化出版企業股份有限公司，2007年。

（美）霍華·迦納（Howard Gardner）著、李乙明、李淑貞注：《多元智能》，臺北：五南圖書出版股份有限公司，2008年。

六、電子資源

陳麗桂主編：《兩漢諸子研究論著目錄》http://ccs.ncl.edu.tw/f0001/ExpertDB1.aspx（中華民國國家圖書館漢學研究中心資料庫）。

國家圖書館出版品預行編目（CIP）資料

知天者：西漢儒家知識理論探索 / 何儒育著 .-- 初版 .
-- 桃園市：中央大學出版中心；臺北市：遠流, 2018.11
面；　公分 .
ISBN 978-986-5659-21-9（平裝）

1. 儒家　2. 西漢

121.2　　　　　　　　　　　　　　107015767

知天者：西漢儒家知識理論探索

著者：何儒育
執行編輯：王怡靜
編輯協力：簡玉欣

出版單位：國立中央大學出版中心
　　　　　桃園市中壢區中大路 300 號

　　　　　遠流出版事業股份有限公司
　　　　　台北市南昌路二段 81 號 6 樓

發行單位／展售處：遠流出版事業股份有限公司
地址：台北市南昌路二段 81 號 6 樓
電話：(02) 23926899　傳真：(02) 23926658
劃撥帳號：0189456-1

著作權顧問：蕭雄淋律師
2018 年 11 月 初版一刷
售價：新台幣 450 元

ISBN 978-986-5659-21-9（平裝）
GPN 1010701607
YLib.com 遠流博識網 http://www.ylib.com E-mail: ylib@ylib.com